Die individuelle Schwerpunktbestimmung internationaler Schuldverträge
nach der Ausweichklausel des Artikel 4 Absatz 5 Satz 2 EVÜ

Studien zum vergleichenden und internationalen Recht -
Comparative and International Law Studies

Herausgeber: Bernd von Hoffmann, Erik Jayme
und Heinz-Peter Mansel

Band 134

PETER LANG
Frankfurt am Main · Berlin · Bern · Bruxelles · New York · Oxford · Wien

Wim Kreytenberg

Die individuelle Schwerpunktbestimmung internationaler Schuldverträge nach der Ausweichklausel des Artikel 4 Absatz 5 Satz 2 EVÜ

Ein Beitrag zur Förderung von Rechtssicherheit und Einzelfallgerechtigkeit im europäischen Kollisionsrecht der Schuldverträge

PETER LANG
Europäischer Verlag der Wissenschaften

Bibliografische Information der Deutschen Nationalbibliothek
Die Deutsche Nationalbibliothek verzeichnet diese Publikation in der Deutschen Nationalbibliografie; detaillierte bibliografische Daten sind im Internet über <http://www.d-nb.de> abrufbar.

Zugl.: Trier, Univ., Diss., 2006

D 385
ISSN 0930-4746
ISBN-10: 3-631-56305-1
ISBN-13: 978-3-631-56305-2

www.peterlang.de

Meinen Eltern

Vorwort

Die vorliegende Arbeit wurde im Sommersemester 2006 vom Fachbereich Rechtswissenschaften der Universität Trier als Dissertation angenommen. Rechtsprechung und Literatur konnten bis September 2006 berücksichtigt werden.

Mein besonderer Dank gilt meinem Doktorvater, Herrn Prof. Dr. Bernd von Hoffmann, der durch wertvolle Anregungen den Fortgang der Arbeit gefördert und begleitet hat. Mein Dank gilt auch Herrn Prof. Dr. Jörg Pirrung für die bereitwillige Übernahme der Zweitkorrektur und die damit verbundenen Mühen.

Für die Aufnahme meiner Dissertation in die Schriftenreihe Studien zum vergleichenden und internationalen Recht – Comparative and International Law Studies danke ich den Herausgebern Prof. Dr. Bernd von Hoffmann, Prof. Dr. Erik Jayme und Prof. Dr. Heinz-Peter Mansel.

Schließlich schulde ich Dank allen, die mich während des Entstehungsprozesses der vorliegenden Arbeit vielfältig unterstützt und interessiert begleitet haben. Hervorheben möchte ich insbesondere Herrn Prof. Dr. Christian Kohler für die äußerst hilfreiche Unterstützung bei der Recherche einschlägiger Rechtsprechung in den Mitgliedstaaten des EVÜ. Meinen Eltern Ingrid und Prof. Dr. Gert Kreytenberg danke ich ganz herzlich für ihre stete Hilfsbereitschaft und ihr großes Verständnis. Ohne den Rückhalt meiner Eltern wäre es mir nicht möglich gewesen, diese Arbeit zu verfassen.

Düsseldorf, im Oktober 2006

Inhaltsverzeichnis

Abkürzungsverzeichnis XV

Erster Teil: Einleitung 1

Zweiter Teil: Die Ausweichklausel des Art. 4 Abs. 5 S. 2 EVÜ und ihre Einbettung in das System objektiver Anknüpfung nach dem Römischen Übereinkommen 7

1. Kapitel: Das Prinzip der engsten Verbindung 7

I. Inhalt und Entwicklung des Prinzips der engsten Verbindung 7
1. Die Wurzeln 7
2. Anstoß des Umdenkens 8
3. Individueller und generalisierender Aspekt internationalprivatrechtlicher Gerechtigkeit 9
a) Unflexibles und flexibles Recht 10
b) Die internationalprivatrechtliche Gerechtigkeit 11
4. Die Ausweichklausel: Eine Standortbestimmung 13
a) Die Auslegungsmethoden 14
b) Bildung von Unterregeln 16
c) Die kollisionsrechtlichen Interessen 17
d) Die Rechtssicherheit als Verkehrs- und Ordnungsinteresse 19

II. Rechtsvergleichende Betrachtung: Schweiz und USA 21
1. Die objektive Anknüpfung nach dem Schweizer IPRG 21
a) Art. 117 Schweizer IPRG 21
b) Verortung der Ausweichklausel für das internationale Vertragsrecht 23
c) Konkretisierung des Ausnahmefalles 25
aa) Die potentiell relevanten Anknüpfungsmomente sowie die erforderliche Intensität der Näherbeziehung 25
bb) Subjektiver und objektiver Ausnahmefall 27
(1) Der subjektive Ausnahmefall 27
(2) Der objektive Ausnahmefall 29
2. USA: Das Regelungssystem des Restatement Second 31
a) Einleitung 31
b) Restatement Second und Uniform Commercial Code 32
c) Das Anknüpfungssystem des Restatement Second 33
d) Rechtsprechung zu §§ 6, 188, 191 Restatement Second 39
e) Ergebnis und Stellungnahme 43

f) Systemvergleich von Restatement Second und EVÜ....... 46
g) Schlussfolgerungen 48
III. Art. 4 EVÜ: Eine Synthese von flexibler und unflexibler Anknüpfung 49
1. Die Vermutungsregeln der Abs. 2 - 4 49
a) Die Regelanknüpfung nach Abs. 2 49
aa) Die charakteristische Leistung 49
bb) Die einzelnen Begründungsansätze für die Erheblichkeit der charakteristischen Leistung 51
(1) Wesen des Vertrages und seine sozio-ökonomische Funktion 52
(2) Anknüpfung an das Recht der stärker an der Anwendung ihres Umweltrechts interessierten Partei 54
(a) Recht der juristisch komplizierteren Leistung 54
(b) Existentiellere Betroffenheit des berufsmäßigen Erbringers der Leistung 55
(c) Uniformitäts- und Kalkulationsinteresse: Der Rationalisierungseffekt 57
(3) Alternativer Ansatz auf Grundlage der Ökonomischen Analyse des Rechts 58
cc) Stellungnahme 60
b) Die Sonderanknüpfungen nach den Abs. 3 und 4 63
aa) Abs. 3: Grundstücksverträge 64
bb) Abs. 4: Güterbeförderungsverträge 65
2. Das Verhältnis des Prinzips der engsten Verbindung zu den Vermutungstatbeständen 67
a) Theorie von der Subsidiarität der Typenregel 67
b) Das Stufenverhältnis negierende Ansichten 69
c) Die konkrete Ausgestaltung des Stufenverhältnisses 69
d) Ergebnis 71
3. Rechtsnatur der Vermutungsregeln und Beweisbedürftigkeit sie widerlegender Tatsachen 72
a) Auswirkungen auf die Beweislast 72
b) Auswirkungen auf die Argumentationslast 76
c) Zusammenfassung 76
2. Kapitel: Die Konkretisierung des Ausnahmefalles 79
I. Das Erfordernis qualitativer Gewichtung 79
1. Stand der Diskussion 79
2. Ergebnis 80

II. Berücksichtigung von Parteierwartungen im Rahmen der Ausweichklausel? ... 82
1. Problemaufriss ... 82
2. Historische und rechtsvergleichende Betrachtung ... 83
a) Deutschland ... 83
b) Österreich ... 84
c) Schweiz ... 85
d) Frankreich ... 85
e) England ... 86
f) USA ... 87
3. Parteierwartungen im Spannungsverhältnis zwischen objektiver und subjektiver Anknüpfung ... 87
4. Die zum Römischen Übereinkommen ergangene Judikatur... 91
5. Zusammenfassung ... 93
III. Die lex validitatis im Rahmen objektiver Anknüpfung - Zugleich eine generelle Untersuchung zur Berücksichtigung materiellrechtlicher Erwägungen ... 95
1. Problemaufriss ... 95
2. Berücksichtigung materieller Gesichtspunkte im Rahmen der objektiven Anknüpfung? ... 96
3. Die lex validitatis im System des Römischen Übereinkommens ... 98
4. Zusammenfassung ... 106
IV. Begrenzung der Anknüpfungsmomente auf solche mit objektivem Bezug zum Leistungsaustausch ... 108
1. Problemaufriss ... 108
2. Theorie der Leistungsbezogenheit ... 108
3. Die herrschende Ansicht ... 111
4. Stellungnahme ... 112
5. Zusammenfassung ... 115
V. Exkurs: Die objektiven Kriterien auf den verschiedenen Ebenen der Bestimmung des Vertragsstatuts ... 117
1. Problemaufriss ... 117
2. Die herrschenden Ansichten zur Prüfung konkludenter Rechtswahl ... 119
3. Stellungnahme ... 122
4. Zusammenfassung ... 124

Dritter Teil: Die Ausweichklausel in ihrer konkreten Anwendung ... 127

3. Kapitel: Analyse der zu Art. 4 Abs. 5 S. 2 EVÜ ergangenen Rechtsprechung ... 127

I. Besondere Fallgestaltungen und Vertragsarten 131
1. Ferienhausfälle (kurzfristige Miet- und Timesharingverträge) 131
a) Die Judikatur 131
b) Zwischenergebnis 139
2. Gran Canaria-Fälle 141
a) Die Judikatur 142
b) Zwischenergebnis 147
3. Handelsvertreterverträge 147
II. Die akzessorische Anknüpfung dienender Verträge: Bürgschaft und Garantie, das bestätigte Dokumentenakkreditiv, Alleinvertriebsvertrag, Schiedsrichtervertrag 149
1. Bürgschaft und Garantie 149
2. Das bestätigte Dokumentenakkreditiv (und die bestätigte Garantie) 156
3. Alleinvertriebsvertrag 161
4. Schiedsrichtervertrag 162
III. Einzelne Anknüpfungsmomente 164
1. Erfüllungsort 164
2. Abschlussort 167
3. Vertragssprache und -währung 168
4. Gewöhnlicher Aufenthalt/Sitz 169
a) Gemeinsamer gewöhnlicher Aufenthalt/Sitz 169
b) Gewöhnlicher Aufenthalt/Sitz der nicht charakteristisch leistenden Vertragspartei 172
5. Registrierungsort des Schiffes 175
6. Nationalität 176
7. Parteierwartungen 177
IV. Zusammenfassung 180
4. Kapitel: Fallgruppenbildung und typisierende Gewichtung 182
I. Besondere Fallkonstellationen 184
1. Platzgeschäfte 184
a) Der Barkauf sowie Käufe an Messen und Märkten, privatrechtliche Versteigerungen und kurzfristige Darlehen am Urlaubsort 184
b) Börsengeschäfte 186
2. Die Ferienhausfälle (einschließlich kurzfristigem Timesharing) und die Gran Canaria-Fälle 187
II. Verbundene Verträge 188
1. Die akzessorische Anknüpfung 188
2. Die gemeinschaftliche Schulderfüllung 191
III. Einzelne Vertragstypen 194

1. Veräußerungsverträge 194
a) Fahrniskauf 194
b) Grundstückskauf 195
c) Schiffs- und Flugzeugkauf 196
2. Gebrauchsüberlassung 196
a) Miete beweglicher Sachen 196
b) Unternehmenspacht 196
c) Durch Realsicherheiten gesicherte Darlehensverträge (Realkredite), und Anleihen 197
3. Dienst- und Werkverträge 198
a) Unterrichtsvertrag 198
b) Bau- und Anlagenbauvertrag 199
c) Architektenvertrag 200
4. Die Geschäftsbesorgung 200
a) Beratungsverträge: Rechtsberatung, Consulting-Engineering 200
b) Managementvertrag 202
c) Der Trust 203
5. Vertriebsverträge 203
a) Vertragshändlervertrag 203
b) Handelsvertretervertrag 204
6. Transportverträge 204
a) Luftbeförderung (Güter und Personen) 204
b) Seetransport (Güter und Personen) 206
7. Verträge über geistiges Eigentum und der Know-how-Vertrag 207
a) Lizenzvertrag 207
b) Urheberrechtsvertrag 209
c) Know-how-Vertrag 210

Vierter Teil: Thesen 213

Fünfter Teil: Der Vorschlag für die Rom I-Verordnung 217

Literaturverzeichnis 223

Rechtsprechungsregister 261

Abkürzungsverzeichnis

A.	Atlantic Reporter
A. 2d	Atlantic Reporter, Second Series
a. A.	anderer Ansicht
a.a.0.	am angegebenen Ort
Abl. EG	Amtsblatt der Europäischen Gemeinschaften
Abs.	Absatz (Absätze)
AcP	Archiv für die civilistische Praxis
A.D.	Appellate Decisions
a. E.	am Ende
a. F.	alte Fassung
Ala.	Alabama
Aleyn	Aleyn's Select Cases, King's Bench
All.E.R.	The All England Law Reports
A.L.R.	American Law Reports
Alt.	Alternative
Am.J.Comp.L.	American Journal of Comparative Law
Am.J.Int.L.	American Journal of International Law
Anh.	Anhang
Anm.	Anmerkung
Ann.Inst.Dr.Int.	Annuaire de l'Institut de Droit International
Annot.	Annotation
App.	Appeal Cases
App. Div.	Appellate Division, New York Supreme Court, Appellate Division (Reports)
App. Div. 2d	New York Supreme Court, Appellate Division Reports, Second Series
App. N.C.	Appeal Cases North Carolina
App. N.Y.	Appeal Cases New York
App. T.	Supreme Court Appellate Term
Ark.	Arkansas
Art.	Artikel
Artt.	Artikel (Plural)
Aufl.	Auflage
BAG	Bundesarbeitsgericht

BayObLG	Bayerisches Oberstes Landesgericht
BB	Der Betriebs-Berater
Bd.	Band
Begr. RegE	Begründung des Regierungsentwurfs
BerGesVR	Berichte der deutschen Gesellschaft für Völkerrecht
BG	Bundesgericht
BGB	Bürgerliches Gesetzbuch
BGBl.	Bundesgesetzblatt
BGE	Entscheidungen des Schweizerischen Bundesgerichts/ Arrêts du Tribunal fédéral Suisse (AFT)
BGH	Bundesgerichtshof
BGHZ	Entscheidungen des Bundesgerichtshofs in Zivilsachen
BJM	Baseler Juristische Mitteilungen
B.R.	Bankruptcy Reports
Brüssel I-VO	Verordnung (EG) Nr. 44/2001 des Rates über die gerichtliche Zuständigkeit und die Anerkennung und Vollstreckung von Entscheidungen in Zivil- und Handelssachen = EuGVO = EuGVVO
BT-Drucks.	Bundestagsdrucksache
Bull. civ.	Bulletin des arrets de la Cour de cassation, chambres civiles
Bull. Inf. Cour cass.	Bulletins d'informations de la Cour de cassation
bzgl.	bezüglich
bzw.	beziehungsweise
c.	contre
C.A.	Court of Appeals
Cah.dr.europ.	Cahiers de droit européen
Cal. 2d	California Reporter, Second Series
Cal. App. 3d	California Appellate Reports, 3d Series
Cass. civ.	(Arrêt de la) Cour de cassation, chambre civile
Cass. com.	(Arrêt de la) Cour de cassation, chambre civile, section commerciale et financière
Cass.	Cour de cassation
C.c.	Code civil, Codice civile
cert.	certiorary
Ch. civ.	Chambre civile

c.i.f.	cost, insurance and freight
Cir.	Circuit
CISG	Wiener UN-Übereinkommen über Verträge über den internationalen Warenkauf = Convention on the International Sale of Goods (UN-Kaufrecht)
C.L.C.	Commercial Law Cases
CML Rev.	Common Market Law Review
Co.	Company
Col.J.Transnat.'l.L.	Columbia Journal of Transnational Law
Col.L.Rev.	Columbia Law Review
Colo.	Colorado (Reports)
Conn. App.	Appeal Cases Connecticut
Corn.L.Rev.	Cornell Law Review
Corp.	Corporation
Ct.	Court
Ct. Cl.	United States Court of Claims Reports
Curr.Legal Prob.	Current Legal Problems
D.	District Court (federal)
DB	Der Betrieb
D.C. Colo.	United States District Court for the District of Colorado
D.C. N.Y.	United States District Court for the District of New York
D.C.	District Court, District of Columbia (Reports)
D.D.C.	District Court, District of Columbia
DDR	Deutsche Demokratische Republik
Del.	Delaware
Dept.	department
ders.	derselbe
d. h.	das heißt
dies.	dieselbe
d.i.p.	droit international privé / diritto internazionale privato
Dist., Distr.	District
D.N.H.	United States District Court for the District of New Hampshire

D.N.J.	United States District Court for the District of New Jersey
D.R.I.	United States District Court for the District of Rhode Island
D.S.C.	United States District Court for the District of South Carolina
D.S.D.	United States District Court for the District of South Dakota
E.D.	Eastern District
E.D.N.C.	United States District Court for the Eastern District of North Carolina
E.D.N.Y.	United States District Court for the Eastern District of New York
EG	Europäische Gemeinschaften
EGBGB	Einführungsgesetz zum Bürgerlichen Gesetzbuch
END	Epitheorissi Naftiliakou Diakaion
Entw.	Entwurf
EU	Europäische Union
E-UCC	Entwurf zur Revision des Uniform Commercial Code
EuGH	Gerichtshof der Europäischen Gemeinschaften
EuGVÜ	Brüsseler EWG-Übereinkommen für die gerichtliche Zuständigkeit and die Vollstreckung gerichtlicher Entscheidungen in Zivil- und Handelssachen
EuR	Europarecht
EVÜ	Römisches EWG-Übereinkommen über das auf vertragliche Schuldverhältnisse anzuwendende Recht = Europäisches Schuldvertragsübereinkommen = Römisches / Römer Übereinkommen
EWiR	Entscheidungen zum Wirtschaftsrecht
EWS	Europäisches Wirtschafts- und Steuerrecht
f., ff.	folgende
F.	Federal Reporter
F. 2d	Federal Reporter, Second Series
F. 3d	Federal Reporter, Third Series
Fed.	Federal Reporter, First Series
F. Supp.	Federal Supplement
Fn.	Fußnote

f.o.b	free on board
FS	Festschrift
Ga.	Georgia (Reports)
Gaz.Pal.	Gazette du Palais et du Notariat
gem.	gemäß
German Yb.Int.L.	German Yearbook of International Law, Jahrbuch für internationales Recht
Giur. Comm.	Giurisprudenza Commerciale
GPR	Zeitschrift für Gemeinschaftsprivatrecht
GRUR Int.	Gewerblicher Rechtsschutz und Urheberrecht, internationaler Teil
Harv.L.Rev.	Harvard Law Review
HGB	Handelsgesetzbuch
H.L.	House of Lords
Hrsg.	Herausgeber
HS	Halbsatz
I.C.L.Q.	The International and Comparative Law Quarterly
Inc.	Incorporated
Ind.	Indiana
Ind. App.	Indiana Court of Appeals Reports
IPG	Gutachten zum internationalen und ausländischen Privatrecht
IPR	Internationales Privatrecht
IPRax	Praxis des Internationalen Privat- und Verfahrensrechts
IPRG	IPR-Gesetz
IPRspr.	Die deutsche Rechtsprechung auf dem Gebiete des internationalen Privatrechts
i. V. mit	in Verbindung mit
J.	Jurisprudence
JA	Juristische Arbeitsblätter
Jb.Int.R.	Jahrbuch für internationales und ausländisches öffentliches Recht
Jb.ital.R.	Jahrbuch für italienisches Recht
JBL	The Journal of Business Law
JBl.	Juristische Blätter
J.C.P.	Juris-Classeur Periodique, La Semaine juridique

J.D.I.	Journal du droit international = Clunet
JR	Juristische Rundschau
J.Trib.	Journal des Tribunaux
JuS	Juristische Schulung
JZ	Juristenzeitung
K.B.	English Law Reports, King's Bench
KG	Kammergericht
Kobe Univ.L.R.	Kobe University Law Review
KOM	Kommissionsdokument(e)
Kommission	Kommission der Europäischen Gemeinschaften
La.	Louisiana (Reports), Louisiana Supreme Court Reports
L. Ed.	Lawyer's edition, United States Supreme Court Reports
LG	Landgericht
Lloyd's Rep.	Lloyd's Law Reports
Maryl.	Maryland
Mass.	Massachussetts (Reports)
M.D.	Middle District
Md.J.Int.L.&Tr.	Maryland Journal of International Law and Trade
MDR	Monatsschrift des deutschen Rechts
Me.	Maine (Reports)
m.E.	meines Erachtens
Mich.	Michigan (Reports)
Mich.L.Rev.	Michigan Law Review
Misc.	Miscellaneous Reports (New York)
Miss.	Missouri, Mississippi (Reports), Mississippi Supreme Court Reports
MittRhNotK	Mitteilungen der Rheinischen Notarkammer
Mod.L.Rev.	The Modern Law Review
m.w.N.	mit weiteren Nachweisen
N.C.	North Carolina (Reports)
N.D.	Northern District, North Dakota (Reports)
N.E. 2d	North Eastern Reporter Second Series
N.E.	North Eastern Reporter
Ned.Jur.	Nederlandse Jurisprudentie
N.H.	New Hampshire (Reports), New Hampshire Supreme Court Reports

NiemZ	Niemeyers Zeitschrift für Internationales Recht
NILR	Netherlands International Law Review, Nederlands Tijdschrift voor Internationaal Recht
NIPR	Nederlands Internationaal Privaatrecht
NJW	Neue Juristische Wochenschrift
NJW-RR	Neue Juristische Wochenschrift – Rechtsprechungs-Report Zivilrecht
N.M.	New Mexico (Reports), New Mexico Supreme Court Reports
N.M.S.Ct.	New Mexico Supreme Court
no.	numero, numéro, number
Nord.J.Int.L.	Nordic Journal of International Law, Acta Scandinavia iuris gentium = Nordisk Tidskrift for International Ret
Nr.	Nummer
N.W. 2d	North Western Reporter, Second Series
N.W.	North Western Reporter
N.Y.	New York (Reports), New York Court of Appeals Reports
N.Y.S. 2d	New York Supplement, Second Series
N.Y.S.	New York Supplement
Off.	Official (Comment)
OGH	(Österreichischer) Oberster Gerichtshof
Ohio App.	Ohio Appellate Reports
Ohio St. L. J.	Ohio State Law Journal
ÖJZ	Österreichische Juristen-Zeitung
Okla.	Oklahoma (Reports), Oklahoma Supreme Court Reports
OLG	Oberlandesgericht
OLG-Rep.	OLG-Report (mit Ortsangabe)
O.R.	Official Records
P.	Pacific Reporter
p.	page
P. 2d	Pacific Reporter, Second Series
Pa.	Pennsylvania
Pan.	Panorama Juridique

Pas.lux.	Pasicrisie luxenbourgeoise = Receuil de la jurisprudence luxembougeoise
plc.	public limited company
RabelsZ	Rabels Zeitschrift für ausländisches und internationales Privatrecht
RDAI	Revue de droit des affaires internationales
RDS	Receuil Dalloz Sirey
Rec. des Cours	Recueil des Cours de l'Académie de droit international
Rep. Serv. 2d	Reporting Service, Second Series
Rep. Serv.	Reporting Service
Req.	Cour de cassation, chambre des Requetes
Rev.crit.d.i.p.	Revue critique de droit international privé
Rev.dr.aff.int.	Revue de droit des affaires internationales / International Business Law Journal
Rev.dr.int.	Revue de droit international
Rev.dr.int.dr.comp.	Revue de droit international et de droit comparé
Rev.int.dr.comp.	Revue internationale de droit comparé
Rev.trim.dr.civ.	Revue trimestrielle de droit civil
Rev.trim.dr.europ.	Revue trimestrielle de droit europeen
RGBl.	Reichsgesetzblatt
RGZ	Entscheidungen des Reichsgerichts in Zivilsachen
RHDI	Revue hellénique de droit international
Riv.dir.int	Rivista di diritto internazionale
Riv. dir. int. priv. e proc.	Rivista di diritto internazionale privato a processuale
RIW/AWD	Recht der Internationalen Wirtschaft/Außenwirtschafts dienst
Rn.	Randnummer
RvdW	Rechtspraak van de week
S.	Satz/ Seite
s., ss.	suivant(s)
SchlHA	Schleswig-Holsteinisches Archiv
Schw.	Schweizer
S.Ct.	Supreme Court (Reporter)
S.Ct.App.	Supreme Court Appeal Cases
S.D.	Southern District, South Dakota (Reports)

S.D.N.Y.	United States District Court for the Southern District of New York
S.E.	South Eastern Reporter
S.E. 2d	South Eastern Reporter, Second Series
sec.	section
SJ	La Semaine Juridique, Cahier de droit de l'entreprise
SJIR	Schweizerisches Jahrbuch für Internationales Recht
SJZ	Schweizerische-Juristenzeitung
Slg.	Sammlung der Rechtsprechung des Gerichtshofes, Gerichtshof der Europäischen Gemeinschaften
So.Cal.L.Rev.	Southern California Law Review
sog.	sogenannt
StAZ	Das Standesamt, Zeitschrift für Standesamtswesen
Subs.	subsection
Supp.	Supplement
S.W.	South Western Reporter
S.W. 2d	South Western Reporter, Second Series
SZIER	Schweizerische Zeitschr für int und europ Recht
Tenn.	Tennessee (Reports), Tennessee Supreme Court Reports
Tex. Int. L. Journ.	Texas International Law Journal
Tex.	Texas (Reports), Texas Supreme Court Reports
TranspR	Transportrecht
Trib.	Tribunal
Tul.L.Rev.	Tulane Law Review
u. a.	und andere; unter anderem
UCC	Uniform Commercial Code
UfR	Ugeskrift for Retvaesen = Danish Law Report
U.Pa.L.Rev.	University of Pennsylvania Law Review
U.S.	United States Supreme Court Reports
USA	United States of America
U.S.C.A.	United States Code Annotated
USCL	United States Contract Law
v.	versus
Va.	Virginia (Reports)
Va.J.Int'l L.	Virginia Journal of International Law

Vand. J. Transnat.'l L.	Vanderbilt Journal of Transnational Law
VersR	Versicherungsrecht. Juristische Rundschau für die Individualversicherung
vgl.	vergleiche
vol.	volume
Vol.	Volume
VuR	Verbraucher und Recht
W.	Western, Wisconsin Reports, Wyoming Reports
Wash.	Washington
W.D.	Washington Decisions, Western District
W.D.N.Y.	United States District Court for the Western District of New York
WiB	Wirtschaftsrechtliche Beratung. Zeitschrift für Wirtschaftsanwälte und Unternehmensjuristen
Wis.	Wisconsin (Reports)
Wisc. App.	Wisconsin Court of Appeals
W.L.R.	The Weekly Law Reports
WM	Wertpapiermitteilungen
WuB	Entscheidungssammlung zum Wirtschafts- und Bankrecht
z. B.	zum Beispiel
ZBJV	Zeitschrift des Bernischen Juristenvereins
ZEuP	Zeitschrift für Europäisches Privatrecht
ZfBR	Zeitschrift für deutsches und internationales Baurecht
ZfRV	Zeitschrift für Rechtsvergleichung, Internationales Privatrecht and Europarecht (Österreich)
ZGB	Schweizerisches Zivilgesetzbuch
ZHR	Zeitschrift für das gesamte Handelsrecht
ZIP	Zeitschrift für Wirtschaftsrecht
ZLW	Zeitschrift für Luft- und Weltraumrecht
ZPO	Zivilprozessordnung
ZRP	Zeitschrift für Rechtspolitik
ZVglRW	Zeitschrift für vergleichende Rechtswissenschaft

Erster Teil: Einleitung

Thema der vorliegenden Arbeit ist die Ausweichklausel des Europäischen Schuldvertragsübereinkommens, geregelt in Art. 4 Abs. 5 S. 2 EVÜ. Diese Norm, der Art. 28 Abs. 5 des deutschen EGBGB entspricht, enthält eine sogenannte spezielle Ausweichklausel für das vereinheitlichte europäische internationale Schuldvertragsrecht.[1]

Mit dieser Arbeit wird das rechtspolitische Anliegen verfolgt, den eingeschlagenen Weg der Rechtsvereinheitlichung im europäischen Kollisionsrecht fortzusetzen. Gefahren für dieses Ziel resultieren zwar nicht mehr aus der Tatsache, dass keine zentrale Instanz die oberste Auslegungskompetenz übertragen ist, da die beiden Brüsseler Auslegungsprotokolle zum EVÜ vom 19. Dezember 1988[2] nach etwa 17 Jahren von Belgien als letzten Vertragsstaat am 5. Mai 2004 ratifiziert worden und daher am 1. August 2004 in Kraft getreten sind. Seitdem hat der EuGH die oberste Auslegungskompetenz zum EVÜ. Allerdings ist bislang von dem EuGH keine Entscheidung zur einheitlichen Auslegung des EVÜ auf der Grundlage des ersten Auslegungsprotokolls ergangen. Er wurde - soweit bekannt – bisher auch noch nicht darum ersucht.

Zu Struktur und Anwendungsbereich des Art. 4 EVÜ: Soweit nicht ein speziell normierter Vertragstypus in Rede steht (etwa ein Verbrauchervertrag im Sinne des Art. 5 EVÜ oder ein Arbeitsvertrag im Sinne des Art. 6 EVÜ) und das Vertragsstatut nicht von den Parteien unter den Voraussetzungen des Art. 3

---

1 Eine einheitliche, allgemein anerkannte Terminologie hat sich zu diesen Klauseln bislang nicht entwickelt. Es wird von „Berichtigungs-“, „Ausnahme-“ und „Ausweichklauseln“ gesprochen, vgl. *Kreuzer*, in: FS Zajtay, S. 295, 296; *Kropholler*, IPR, § 4 II 2 b, S. 26. Zu der uneinheitlichen Terminologie in der deutschen, englischen und französischen Sprache siehe *Kreuzer*, ZfRV 3 (1992), S. 168, 168 f.; *von Overbeck*, Rec. des Cours 176 (1982 I-II), S. 13, 187. In dieser Arbeit wird der Terminus Ausweichklausel für Art. 4 Abs. 5 S. 2 EVÜ verwandt, da diese Bezeichnung die inzwischen gebräuchlichste zu sein scheint. Da sie außerdem tatbestandlich offen formuliert ist, also keine genauen Kriterien für ihre Anwendung vorgibt, wird sie einer üblichen Terminologie folgend auch als „offene Ausweichklausel“ bezeichnet sowie als „spezielle Ausweichklausel“, da sie ausschließlich auf das internationale Schuldvertragsrecht bezogen ist. Weiteren Differenzierungen, etwa in „echte“ und sonstige Ausweichklauseln, vgl. *Wolf*, Begriff der engsten Verbindung im Int. Sachenrecht, S. 16, wird nicht gefolgt.

2 Erstes Brüsseler Protokoll betreffend die Auslegung des am 19. Juni 1980 in Rom zur Unterzeichnung aufgelegten Übereinkommens über das auf vertragliche Schuldverhältnisse anzuwendende Recht durch den Gerichtshof der Europäischen Gemeinschaften, BGBl. 1995 II, S. 916; Zweites Brüsseler Protokoll zur Übertragung bestimmter Zuständigkeiten für die Auslegung des am 19. Juni 1980 in Rom zur Unterzeichnung aufgelegten Übereinkommens über das auf vertragliche Schuldverhältnisse anzuwendende Recht auf den Gerichtshof der Europäischen Gemeinschaften, BGBl. 1995 II, S. 923.

EVÜ gewählt wurde, ist das anwendbare Recht anhand des Art. 4 EVÜ objektiv zu bestimmen.

Dieser Artikel ist dreigeteilt. Sein erster Absatz enthält eine Generalklausel, die im Wesentlichen festlegt, dass ein Vertrag oder ein selbstständiger Vertragsteil dem Recht desjenigen Staates unterliegt, mit dem er die engsten Verbindungen aufweist. Die folgenden drei Absätze beinhalten als Vermutungen formulierte Anknüpfungsregeln. Abs. 5 S. 2 schließlich bestimmt, dass die Vermutungen der Abs. 2-4 nicht gelten, „wenn sich aus der Gesamtheit der Umstände ergibt, dass der Vertrag engere Verbindungen mit einem anderen Staat aufweist."

Dem Europäischen Schuldvertragsübereinkommen vom 19. Juni 1980 (EVÜ) ging ein langwieriger Vereinheitlichungsprozess voraus. Ziel war es, die durch das erfolgreiche Brüsseler Übereinkommen von 1968 (EuGVÜ)[3] erreichte Rechtsvereinheitlichung auf den Gebieten der gerichtliche Zuständigkeit sowie der Anerkennung und Vollstreckung gerichtlicher Entscheidungen kollisionsrechtlich zu komplettieren.[4] Dieses Ziel wurde in der Präambel des Schuldvertragsübereinkommens ausdrücklich formuliert: "[...] die begonnene Rechtsvereinheitlichung auf dem Gebiet des IPR fortzusetzen, in dem Wunsche einheitliche Normen für die Bestimmung des auf vertragliche Schuldverhältnisse anzuwendenden Rechts zu schaffen." Die zunächst verfolgte, sehr ehrgeizige Idee einer Gesamtkodifikation des IPR auf europäischer Ebene konnte sich nicht durchsetzen. Zwar mündete sie in den sogenannten Benelux-Entwurf vom 11. Mai 1951 in der Fassung vom 3. Juli 1969; dieser trat aber nie in Kraft. Gleichwohl bildete er die Basis für die weitere Entwicklung des europäischen Kollisionsrechts.[5] Am 19. Juni 1980 wurde schließlich in Rom das "EWG-Übereinkommen über das auf vertragliche Schuldverhältnisse anzuwendende Recht" von den damaligen Staaten der EG unterzeichnet. Gebräuchliche weitere Bezeichnungen und Abkürzungen sind "EVÜ", "Rom-Konvention", "Römer Übereinkommen", „Römisches Übereinkommen" oder auch "Europäisches Schuldvertragsübereinkommen". Es realisiert das Ziel der europäischen Rechtsvereinheitlichung auf dem Gebiet des internationalen vertraglichen Schuldrechts. Das Übereinkommen ist gleichzeitig mit dem Beitrittrittsübereinkommen

---

3 Brüsseler EWG-Übereinkommen über die gerichtliche Zuständigkeit und die Vollstreckung gerichtlicher Entscheidungen in Zivil- und Handelssachen, BGBl. 1972 II, S. 774. Dies Übereinkommen ist inzwischen ersetzt durch die Verordnung (EG) Nr. 44/2001 des Rates über die gerichtliche Zuständigkeit und die Anerkennung und Vollstreckung von Entscheidungen in Zivil- und Handelssachen vom 22. Dezember 2000 (Abl. EG 2001, Nr. L 12, S. 1), die sog. EuGVO, EuGVVO oder auch Brüssel I-VO.

4 Hierzu, sowie zur Entwicklung des EVÜ vgl. *Borgioli*, Giur. Com. 1983, S. 149, 151 ff.; *Kohler*, EuR 1984, S. 160, 163, 167; *Lando*, in: CML Rev. 24 (1987), S. 159, 161; *Watté/Nuyts*, Rev. dr. ULB 10 (1994), S. 21, 36 ff.; *Villani*, La Convenzione di Roma, S. 3 ff.

5 *Vander Elst*, J.trib. 1973, S. 249, 249 f.

für Griechenland von 1984 am 1. April 1991 in Kraft getreten. Den letzten Stand zur Rom-Konvention bildet das 3. Beitrittsübereinkommen vom 29. November 1996, das die Mitgliedstaaten nach dem Beitritt von Österreich, Finnland und Schweden in Brüssel abgeschlossen haben.[6]

Das Römische Übereinkommen gilt inzwischen in den folgenden Staaten: Bundesrepublik Deutschland, Belgien, Dänemark, Finnland, Frankreich, Griechenland, Irland, Italien, Luxemburg, den Niederlanden, Österreich, Portugal, Schweden, Spanien und dem Vereinigten Königreich.[7] Im Zuge der geplanten EU-Osterweiterung steht zu erwarten, dass auch der Geltungsbereich und damit die Bedeutung dieses Übereinkommens ausgeweitet wird.

Es ist von besonderer Bedeutung den staatsvertraglichen Hintergrund, vor dem das System der Vertragsstatutsbestimmung des Art. 4 EVÜ steht, zu erkennen. Der staatsvertragliche Hintergrund wird von Art. 18 EVÜ betont. Dieser ist dazu bestimmt, sicherzustellen, dass mit dem Konsens bezüglich des Vertragstextes und dessen Inkrafttreten in den Mitgliedstaaten, der Prozess in Richtung Rechtsvereinheitlichung nicht beendet ist oder gar durch unterschiedliche Auslegung und Anwendung partiell zunichte gemacht wird. Die Bedeutung des Art. 18 EVÜ für die Dynamik der angestrebten Rechtsvereinheitlichung ist groß[8] und seine Konkretisierung in der Praxis – soweit er als ernstzunehmender Programmsatz verstanden wird – sicher nicht einfach.

Nach Art. 18 EVÜ[9] ist bei der Auslegung und Anwendung der vorstehenden einheitlichen Vorschriften deren internationalem Charakter und dem Wunsch

---

6 Dieses sowie das vorangehende Beitrittsübereinkommen von Funchal vom 18 Mai 1992 sind ausschnittsweise abgedruckt bei *Jayme/Hausmann*, IPR u IZVR, Nr. 74, 75.

7 Das Übereinkommen gilt in den verschiedenen Mitgliedstaaten nicht in seiner jeweils jüngsten Fassung. Für die Bundesrepublik Deutschland gilt es im Verhältnis zu Dänemark und Irland noch in der Fassung des 1. Beitrittsübereinkommens von Luxemburg vom 10. April 1984, im Verhältnis zu Belgien, Frankreich, Italien und Luxemburg in der Fassung des 2. Beitrittsübereinkommens von Funchal vom 18 Mai 1992 und im Verhältnis zu den übrigen Mitgliedstaaten gilt es in der aktuell jüngsten Fassung des 3. Beitrittsübereinkommens von Brüssel vom 29. November 1996, vgl. *Jayme/Hausmann*, IPR u IZVR, Nr. 73-75. Auswirkungen auf das in der vorliegenden Arbeit thematisierte Anknüpfungssystem bei fehlender Rechtswahl hat die Geltung der unterschiedlichen Fassungen indes nicht, vgl. *Klauser*, ecolex 1998, S. 903, 905.

8 *Villani*, La Convenzione di Roma, S. 21. Die geringe Anzahl an Publikationen zu Art. 18 EVÜ lässt dies nicht vermuten. Lediglich die deutsche Inkorporation in Art. 36 EGBGB war bislang gerade aufgrund der Inkorporationslösung mit abweichendem Wortlaut Gegenstand intensiverer Auseinandersetzung.

9 Dieser Artikel beruht auf Art. 23 EVÜ-Entw. 1972 und seine Formulierung ist an Art. 7 Abs. 1 des UN-Kaufrechts angelehnt, vgl. MünchKomm-*Martiny*, Art. 36 EGBGB, Rn. 1. Art. 7 Abs. 1 CISG lautet: „Bei der Auslegung dieses Übereinkommens sind sein internationaler Charakter und die Notwendigkeit zu berücksichtigen, seine einheitliche Anwendung und die Wahrung des guten Glaubens im internationalen Handel zu fördern."

Rechnung zu tragen, eine einheitliche Auslegung und Anwendung dieser Vorschriften zu erreichen. Diese Norm ist eine Präzisierung der allgemeinen Regeln über die Auslegung staatsvertraglicher Kollisionsnormen.[10] Inwieweit Art. 18 EVÜ eine Rechtspflicht statuiert oder lediglich ein nobile officium begründet, wird allerdings uneinheitlich beantwortet.[11] Des Weiteren gibt das EVÜ über die Forderung nach einheitlicher Auslegung und Anwendung hinaus dem Rechtsanwender nicht inhaltlich vor, welcher Weg hierbei einzuschlagen ist.[12] Recht häufig enthält es zwar eigenständige Definitionen[13], der Normtext schweigt jedoch für die in dieser Arbeit relevanten Begriffe des Art. 4 EVÜ insbesondere der „engsten Verbindung" im Sinne des Abs. 1, der „charakteristischen Leistung" im Sinne des Abs. 2 und der „engeren Verbindung" sowie der „Gesamtheit der Umstände" im Sinne der Ausweichklausel des Abs. 5 S. 2. Die Bedeutung dieser Begriffe ist daher unter Berücksichtigung der Besonderheiten dieses speziellen multinationalen Staatsvertrages zu ermitteln.

Da der Wortlaut des Art. 4 Abs. 5 S. 2 EVÜ nicht eindeutig ist, ermöglicht er den Gerichten, gewisse gewünschte Ergebnisse der kollisionsrechtlichen Anknüpfung zu realisieren. Die beiden geläufigsten und der Rechtsvereinheitlichung entgegenwirkenden Fälle sind das sogenannte Heimwärtsstreben und die Fortführung nationaler Anknüpfungsgrundsätze, die bereits vor dem Inkrafttreten des EVÜ entwickelt wurden.[14] Diese beiden Fälle verdeutlichen die Möglichkeit missbräuchlicher Auslegung und Anwendung des Übereinkommens. Aber auch außerhalb des „Missbrauchs" besteht die Gefahr uneinheitlicher Auslegung, solange keiner zentralen Instanz die letztentscheidende Auslegungskompetenz übertragen wurde.

Diese Gefahr resultiert insbesondere aus Kontroversen, die vor dem Hintergrund stark divergierender Rechtstraditionen in den Mitgliedstaaten stehen. So wurde beispielsweise in Großbritannien das Vertragsstatut ausschließlich anhand der Generalklausel der „closest and most real connection" bestimmt, was in etwa dem Abs. 1 des Art. 4 EVÜ entspricht und dem Richter einen sehr weiten Raum für die Rechtsfindung eröffnet. In Italien wurde ganz entgegengesetzt das Vertragsstatut anhand von a priori festgelegten und eindeutig feststellbaren

---

10 MünchKomm-*Martiny*, Art. 36, Rn. 1.

11 Vgl. *Czernich/Heiss*, ÖJZ 1998, S. 681, 683; *Klauser*, EuGVÜ und EVÜ, S. 43; *Lando*, CML Rev. 24 (1987), S. 159, 161; *W. Lorenz*, IPRax 1987, S. 269, 270; MünchKomm-*Martiny*, Art. 36 EGBGB, Rn. 7; *Reinhart*, RIW/AWD 1994, S.445, 449. Zur Frage, ob die einheitliche Auslegung und Anwendung eine völkerrechtliche Verpflichtung der Vertragsstaaten darstellt, die sich auf die einzelnen Rechtsanwendungsorgane erstreckt, vgl. *Kohler*, EuR 1984, S. 167.

12 MünchKomm-*Martiny*, Art. 36, Rn. 5.

13 Z. B. in Art. 5 Abs. 1 für den Begriff des Verbrauchers.

14 *Rammeloo*, S. 219 (Fn. 54), 222, 228, 320, 323 f.; *Kokkini-Iatridou*, in: Exception Clauses, S. 3, 32.

Kriterien, nämlich der gemeinsamen Staatsangehörigkeit, subsidiär des Ortes, an dem der Vertrag geschlossen wurde, bestimmt, ein Verfahren bei welchem der Freiheit des Richters bei der Rechtsfindung äußerst enge Grenzen gesteckt sind.

Die sehr offene Formulierung des ersten und des letzten Absatzes, aber auch die durchaus problematische dogmatische Rechtfertigung für den Regelungsinhalt der Vermutungen führen zu zahlreichen Kontroversen in der Literatur, die die Anwendung der auf den ersten Blick so simpel erscheinenden Norm im Einzelfall recht unhandlich und kompliziert gestalten. Streitpunkte ergeben sich zum einen aus den bereits angedeuteten unterschiedlichen Rechtstraditionen in den Mitgliedstaaten des Römischen Übereinkommens. Sie ergeben sich aber auch aus den sehr verschiedenen Zielvorstellungen einzelner Rechtsgelehrter, die sich gelegentlich zu einander widersprechenden Strömungen verdichtet haben.

Die vorliegende Arbeit erörtert unter Berücksichtigung anderer Rechtsordnungen, insbesondere der schweizerischen und der US-amerikanischen, in ihrem Zweiten Teil theoretisch-dogmatische Fragestellungen. Zunächst wird das Anknüpfungsprinzip der engsten Verbindung besprochen (Zweiter Teil, 1. Kapitel), denn es bildet die kollisionsrechtliche Basis objektiver Bestimmung des Vertragsstatuts und hat unmittelbaren Einfluss auf die Auslegung der einzelnen Regelungen des Art. 4 EVÜ sowie auf dessen Struktur. Dabei wird der spezifisch internationalprivatrechtlichen Gerechtigkeit und den widerstreitenden Aspekten der Einzelfallgerechtigkeit und der Rechtssicherheit besondere Bedeutung zukommen. Darauf aufbauend wird die Struktur objektiver Anknüpfung nach diesem Artikel im Einzelnen beleuchtet.

Anschließend (Zweiter Teil, 2. Kapitel) wird der Anwendungsbereich der Ausweichklausel konkretisiert. Ziel ist es, unter Aufrechterhaltung des notwendigen Spielraumes klare Anwendungsvoraussetzungen zu erarbeiten. Nur so ist es möglich, dass die Ausweichklausel ihren Zweck, nämlich die Gerechtigkeit im einzelnen Fall zu gewährleisten, erfüllt und gleichzeitig nicht dazu führt, dass das vom Römischen Übereinkommen statuierte Anknüpfungssystem konturenlos und damit beliebig wird.

Der Dritte Teil beinhaltet in Kapitel 3 eine anwendungsorientierte Analyse solcher Rechtsprechung, die sich mit der Ausweichklausel auseinandergesetzt hat. Dabei wurde – soweit möglich – Rechtsprechung aus allen Mitgliedstaaten berücksichtigt. Hier liegt das Hauptaugenmerk auf der Art und Weise, insbesondere der Intensität und Offenheit, mit der sich die erkennenden Gerichte diesem kollisionsrechtlichen Problem stellen.

Im Dritten Teil, viertes Kapitel werden schließlich aufbauend auf der Vertragstypendogmatik sämtliche Anwendungsfälle der Ausweichklausel, die zur Kenntnis des Verfassers gelangt sind, besprochen. Dieser Teil der Arbeit dient zum einen der möglichst umfassend angelegten, wenn auch zwangsläufig exemplarischen Umsetzung der im ersten Teil erarbeiteten Ergebnisse. Er soll gleichzeitig dem Rechtsanwender einen breiten Fundus an Fallmaterial aus Literatur und Rechtsprechung liefern, welches einer systemkonformen Lösung zugeführt wurde.

Die wesentlichen Ergebnisse des Zweiten und Dritten Teils werden in einem kurzen Vierten Teil thesenartig zusammengefasst.

Abschließend wird auf auf den von der Kommission am 15. Dezember 2005 vorgelegten „Vorschlag für eine Verordnung über das auf vertragliche Schuldverhältnisse anzuwende Recht (Rom I)“[15] eingegangen, soweit dieser sich auf die objektive Bestimmung des Vertragsstatuts nach Art. 4 EVÜ auswirken könnte, insbesondere durch Abschaffung der Ausweichklausel.

[15] KOM(2005) 650 endg.

Zweiter Teil: Die Ausweichklausel des Art. 4 Abs. 5 S. 2 EVÜ und ihre Einbettung in das System objektiver Anknüpfung nach dem Römischen Übereinkommen

1. Kapitel: Das Prinzip der engsten Verbindung

I. Inhalt und Entwicklung des Prinzips der engsten Verbindung

1. Die Wurzeln

Die Wurzeln des Prinzips der engsten Verbindung reichen bekanntlicherweise zurück in die Mitte des 19. Jahrhunderts, als *Friedrich Carl von Savigny* als erster Jurist forderte, es sei diejenige Rechtsordnung aufzufinden, „mit welcher das Rechtsverhältnis seinen engsten räumlichen Zusammenhang hat", „dem es seiner eigentlichen Natur nach angehört".[16] Diese Ansicht führte zu einem radikalen Umdenken – oft wird von einer „Revolution" gesprochen[17] – im Bereich des internationalen Privatrechts.[18] Sie wurde in der Folgezeit immer wieder in verschiedenen Modifikationen aufgegriffen, etwa von *Gierke*, der die Frage nach dem „Sitz des Rechtsverhältnisses" stellte[19], mit der Formel des „lien le plus étroit", die vom schweizerischen Bundesgericht verwandt wurde[20], oder von *Westlake*, der das Recht desjenigen Staates anwenden wollte, zu dem die „closest connection"[21] beziehungsweise später die „most real connection"[22] bestand.[23] Das klassische IPR unterstellte fortan ein Rechtsverhältnis derjenigen

16 *Von Savigny*, System des heutigen Römischen Rechts, Band VIII (1849), S. 18, 28.

17 Vgl. *Vitta*, Riv. dr. int priv. e proc. 19 (1983), S. 261, 265.

18 Siehe dazu *Lagarde*, Rec. des Cours 196 (1986 I), S. 9, 9 ff., der den Siegeszug des Prinzips der engsten Verbindung in Europa en détail nachzeichnet.

19 *Otto von Gierke*, Deutsches Privatrecht (Neudruck 1936) I, S. 217.

20 Erstmals in BG 18.9.1934, BGE 60 II 301 ff.; vgl. dazu *Vischer*, Internationales Vertragsrecht (1962), S. 89 ff.

21 *Westlake*, A Treatise on Private International Law or the Conflict of Laws (1858).

22 *Westlake*, A Treatise on Private International Law or the Conflict of Laws (1880).

23 Kritiker dieses Prinzips haben ihm immer wieder zu Unrecht vorgeworfen, weitgehend nutzlos zu sein; vgl. *Baratta*, Il collegamento più stretto, S. 199 m.w.N.; *Ehrenzweig*, Harv.L.Rev. 80 (1966), S. 377, 381; *Juenger*, RabelsZ 46 (1982), S. 57, 72 f.; *ders.*, Zum Wandel des Internationalen Privatrechts, S. 12; *ders.*, in: North, S. 295, 305 m.w.N.; *Nadelmann*, Am.J.Comp.L. 24 (1976), S. 1, 10 f., 17, 19. Dabei wird nicht ausreichend gewürdigt, dass es im ersten Schritt die generelle Leitlinie vorgibt – nicht mehr und nicht weniger – und außerdem klarstellt, dass die Verfolgung anderer Ziele als die Suche nach der engsten Verbindung im Grundsatz ausgeschlossen ist. Im zweiten Schritt dient es dann dazu, es zu ermöglichen, seine eigenen Konkretisierungen einzelfallangepasst zu korrigieren. Zu Recht schreibt etwa *Pocar*, in: Reichelt, S. 105, 109: „Letztere [die engste Verbindung] erscheint aufgrund ihrer Flexibilität als nur schwer kritisierbar und eher [als Art. 25

Rechtsordnung[24], zu er es die engste Verbindung aufwies.[25] Dies geschah unter dem Postulat der Rechtssicherheit jedoch nicht in individuell-konkreter Weise, d. h. bezogen auf den einzelnen Sachverhalt, sondern abstrakt-generell, indem an ein einzelnes schwerpunktbestimmendes Sachverhaltselement, den Anknüpfungspunkt oder das Anknüpfungsmoment, angeknüpft wurde.[26]

2. Anstoß des Umdenkens

Seit den 30er Jahren des letzten Jahrhunderts, verstärkt aber seit Ende des zweiten Weltkrieges wurde diese auch abstrakt-apriorische Anknüpfungsmethode[27] genannte Vorgehensweise objektiver Vertragsstatuts-bestimmung zunehmend und insbesondere von amerikanischer Seite kritisiert.[28] In dieser oftmals recht heftig und etwas blumig formulierten Kritik wurde mal – noch nüchtern – eine Krise festgestellt und die Reform verlangt[29], mal die „kollisionsrechtliche Revolution" propagiert,[30] mal der Bankrott des klassischen internationalen Privatrechts festgestellt, wegen dessen „Hantieren[s] mit Begriffen und logischen Operationen, [...] das an die Blütezeit der Pandektistik erinnert"[31]; auch wurde

ital. IPRG] geeignet, die komplexen Situationen des modernen internationalen Rechtswesens zu lösen."

24 Unter dem Vorbehalt eines Verstoßes gegen den nationalen ordre public der lex fori, vgl. *Kreuzer*, in: FS Zajtay, S. 295, 295.

25 Dieses kontinentaleuropäische Verständnis des Begriffes der „engsten Verbindung" deckt sich nicht mit dem ähnlich klingenden Begriff des „most significant relationship" des US-amerikanischen Rechts, welches vor einer anderen Rechtstradition steht: Es geht dort primär um eine sachgerechte Fortentwicklung des Fallrechts und bedeutet letztlich das Resultat des „policies weighing" im Einzelfall, vgl. *Vischer*, RabelsZ 38 (1974), S. 128, 137; *Kropholler*, IPR, § 11, IV, S. 86 f. Vgl. eingehend zum US-amerikanischen Kollisionsrecht *Naumann*, UN-Kaufrecht im Spannungsfeld zwischen Einheitsrecht und Kollisionsrecht, S. 106 ff., sowie unten S. 31 ff. Wenn *Juenger*, in: North, S. 295, 300, schreibt, „The key concept used by the European draftsmen, the „closest connection", emulates the „most significant relationship", so ist dies (bewußt) ungenau und nivellierend. Gleiches gilt für die Äußerung *Cavers* die EVÜ-Formel der „engsten Beziehung" sei synonym zu der des § 6 Restatement Second, während die Vermutung des Art. 4 Abs. 2 EVÜ mit den in „title B" enthaltenen Konkretisierungen übereinstimme; *Cavers*, So.Cal.L.Rev. 49 (1975-76), S. 603, 623.

26 Vgl. *Baratta*, Il collegamento più stretto, S. 78 ff.; *Kreuzer*, in: FS Zajtay, S. 295, 295 ff.; *Vitta*, Riv. dr. int. priv. e proc 19 (1983), S. 261, 268 ff.

27 Vgl. *Kreuzer*, in: FS Zajtay, S. 295, 295. Gesprochen wird auch von „aprioristischer" im Gegensatz zu „posterioristischer" Anknüpfung, vgl. *Dietzi*, in: FS Schw. Juristentag 1973, S. 49, 49; *Vischer*, SJIR 14 (1957), S. 43, 43.

28 Vgl. statt vieler *Vitta*, Am.J.Comp.L. 30 (1982), S. 1, 1 ff.

29 Vgl. *Kegel*, Rec. des Cours, 112 (1964 II), S. 90, 268.

30 *Juenger*, NJW 1973, S. 1521, 1522 f., ähnlich: *Wiethölter*, Vorschläge und Gutachten zur Reform des deutschen internationalen Erbrechts, S. 142 ff.

31 *Juenger*, Zum Wandel des internationales Privatrechts, S. 5 f.

von einem „Glasperlenspiel" gesprochen[32] sowie schlichter von „Unzulänglichkeit der praktischen Ergebnisse".[33] Das klassische Kollisionsrecht wurde auch mit einer komplizierten Maschine verglichen, deren Leistung in keinem Verhältnis zu den Betriebskosten stehe und die deshalb zum alten Eisen geworfen werden solle.[34] Kern der Kritik, die nicht in einer einheitlichen Doktrin, sondern in verschiedenen Strömungen mündete [35], war, dass das internationale Privatrecht ausschließlich abstrakte Normen enthalte, die deswegen „empty and bloodless"[36] seien, da sie ohne Rücksicht auf das materielle Ergebnis in mechanisch-blinder Weise das anwendbare Recht bestimmten.[37] Im Zusammenhang mit dieser Kritik steht u. a. auch die Anerkennung und Einführung von kollisionsrechtlichen Ausweichklauseln.[38]

3. Individueller und generalisierender Aspekt internationalprivatrechtlicher Gerechtigkeit

Es ist eine der Grundentscheidungen kollisionsrechtlicher Anknüpfung, ob diese anhand starrer, unflexibler Anknüpfungsmomente erfolgt oder ob sie elastischen, flexiblen Regeln unterworfen ist. Dies mag in dieser Generalität banal klingen und zu unkonkret für die Auslegung einer bestimmten Norm erscheinen. Indes ist es von großer Bedeutung, an dieser Stelle das vom Römischen Übereinkommen adaptierte Prinzip zu erkennen, denn es wirkt sich über die Auslegung seiner Ausweichklausel bis hin zur systemkonformen Beurteilung einzelner Vertragsumstände aus.[39] Die erste Frage bei der Annäherung an das Problem der methodischen Einordnung der Ausweichklausel des Art. 4 Abs. 5 S. 2 EVÜ ist demnach, ob sich die Redakteure des Übereinkommens in seinem Art. 4 für einen Ansatz entschieden haben, der dem Rechtsanwender mittels der Vermutungen der Abs. 2 bis 4 im Wesentlichen feste Anknüpfungsmomente vorgibt und damit das Anknüpfungsergebnis quasi a priori festlegt, oder aber beabsichtigten, dem Rechtsanwender mit dem System von Generalklausel (Abs. 1), Vermutungen (Abs. 2 bis 4) und Ausweichklausel (Abs. 5, S. 2) eher die gene-

---

32 *Neuhaus*, RabelsZ 35 (1971), S. 401, 413.

33 *Langen*, NJW 1969, S. 358, 358 f.; *Stöcker*, WM 1965, S. 442, 448 ff.

34 *Juenger*, Zum Wandel des IPR, S. 5.

35 Siehe Nachweise bei *von Hoffmann*, IPR, § 2 G, Rn. 41 ff.; *Kegel/Schurig*, IPR, § 3 XI 2 b, S. 176 ff.; *Vitta*, Am.J.Comp.L. 30 (1982), S. 1, 1 f.

36 *Currie*, Selected Essays on the Conflict of Laws, S. 52.

37 *Cavers*, Harv.L.Rev. 47 (1933-1934), S. 173-208; *Gutzwiller*, SJIR 25 (1968), S. 161, 169; *Juenger*, Zum Wandel des IPR, S. 5.

38 Vgl. *Kreuzer*, in: FS Zajtay, S. 295, 296; *Vitta*, Riv. Dr. int. priv. e proc. 19 (1983), S. 261, 268 ff. Weitere Einflüsse der US-amerikanischen „Conflicts Revolution" auf kontinentaleuropäisches Kollisionsrecht werden nachgewiesen bei *Vitta*, Am.J.Comp.L. 30 (1982), S. 1, 10 ff.

39 Dazu im letzten Teil der Arbeit.

relle Methode objektiver Bestimmung des Vertragsstatuts vorzuzeichnen, ihm aber prinzipiell freie Hand bei der Beurteilung des Einzelfalles zu lassen. Allgemein lässt sich feststellen, dass gegenüber der Formel *Savignys* vom „Sitz des Rechtsverhältnisses", welcher ausgehend von der „Natur des Rechtsverhältnisses" rein a priori abstrakt festzustellen war, das Prinzip der engsten Verbindung nach heutigen Verständnis einen Wandel bedingt, durch den die Umstände des einzelnen Falles stärker in den Vordergrund treten.[40]

a) Unflexibles und flexibles Recht

Die allgemeine Problematik um die Wertungsprinzipien flexibler und unflexibler Systeme wurde bereits recht häufig erörtert; sie soll hier daher nur in der gebotenen Kürze dargestellt werden. Was sind nun die Leitprinzipien, an denen sich die Entscheidung für ein strenges oder flexibles Recht beziehungsweise für eine Synthese mit mehr oder weniger starker Ausrichtung zu einer Seite orientiert? Wenn Kreuzer die Begriffe „strenges" und „billiges" Recht gegenüberstellt[41], so soll dem in dieser Arbeit entgegengetreten werden. In der Gegenüberstellung bezeichnet *Kreuzer* „strenges" als „unbilliges" und „einzelfallorientiertes" als „billiges" Recht.[42] Dass dem nach hier vertretener Auffassung nicht so ist, wird im Folgenden deutlich.

Strenges oder auch unflexibles Kollisionsrecht liegt in seiner Reinform vor, wenn der Normgeber abschließende Regelungen für sämtliche Sachverhalte trifft. Dabei ist unerheblich, mit welcher Detailfreude er dies tut, d. h. der Tatbestand kann sowohl abstrakt-generell formuliert sein und so eine gänzlich unbestimmte Vielzahl von Fallkonstellationen erfassen oder auch bis hin zu konkret-individuellen Einzelfällen konzipiert sein. Entscheidend ist, dass dem Anwender keinerlei Anwendungsspielraum verbleibt. Er hat somit nicht die Befugnis, eventuelle Besonderheiten des einzelnen Sachverhalts bei der kollisionsrechtlichen Anknüpfung zu berücksichtigen.[43]

Ganz entgegengesetzt stellt sich flexibles Kollisionsrecht dar. Dieses ist in der Anwendung geschmeidig; der Normgeber überlässt dem Normanwender, den

---

40 *Kropholler*, IPR, § 4 II, S. 26; *Vitta*, Riv. dr. int. e proc. 19 (1983), S. 261, 265.

41 *Kreuzer*, in: FS Zajtay, S. 295, 313, 319.

42 Ähnlich, aber dennoch mehr im Sinne der hier vertretenen Auffassung äußert sich *Kropholler*, der zwischen dem inhaltlichen Ideal der Gerechtigkeit und seinem Gegenpol, der formalen Rechtssicherheit, differenziert, ohne aber letztere aus der Gerechtigkeit an sich auszuschließen, *Kropholler*, IPR, § 4 IV, S. 29. Siehe auch: *ders*., a.a.O., § 4 I, S. 24: Dort definiert er in Fn. 1 den Begriff der Gerechtigkeit nicht allgemein, sondern so, wie er ihn im folgenden Text verwendet. Dabei schließt er die Rechtssicherheit nicht mit ein. Diese begriffliche Eingrenzung bedeutet gleichzeitig, dass die Rechtssicherheit nicht von vornherein ausgeschlossen ist.

43 Vgl. *Kreuzer*, in: FS Zajtay, S. 295, 313 f.

Einzelfall mit seinen besonderen Aspekten, losgelöst von zwingenden Vorgaben für die Anknüpfung, zu würdigen. Er begnügt sich damit, dem Anwender eine generelle Leitlinie vorzugeben, etwa für das Recht der internationalen Schuldverträge, dass er sich bei der objektiven Bestimmung des Vertragsstatuts rein von der Suche nach der engsten Verbindung leiten zu lassen hat.

b) Die internationalprivatrechtliche Gerechtigkeit

Gemeinhin werden beide Ansätze als von unterschiedlichen Prinzipien mit entgegengesetzter Stoßrichtung getragen dargestellt. Verkürzt gesagt soll das unflexible System der Rechtssicherheit dienen, indem es insbesondere die Vorhersehbarkeit der Anknüpfungsergebnisse garantiert und die Rechtsgleichheit fördert. Dagegen soll das völlig flexible System die Einzelfallgerechtigkeit ermöglichen, die häufig mit der internationalprivatrechtlichen Gerechtigkeit gleichgesetzt wird.[44] Dies ist natürlich nicht (völlig) falsch, doch ist es u. a. Ziel dieser Arbeit darzulegen, dass beide Ansätze gleichermaßen einem gemeinsamen, übergeordneten Ziel dienen. Dieses Ziel ist die Verwirklichung internationalprivatrechtlicher Gerechtigkeit. Unter diesem gemeinsamen Dach verfolgen beide Ansätze selbstverständlich unterschiedliche Gerechtigkeitsaspekte. Sie stehen sich jedoch nicht so simpel gegenüber, wie nach der klassischen Einteilung in Rechtssicherheit durch Vorhersehbarkeit sowie Einfachheit der Anwendung contra internationalprivatrechtliche Gerechtigkeit. Auch das Moment der Rechtssicherheit wohnt dieser Gerechtigkeit als ein Aspekt inne.[45] Sie ist also nicht etwa eine Durchbrechung des kollisionsrechtlichen Gerechtigkeitszieles, die einem anderen Zweck dient. Im Wesentlichen zuzustimmen ist daher *Kreuzer*, der mit einer unterschiedlichen Nuance zu obigem Zitat an späterer Stelle schreibt, strenges Recht verwirkliche „die Maxime der Rechtssicherheit und gleichzeitig den *generalisierenden Aspekt der Gerechtigkeit.* [...] „Billiges" Recht [verwirkliche] die Maximen der Einzelfallgerechtigkeit und die hierauf bezogene Rechtsgleichheit."[46] Er hebt allerdings nicht mit der wünschenswerten Deutlichkeit hervor, dass auch die Rechtssicherheit eines der konstitutiven Merkmale der Gerechtigkeit im Kollisionsrecht ist.

Diese Gerechtigkeit gebietet in Abgrenzung zur materiellprivatrechtlichen Gerechtigkeit nicht, das abstrakt gerechteste Recht zur Anwendung kommen zu

---

[44] Siehe statt vieler: *Dietzi*, in: FS Schw. Juristentag 1973, S. 49, 52, 55; *Vischer*, SJIR 14 (1957), S. 43, 46 m.w.N.

[45] Ebenso: *Vischer*, SJIR 14 (1957), S. 43, 49 ff. Zu weitgehend: *Dietzi*, in: FS Schw. Juristentag 1973, S. 49, 52 und *Campiglio*, Riv. dr int. priv. e proc. 21 (1985), S. 47, 48, die die internationalprivatrechtliche Gerechtigkeit nur durch die „aprioristische Anknüpfung" gewährleistet sehen, während die „posterioristische Anknüpfung" materielle Gerechtigkeit erreichen wolle.

[46] *Kreuzer*, in: FS Zajtay, S. 295, 314; Hervorhebung durch den Verfasser.

lassen. Gerecht und fallangemessen ist nicht die sachlich beste Lösung, sondern die Anwendung derjenigen Rechtsordnung, zu der die engste Verbindung besteht.[47] Die materielle Gerechtigkeit ist erst vom anzuwenden Sachrecht zu verwirklichen, während das internationale Privatrecht – in den Grenzen insbesondere des ordre public – eine insofern wertneutrale Anknüpfung vorzugeben hat, bei der, bezogen auf den materiellen Gerechtigkeitsgehalt, von der Gleichwertigkeit der in Frage kommenden Rechtsordnungen auszugehen ist. Soweit dieser Grundsatz der Neutralität gegenüber den verschiedenen Rechtsordnungen aus der Sicht eines Staates unbefriedigend ist, hat dieser die Möglichkeit, materielle Gerechtigkeitsgedanken auf die Ebene des Kollisionsrechts zu heben, wie dies etwa zur Durchsetzung des favor-Gedankens oder zum Schutz des Schwächeren geschehen ist.[48] Soweit eine solche positive Normierung zur ausnahmsweisen Durchsetzung anderer Ziele als der rein kollisionsrechtlichen Zuordnung fehlt[49], ist der Weg zu ihrer Berücksichtigung auf der Ebene des internationalen Privatrechts verwehrt. In diesen Fällen bleibt es bei dem Grundsatz, dass das Recht des Staates anzuwenden ist, zu dem die engste Verbindung besteht.[50]

---

[47] Die Frage, ob materiellrechtliche Gesichtspunkte im Rahmen der objektiven kollisionsrechtlichen Anknüpfung zu berücksichtigen sind, soll an dieser Stelle nur kurz verneinend beantwortet werden. Sie wird eingehend unten S. 96 ff. erörtert.

[48] Siehe aus dem deutschen IPR: Artt. 11 Abs. 1, 2 (favor negotii), 18 Abs. 1, 2 (favor alimenti), 19 Abs. 1 (favor legitimitatis); Art. 29 Abs. 1 (Schutz der Verbraucher), Art. 30 Abs. 1 (Schutz der Arbeitnehmer). Dazu, dass die Wertentscheidungen des eigenen materiellen Rechts recht häufig auf die Ebene des Kollisionsrechts durchschlagen, was sich insbesondere bei Änderungen des materiellen Rechts zeigt, auf die das Kollisionsrecht mit einem Wandel reagiert, siehe *Siehr*, RabelsZ 37 (1973), S. 466, 478 ff.; *Schurig*, Kollisionsnorm und Sachrecht, S. 201 ff.

[49] Diese Verfolgung anderer Ziele stellt eine Durchbrechung des Prinzips der internationalprivatrechtlichen Gerechtigkeit dar.

[50] Dabei wird nach wie vor uneinheitlich beurteilt, ob dies in räumlich-geographischem Sinne zu verstehen ist, so etwa das Schweizerische Bundesgericht seit BGE 60 (1934) II, 294, 301; *von Hoffmann*, IPR, § 2 H I, Rn. 52; *Jacquet*, zitiert in: Thorn, Diskussionsbericht, S. 43, 43; *Kegel/Schurig*, IPR, § 2 I, S. 114 oder aber sachlich/persönlich, wie es etwa *Kropholler*, § 4 II, S. 25. m.w.N.; *Lagarde*, Rec. des Cours 196 (1986 I) 1987, S. 13, 25; MünchKomm-*Martiny*, Art. 28 EGBGB, Rn. 6; *Schnitzer*, Rec. des Cours 120 (1968 I), S. 541, 562; *Schwander*, in: FS Moser, S. 79, 79 f. vertreten. Letztlich handelt es sich hier um einen Streit um den zutreffenden Oberbegriff bzw. Ausgangspunkt, denn die persönlichen/sachlichen Beziehungen müssen räumlich verortet werden und die räumlichgeographischen Verbindungen sind stets entweder personen- oder sachbezogen.

4. Die Ausweichklausel: Eine Standortbestimmung

Bis zur Veröffentlichung des Vorschlags der Kommission für die Rom I-Verordnung[51] war es annähernd unbestritten, dass starre Systeme, die a priori die engste Verbindung endgültig festlegen, wegen ihrer Unflexibilität ungeeignet sind, der Rechtswirklichkeit in all ihren Facetten und ihrer Dynamik gerecht zu werden. Sie überbetonen die Aspekte der Rechtssicherheit und der Einfachheit der Anwendung und gehen insbesondere an den Bedürfnissen des internationalen Wirtschaftsverkehrs vorbei. Nach überwiegender Ansicht in Europa ist aber die völlige Flexibilität eines Anknüpfungssystems ebenfalls nicht wünschenswert, denn sie missachtet das Bedürfnis des Rechtsunterworfenen nach der Vorhersehbarkeit des kollisionsrechtlichen Ergebnisses.[52] Außerdem öffnet sie der missbräuchlichen Auslegung und Anwendung Tür und Tor, so dass vom Rechtsanwender, insbesondere dem Richter, dem Kollisionsrecht fremde Ziele verfolgt werden können. Zu denken ist hierbei vor allem an das sogenannte Heimwärtsstreben, also der ungerechtfertigten Anwendung der lex fori[53] sowie an das Einfließenlassen materiellrechtlicher Erwägungen in die Entscheidungsergebnisse auf der kollisionsrechtlichen Ebene. Daher ist es notwendig, dass sich beide Methoden nicht ausschließen, sondern ergänzen, so dass eine wechselseitige Abhängigkeit besteht.[54] Je abstrakt-genereller eine strikte Norm ist, desto größer ist die Notwendigkeit, eine Möglichkeit zu schaffen, zur Wahrung der Billigkeit im Einzelfall von ihr abweichen zu können. Je konkret-individueller eine Norm ist, desto seltener wird ein Bedürfnis danach bestehen.[55] Aus diesen Überlegungen konkretisiert sich die Problematik rund um die Ausweichklauseln: Es geht um das Spannungsverhältnis von starrem und flexiblem Recht, d. h. um die Verwirklichung der internationalprivatrechtlichen Gerechtigkeit im Rahmen der objektiven Bestimmung des Vertragsstatuts mit ihrer generellen und ihrer individuellen Dimension.[56] So wie Ausweichklauseln als Mittel zur Durchsetzung der kollisionsrechtlichen Einzelfallgerechtigkeit unverzichtbarer Bestandteil jedes modernen Kollisionsrechts sind[57], so ziehen sie gleichermaßen auch die Grenze für die Abweichungsbefugnis des Rechtsanwenders.[58] Schwierig ist bei allen offen formulierten Ausweichklauseln dabei nicht so sehr der positive Aspekt, also die Abweichungsbefugnis an sich, sondern das negative Korrektiv, nämlich die Grenze dieser Befugnis. Da diese nicht ausdrücklich geregelt ist, muss sie für jede Ausweichklausel durch Auslegung ermittelt werden.

---

[51] Siehe hierzu Kapitel 5.

[52] Dieses Bedürfnis ergibt sich aus verschiedenen Gründen, die weiter unten S. 19 ff. erörtert werden.

[53] Dieses grundsätzlich zu missbilligende Streben kann durchaus auch Argumente für sich verbuchen: So steht die leichtere Feststellung des Rechts und die damit einhergehende Beschleunigung der Verfahren sowie der Kostenaspekt im Partei- als auch im staatlichen Ordnungsinteresse. Zu Recht weist u. a. *Kegel/Schurig*, IPR, § 2 II 3. d, S. 126, darauf hin,

a) Die Auslegungsmethoden

Keinesfalls darf dabei der schlichte Wortlaut, der stets für die maximale Weite der jeweiligen Klausel spricht, als letztentscheidendes Argument herangezogen werden; er kann nicht mehr darstellen, als den Beginn des Auslegungsprozesses.[59] Gerade im Fall der hier thematisierten Klausel, die sich im Gegensatz zu etwa der relativ neu eingeführten sachenrechtlichen Ausweichklausel des Art. 46 EGBGB mit der Formulierung „engere Verbindungen" begnügt, während letztere strikter von „wesentlich engere Verbindung" spricht, gibt der Wortlaut für eine Konkretisierung der Ausweichklausel nichts her.

Auch die von *Baratta* vorgenommene historische Auslegung geht fehl: Aus der Tatsache, dass der Entwurf zum Schuldrechtsübereinkommen von 1972 eine starre Konkretisierung des Prinzips der engsten Verbindung vorsah, diese sich jedoch nicht hat durchsetzen können, zieht *Baratta* den Schluss, es sei ein Anknüpfungsmechanismus etabliert worden, der im Wesentlichen frei und einzel-

dass außerhalb von Eilfällen diese Interessen nicht andere, wie dem am internationalen Entscheidungseinklang, überwiegen (**a.A.** *Flessner*, Interessenjurisprudenz im IPR, § 4). Erst wenn sich kollisionsrechtliche Interessen gegenseitig weitgehend neutralisierten, sei es legitim, wenn das Interesse an der Anwendung des eigenen Rechts den Ausschlag gebe, wie dies beim Renvoi der Fall sei. Siehe zum Heimwärtsstreben und zum Grundsatz der lex fori eingehend *Kropholler*, IPR, § 7 I, II, S. 42 f. m.w.N.

54 *Kreuzer*, in: FS Zajtay, S. 295, 314, mit Verweis auf *Aristoteles*, Nikomanische Ethik, V. Buch, 14. Kapitel.

55 *Kreuzer*, ZfRV 3 (1992), S. 168, 184; *ders*., in: FS Zajtay, S. 295, 314 f.

56 Vgl. *Kreuzer*, in: FS Zajtay, S. 295, 315; *Dietzi*, in: FS Schw. Juristentag 1973, S. 49, 52, 56; *Magagni*, La prestazione caratteristica, S. 30 ff.; auch *Naumann*, UN-Kaufrecht im Spannungsfeld zwischen Einheitsrecht und Kollisionsrecht, S. 89, sieht das Spannungsverhältnis zwischen den beiden Polen – der Rechtssicherheit und dem Bedürfnis nach gerechten Einzelfallentscheidungen – als Hauptproblem objektiver Anknüpfung.

57 So die herrschende Ansicht, vgl. statt vieler: *Kropholler*, IPR, § 4 II 2 c, S. 27; *Kreuzer*, ZfRV 3 (1992), S. 168, 182 ff. Der Wert von Ausweichklauseln war und ist indes nicht unbestritten. Viele fürchten um die Rechtssicherheit, vgl. *Baratta*, Il collegamento più stretto, S. 200 ff. m.w.N.; *Kropholler*, IPR, § 4 II 2 c, S. 27 mit Verweis in Fn. 16 auf die Diskussion in: Lausanner Kolloquium über den deutschen und schweizerischen Gesetzentwurf zur Neuregelung des IPR (1984), S. 25 ff.; *Kreuzer*, ZfRV 3 (1992), S. 168, 189 f. m.w.N. Andere sehen die Ausweichklauseln als inhaltsleere und damit überflüssige Formeln an. So bemühte *Kegel*, AcP 178 (1978), S. 118, 120 das Bild einer „Windfahne als Wegweiser"; gleicher Ansicht: *Kegel/Schurig*, IPR, § 6 I 4 b, S. 258, *Jessurun d'Oliveira*, Am.J.Comp.L. 25 (1977), S. 303, 326 ff. sowie *Collins*, I.C.L.Q. 25 (1976), S. 35, 45 und *Juenger*, in: North, S. 295, 302: Die Ausweichklausel „brings the matter full circle so there is a three stage operation which ends where it begins."

58 *Kreuzer*, in: FS Zajtay, S. 295, 315.

59 *Larenz*, Methodenlehre, S. 320; *Fikentscher*, Methoden des Rechts, S. 361.

fallbezogen sei.[60] Gleichzeitig gibt er zu, dass mangels Veröffentlichung der entsprechenden Vorarbeiten nicht mit Sicherheit gesagt werden kann, welche Motive dieser Änderung zugrunde lagen.[61] Aus hier vertretener Sicht dominiert die historische Auslegung nicht über die systematische und teleologische und bietet daher allenfalls ein unterstützendes Argument. Außerdem bedeutet die Tatsache, dass ein Konzept, welches als zu rigide erscheint, mittels einer Ausweichklausel aufgelockert wird, nicht gleichzeitig, dass nunmehr das Gegenteil gewollt ist. Dies ergibt sich bereits daraus, dass die starren Anknüpfungsmomente nicht gänzlich aufgegeben, sondern technisch als Vermutungen in den endgültigen Normtext eingeflossen sind.

Die Grenze der Abweichungsbefugnis ist anhand des Normzwecks unter Berücksichtigung des jeweiligen systematischen Zusammenhangs, in den die jeweilige Ausweichklausel eingeflochten ist, zu entwickeln.[62] Jede Norm – hier die primär anwendbaren Vermutungen der Abs. 2-4 des Art. 4 EVÜ[63] – steht unter dem Vorbehalt der Normzweckerfüllung.[64] Ein Rechtssatz erfüllt seinen Zweck dann nicht, wenn er tatbestandlich zwar erfüllt ist, seine Anwendung auf den konkreten Sachverhalt aber nach Sinn, Gehalt und Zusammenhang der gesetzlichen Ordnung nicht dem wahren Willen des Gesetzes entsprechen kann.[65] Die Ausweichklausel stellt eine ausdrückliche Ausformung dieses allgemeinen Rechtsgrundsatzes dar, indem sie eine ansonsten bestehende Ausnahmelücke (oder: verdeckte Lücke) positivrechtlich schließt.[66] Methodisch stellt die Ausweichklausel demnach eine gesetzlich niedergelegte teleologische Reduktion der Vermutungsregeln dar[67], die im Zusammenspiel mit den Vermutungsregeln si-

---

[60] *Baratta*, Il collegamento più stretto, S. 134 f.

[61] *Baratta*, Il collegamento più stretto, S. 135.

[62] Widersprüchlich insofern: *Wolf*, Begriff der engsten Verbindung im Int. Sachenrecht, S. 13, 72, der zunächst (S. 13) die unrichtige Behauptung aufstellt, eine Konkretisierung der (sachenrechtlichen) Ausweichklausel sei mit Hilfe der teleologischen Auslegung aus dem Gesetz heraus nicht möglich, im Folgenden aber eine solche Vorgehensweise wählt und dies auch ausdrücklich formuliert (S. 72).

[63] Zum Verhältnis des generellen Prinzips der engsten Verbindung zu den Vermutungstatbeständen siehe unten S. 67 ff.

[64] *Kreuzer*, in: FS Zajtay, S. 295, 317.

[65] *Kreuzer*, in: FS Zajtay, S. 295, 317 mit Verweis auf BGE 60 II, S. 186; *Vischer/von Planta*, IPR I, § 44 IV 1, S. 184; *Rammeloo*, Das neue EG-Vertragskollisionsrecht, S. 326.

[66] *Kreuzer*, ZfRV 1992, S. 168, 184 f.; *ders.*, in: FS Zajtay, S. 295, 317 m.w.N.

[67] *Flessner*, Interessenjurisprudenz im IPR, S. 93; *von Hoffmann*, IPR, § 2 H II 2, Rn. 54; *Kreuzer*, ZfRV 1992, S. 168, 184 f.; *ders.*, in: FS Zajtay, S. 295, 317 m.w.N. Zu Unrecht wendet sich *Geisler*, Die engste Verbindung im IPR, S. 95 ff., gegen diese Qualifizierung als teleologische Reduktion. Seiner Ansicht zufolge seien solche Reduktionen auf klar umrissene Fallkonstellationen beschränkt, wohingegen Ausweichklauseln unscharf seien und gerade nicht ausschließlich bestimmte Fallgruppen erfassten. Darüber hinaus bestünde sonst die Gefahr, bei einer offensichtlich engeren Verbindung von einer Regelanknüpfung

cherstellt, das Prinzip der engsten Verbindung durchzusetzen und eine angemessene Balance zwischen den oben genannten Aspekten internationalprivatrechtlicher Gerechtigkeit zu schaffen.

Dieses Ziel ist der Leitgedanke der vorliegenden Arbeit. Vor diesem Hintergrund wird an späteren Stellen untersucht, welche Prinzipien den Vermutungsregeln zugrunde liegen und in welchem Verhältnis sie zur Ausweichklausel stehen[68], um im Anschluss daran die einzelnen Probleme rund um die Konkretisierung des Ausnahmefalles zu analysieren.[69]

b) Bildung von Unterregeln

Mit diesem Prozess der Balancefindung sollte sich außerdem ein sehr erwünschtes „Nebenprodukt" entwickeln, nämlich eine Fortsetzung der sogenannten Typenbildung[70]: Es sollten sich am Normzweck ausgerichtete Unterregeln herauskristallisieren, die als Ausnahmeregeln der jeweiligen Grundregel vorgehen und somit helfen, die mögliche Rechtsunsicherheit in Grenzen zu halten und gleichzeitig durch die erreichte Verfeinerung der Anknüpfungsregeln der Einzelfallgerechtigkeit dienen.[71] *Kreuzer* spricht diesbezüglich von dem Versuch, „einen Weg zu finden zwischen der Skylla einer unbilligen aber rechtssicheren *Regel* und der Charybdis einer selten vorhersehbaren aber gerechten *Einzelfallentscheidung*."[72] Er betont in diesem Zusammenhang außerdem zu Recht, dass die Anwendung der Ausweichklausel zwar Normanwendung, realiter aber Normsetzung sei.[73]

---

auch dann abzuweichen, wenn keine Ausweichnorm formuliert sei. Sämtliche Verweisungsnormen seien dann bloße Vermutungen. Diese Kritik geht fehl, denn eine teleologische Reduktion ist naturgemäß *nicht* auf klar umrissene Anwendungsfälle beschränkt; außerdem ist es gerade richtig, dass auch ohne positivrechtliche Normierung von Regelanknüpfungen abgewichen werden kann, denn auch diese stehen selbstverständlich unter dem Gebot der Normzweckerfüllung.

68 Siehe unten S. 49 ff., 67ff.

69 Siehe unten S. 79ff.

70 Der Begriff der „Typenbildung" beschreibt die zunehmende Differenzierung nach der Art der einzelnen Schuldverhältnisse. Zum Typenbildungsgrundsatz siehe *von Hoffmann*, IPR, § 2 H II 1, Rn. 53; *Kropholler*, IPR, § 14, S. 107 ff. sowie sehr eingehend *Rammeloo*, S. 156 ff., 292.

71 *Dietzi*, in: FS Schw. Juristentag 1973, S. 49, 72; *Goerke*, Kollisionsrechtliche Probleme internationaler Garantien, S. 85; *Kokkini-Iatridou*, in: Exception Clauses, S. 3, 40; *Kreuzer*, FS Zajtay, S. 295, 319.

72 *Kreuzer*, in: FS Zajtay, S. 295, 319.

73 *Kreuzer*, in: FS Zajtay, S. 295, 323, ähnlich: *Villani*, La convenzione di Roma, S. 20. U. a. diesem Ziel sollen im letzen Teil dieser Arbeit die Abschnitte „Analyse der zu Art. 4 Abs. 5 S. 2 EVÜ ergangenen Rechtsprechung" und „Fallgruppenbildung und typisierende Gewichtung" dienen.

c) Die kollisionsrechtlichen Interessen

Im Folgenden sollen die hier relevanten internationalprivatrechtlichen Interessen kurz aufgezeigt werden, denn diese sind nicht nur im Vorfeld der Normbildung, sondern selbstverständlich auch im Rahmen der Normanwendung von Bedeutung, nämlich bei der Auslegung der anzuwendenden Normen. Diese hat sich u. a. daran zu orientieren, welche Interessen im Rahmen des Normbildungsprozesses wie bewertet worden sind.[74] Interessen in diesem Sinne sind nicht zu verwechseln mit denen im Sinne heute herrschender Wertungsjurisprudenz, die zwischen *Interessen* der an einer Rechtssache konkret Beteiligten und *Wertungen*, zu denen die Interessen aller potentiell Beteiligten zählen, differenziert.[75] Dieser Interessenbegriff ist, wie *Schurig* hervorhebt, für das Kollisionsrecht zu eng. Interessen in diesem Bereich „sind nicht nur „Begehrensvorstellungen“, sondern auch und vor allem die hinter einer Rechtsnorm stehenden [...] abstrakten gesellschaftlichen „Kräfte“, sozusagen die *Vektoren der Rechtsbildung*.“[76] Vor diesem Hintergrund wird außerdem deutlich, dass nur objektive, typische Interessen berücksichtigt werden können.[77]

Die in Frage kommenden Interessen sollen an dieser Stelle kurz behandelt werden. Sie werden an den jeweils relevanten Punkten wieder aufgegriffen. Bei einer groben Untergliederung lassen sich drei Interessengruppen, die für das Schuldvertragsrecht von Bedeutung sein sollen, herauskristallisieren: Partei-, Verkehrs- und Ordnungsinteressen. Diese Gruppen lassen sich indes nicht trennscharf abgrenzen, vielmehr sind einzelne ihrer Aspekte auch solche einer anderen Gruppe.

Zu den Parteiinteressen: Träger dieser Interessen sind die an einer Rechtssache aktuell Beteiligten.[78] Jede natürliche Person ebenso wie jedes Unternehmen hat ein fundamentales Interesse daran, derjenigen Rechtsordnung unterworfen zu werden, mit der sie/es am engsten verbunden ist.[79] Dieses Interesse besteht auch im internationalen Schuldvertragsrecht, wird hier aber in seiner Bedeutung durch andere Interessen des Wirtschaftsverkehrs erheblich zurückgedrängt. Am engsten verbunden ist eine Vertragspartei – anders als etwa insbesondere in den Bereichen des Staatsangehörigkeits-, des Personen- und des Familien- und Erb-

---

74 *Kegel/Schurig*, IPR, § 2 II, S. 117. *Kropholler*, IPR, § 5 I, S. 31, betont allerdings zu Recht, dass das IPR zwar die auf dem Spiele stehenden Interessen zu berücksichtigen hat, diese jedoch wandelbar und oft subjektiv gefärbt sind, so dass gegenüber ihrer einseitigen Betonung Vorbehalte angebracht sind.

75 *Kegel/Schurig*, IPR, § 2 I, S. 116.

76 *Kegel/Schurig*, IPR, § 2 I, S. 116.

77 *Kropholler*, IPR, § 5 I, S. 31; *Schurig*, Kollisionsnorm und Sachrecht, S. 96 f.; *Kegel/Schurig*, IPR, § 2 I, S. 117.

78 *Kegel/Schurig*, IPR, § 2 II, S. 120.

79 *Kegel/Schurig*, IPR, § 2 II, S. 118.

rechts – nicht mit dem Staat, dessen Staatsangehörigkeit sie besitzt beziehungsweise nach dessen Recht sie gegründet wurde, sondern in dessen Gebiet sie sich gewöhnlich aufhält respektive ihren Sitz hat.[80] Weitere wichtige Interessen der Parteien sind: Prozessökonomie, Rechtsfrieden, Vorhersehbarkeit von Entscheidungen (die in engem Zusammenhang mit dem fundamentalen Grundsatz der Gleichbehandlung steht), Übersichtlichkeit des Rechts, Kontinuität der Rechtsanwendung und Durchsetzbarkeit von Ansprüchen.[81] Entsprechend der oben getroffenen Aussage, dass nur objektive, typische Interessen Berücksichtigung finden können und der hier gefolgten Definition von Parteiinteressen, scheiden diese als eigenständige relevante Interessengruppe aus. Die hier bedeutsamen einzelnen Interessen gehen vielmehr in den anderen zwei Gruppen, insbesondere den Verkehrsinteressen auf.

Träger der Verkehrsinteressen sind nämlich die an bestimmten rechtlichen Vorgängen potentiell Beteiligten.[82] Dem Verkehr ist insbesondere mit Sicherheit und Leichtigkeit gedient.[83] Die gerade genannten weiteren Parteiinteressen sind daher für den Rechts- und Wirtschaftsverkehr ausschlaggebend und finden sämtlich als typische Verkehrsinteressen Berücksichtigung im Kollisionsrecht.

Ordnungsinteressen betreffen ganz allgemein alle eine Rechtsordnung tragenden Rechtsgenossen einschließlich den Staaten.[84] Sie umfassen insbesondere den äußeren und inneren Entscheidungseinklang sowie ebenfalls die bereits genannten Aspekte mit Ausnahme des Parteiinteresses an der Anwendung des „eigenen Rechts“.[85]

Die Frage, ob, wie häufig gefordert wird, im Bereich des internationalen Schuldvertragsrechts die Verkehrsinteressen über die Ordnungsinteressen dominieren sollten[86], kann in dieser Allgemeinheit nicht beantwortet werden, denn diese Interessengruppen bilden zwei sich überwiegend überschneidende Kreise, innerhalb derer zwar ein einzelnes Interesse möglicherweise eine Verschiebung seiner Gewichtung erfährt, aber doch zu beiden Interessengruppen gehört. Es sollten daher nicht die genannten Interessengruppen als solche abstrakt gegen-

---

80 Ähnlich: *Kegel/Schurig*, IPR, § 2 II 1, S. 118 f.

81 *Neuhaus*, Grundbegriffe des IPR, S. 160 ff.; *Kegel/Schurig*, IPR, § 2 I, S. 116; *Kropholler*, IPR, § 4 II, S. 109; *Kreuzer*, in: FS Zajtay, S. 295, 323.

82 *Kegel/Schurig*, IPR, § 2 II 2., S. 120.

83 Vgl. *Kegel/Schurig*, IPR, § 2 II 2., S. 120 ff. zu den unterschiedlichen Bereichen, in denen bestimmte Anknüpfungen sich im Interesse des Rechtsverkehrs durchgesetzt haben, etwa bei der Form der Rechtsgeschäfte, beim Rechtsverkehr bezüglich Sachen oder auch bei den unerlaubten Handlungen.

84 *Kegel/Schurig*, IPR, § 2 II 2., S. 122.

85 Vgl. *Kegel/Schurig*, IPR, § 2 II 2., S. 122 ff.

86 *Kreuzer*, Das IPR des Warenkaufs in der dt. Rechtsprechung, S. 96; *Merschformann*, Die objektive Bestimmung des Vertragsstatuts beim internationalen Warenkauf, S. 124; *Schwander*, in: FS Moser, S. 79, 89 (Fn. 47).

einander gewichtet werden, sondern unmittelbar die einzelnen Interessen. Dies wird die Vorgehensweise in dieser Arbeit sein.

d) Die Rechtssicherheit als Verkehrs- und Ordnungsinteresse

Ein wichtiges, oft besprochenes und oftmals als sekundär abgetanes Interesse soll bereits an dieser Stelle hervorgehoben werden, nämlich das der Rechtssicherheit. Diese liegt sowohl im Verkehrs- als auch im Ordnungsinteresse.[87] Dagegen wird gelegentlich bezweifelt, dass die Rechtssicherheit an sich einen eigenständigen Wert darstellt.[88] So wird behauptet, den Parteien sei vorrangig an einer gerechten Entscheidung ihres Streitfalles gelegen.[89] Dies halte ich für eine reine Unterstellung. Dass eine Entscheidung gerecht ist, liegt nach hier vertretener Auffassung im vorrangigen Interesse der Rechtspflege und der Wissenschaft und hat damit selbstverständlich einen hohen Stellenwert. Einer Partei dürfte es allerdings typischerweise – salopp formuliert – weitgehend egal sein, ob das vom Richter gefundene Ergebnis gerecht ist oder nicht. Was hat sie von einer gerechten Entscheidung, welche zu ihren Ungunsten ergangen ist? Allenfalls wird sie sich mit der Entscheidung eher abfinden und auf weitere Rechtsbehelfe verzichten, wenn sie sich von der Gerechtigkeit der Entscheidung überzeugen lässt.

Die Rechtssicherheit ist auch mehr, als ein nur formaler Aspekt, wie es *Kropholler*[90] schreibt. Sie dürfte gerade aus Sicht der Parteien im Zentrum des Interesses stehen, verhilft sie doch dazu, Risiken und Kosten etwa bei der außerprozessualen Rechtsberatung und der streitigen Auseinandersetzung vor den Gerichten zu reduzieren, indem sie möglicherweise die Parteien in die Lage ver-

---

87 Ersteres soll im Folgenden belegt werden. Die Zuordnung der Rechtssicherheit zu den Ordnungsinteressen ist dagegen wohl unstreitig. Um ihre Bedeutung innerhalb dieser Gruppe hervorzuheben, sei *Germann*, Grundlagen der Rechtswissenschaft, S. 229 zitiert: „Ohne Rechtssicherheit gibt es kein Recht, kann dieses seine sozial ordnende Funktion nicht erfüllen."

88 So etwa *Baratta*, Il collegamento più stretto, S. 202, der von Festklammern an den Mythos der Vorhersehbarkeit spricht. Vgl. weitere Nachweise bei Vischer, SJIR 14 (1957), S. 43, 44.

89 *Schwimann*, in: FS Strasser, S. 895, 899, der dies Argument aus der Tatsache zieht, dass Schiedsgerichte häufig angewiesen werden, das maßgebliche Recht selbst zu wählen, vom IPR des Gerichtsortes auszugehen oder sogar nach Billigkeit zu entscheiden. Indes ist die Situation vor Schiedsgerichten nicht mit der vor staatlichen Gerichten vergleichbar, denn die Motivationen dafür, ein Schiedsgericht anzurufen, sind andere. Insbesondere, wenn die Parteien vor einem Schiedsgericht dieses etwa zu einer Entscheidung ex aequo et bono beauftragen, machen sie deutlich, dass sie abweichend von der Regel an einer kaum vorhersehbaren, aber besonders ihren konkreten Streitfall würdigenden Entscheidung interessiert sind.

90 *Kropholler*, IPR, § 4 III, S. 29.

setzt, ihr Verhalten rechtskonform zu gestalten, Rechtsstreitigkeiten zu vermeiden oder deren Dauer zu verkürzen.[91] Entsprechend äußert sich *Vischer*, bezogen auf die Vorarbeiten zum Haager Übereinkommen von 1955: Gerade die einmütige Unterstützung der darin vorgesehenen starren Anknüpfungen von seiten der interessierten Handels- und Industriekreise zeige das große Bedürfnis nach Vorhersehbarkeit der Entscheidungen und damit nach festen Regeln im internationalen Vertragsrecht.[92] Der Aspekt der Rechtssicherheit sollte aus diesen Gründen nicht als ein etwas schlichter Aspekt von der Wissenschaft belächelt werden, denn zumindest eine praxisorientierte Forschung, wie sie im Bereich des Schuldvertragsrechts angestrebt werden sollte, muss ihn als erhebliches Bedürfnis der Rechtsunterworfenen ernst nehmen.[93]

---

91 *Magagni*, La prestazione caratteristica, S. 30; *Schwander*, in: FS Moser, S. 79, 88f.; *Vischer*, SJIR 14 (1957), S. 43, 44 f.

92 *Vischer*, SJIR 14 (1957), S. 43, 45 m.w.N. Mit diesem Zitat soll keinesfalls der Wert der Ausweichklausel in Frage gestellt werden; es dient ausschließlich dem Beleg des Wertes der Rechtssicherheit für die am Wirtschaftsverkehr beteiligten Kreise.

93 Dass dies Bedürfnis auch von Seiten der Mitgliedstaaten des EVÜ als zentral anerkannt ist, belegt die auf die Beweggründe der Mitgliedstaaten der Europäischen Union für die beginnende Vereinheitlichung des internationalen Privatrechts bezogene Aussage *Landos*, CML Rev. 24 (1987), S. 159, 159: „A major motive [...] was the wish to raise the level of legal certainty [...]“.

II. Rechtsvergleichende Betrachtung: Schweiz und USA

Im Folgenden sollen die Regelungen objektiver Bestimmung des Vertragsstatuts im schweizerischen IPRG und dem US-amerikanischen Restatement Second besprochen werden. Diese sind für die Auslegung des Römischen Übereinkommens deshalb von besonderem Interesse, weil auf sie – insbesondere auf das schweizerische – bei der Redaktion des Übereinkommenstextes Bedacht genommen wurde. Die Entwicklung des Kollisionsrechts in diesen Staaten hat die Diskussion im Vorfeld des Übereinkommensabschlusses erheblich beeinflusst.[94]

1. Die objektive Anknüpfung nach dem Schweizer IPRG

Das Internationale Vertragsrecht der Schweiz war bis zum Inkrafttreten des Schw. IPRG am 1.1.1989 nicht positiv-rechtlich normiert, obschon dahingehende Bestrebungen bis zur Jahrhundertwende zurückreichen.[95] Die Entwicklung internationalvertragsrechtlicher Anknüpfungsgrundsätze oblag daher letztlich der jurisprudentiellen Praxis, die in die Kodifizierung des internationalen Vertragsrechts (Art. 116-126 Schw. IPRG) übernommen wurde.[96] Dies gilt ebenfalls für die Ausweichklausel, auch wenn diese von der Rechtsprechung bis 1980 nie expressis verbis angewandt wurde.[97]

a) Art. 117 Schweizer IPRG

Die objektive Anknüpfung im internationalen Schuldvertragsrecht der Schweiz ist in den Art. 117 ff. Schw. IPRG geregelt; die zentrale Norm enthält Art. 117 Schw. IPRG. Dieser Artikel bestimmt in seinem ersten Absatz, dass bei Fehlen einer Rechtswahl [...] der Vertrag dem Recht des Staates [untersteht], mit dem er am engsten verbunden ist.

Der objektiven Bestimmung des Vertragsstatuts liegt mithin das Prinzip der engsten Verbindung zugrunde. Wie im Römischen Übereinkommen wird dieser Grundsatz in Art. 117 Abs. 2 Schw. IPRG zunächst durch eine Vermutung zu-

---

94 Vgl. *Campiglio*, in: La convenzione di Roma, S. 157, 158. Zur Bedeutung der "conflicts revolution" in den USA für die Entwicklung des europäischen Kollisionsrechts siehe *Vitta*, Riv. dr. int. priv. e proc. 1983, S. 261-278 sowie oben S. 7 ff.

95 Vgl. *Schnyder*, Das neue IPR-Gesetz, S. 3 m.w.N.

96 *Schnyder*, Das neue IPR-Gesetz, S. 3. Zur Entwicklung der Grundsätze objektiver Anknüpfung sowie insbesondere zu Art. 14 des Schw. IPRG-Entwurfs von 1978 siehe *Campiglio*, Riv. dr. int. priv. e proc. 21 (1985), S. 47-88; *Gunst*, Die charakteristische Leistung, S. 76 ff.; *Knoepfler*, Rev.crit.d.i.p., 1979, S. 31, 31 ff.; *Kreuzer*, in: FS Zajtay, S. 295, 298 ff; *von Overbeck*, Rec. des Cours 176 (1982-III), S. 13, 186 ff., 193 ff.

97 *Campiglio*, Riv. dr. int. priv. e proc. 21 (1985), S. 47, 51; *Dubler*, Les clauses d'exception, S. 55 f.

gunsten der charakteristischen Leistung konkretisiert.[98] Lokalisiert wird diese am gewöhnlichen Aufenthalt der sie leistenden Partei oder, wenn sie den Vertrag aufgrund einer beruflichen oder gewerblichen Tätigkeit geschlossen hat, an ihrer Niederlassung. Diese Regelung entspricht in groben Zügen derjenigen des Art. 4 Abs. 2 EVÜ; hier wie dort haben die Verfasser davon abgesehen, den Begriff der charakteristischen Leistung zu definieren.[99] Anders als das Römische Übereinkommen stellt das Schw. IPRG dem Rechtsanwender dann aber in Art. 117 Abs. 3 eine beispielhafte, nicht abschließende[100] Aufzählung zu Verfügung, was als charakteristische Leistung anzusehen ist.[101] Grund für diese Regelung ist wie im Römischen Übereinkommen das Streben, insbesondere dem internationalen Handel einen möglichst hohen Grad an Rechtssicherheit zu gewähren.[102]

Die Vermutung des Art. 117 Abs. 2 Schw. IPRG ist ebenso wie die des Art. 4 Abs. 2 EVÜ eine widerlegbare.[103] Das dadurch entstehende System von Generalklausel, vermutungsweiser Konkretisierung der engsten Verbundenheit und Möglichkeit der Widerlegung dieser Vermutung entspricht der langjährigen Praxis des schweizerischen Bundesgerichts. Es bestimmte den engsten (räumlichen) Zusammenhang ebenfalls aufgrund der charakteristischen Leistung, jedoch unter dem Vorbehalt, dass der Vertrag nicht zu einem anderen Recht eine engere Be-

---

98 IPRG-Komm-*Keller-Kren Kostkiewicz*, Art. 117 IPRG, Rn. 20; *Schnyder*, Das neue IPR-Gesetz, S.108.

99 *Dutoit*, Droit international privé suisse, Art. 117 LDIP, Rn. 6.

100 Dies folgt eindeutig aus der Formulierung „als charakteristische Leistung gilt namentlich." Vgl. *Dutoit*, Droit international privé suisse, Art. 117 LDIP, Rn. 10; IPRG-Komm-*Keller-Kren Kostkiewicz*, Art. 117 IPRG, Rn. 35.

101 Die Konkretisierung der Generalklausel bestätigt die Praxis des Schw. Bundesgerichts, vgl. IPRG-Komm-*Keller-Kren Kostkiewicz*, Art. 117 IPRG, Rn. 20. Diese Praxis wurde mit dem Urteil Chevalley, BGE 78 II 74 ff., begonnen, in welchem das Bundesgericht die große und die kleine Vertragsspaltung aufgab und an das Recht des Staates, mit dem der Vertrag am engsten verbunden war, anknüpfte. Diese engste Verbindung sah es für jeden Vertragstypus durch die Leistung konkretisiert, die soziologisch und funktionell als die charakteristische erschien. Diese Anknüpfung ging auf die Lehre *Savignys* zurück, die insbesondere von *Schnitzer* aufgegriffen und weiterentwickelt worden war. Zunächst lokalisierte das Gericht die charakteristische Leistung an ihrem Erfüllungsort (vgl. BGE 63 II, S. 307; 76 II, S. 48; 78 II, S. 77), entschied sich aber schon nach kurzer Zeit und seitdem in ständiger Rechtsprechung für den gewöhnlichen Aufenthalt des Erbringers dieser Leistung (vgl. BGE 79 II, S. 165; 80 II, S. 49; 82 II S. 129; 86 II, S. 270; 91 II, S. 356; 91 II, S. 442; 94 II, S. 360; 95 II, S. 119; 96 II, S. 89; 96 II, S. 145; 99 II, S. 318; 100 II, S. 450; 101 II, S. 83). Siehe dazu *Dutoit*, Commentaire, Art. 117 LDIP, Rn. 2 f., 7; *Lando*, Rec. des Cours 189 (1984 VI), S. 229, 341 f.

102 IPRG-Komm-*Keller-Kren Kostkiewicz*, Art. 117 IPRG, Rn. 34.

103 *Dutoit*, Droit international privé suisse, Art. 117 LDIP, Rn. 5; IPRG-Komm-*Keller-Kren Kostkiewicz*, Art. 117 IPRG, Rn. 20, 45.

ziehung aufwies als demjenigen am Sitz des Erbringers dieser Leistung.[104] Diese Praxis hat unter anderem zu dem Anknüpfungssystem des Art. 4 EVÜ geführt.[105]

Durch die vom schw. IPRG verwandte Formulierung „es wird vermutet, der engste Zusammenhang bestehe [...]“ soll zweierlei verdeutlicht werden: Zum einen wollte der Gesetzgeber für die Anknüpfung der Verträge eine bestimmte Reihenfolge des Vorgehens festlegen, dass nämlich vorrangig die Vermutungsregel zu prüfen ist.[106] Zum anderen wollte er zum Ausdruck bringen, dass der engste Zusammenhang nicht stets durch die charakteristische Leistung vermittelt wird.[107] Diese Erwägung steht vor dem rechtspolitischen Hintergrund, das Ziel der Rechtssicherheit dürfe nicht um jeden Preis verfolgt, sondern es müsse eine eine Öffnung bei der Anknüpfung zur angemessenen Berücksichtigung der Besonderheiten des jeweiligen Einzelfalles gesuchewerden.[108]

b) Verortung der Ausweichklausel für das internationale Vertragsrecht

Das Schw. IPRG enthält in seinem allgemeinen Teil eine allgemeine Ausweichklausel, die grundsätzlich für das gesamte Internationale Privatrecht gilt. Art. 15 IPRG legt ganz generell fest, dass „das Recht, auf das dieses Gesetz verweist, [...] ausnahmsweise nicht anwendbar [ist], wenn nach den gesamten Umständen offensichtlich ist, dass der Sachverhalt mit diesem Recht in nur geringem, mit einem andern Recht jedoch in viel engerem Zusammenhang steht.“ Die Anwendungsvoraussetzungen dieser Klausel sind, dass 1. auf den Sachverhalt im Prinzip eine reguläre Kollisionsnorm des schweizerischen Rechtes anwendbar wäre, 2. diese Norm auf dem kollisionsrechtlichen Grundsatz des engsten Zusammenhanges beruht und 3. der konkrete Sachverhalt atypisch ist, weil ein viel engerer Bezug zu einem Recht besteht, das nach der regulären Kollisionsnorm nicht anwendbar wäre.[109]

Nach dem oben zur Generalklausel des Art. 117 Abs. 1 Schw. IPRG Gesagten erfüllt dieser insbesondere auch die zweite Anwendungsvoraussetzung des Art. 15 Schw. IPRG und in Anbetracht dessen, dass das internationale Schuldver-

---

[104] BGE 78 II, 190, 191; 94 II 355, 355 ff.; IPRG-Komm-*Keller-Kren Kostkiewicz*, Art. 117 IPRG, Rn. 20; *Stauffer*, ZBJV 1953, S. 377 ff., 393 ff.; *Vischer/von Planta*, IPR, S. 184.

[105] *Schnitzer*, IPR I (1957), S. 38 ff.; Bd. II, S. 315 ff.; *ders.*, in: FS Schönenberger, S. 387, 392; *Schönenberger/Jäggi*, IPRG-Kommentar, Allg. Einleitung, Rn. 235 f.

[106] *Heini*, in: FS Vischer, S. 149, 153; IPRG-Komm-*Keller-Kren Kostkiewicz*, Art. 117 IPRG, Rn. 34.

[107] *Heini*, in: FS Vischer, S. 149, 153; IPRG-Komm-*Keller-Kren Kostkiewicz*, Art. 117 IPRG, Rn. 34.

[108] IPRG-Komm-*Keller-Kren Kostkiewicz*, Art. 117 IPRG, Rn. 23.; *Vischer*, Internationales Vertragsrecht, S. 664.

[109] IPRG-Komm-*Keller-Girsberger*, Art. 15 IPRG, Rn. 23.

tragsrecht explizit keine besondere Ausweichklausel enthält, stünde zu vermuten, dass auf Art. 15 Schw. IPRG zurückzugreifen ist. Dem ist aber nach herrschender Auffassung nicht so. Vielmehr erfülle, so die eine Ansicht, die Generalklausel des Art. 117 Abs. 1 Schw. IPRG unterschiedliche Funktionen, unter anderem auch die einer speziellen Ausweichklausel für das internationale Vertragsrecht.[110] Begründet wird die Unanwendbarkeit des Art. 15 Schw. IPRG damit, dass der engste Zusammenhang bereits durch Art. 117 Abs. 1 Schw. IPRG vermittelt werde. Bereits „um der Logik willen" müsse die allgemeine Ausweichklausel in diesem Bereich ausgeschaltet sein.[111] Nach Teilen dieser Ansicht trifft dies allerdings nur für den Art. 117 Schw. IPRG zu, bei den speziellen Bestimmungen der Art. 120-123 Schw. IPRG soll dagegen Art. 15 Schw. IPRG greifen.[112]

Anderer Ansicht zufolge (der sogenannten Sinnvariante) beruht die Ausweichklausel unmittelbar auf dem zweiten Absatz des Art. 117 Schw. IPRG; dies signalisiere die Wendung „es wird vermutet".[113] Auch könne nur das Merkmal der charakteristischen Leistung selbst einen Maßstab für die Relevanz vorgeben, welche eine andere Anknüpfung aufweisen muss, um Vorrang zu erlangen.[114] Verortete man die internationalvertragsrechtliche Ausweichklausel in Art. 117 Abs. 1 Schw. IPRG, so würde mit der selben Maxime (dem „engen Zusammenhang") operiert wie in Art. 15 Schw. IPRG. Dies aber ließe die Frage offen, ob beide Normen identischen Inhalts seien oder ob Art. 117 Schw. IPRG Ausnahmelücken einer anderen Lösung zuführe.[115] Folge man dagegen der Sinnvariante, so werde ersichtlich, „dass Art. 117 IPRG eine auf Kontrakte *besonders* zugeschnittene Ausweichklausel enthält."[116]

Im Ergebnis besteht mithin weitgehend Einigkeit darüber, dass Art. 15 Schw. IPRG keine Anwendung findet und sich eine spezielle Ausweichklausel aus Art. 117 (Abs. 1 oder Abs. 2) Schw. IPRG ergibt.[117] Welcher Ansicht zu folgen ist, mag für diese Arbeit dahinstehen, im Ergebnis ist man sich innerhalb der dargestellten Ansichten einig, dass die Ausweichklausel von Art. 117 Schw. IPRG nach spezifischen, in der Norm selbst enthaltenen Gesichtspunkten auszu-

---

[110] *Dutoit*, Droit international privé suisse, Art. 117 LDIP, Rn. 4; IPRG-Komm-*Keller-Kren Kostkiewicz*, Art. 117 IPRG, Rn. 42.

[111] IPRG-Komm-*Keller-Kren Kostkiewicz*, Art. 117 IPRG, Rn. 42 f.; *Schwander*, in: FS Moser, S. 79, 94 f.; *ders.*, in: FS Schluep, S. 501, 506.

[112] *Schwander*, in: FS Moser, S. 79, 95; *ders.*, in: FS Schluep, S. 501, 506.

[113] Honsell/Vogt/Schnyder-*Amstutz-Vogt-Wang*, Art. 117 IPRG, Rn. 13.

[114] Honsell/Vogt/Schnyder-*Amstutz-Vogt-Wang*, Art. 117 IPRG, Rn. 13; *Schwander*, in: FS Moser, S. 79, 87.

[115] Honsell/Vogt/Schnyder-*Amstutz-Vogt-Wang*, Art. 117 IPRG, Rn. 13.

[116] Honsell/Vogt/Schnyder-*Amstutz-Vogt-Wang*, Art. 117 IPRG, Rn. 13.

[117] **A. A.** *Patocchi*, Vertragsrecht, S. 39 f.

legen ist.[118] Zuzugeben ist der zweitgenannten Ansicht, dass das Abstellen auf den zweiten Absatz des Art. 117 Schw. IPRG, also auf die Vermutungsregel, dieses Gebot unmittelbarer zum Ausdruck bringt.

c) Konkretisierung des Ausnahmefalles

Die folgende Darstellung konzentriert sich auf die abstrakte Besprechung des Ausnahmefalles nach der aktuellen Rechtslage sowie auf die Entwicklung der Judikatur in groben Zügen. Auf eine eingehende Darstellung der Literaturansichten hinsichtlich Einzelfragen wird an dieser Stelle verzichtet, da der subjektive Ausnahmefall für das Römische Übereinkommen keine Geltung hat, was an späterer Stelle thematisiert wird[119], während der objektive Ausnahmefall dem des Art. 4 Abs. 5 S. 2 EVÜ entspricht.[120] Auf die diesbezügliche Rechtsprechung und Literatur wird daher im Verlauf dieser Arbeit an den jeweils relevanten Stellen eingegangen.

aa) Die potentiell relevanten Anknüpfungsmomente sowie die erforderliche Intensität der Näherbeziehung

Aus der herrschenden Ansicht, insbesondere aus der zweitgenannten Variante, ergibt sich eine wesentliche Konsequenz, was die Art der Anknüpfungsmomente anbelangt, die ein Abweichen von der Regelanknüpfung rechtfertigen: Es können ausschließlich solche sein, die mit dem fraglichen Vertragsverhältnis „in einem inneren, notwendigen Zusammenhang" stehen.[121] Dem Vertrag fremde Momente, etwa die Staatsangehörigkeit, sind folglich von vornherein unbeachtlich.[122]

Weiterhin stellt sich die Frage, welcher Intensität ein oder mehrere übereinstimmende Anknüpfungsmomente sein müssen, um die Typenregel zu verdrängen. Weitgehende Einigkeit besteht insofern, als im Interesse der Rechtssicherheit eine enge Auslegung der Ausweichklausel gefordert wird.[123] Die konkrete Frage nach der erforderlichen Intensität wird dagegen nicht ganz einheitlich be-

---

118 Honsell/Vogt/Schnyder-*Amstutz-Vogt-Wang*, Art. 117 IPRG, Rn. 13; IPRG-Komm-*Keller-Girsberger*, Art. 15, Rn. 42, 45; **a. A.** *Patocchi*, Vertragsrecht, S. 39 f.

119 Siehe unten S. 82 ff.

120 Aus diesem Grund verweisen viele schweizerische und deutsche Beiträge auf solche aus dem jeweils anderen Land – oftmals ohne zwischen den Rechtsordnungen zu differenzieren.

121 *Schwander*, in: FS Moser, S. 79, 87; Honsell/Vogt/Schnyder-*Amstutz-Vogt-Wang*, Art. 117 IPRG, Rn. 14.

122 Honsell/Vogt/Schnyder-*Amstutz-Vogt-Wang*, Art. 117 IPRG, Rn. 14. So auch bereits *Schnitzer*, IPR II (1944), S. 504, der provozierend schrieb: „Man würde in die Zeit der Stammesrechte zurückfallen."

123 Statt vieler: *Vischer/von Planta*, IPR, S. 184.

antwortet, wobei allerdings nur graduelle Unterschiede bestehen, so dass die Grenzen der verschiedenen Ansichten fließend und bei der Anwendung auf den Einzelfall nur schwer zu ziehen sind.

Nach der strengen Ansicht von einigen ist zu fordern, dass „ein in concreto festgestelltes mehr oder weniger deutliches Übergewicht der Verknüpfung mit einer andern als der von der Regel bezeichneten Rechtsordnung nicht genügt, um eine Ausnahme anzunehmen." Die Anwendung der Ausweichklausel sei erst dann gerechtfertigt, wenn und soweit eine eindeutige Verknüpfung im Sinne der Lehre des eindeutig lokalisierten Vertrages vorliegt[124], oder wie *Vischer/von Planta* formulieren: „Es müssen eindeutige Umstände vorliegen, welche der normalen Anknüpfung die innere Rechtfertigung entziehen. Die Verbindlichkeit der normalen Kollisionsnormen endet erst dort, wo das Resultat beim konkreten Fall im offenen Widerspruch zur Ratio der Norm stehen würde."[125]

Die wohl überwiegende Lehrmeinung ist etwas gemäßigter, indem sie verlangt, dass „eine posterioristische Betrachtungsweise, die zu einer Abweichung von der Vermutung führt, [...] immer durch besondere Umstände zu rechtfertigen [ist]."[126] Die Regelanknüpfung dürfe daher nur derogiert werden, „wenn ein Festhalten daran unverhältnismäßig erschiene, d. h. dem Rechtssicherheitsgedanken, der mit der Typenregel von Abs. 2 der Art. 177 Schw. IPRG verfolgt werden soll, in disproportionaler Weise nachgelebt würde".[127] Diese Literaturansicht entspricht der Rechtsprechung des schweizerischen Bundesgerichts, das Ausnahmen von der Regelanknüpfung insbesondere dann zulässt, wenn die „Anwendung der Bestimmung auf den betreffenden Fall aber nach dem Sinn, Gehalt und Zusammenhang der gesetzlichen Ordnung nicht dem wahren Willen des Gesetzes entsprechen kann"[128], „wenn die Subsumierung zu praktisch stoßenden Ergebnissen führen würde"[129]; die charakteristische Leistung sei nur solange der entscheidende Anknüpfungspunkt, als nicht „konkrete Umstände die räumliche Verknüpfung mit einem anderen Recht nahelegen."[130]

---

[124] IPRG-Komm-*Keller-Kren Kostkiewicz*, Art. 117, Rn. 37; so auch früher *Vischer*, Internationales Vertragsrecht, S. 137.

[125] Vischer/von Planta, IPR, S. 184.

[126] *Vischer*, BJM 1989, S. 203; Honsell/Vogt/Schnyder-*Amstutz-Vogt-Wang*, Art. 117 IPRG, Rn. 14.

[127] Honsell/Vogt/Schnyder-*Amstutz-Vogt-Wang*, Art. 117 IPRG, Rn. 14; ganz ähnlich *Schwander*, in: FS Moser, S. 79, 87: Es müsse sich um Umstände von solchem Gewicht handeln, dass sie geeignet sind, die Vermutung umzustoßen.

[128] BGE 60 II, S. 186.

[129] BGE 74 II, S. 121; BGE 94 II, S. 355 ff.; 78 II, S. 190 ff.; 76 II 45 ff.

[130] BGE 78 II, S. 190 f.

bb) Subjektiver und objektiver Ausnahmefall

Vor Inkrafttreten des Schw.IPRG wurden von Lehre und Rechtsprechung zwei Fallgruppen von Ausnahmetatbeständen entwickelt, die auch heute noch Gültigkeit beanspruchen: Der subjektive und der objektive Ausnahmefall.[131]

(1) Der subjektive Ausnahmefall

Ein subjektiver Ausnahmefall liegt vor, wenn einerseits aus sämtlichen Umständen des Einzelfalles hervorgeht, dass die Parteien mit der Anwendung des objektiv berufenen Rechts nicht rechneten, und andererseits feststeht, dass ihnen eine andere Rechtsordnung viel näher steht.[132] Dies sei z. B. anzunehmen, wenn eine an sich objektiv anwendbare Rechtsordnung den Parteien schlechthin nicht zuzumuten ist, weil sie mit ihr persönlich nicht verbunden sind, andere Umstände aber zeigen, dass die Parteien ein anderes Recht im Auge hatten.[133] Bei dieser Fallgruppe wird allerdings zugegeben, dass weder das Verhältnis zur stillschweigenden Rechtswahl[134], noch die Abgrenzung zur nicht anerkannten Rechtsfigur des hypothetischen Parteiwillens geklärt ist.[135] In der Tat scheint sie sich wie auch das Prinzip der räumlich engsten Verbundenheit ganz generell aus einer ursprünglich subjektiven Anknüpfung entwickelt zu haben. So schrieb das schweizerische Bundesgericht in einer Urteilsbegründung aus dem Jahre 1937: „Gemäß ständiger Rechtsprechung ist für die Wirkung obligatorischer Rechtsgeschäfte dasjenige Recht anwendbar, welches die Parteien bei Abschluss des Vertrages in Aussicht genommen haben oder, mangels einer ausdrücklichen Regelung, als maßgebend erklärt haben würden, wenn sie an diese Frage überhaupt gedacht hätten. Als Recht dieses *mutmaßlichen Parteiwillens* ist das Recht desjenigen Landes anzusehen, mit welchem das streitige Rechtsverhältnis *den engsten räumlichen Zusammenhang aufweist*; denn dies ist in der Regel auch sachlich das nächstliegende."[136] Entsprechendes schrieb das Gericht in einem Urteil von 1950: „[...] l'action est régie par la loi qui est *présumée voulue* par les

---

[131] *Dutoit*, Droit international privé suisse, Art. 117 LDIP, Rn. 4; *Vischer/von Planta*, IPR, S. 185.

[132] BGE 78 II, S. 190 ff.; BGer in SJIR 10 (1953), S. 346; Honsell/Vogt/Schnyder-*Amstutz-Vogt-Wang*, Art. 117 IPRG, Rn. 15; *Schwander*, in: FS Moser, S. 87 f.; *Vischer*, SJIR 14 (1957), S. 43, 60 ff.; *ders.* Internationales Vertragsrecht, S. 134 f.; *ders.*, BJM 1989, S. 183, 203; *Vischer/von Planta*, IPR, S. 186.

[133] IPRG-Komm-*Keller-Kren Kostkiewicz*, Art. 117, Rn. 38.

[134] IPRG-Komm-*Keller-Kren Kostkiewicz*, Art. 117, Rn. 38.

[135] Honsell/Vogt/Schnyder-*Amstutz-Vogt-Wang*, Art. 117 IPRG, Rn. 5, 15; IPRG-Komm-*Keller-Kren Kostkiewicz*, Art. 116, Rn. 66 f. Siehe auch *Campiglio*, Riv. dr. int. priv. e proc. 21 (1985), S. 47, 52.

[136] BGE 63 II, S. 303, 307; Hervorhebungen durch den Verfasser.

parties pour règler leurs relations contractuelles, à savoir par la loi du territoire avec lequel l'acte est dans les rapports plus étroits."[137]

Von dieser objektiven Anknüpfung, die eindeutig auf einer subjektiven Grundlage steht, versuchen sich andere so weit wie möglich zu distanzieren; *Vischer/von Planta* zum Beispiel wollen den Anwendungsbereich des subjektiven Ausnahmefalles soweit zurückdrängen, dass er fast vollständig im objektiven Ausnahmefall aufgeht; lediglich in ganz außergewöhnlichen Situationen, „wenn das auf Grund der normalen Regel anwendbare Recht völlig außerhalb aller vernünftigen Erwartungen der Parteien steht"[138], erkennen sie dieser Fallgruppe eine Eigenständigkeit zu. Im Übringen meinen sie, „[s]ubjektive Momente sind wohl nur so weit zu beachten, als der Vertrag auch objektiv seinen engsten räumlichen Zusammenhang mit einem anderen als dem von der ordentlichen Anknüpfungsregel bezeichneten Recht besitzt."[139] Bei Vorliegen offensichtlicher und durch objektive Umstände belegter Erwartungen der Parteien auf die Anwendung eines bestimmten Rechts solle kein subjektiver Ausnahmefall vom Grundsatz der Anknüpfung an die charakteristische Leistung anzunehmen sein, sondern eine konkludente Rechtswahl.[140] Seien dagegen die Voraussetzungen an eine stillschweigende Rechtswahl nicht erfüllt, so könne die von beiden Parteien übereinstimmend erwartete Anwendbarkeit eines bestimmten Rechts grundsätzlich nicht zur Ausnahme von der ordentlichen Anknüpfung führen. Das nach dem Grundsatz der charakteristischen Leistung anzuwendende Recht solle nur dann nicht zum Zuge kommen, wenn sich aus den Umständen ergebe, dass die Parteien mit an Sicherheit grenzender Wahrscheinlichkeit damit nicht rechneten, ihnen ein anderes Recht viel näher stand und die Anwendung der Regel für sie offensichtlich eine unbillige Härte darstellen würde. Eine solche unbillige Härte sei insbesondere dann anzunehmen, wenn die Regel auf ein Recht verweist, dessen Kenntnis den Parteien schlechterdings nicht zuzumuten ist. Paradebeispiel ist das Urteil des schweizerischen Bundesgerichts in der Rechtssache *Richner gegen Ringwald* aus dem Jahre 1951. Im Fall hatten zwei Schweizer einen Dienstvertrag über eine Portierstellung in Addis-Abeba abgeschlossen; im Moment des Vertragsschlusses hatten beide ihren gewöhnlichen Aufenthalt in der Schweiz.[141] *Vischer* bezeichnet solche Fälle „mit größter Zurückhaltung"[142] als subjektive Ausnahmen; er weist außerdem darauf hin, dass hier ohnehin eine

---

[137] BGE 76 II, S. 45, 48; Hervorhebung durch den Verfasser.

[138] Vischer/von Planta, IPR, S, 186.

[139] *Vischer/von Planta*, IPR, S, 185 f.; vgl. auch *Vischer*, SJIR 14 (1957), S. 43, 56 ff.; *Campiglio*, Riv. dr. int. priv. e proc. 21 (1985), S. 47, 52.

[140] *Vischer*, SJIR 14 (1957), S. 43, 60 ff.

[141] BG, SJIR 10 (1953), S. 346-348; vgl. dazu Campiglio, Riv. dr. int. priv. e proc. 21 (1985), S. 47, 52 f.; IPRG-Komm-*Keller-Kren Kostkiewicz*, Art. 117, Rn. 38; *Vischer*, SJIR 14 (1957), S. 43, 56 ff.

[142] *Vischer*, SJIR 14 (1957), S. 43, 62.

nachträgliche Rechtswahl zum Tragen kommen dürfte und die praktische Bedeutung dieser Fälle denkbar gering sei.[143] Die wohl herrschende Meinung ist da – wie dargestellt – großzügiger.

(2) Der objektive Ausnahmefall

Von einem objektiven Ausnahmefall ist dann die Rede, wenn eine Regelanknüpfung zwar formal denkbar, also tatbestandlich erfüllt ist, jedoch „die innere Übereinstimmung und damit auch die Rechtfertigung der normalen Anknüpfungsregel aber fehlt, weil in concreto ein Tatbestandselement nicht vorhanden ist, das von der Kollisionsregel stillschweigend als wesentlich vorausgesetzt wird und das eine Grundlage für die regelmäßige Anknüpfung unter dem Gesichtspunkt der funktionellen Verknüpfung darstellt."[144]

Ein Beispiel aus der Rechtsprechung ist der Fall eines Garantievertrages, bei dem die Anknüpfung an den ungarischen Wohnsitz des Garanten zurücktreten musste, da eine Mehrzahl anderer Indizien kumulativ zum amerikanischen Recht wies, nämlich der Erfüllungsort, das Statut des Grundgeschäfts, die Vertragswährung und –sprache sowie die Tatsache, dass der Garant seine Verpflichtung im Rahmen eines von einer New Yorker Bank geleiteten Bankenkonsortiums übernommen hatte.[145]

Wenn ein Vertrag mit anderen Verträgen ein Ganzes bildet, ist nach der schweizerischen Rechtsprechung die Anwendung eines einheitlichen Statuts geboten. Ein solcher Ausnahmefall liege insbesondere vor, wenn der Vertrag der Vorbereitung, Erfüllung oder Änderung eines Hauptvertrages diene.[146]

Einen weiteren Ausnahmefall hat das schweizerische Bundesgericht in einem Fall angenommen, in dem es die ordentliche Anknüpfung wegen der Kurzfristigkeit ihres Anknüpfungsmoments als zufällig ansah: Ein aus Polen geflüchteter Schweizer weilte im anknüpfungserheblichen Zeitpunkt in Konstanz, um dort seinen Lebensunterhalt aus seinem aus Polen geretteten, in Reichsmark angelegten und in Deutschland blockierten Vermögen zu bestreiten. Seine Familie lebte bereits in der Schweiz, wohin er alsbald folgen wollte. Er schloss als Darlehens-

---

[143] *Vischer*, SJIR 14 (1957), S. 43, 63.

[144] *Vischer*, Internationales Vertragsrecht, S. 135; *ders.*, SJIR 14 (1957), S. 43, 63 ff.

[145] BGE 67 II, S. 215-221; zustimmend *Campiglio*, Riv. dr. int. priv. e proc. 21 (1985), S. 47, 52; *Vischer/vonPlanta*, IPR, S. 185.

[146] BG, SJIR 10 (1953), S. 323, 323 ff.: Anknüpfung der Schuldübernahme an das Statut der übernommenen Schuld. BGE 94 II, S. 355-363: Einheitliche Anknüpfung eines komplexen Vertragsverhältnisses, bestehend aus Kaufvertrag, Lizenzübertragung, Mäklervertrag bzw. Auftrag. Zustimmend Honsell/Vogt/Schnyder-*Amstutz-Vogt-Wang*, Art. 117 IPRG, Rn. 15; *Vischer*, BJM 1989, S. 183, 203 m.w.N., *Vischer/von Planta*, IPR, S. 185 m.w.N. und dem Hinweis darauf, dass eine solche einheitliche Anknüpfung nicht geboten sei, wenn mehrere Verträge lediglich das gleiche Ziel verfolgen.

geber einen Vertrag; der Kontrahent hielt sich seinerseits in Konstanz auf, um dort auf seine Einreiseerlaubnis in die Schweiz zu warten.[147]

In der Literatur immer wieder angeführte Beispiele eines objektiven Ausnahmefalles sind der Kauf über den Ladentisch, am Wohnsitz des Käufers abgeschlossene Verträge, nach denen die Lieferung im Land des Käufers aus einem dort befindlichen Depot erfolgt sowie kurzfristige Feriendarlehen, die am Urlaubsort valutiert werden und dort auch zurückzuzahlen sind. Das Recht des charakteristisch Leistenden habe zugunsten des Umweltrechts zurücktreten, in dessen Sphäre sich das gesamte Vertragsgeschehen abwickle.[148]

Der IPRG-Entwurf von 1978 sah in seinem Art. 120 Abs. 2 neben der charakteristischen Leistung zwei weitere das Prinzip des engsten Zusammenhanges konkretisierende Kriterien vor: Das besondere Schutzbedürfnis einer Partei sowie die eindeutige örtliche Verknüpfung eines Vertrages. Diese beiden Kriterien wurden in den Art. 122 und 123 IPRG-Entwurf durch Beispiele näher konkretisiert. Das besondere Schutzbedürfnis sollte danach bei den folgenden Vertragsgestaltungen entscheidend sein: Teilzahlungs- und Kleinkreditverträge, Bürgschaften im nicht kaufmännischen Verkehr und Arbeitsverträge. Eindeutig örtlich verknüpfte Verträge sollten solche über Immobilien sowie an Börsen abgeschlossene Verträge und öffentliche Anleihen sein. Der Gesetzgeber übernahm indes diese Regelungen nur zum Teil, indem er die kollisionsrechtliche Anknüp-

---

147 BGE 78 II, S.190-192; zustimmend IPRG-Komm-*Keller-Girsberger*, Art. 15 IPRG, Rn. 61. Weitere Urteile, in denen von der jeweils geltenden Regelanknüpfung abgewichen wurde: BGE 62 II, S. 108-111 (Mäklervertrag): Die Anknüpfung an den Sitz des Erbringers der charakteristischen Leistung – zwei deutsche Mäkler mit Sitz in Deutschland – wurde als überwunden angesehen, da in der Schweiz belegene Grundstücke vermittelt wurden und die Mäkler sich zur Vermittlung in der Schweiz aufhielten; BGE 63 II, S. 42, 43 f. (Darlehnsvertrag): Anknüpfung an den Erfüllungsort überwunden, denn es bestanden engere Beziehungen zum deutschen Recht, da dort Anlagemöglichkeiten für die Darlehnsvaluta für den dort ansässigen Darlehnsnehmer gesucht werden sollten, dort das Geld übergeben und von ihm verwandt wurde; BGE 76 II, S. 45, 48 (Agenturvertrag): Vertrag war zwischen einer schweizerischen Firma und einem in Brasilien tätigen Agenten abgeschlossen worden; die Anknüpfung an den Erfüllungsort war zugunsten Schweizer Recht überwunden, da beide Parteien von schweizerischer Nationalität waren und im Zeitpunkt des Vertragsschlusses in diesem Land ansässig waren (*Campiglio*, Riv. dr. int. priv. e proc 21 (1985), S. 47, 53, ordnet dieses Urteil den subjektiven Ausnahmefällen zu); BGE 88 II, S. 471, 474 (Alleinvertriebsvertrag): Hauptanknüpfung an den Sitz des Lieferanten (Deutschland) zugunsten des Schweizer Rechts überwunden, da ein mehrjähriges Alleinvertretungsverhältnis vereinbart worden war und dem streitgegenständlichen Vertrag andere gleicher Art vorangegangen waren. BGE 102 II, S. 143, 149 und BGE 106 II, S. 36, 39: Bei Verträgen über Immobilien sei der Anknüpfung an den Sitz des Erbringers der charakteristischen Leistung die innere Rechtfertigung zugunsten der lex rei sitae entzogen.

148 *Campiglio*, Riv. dr. int. priv. e proc 21 (1985), S. 47, 54; *Gunst*, Die charakteristische Leistung, S. 73; *Vischer*, SJIR 14 (1957), S. 43, 64; *Vischer/von Planta*, IPR, S. 185.

fung der Konsumentenverträge in Art. 120 Schw. IPRG, der Arbeitsverträge in Art. 121 Schw. IPRG und der Verträge über Grundstücke in Art. 119 Schw. IPRG besonders regelte. Insbesondere jedoch übernahm er nicht die Kriterien des besonderen Schutzbedürfnisses und der eindeutigen örtlichen Verknüpfung als generelle Prinzipien. Nun wird überwiegend vertreten, dass diese Kriterien weiterhin von Bedeutung seien, und zwar als die Regelanknüpfung verdrängende Umstände.[149]

2. USA: Das Regelungssystem des Restatement Second

a) Einleitung

Bei der Betrachtung des US-amerikanischen internationalen Privatrechts besteht die Schwierigkeit, dass dieses Rechtsgebiet grundsätzlich in die Kompetenz der einzelnen Gliedstaaten fällt. Für das internationale Schuldrecht konkurrieren daher verschiedene Rechtsquellen, nämlich das einzelstaatliche case law[150], das Restatement of the Law Second, Conflict of Laws Second[151] und der Uniform Commercial Code[152]. Das Kollisionsrecht ist mithin nicht einheitlich geregelt und entzieht sich so einer umfassenden Darstellung und Analyse in der vorliegenden Arbeit. Allerdings hat sich das im Jahre 1969 vom American Law Institute verabschiedete und zur Publikation freigegebene, 1971 veröffentlichte Restatement Second in vielen einzelstaatlichen Regelungen des Kollisionsrechts durchgesetzt.[153] Es wird teils in vollem Umfang, teils in einem sog. „mixed ap-

---

149 *Schwander*, in: FS Moser, S. 79, 87 f.; IPRG-Komm-*Keller-Kren Kostkiewicz*, Art. 117, Rn. 42.

150 Hierbei ist zu beachten, dass das Gros der kollisionsrechtlichen Fälle sogenannte „interstate cases" sind; auf internationale Sachverhalte werden aber grundsätzlich die gleichen Regeln angewandt. Vgl. dazu § 10 Restatement Second sowie *Prebble*, Corn.L.R. 58 (1973), S. 433, 486 m.w.N.

151 Restatement of the Law Second, Conflicts of Law Second, as adopted and promulgated by the American Law Institute 1979, im Folgenden zitiert als Restatement Second.

152 Im Folgenden zitiert als UCC.

153 Das Restatement Second löste das Restatement First vom 11. Mai 1934 ab, dessen unflexibles Anknüpfungssystem als veraltet angesehen wurde. Es schafft ein flexibles Anknüpfungssystem, indem es zum einen den Vorrang der Parteiautonomie anerkennt (§§ 187 Abs. 1, 2, 188 Abs. 2 Restatement Second; vgl. Naumann, UN-Kaufrecht im Spannungsfeld zwischen Einheitsrecht und Kollisionsrecht, S. 23 ff.) und zum anderen für die objektive Anknüpfung maßgebliche Interessen, Prinzipien und Berührungspunkte teilweise im Hinblick auf spezielle Verträge aufzählt und ihre Gewichtung sowie den gerechten Ausgleich im Einzelfall in die Verantwortung des Richters stellt (§§ 6, 188, 189-203; dazu eingehend unten S. 31 ff.). Vgl. zur geschichtlichen Entwicklung bis 1971 *Lando*, Rec. des Cours 189 (1984 VI), S. 229, 346 ff.

proach" von etwa der Hälfte der Gliedstaaten angewandt.[154] Auf Grundlage dieses Restatements und der zu ihm ergangenen Rechtsprechung ist daher durchaus eine fundierte Aussage zum schuldvertraglichen IPR der Vereinigten Staaten möglich. Für die vorliegende Arbeit ist das Restatement Second deshalb von Interesse, weil sein Regelungssystem dem des Art. 4 EVÜ ähnlich ausgestaltet zu sein scheint, so dass gelegentlich die These vertreten wurde, die beiden Normsysteme seien (nahezu) identisch.[155]

b) Restatement Second und Uniform Commercial Code

Bevor auf das Regelegungssystem des Restatement Second und seiner Auslegung und Anwendung näher eingegangen wird, sei darauf hingewiesen, dass das Restatement Second auch im Anwendungsbereich des UCC in seiner geltenden Fassung von Bedeutung ist. Diese Bedeutung wird sogar noch wachsen, sobald die Reformbemühungen zum UCC[156] zu seiner Revision geführt haben werden. In § 1-105 Abs. 1 S. 2 UCC ist die objektive Anknüpfung geregelt; es wird dort bestimmt, dass bei Fehlen einer Rechtswahl das Recht des Staates gilt, zu dem die jeweilige Transaktion eine „appropriate relation", also eine angemessene Beziehung hat. Bei der Konkretisierung dieses Begriffes greifen die Gerichte auf im Wesentlichen zwei verschiedene Methoden zurück.[157] Zum einen wird der sogenannte „any-relationship-test" durchgeführt, der eine Gesamtabwägung

---

[154] Einige Staaten – dem Bericht von *Symenoides*, Am.J.Comp.L. 47 (1999), S. 327, 330 zufolge, sind es noch 10 – wenden nach wie vor das Restatement First von 1934 an, welches auf die „vested rights theory" von *Beale* zurückgeht (vgl. *Beale*, A Treatise on the Conflict of Laws, vol. 3, § 73, p. 1967; vgl. Baratta, Collegamento più stretto, S. 83) und ein System starrer Kollisionsnormen enthält. Steht die Gültigkeit eines Vertrages in Frage, so gilt die lex loci contractus, auf alle Fragen rund um die Erfüllung dagegen ist das Recht am Erfüllungsort maßgeblich. Die übrigen Staaten haben sich unter dem Einfluss der sogenannten „new thinkers" (insbesondere *Brainerd Currie*, *Albert Ehrenzweig*, *Robert Leflar*, *David Cavers* und *von Mehren/Trautmann*, *Weintraub*), die in den fünfziger Jahren das Kollisionsrecht revolutioniert haben (vgl. zur sogenannten „conflict revolution" Vitta, Riv. dr. int. priv. e proc. 1983, S. 261, 265 f.) vom Restatement First abgewandt, allerdings keine einheitlichen Kollisionsregeln entwickelt. So folgen einige Staaten *Leflars* „better law approach" oder *Curries* Ansatz der „interest analysis". Die überwiegende Anzahl wendet jedoch das Restatement Second – einige wenige zumindest in Kombination mit den anderen Ansätzen – an. Hierzu eingehend *Symenoides*, Am.J.Comp.L. 49 (2001), S. 1, 13; *ders.*, Am.J.Comp.L. 46 (1998), S. 233, 233 ff.; *ders.*, Am.J.Comp.L. 44 (1996), S. 181, 197 f.; *ders.*, in: Exception Clauses, S. 77, 84 f.

[155] *Ehrenzweig*, U.Pa.L.Rev. 113 (1965), S. 1230, 1241; *Jessurun d'Oliveira*, Am.J.Comp.L. 25 (1977), S. 303, 326, 329; *Juenger*, in: North, S. 295, 296, 306; *Nadelmann*, Am.J.Comp.L. 24 (1976), S. 1, 10 f.

[156] Der Entwurf zur Revision des UCC wird im Folgenden zitiert als E-UCC.

[157] Vgl. dazu *Naumann*, UN-Kaufrecht im Spannungsfeld zwischen Einheitsrecht und Kollisionsrecht, S. 107, 120 ff.

sämtlicher Umstände des konkreten Falles erfordert – wenn er auch in der Realität häufig zu dem bloßen „contact counting“ durch die Gerichte führt.[158] Zum anderen wird immer wieder die „appropriate relation“ anhand der Grundsätze des „most significant relationship-test“ nach den §§ 6, 188 beziehungsweise (soweit es die Gültigkeit von Verträgen über Rechte an beweglichen Sachen betrifft) 191 Restatement Second bestimmt.[159]

Der E-UCC verortet die objektive Anknüpfung in § 1-302 (a) S. 2. Sein Anknüpfungsprogramm weicht von der Regelung des § 1-105 Abs. 1 S. 2 UCC in erheblichem Maße ab und wird in der Regel zur Anwendung der Normen des Restatement Second führen. Im Einzelnen: Mangels Rechtswahl richten sich die Rechte und Pflichten der Parteien gem. § 1-302 (a) S. 2 E-UCC nach dem Recht, das nach den Grundsätzen des IPR des Forum-Staates anzuwenden ist.[160] Mit dieser Verweisung auf das Kollisionsrecht des Forum-Staates wird jeweils dann, wenn dieser Staat die Normen des Restatement Second anwendet, eben jenes zur kollisionsrechtlichen Entscheidung berufen. Diese Verweisung steht jedoch gemäß § 1-302 subs. (f) E-UCC unter dem Vorbehalt, dass der streitige Vertag nicht nach dem danach berufenen Recht undurchsetzbar, nach dem materiellen Recht des Forum-Staates dagegen durchsetzbar ist. In diesem Fall wird die materielle lex fori zum Vertragsstatut erklärt. Hier hat der Gedanke des favor negotii seinen ausdrücklichen Niederschlag gefunden. Er steht allerdings seinerseits wieder unter Vorbehalt, nämlich dass die Transaktion eine „appropriate relation“ zur lex fori aufweist (Nr. 1)[161] oder einen Verbrauchervertrag darstellt (Nr. 2).

c) Das Anknüpfungssystem des Restatement Second

Der Ausgangspunkt der objektiven Anknüpfung findet sich § 188 Abs. 1 Restatement Second.[162] Dieser bestimmt, dass

> „with respect to an issue in contract [...] the rights and duties of the parties [...] are determined by the local law of the State which, with respect to that issue, has the most significant relatioship to the transaction and the parties under the principles stated in § 6.“

[158] Siehe unten S. 39 ff.

[159] Vgl. *Jackson/Bollinger*, Contract Law, sec. 2.2, S. 154, die der Ansicht sind, zwischen dem UCC und dem Restatement Second bestehe eine Verbindung, die sie als „close, sometimes even synergistic“ bezeichnen.

[160] „the law that would be selected by application of this State's conflict of laws principles“.

[161] Somit wird der ausschließliche Anknüpfungspunkt im noch gültigen UCC, die „angemessene Beziehung“, in der wohl bald geltenden Fassung weit in den Hintergrund zurückgedrängt.

[162] Vgl. *Diamond*, Rec. des Cours 199 (1986-IV), S. 233, 276.

Es ist demnach für jedes in Streit stehende vertragliche Problem, dem „issue“, gesondert die „wesentlichste Beziehung“ festzustellen. Die Methode zur Bestimmung dieser Beziehung wird „most significant relationship test“ oder auch „grouping of contacts“, „center of gravity test“ und „most significant contacts-test“ genannt.[163] Die Feststellung der wesentlichsten Beziehung hat unter Berücksichtigung der in § 6 Abs. 2 Restatement Second genannten Prinzipien zu erfolgen, wobei zu beachten ist, dass diese eine nur beispielhafte, nicht abschließende Aufzählung darstellen.[164] Es handelt sich dabei um folgende Prinzipien[165]:

- Die Bedürfnisse und Interessen der bundesstaatlichen und internationalen Systeme.[166]
- Die Rechtsanwendungsinteressen der berührten Rechtsordnungen sowie die Interessen der betreffenden Staaten an der Entscheidung der Rechtsfrage.[167]
- Die grundlegenden Ziele, die in einem bestimmten Rechtsgebiet verfolgt werden.[168]
- Die Rechtssicherheit, Vorhersehbarkeit und der Entscheidungseinklang.[169]
- Die Einfachheit der Bestimmung und Anwendung des materiellen Rechts.[170]

Laut dem offiziellen Kommentar zum Restatement Second können diese Prinzipien in vier Gruppen gegliedert werden, deren relatives Gewicht in Abhängigkeit von dem jeweiligen Rechtsgebiet steht: Dies sind Verkehrs-, Staats-, Partei-

---

163 Vgl. *Muller v. Walt Disney Productions* 876 F. Supp. 502, 505 (S.D.N.Y. 1994); *Eldon Industries, Inc. v. Paradise and Company* 397 F. Supp. 535, 538 (N.D. Ga. 1975). Im Staat New York wird der sogenannte „paramount interest-test“ angewandt, bei dem durch Analyse der Kontakte die Rechtsordnung festgestellt werden soll, die mit dem Geschäft „am innigsten verbunden“ ist. Dieser Ansatz entspricht im Wesentlichen dem „most significant relationship test“, vgl. *Royal Industries Ltd. v. Kraft Foods Inc.* 926 F. Supp. 407, 416 (S.D.N.Y. 1996); *Allstate Insurance Company v. Stolarz* 613 N.E. 2d 936 (App. N.Y. 1993); *Stillman v. Nickel Odeon* 608 F. Supp. 1050, 1053, 1054 (S.D.N.Y 1985); *Auten v. Auten* 308 N.Y. 155, 124 N.E. 2d 99, 102 (1954); vgl. auch Abend, lex validitatis, S. 44; *Naumann*, UN-Kaufrecht im Spannungsfeld zwischen Einheitsrecht und Kollisionsrecht, S. 108; *Vitta*, Riv. dr. int. priv. e proc. 1983, S. 261, 266.

164 *Vischer*, RabelsZ 38 (1974), S. 128, 135.

165 *Vischer*, RabelsZ 38 (1974), S. 128, 130 ff. spricht von „Faktorengruppen“.

166 „The needs of the interstate und international systems.“

167 „The relevant policies of the forum. [...] the relevant policies of other interested states and the relative interests of those states in the determination of the particular issue.“

168 „The basic policies underlying the particular field of law“.

169 „certainty, predictability and uniformity of result“.

170 „ease in the determination and application of the law to be applied“.

und Behördeninteressen.[171]

Indem der einzelfallbezogene und –gerechte Ausgleich oben genannter Interessen zum Ziel der Anknüpfung erklärt wurde, haben die Verfasser des Restatement Second die Lehre vom „policies weighing" umgesetzt und so die von *Currie* begründete und von *Leflar*, von *von Mehren/Trautmann*, *Cavers* und anderen fortgeführte Lehre von der Bewältigung internationaler Konflikte beherzigt.[172] Es ist danach Aufgabe des Richters, die in Frage kommenden „policies" gegeneinander abzuwägen und in Einklang zu bringen[173], unter der Prämisse, dass so das Recht des Staates gefunden wird, mit dem der Sachverhalt das „most significant relationship" aufweist.[174] Bei vertraglichen Streitigkeiten seien die Parteiinteressen von hervorragender Bedeutung.[175] Jedoch geht ein dominierendes Rechtsanwendungsinteresse eines betroffenen Staates stets anderen Interessen vor.[176]

Ob ein staatliches Anwendungsinteresse zu bejahen ist, ergibt sich nach dem offiziellen Kommentar aus dem Zweck der jeweiligen materiellrechtlichen Vorschriften.[177] Hierbei kann es sich sowohl um den Schutz bestimmter Personen handeln, als auch um die Verfolgung sonstiger, etwa wirtschaftspolitischer Interessen. So kann ein Staat durch den Erlass verbraucherschützender Normen zeigen, dass er alle dort Domizilierten vor überlegener Verhandlungsmacht oder allgemein vor der Unterwerfung unter fremdes Recht schützen will. Staaten können aber auch z. B. den Wirtschafts- und Finanzverkehr in ihrem Gebiet stärken wollen, etwa indem sie die Gültigkeit und Aufrechterhaltung von Verträgen und damit auch deren Erfüllung im Staatsgebiet fördern. Auch kann ein

---

171 Comment c) on § 188, p. 578 f.

172 Vgl. *Vischer*, RabelsZ 38 (1974), S. 128, 131; *Naumann*, UN-Kaufrecht im Spannungsfeld zwischen Einheitsrecht und Kollisionsrecht, S. 18 ff.

173 Vgl. zum verfassungsrechtlichen Hintergrund, der auf der Rechtsprechung des Supreme Court beruht, *Lipstein*, General Principles of Private International Law, Rec. des Cours 135 (1972-2), 97 ff., 141ff.; *Vischer*, RabelsZ 38 (1974), S. 128, 132.

174 Zu den Unterschieden zum klassischen kontinentaleuropäischen Verständnis der engsten Verbindung vgl. *Vischer*, RabelsZ 38 (1974), S. 128, 137.

175 Comment b) und c) on § 188, p. 576 f.; vgl. aus der Rechtsprechung *Nunez v. Hunter Fan Company* 920 F. Supp. 716, 721 (S.D. Tex. 1996); *Rosenthal v. Fonda* 862 F. 2d 1398, 1403 (9th Cir. 1988); *Roesgen v. American Home Products Corp.* 719 F. 2d 319, 321 (9th Cir. 1983) und *Auten v. Auten* 308 N.Y. 155, 124 N.E. 2d 99, 103 (1954).

176 *Vischer*, RabelsZ 38 (1974), 128, 136, nach dessen Einschätzung dieser Faktor ohne Zweifel der stärkste sei, während die übrigen letztlich Hilfserwägungen darstellten.

177 Comment c) on § 188, p. 578, 579. Der Verständnis der „policy" geht in diesem Zusammenhang zurück auf die Lehre *Curries*, der unter diesem Begriff die rechtspolitische Aufgabe von Normen zur Lösung sozialer, wirtschaftlicher und ideeller Konflikte versteht, vgl. *Vischer*, RabelsZ 38 (1974), S. 128, 133.

Staat bestimmte Rechtsgeschäfte zu unterbinden suchen, indem er die Beteiligung seiner Einwohner an ihnen verbietet oder indem er solchen Rechtsgeschäften jede Wirkung in seinem Staatsgebiet abspricht.[178]

Das Kriterium der berechtigten Parteiinteressen wird allgemein so umschrieben, dass, soweit sich Parteien mit gutem Grund auf die Anwendung eines bestimmten Rechts verlassen haben, diese Erwartung im Rahmen der objektiven Anknüpfung zu berücksichtigen ist.[179] Dieser Ansatz der „fairness to the parties in the light of expectations that they may have reasonably entertained" geht zurück auf *Cavers*.[180] Aus dem Katalog des § 6 Abs. 2 Restatement Second umfasst dieses Kriterium die letzten beiden Gruppen, die Rechtssicherheit, Vorhersehbarkeit und der Entscheidungseinklang sowie die Einfachheit der Bestimmung und Anwendung des materiellen Rechts. Es beschränkt sich aber nicht auf diese Ziele. Beispielsweise ist hier auch der Validierungsgrundsatz, der dem US-

[178] Zu den genannten Zielen ergangene Rechtsprechung: *R. J. Longo Construction Co., Inc v. Transit America, Inc.*, 921 F. Supp. 1295, 1305 (D.N.J. 1996) und *Stillman v. Nickel Odeon*, 608 F. Supp. 1050, 1057 (S.D.N.Y. 1985): Schutz vor Anwendung fremden Rechts; *Allstate Insurance Co. v.* Stolarz, 613 N.E. 2d 936, 939 (App. N.Y. 1993); *J. Zeevi ans Sons v. Grindlays Bank, Ltd. (Uganda)* 37 N.Y. 2d 220, 371 N.Y.S. 2d 892, 333 N.E. 2d 168 (1975), cert. denied 423 U.S. 866, 96 S. Ct. 126, 46 L. Ed. 95 (1975) und *Intercontinental Planning Ltd. v. Daystrom*, 24 N.Y. 2d 372, 300 N.Y.S. 2d 817, 248 N.E. 2d 576, 582, 583 (App. N.Y. 1969): Ziel des Staates, seine Bedeutung als internationaler Finanzplatz durch Anwendung seiner Normen zu stärken; *St. Paul Fire & Marine Insurance Co. v. Employer's Reinsurance Corporation*, 919 F. Supp. 133, 137 (S.D.N.Y. 1996) und *Jefferson Insurance Co. of New York v. Fortress Re, Inc.*, 616 F. Supp. 874, 877 (S.D.N.Y. 1984): Interesse des Staates an der Gültigkeit von Verträgen, die im eigenen Gebiet erfüllt werden, sowie an der Einflussnahme auf ihre Auslegung.
Zu einigen weiteren von der Judikatur als relevant erachteten staatlichen Zielen vgl. *Heath v. Zellmer*, 35 Wis. 2d 578, 151, N.W. 2d 664 (1967): Interesse der Rechtsgemeinschaft an einer Entschädigung des Verletzten; *Dym v. Gordon*, 16 N.Y. 2d 120, 209 N.E. 2d 797 (1965): Entschädigung der Hilfe leistenden Person, der Gedanke an die Erben eines Unfallopfers und die Gefahr, der Geschädigte könne die öffentlichen Fürsorge in Anspruch nehmen; *Babcock v. Jackson*, 12 N.Y. 2d 473, 191 N.E. 2d 279 (1963): Rücksichtnahme auf Versicherungssysteme; *Kilberg v. Northeast Airlines, Inc.*, N.Y. 2d 34, 172 N.E. 2d 526 (1961) und *Tramontana v. S.A. Empresa de Viacao Aerea Rio Grandense*, 350 F. 2d 468 (D.C. Cir. 1965), cert. denied 383 U.S. 943 (1966): Protektion eines Industriezweiges und Aufgabe eines Staates Treffpunkt und Umschlagplatz zu sein.

[179] Vgl. Comment b), c) on § 188, p. 578. Zur Rechtsprechung bezüglich des Kriteriums der berechtigten Parteierwartungen vgl. *Nunez v. Hunter Fan Company* 920 F. Supp. 716, 721 (S.D. Tex. 1996); *Rosenthal v. Fonda* 862 F. 2d 1398, 1403 (9th Cir. 1988); *Roesgen v. American Home Products Corp.* 719 F. 2d 319, 321 (9th Cir. 1983) und *Auten v. Auten* 308 N.Y. 155, 124 N.E. 2d 99, 103 (1954).

[180] *Cavers*, The Choice-of-Law Process, S. 89; vgl. auch *Joerges*, Zum Funktionswandel des Kollisionsrechts, S. 62.

amerikanischen Recht eigen ist[181], zu nennen. Dieser von *Ehrenzweig*[182] entwickelte Grundsatz entstammt eigentlich dem Bereich der Parteiautonomie, welche durch ihn nach herrschender Ansicht in den USA begrenzt ist.[183] Im Bereich der objektiven Anknüpfung besagt er, dass die Erwartung der Parteien nicht darauf gerichtet sein kann, einem Recht unterworfen zu sein, welches den Vertrag zunichte macht.[184]

Wann ein relevantes Interesse im Sinne des § 6 Restatement Second vorliegt, ist anhand der in § 188 Abs. 2 Restatement Second genannten Umstände zu beurteilen. Dieser enthält eine Liste mit konkreten Anknüpfungspunkten, die Berücksichtigung finden sollen, nämlich Abschlussort, Verhandlungsort, Erfüllungsort, Belegenheitsort, Domizil, Aufenthaltsort, Nationalität, Ort des Gründungssitzes und die geschäftliche Niederlassung der Parteien.[185]

Der Grundsatz des „most significant relationship" wird zwar nicht wirklich konkretisiert, aber in zweierlei Hinsicht verdichtet[186], nämlich einerseits durch die Regelung des § 188 Abs. 3 Restatement Second, andererseits dadurch, dass für einzelne besonders ausgewählte typische Vertragsverhältnisse besondere Regeln gelten, die in den §§ 189-199 und 203 Restatement Second niedergelegt sind.

---

181 Dem kontinentaleuropäischen Kollisionsrechtsverständnis ist der Validierungsgrundsatz wesensfremd. In England dagegen war die Haltung diesem Grundsatz gegenüber gespalten, die wohl überwiegende Ansicht erkannte ihn in Grenzen an, vgl. *Wyatt*, Mod.L.Rev. 1974, S. 399, 409; *Jaffey*, The English Proper Law Doctrine and the EEC Convention, I.C.L.Q. 1984 S. 263; *Jaffey*, Introduction to the Conflict of Laws, S. 137; **a. A.** *Prebble*, Corn.L.Rev. 58 (1973), S. 433 ff.; vgl. auch *Rammeloo*, Das neue EG-Vertragskollisionsrecht, S. 190 ff. Seit Inkrafttreten des EVÜ ist diese Ansicht, jedenfalls in dessen Anwendungsbereich, nicht mehr haltbar, siehe dazu unten S. 98 ff.

182 *Ehrenzweig/Jayme*, Private International Law, S. 224 ff.

183 Vgl. *Naumann*, UN-Kaufrecht im Spannungsfeld zwischen Einheitsrecht und Kollisionsrecht, S. 30 f.; *Rammeloo*, Das neue EG-Vertragskollisionsrecht, S. 141 ff.

184 Zu dem Grundsatz „ut res magis valeat quam pereat" vgl. Comment zu § 187, on Subsection (2), S. 565; Comment zu § 200, S. 638; *Vischer*, RabelsZ 38 (1974), S. 128, 135, 141; *Abend*, lex validitatits, S. 43 f. mit Rechtsprechungsnachweisen. Vgl. für den E-UCC die Revision note a) unter dem Stichwort „Invalidating Law", S. 14 f. des E-UCC von 1997 wonach das Recht des Forum-Staates oder ein anderes angewandt werden soll, wenn das jeweils andere Recht den Vertrag unwirksam macht.

185 (a) place of contracting, (b) place of negotiation of the contract, (c) place of performance, (d) location of the subject matter of the contract, (e) domicil, residence, nationality, place of incorporation and place of business of the parties. Diese Auflistung wird recht häufig von der Lehre als überflüssig kritisiert. So z. B. von *Diamond*, Rec. des Cours 199 (1986 IV), S. 233, 277, der meint „[...] the list of „contacts" set out in subsection (2) ist hardly of practical use to practising lawyers or judges. The list might almost be replaced by saying that the most significant relationship is to be ascertained by taking account of all the circumstances, for listing evrerything is not much more helpful than listing nothing."

186 Vgl. *Vischer*, RabelsZ 38 (1974), S. 128, 143 ff.

§ 188 Abs. 3 Restatement Second beinhaltet eine fast starre Regel, die in ihrem Anwendungsbereich den weiten Spielraum der kollisionsrechtlichen Rechtsfindung auf den ersten Blick stark einengt: „If the place of nagotiating the contract and the place of performance are in the same state, the local law of this state will usually be applied [...]". Hinter dieser Regelung liegt die Wertentscheidung des Restatements, dass ein Staat, in dem sowohl Verhandlungs- als auch Erfüllungsort liegen, ein dominantes Interesse an der Entscheidung des Falles hat. Hier haben die Verfasser mithin den Vorgang des „policies weighing" für den „Normalfall" vorab entschieden. *Cavers* vermutet, die Redakteure wollten zumindest eine feste „albeit mechanical rule" in der Tradition des ersten Restatements festschreiben. Er kritisiert daran, dass eine solche Anknüpfung sich nicht in das offene System des Restatement Second einfügt und in der Tendenz eine Absage an das „policies weighing" bedeutet.[187] Dennoch bleibt die Wertentscheidung eben die, dass der Norm des § 188 Abs. 3 Restatement Second stärker die Wirkung einer prima-facie-Vermutung zukommt, als den übrigen Normen des internationalen Vertragsrechts.[188] Diese sind sämtlich mit einer speziellen und stets gleichlautenden Ausweichklausel ausgestattet, die das Generalprinzip des § 6 Abs. 2 Restatement Second, das freie „policies weighing", in die einzelne Regelung inkorporieren: „[...] unless, with respect to the particular issue, some other state has a more significant relationship under the principles stated in § 6 to the transaction and the parties, in which event the local law of the other state will be applied."

Zu der zweiten Verdichtung des Grundsatzes des „most significant relationships", den speziellen Regeln der §§ 189-199, 203 Restatement Second wird in der Einführungsbemerkung das Verhältnis zur freien Gewichtung der in § 6 Abs. 2 Restatement Second niedergelegten Prinzipien so angedeutet, dass diesen Verträgen deshalb eine spezielle Aufmerksamkeit gewidmet werde, weil es möglich erscheine, für jeden von ihnen in Abwesenheit einer Rechtswahl einen speziellen Anknüpfungspunkt aufzuzeigen, der eine besonders wichtige Rolle bei der Bestimmung des anwendbaren Rechts spielt.[189] Trotz dieser Aussage ha-

187 *Cavers*, in: FS Yntema, S. 349, 361.

188 Dies entspricht dem Verständnis bei einer Reihe von Normen außerhalb des internationalen Vertragsrechts, in denen ebenfalls der Begriff „usually" verwandt wird und einen relativ hohen Grad an Verbindlichkeit ausdrücken soll, wie etwa bei den §§ 284 (incidents of foreign marriage), 287 (legitimacy), 288 (incidents of foreign legitimation), 293 (Ratification by Principal of Agent's Act) Restatement Second, vgl. *Vischer*, RabelsZ 38 (1974), 128, 144. Anders interpretiert *Symenoides*, in: Exception Clauses, S. 93 f. das Gewicht, welches der Vermutung durch das Wort „usually" verliehen wird. Ihm zufolge sei, dieser Begriff so „vague and equivocal", dass er zwar immerhin mehr bedeute als „perhaps", aber dennoch Ausdruck des Wunsches der Redakteure sei, dem Richter die maximale Freiheit einzuräumen.

189 § 189 zu „Particular Contracts", Introductory Note, S. 586.

ben die Kollisionsnormen für spezielle Verträge schon aus dem System des Restatements heraus nicht mehr, als nur eine schwache Vermutungswirkung. Dies ergibt sich aus der oben dargestellten Tatsache, dass sie alle ausdrücklich unter dem Vorbehalt des § 6 Abs. 2 Restatement Second stehen, der die jeweilige „black letter rule" im Ergebnis „open ended" gestaltet.[190] Die Ausweichklauseln führen so zu der Dominanz des „policies weighing" auch in diesem speziellen Teil des Kollisionsrechts und damit auch zu dem weiter unten behandelten Phänomen des „contact counting".[191]

d) Rechtsprechung zu §§ 6, 188, 191 Restatement Second

Im Folgenden wird insbesondere Rechtsprechung zu den §§ 6, 188 Restatement Second als dessen zentralen Normen berücksichtigt. Außerdem werden einige Urteile betrachtet, die zu § 191 Restatement Second ergangen sind, denn dieser regelt den wichtigen Bereich der internationalen Kaufverträge über bewegliche Sachen. Die anderen Paragraphen wurden im Wesentlichen aus der Betrachtung ausgeklammert, da eine so umfassende Recherche und Analyse den Umfang dieser Arbeit überschritten hätte.[192] Inhaltlich ist die Analyse nach der Frage ausgerichtet, ob sich die Herausbildung gefestigter Rechtsprechung insbesondere bei der Abwägung der in § 6 Abs. 2 Restatement Second genannten „policies" und bezüglich der in § 188 Abs. 2 Restatement Second aufgezählten Umstände erkennen lässt.[193] Aus diesem Grunde werden zunächst die einzelnen Umstände isoliert in der Reihenfolge aufsteigender Bedeutung[194] analysiert und dann einer Gesamtbetrachtung zugeführt.

Der Vertragsabschlussort wird in dem offiziellen Kommentar als eher unwesentlich beurteilt[195], eine Einschätzung die von einer Reihe von Gerichten unterstützt wird. So bereits im Fall *Auten v. Auten*[196], in dem die Richter diesen Ort als gänzlich zufällig ansahen. Ähnlich urteilte das Gericht im Fall *Dance v. U.S. International Motors, Inc.*[197]: Es stufte die Bedeutung des Abschlussortes als

[190] Vgl. *Vischer*, RabelsZ 38 (1974), S. 128, 145.

[191] Siehe unten Fn. 225.

[192] Vgl. dazu die ausführlichen jährlichen Berichte von *Symenoides* im Am.J.Comp.L.

[193] Bezüglich der Bereiche des Vertrags- und des Deliktsrechts meinte *Kahn-Freund*, Rec. des Cours 124 (1968-II), S. 1, 49, dass dem Richter im Grunde nur das „raw material" angedient werde, „out of which a 'precise rule or series of rules' may eventually be manufactured." Ob sich diese Erwartung mit den Jahren realisiert hat, ist eine wesentliche Frage, der vorliegend nachgegangen werden wird.

[194] Dies soll nicht das Ergebnis vorwegnehmen, sondern eine erste Bewertung anhand bloßer Abzählung der Ansichten darstellen. Wie noch zu zeigen ist, kann nämlich von einer gefestigten relativen Gewichtung kaum die Rede sein.

[195] Comment e) on subs. (2), p. 581, vgl. auch *Weitnauer*, Der Vertragsschwerpunkt, S. 58.

[196] 308 N.Y. 155, 124 N.E. 2d 99, 102 (1954).

[197] 647 F. Supp. 1205, 1207 (D.D.C. 1986).

generell niedrig ein. Dieser Ansicht folgte auch das erkennende Gericht in dem Fall *Lexecon, Inc. v. H. Haft.*[198] Es bestand hier jedoch die Besonderheit, dass sowohl die Vertragsverhandlungen als auch der Abschluss des Vertrages an beiden Orten, dem Kläger- und dem Beklagtensitz, erfolgt waren und sich somit gegenseitig aufhoben. Diese Einschätzung der Bedeutungslosigkeit von Verhandlungs- und Abschlussort ist indes nicht unbestritten. In den Fällen *N.L. Industries, Inc. v. Commercial Union Insurance Company*[199] sowie *Frishberg and Dee Bee Sales Corp. v. Esprit des Corp., Inc.*[200] sahen die Richter den Vertragsabschlussort sowie den Ort der Vertragsverhandlungen als ausschlaggebend an. Andere wiederum ziehen diese Orte als ein Kriterium unter anderen im Rahmen des „most significant relationship-test" heran.[201] Diese Sicht mag bereits im System des Restatements angelegt sein, denn immerhin stellt es in § 188 Abs. 3 Restatement Second die Regel auf, dass wenn Verhandlungs- und Erfüllungsort zusammenfallen, diese gewöhnlich für die kollisionsrechtliche Anknüpfung ausschlaggebend sind. An dieser Stelle betont das Restatement Second selbst das relative Gewicht des Verhandlungsortes. Festzuhalten ist, dass eine einheitliche Beurteilung des relativen Gewichts von Verhandlungs- und Vertragsabschlussort sich nicht durchgesetzt hat.

Beim Gründungssitz ist das Bild nicht wesentlich anders. Der offizielle Kommentar misst ihm gerade im Vergleich zum Hauptgeschäftssitz eine untergeordnete Rolle bei.[202] Die Urteile, die sich mit ihm befassen, sind uneinheitlich. So wurde diesem Ort im bereits erwähnten Fall *Frischberg and Dee Bee Sales Corp. v. Esprit de Corp., Inc.*[203] ein hoher kollisionsrechtlicher Wert beigemessen, im Fall *Lexecon v. H. Haft*[204] dagegen nicht.

Der Geschäftsort dagegen scheint überwiegend recht starke Beachtung zu finden. So unterstreicht der offizielle Kommentar seine Bedeutung, eine Einschätzung der sich die Richter in den Fällen *Lexecon, Inc. v. H. Haft*[205] und *Kruger Commodities, Inc. v. United States Fidelity and Guaranty*[206] angeschlossen haben. In beiden Fällen war der Geschäftsort jedoch nicht der entscheidende Berührungspunkt zu dem Staat dessen Recht berufen wurde; vielmehr wurde er als

---

198 914 F. Supp. 4, 6 f. (D.D.C. 1996).
199 65 F. 3rd 314, 319 (3rd Cir. 1995).
200 778 F. Supp. 793, 801 (S.D.N.Y. 1991).
201 Etwa bei *Falkenberg Capital Corp. v. Dakota Cellular, Inc.* 925 F. Supp. 231, 235 (D. Del. 1996); *Mass v. Mc Clenahan* 893 F. Supp. 225, 232 (S.D.N.Y. 1995); *Kramer v. Novak* 908 F. Supp. 1281, 1285 (E.D. Pa. 1995) und *Tersco, Inc. v. Du Pont de Neumours and Company* 879 F. Supp. 445, 447 (E.D. Pa. 1992).
202 Comment e) on subs. (2), p. 581.
203 778 F. Supp. 793, 801 (S.D.N.Y 1991).
204 914 F. Supp. 4, 6 f. (D.D.C. 1996).
205 914 F. Supp. 4, 6 f. (D.D.C. 1996).
206 923 F. Supp. 1474, 1477 (M.D. Ala. 1996).

unterstützendes Indiz herangezogen. Entscheidend war der Geschäftsort in der Rechtssache *Ligget Group Inc. V. Affiliated FM Insurance Co.*[207] Die klagende Gesellschaft gehörte zur Tabakindustrie und war von über 1.000 Personen in sämtlichen Bundesstaaten wegen Gesundheitsschäden in Anspruch genommen worden. Nunmehr begehrte sie von ihren 33 Versicherern Deckung. Die Policen waren in einem Zeitraum von 28 Jahren abgeschlossen worden; in den letzten 19 Jahren lag der Hauptgeschäftssitz der Klägerin im Staat North Carolina. Das Gericht lehnte die Anwendung des auf Versicherungsverträge primär anwendbaren § 193 Restatement Second ab, da das versicherte Risiko nicht hinreichend eindeutig verortet werden konnte. Aus prozessökonomischen Gründen wandte das Gericht insgesamt nur das Recht eines Staates an und zwar auf Grundlage des § 188 Restatement Second dasjenige des Staates North Carolina.[208] Diese Anknüpfung an das Recht am Sitz des Versicherten ist jedoch keine Anknüpfungsregel, sondern Ergebnis der „issue-by-issue analysis" des Gerichts, bei der es aufgrund der Vielzahl an Staaten in denen das Risiko versichert war sowie aufgrund der Vielzahl von Versicherern dem Hauptsitz des Versicherers den kollisionsrechtlichen Vorzug gab.[209]

Von besonderer Bedeutung scheinen die Orte der Erfüllung und der Hauptsache des Prozesses zu sein. Dabei versteht die Rechtsprechung unter „Erfüllungsort" den Ort, an welchem die Sachleistung zu erbringen ist.[210] Schwieriger ist es, den Begriff der Hauptsache des Prozesses zu definieren. In der Regel wird unter diesem Ausdruck eine physische Sache verstanden.[211] Gelegentlich verstehen die Gerichte ihn indes ganz abstrakt, wie in einem Urteil hinsichtlich eines Versicherungsvertrages, als dessen Hauptsache das versicherte Risiko angesehen wurde.[212] Weiteres Beispiel ist der bereits erwähnte Fall *Lexecon, Inc. v. H. Haft*, in dem es um eine Klage auf Zahlung für wirtschaftsberatende Dienste ging. Das Gericht sah als Hauptsache des Vertrages den Scheidungsprozess des Beklagten im *District of Columbia* an, denn dieser sei der eigentliche Anlass für

---

207 788 A. 2d 134 (Del. Sup. 2001).

208 788 A. 2d 134, 137, 143 (Del. Sup. 2001).

209 788 A. 2d 134, 137 (Del. Sup. 2001).

210 Dem entspricht, dass der offizielle Kommentar (Comment d) on § 191, p. 595)) unter dem Erfüllungsort den Ort versteht, an dem der Verkäufer seine Leistung vollendet, d. h., wo er die bewegliche Sache physisch abliefert.

211 Siehe *Allstate Insurance Co. v.* Stolarz 613 N.E. 2d 936, 940 (App. N.Y. 1993): In diesem Fall war für das Gericht jedoch nicht der Lageort des versicherten Autos, sondern dessen Registrierungsort maßgeblich. Vgl. ferner *Dr. Franklin Perkins School v. Freeman* 741 F. 2d 1503, 1515, FN 19 (7th Cir. 1984).

212 Assicurazioni Generali v. Public Service Mutual Insurance Company 882 F. Supp. 1537, 1540 (E.D. Pa. 1995).

die geleisteten Dienste der Klägerin gewesen.[213] In diesem Fall, als auch in den Rechtssachen *Kramer v. Novak*[214], *Allstate Insurance Co. v.* Stolarz[215], *Dr. Franklin Perkins School v. Freeman*[216] waren nach Ansicht der Gerichte der Erfüllungsort und der Ort der Hauptsache des Prozesses entscheidend. Jedoch trugen auch diese nicht allein die objektive Anknüpfung. Urteile, in denen das so gewesen wäre, sind dem Verfasser nicht bekannt, wohl aber eines in welchem der Erfüllungsort – obwohl durch untergeordnete Umstände des Falles unterstützt – gerade nicht eine Reihe in andere Richtung weisender Umstände zu überwinden vermochte.[217] Dagegen wurde bereits häufig dem Erfüllungsort als einem Kriterium unter anderen Bedeutung zuerkannt.[218]

Im Anwendungsbereich des § 191 Restatement Second kommt dem Erfüllungsort nach der im offiziellen Kommentar vertretenen Ansicht eine recht hohe Bedeutung zu. Dem Kommentar zufolge könne das Käuferrecht anstelle des Verkäuferrechts etwa dann ausnahmsweise zur Anwendung kommen, wenn der Erfüllungsort beim Käufer liegt.[219] In der Rechtsprechung wurde die „Ausweichklausel" des § 191 Restatement Second[220] wesentlich dazu genutzt, die Anwendung der lex fori zu begründen. Berühmtes Beispiel aus der Rechtsprechung in welchem diese eine „wesentlichere Beziehung" im Sinne des § 191 i.V. mit § 6 Restatement Second angenommen hat, ist der Fall *Collins Radio Co. of Dallas, Texas v. Bell.*[221] Der Court of Appeals von Oklahoma sah die Verbin-

---

213 914 F. Supp. 4, 6 (D.D.C. 1996). Vgl. auch *Cosmopolitan Equities, Inc. v. Pacific Seafarers, Inc.* 246 N.Y.S 2d 412, 413 (Sup. Ct. N.Y. 1963).

214 908 F. Supp. 1281, 1285 (E.D. Pa. 1995).

215 613 N.E. 2d 936, 940 (App. N.Y. 1993).

216 741 F. 2d 1503, 1515, FN 19 (7th Cir. 1984).

217 *Eldon Industries, Inc. v. Paradies and Company* 397 F. Supp. 535, 540 (N.D. Ga. 1975). In diesem Fall wiesen der Erfüllungsort sowie der Ort der Indossierung, welcher als zufällig eingestuft wurde, zum kalifornischen Recht, während der Belegenheitsort der Hauptsache, der Lieferungsort und der Ort des Sitzes des Handelsvertreters des Klägers zum Recht von Georgia wiesen. Dieses wurde zum Vertragsstatut erklärt.

218 Siehe *Gateway Western Railway Co. v. Morrison Metalweld Process* 46 F. 3rd 860 (8th Cir. 1995), in dem auch auf berechtigte Parteierwartungen abgestellt wurde; *St. Paul Fire & Marine Insurance Co. v. Employers Reinsurance Corp.* 919 F. Supp. 133, 137 (S.D.N.Y. 1996) und *A.M. Caperis Co., Inc. v. American Trading & Production Corp.* 74 F. 3rd 317 (1st Cir. 1996).

219 Comment d) on § 191, p. 595.

220 § 191 Restatement Second: „The validity of a contract for sale of an interest in a chattel and the rights created thereby are determined, in the absence of an effective choice of law by the parties, by the local law of the state where under the the terms of the contract the seller is to deliver the chattel *unless, with respect to the particular issue, some other state has a more significant relationship under the principles stated in § 6 to the transaction and the parties,* in which event the local law of the other state will be applied." Hervorhebung durch den Verfasser.

221 623 P. 2d 1039, 31 UCC Rep. Serv. 58, 66, 67 (App. Okla 1980, 1981).

dung zum Recht von Texas wegen des dort belegenen Lieferortes (vereinbart war Lieferung f.o.b. Texas) als überwunden an, obwohl sich dort auch der Hauptgeschäftssitz des Verkäufers befand, da eine „wesentlichere Verbindung" zum Recht von Oklahoma bestehe und zwar wegen des dort befindlichen Abschlussortes des Vertrages, des Erfüllungsortes, des Ortes mündlicher Vertragszusicherungen, dem Domizil des Käufers und des Lageortes der Hauptsache des Vertrages. Dies Phänomen des Heimwärtsstrebens sich lässt mit weiteren Urteilen belegen in denen die Ausweichklausel des § 191 Restatement Second angewandt wurde.[222]

e) Ergebnis und Stellungnahme

Die soeben durchgeführte kurze „Bestandsaufnahme" hat insbesondere eines verdeutlicht, nämlich dass die hehren Ziele, die in der Theorie mit der Methodenkombination von „most significant relationship-test" und „policies weighing" verfolgt werden – diese Ziele sind insbesondere die in § 6 Abs. 2 Restatement Second genannten – in der Praxis nur schwer wiedergefunden werden können. Andernfalls hätten sich zwangsläufig deutlich greifbare Leitlinien in der Rechtsprechung herauskristallisieren müssen. Insofern hat sich die von *Reese* ausgedrückte Hoffnung, dass sich nach einer gewissen Phase des Experimentierens nach und nach einigermaßen feste Anknüpfungsregeln der alten Art entwickeln würden[223], bislang nicht erfüllt. Selbstverständlich bemühen sich einige Gerichte in den oben aufgeführten Urteilen darum, im jeweiligen Einzelfall einen gerechten Ausgleich der Interessen zu realisieren, doch verdichtet sich die Judikatur nicht über den Einzelfall hinaus.[224] Wenn hin und wieder Gerichte die

---

[222] Richard O'Brien Cos. v. Challenge-Cook Bros., Inc. 672 F. Supp. 466, 5 UCC Rep. Serv. 2d 73, 77 (D.C. Colo. 1987); Frishberg and Dee Bee Sales Corp. v. Esprit de Corp., Inc. 778 F. Supp. 793, 801 (S.D.N.Y. 1991); Quaker State Oil Refining Corp. v. Garrity Oil Company, Inc. 884 F. 2d 1510, 1514, 1515 (1st Cir. 1989).

[223] *Reese*, Corn.L.Rev. 57 (1971-72), S. 315, 333 ff.

[224] Diese Tatsache ist schon im System des Restatement Second angelegt. Zuzustimmen ist der Analyse von *Vischer*, RabelsZ 38 (1974), S. 128, 149, in welcher er darlegt, dass die in § 6 Restatement Second niedergelegten Anknüpfungsmethoden einer Konkretisierung kaum zugänglich sind, dass sie sich mit abstrakten und auch nur einigermaßen apriorischen Kollisionsregeln nur schlecht vertragen. Dort wo das Restatement Second ausnahmsweise versuche, einigermaßen verbindliche Regeln vorzugeben, fielen diese aus dem System heraus. Vgl. ähnlich *Diamond*, Rec. des Cours 199 (1986-IV), S. 233, 277. Es entspricht außerdem dem tief sitzenden Unbehagen der US-amerikanischen Literatur vor der Formulierung konkreter Vorgaben im Kollisionsrecht, sowie der Praxis der Judikatur, die es vorzieht, mittels sogenannter „approaches" die in einer ad hoc Lösung zu berücksichtigenden Belange zu würdigen, anstatt festen Regeln unterworfen zu sein; vgl. *Symeonides*, in: Exception Clauses, S. 80 f m.w.N. Ähnlich äußert sich auch der offizielle Kommentar zu § 6, Comment e) on subs. (2), p. 557: „all that can presently be done [...] is

selben Indizien in ihrer Bedeutung oder Bedeutungslosigkeit gleich beurteilen, so kann dies ebenso sehr auf Zufall, wie auf der gleichen abstrahierten Beurteilung der Indizien bezüglich ihres relativen Gewichts beruhen, wie auch aus anderen Motiven resultieren, die in den Einzelfällen eben gerade mittels der gleichen Indizien verwirklicht werden konnten – etwa dem Streben nach der Anwendung der lex fori.

Aus der bisherigen Analyse lässt sich immerhin vorsichtig die Tendenz herleiten, dass soweit Erfüllungs- und Vertragsabschlussort zusammenfallen, dieser Tatsache ein hohes Gewicht beigemessen wird. Ebenso werden der Geschäftsort sowie der Ort der Hauptsache des Vertrages als gewichtige Indizien angesehen; die Bestimmung des letzteren ist jedoch uneinheitlich. Bezüglich der anderen Kriterien ist die untersuchte Rechtsprechung schwankend. Aufgrund der Gesamtanalyse wird deutlich, dass häufig das anwendbare Recht nicht wirklich aufgrund einer Bewertung der konkreten Umstände ermittelt wird, sondern vielmehr aufgrund bloßen Abzählens.[225] Dieses Phänomen wird „contact counting" genannt; es wird danach das Recht desjenigen Staates zum Vertragsstatut erhoben, zu dem die meisten Indizien weisen. Die Beurteilungsgrundlage ist mithin eine rein quantitative. In der Literatur findet das „contact counting" zurecht annähernd keinen Zuspruch; es wird von „kollisionsrechtlicher Erbsenzählerei"[226], „uninspirierter"[227] und „konfuser"[228] Praxis der Gerichte sowie von

to state a general principle [...] which provides some clue to the correct approach; but does not furnish precise answers. In these areas, the courts must look in each case to the underlying factors themselves in order to arrive at a decision which will best accomodate them." Allerdings scheinen die Autoren des Restatements diesen Umstand nicht gewollt, sondern ihn eher als unumgänglich akzeptiert zu haben, vgl. *Kahn/Freund*, General Problems of Private International Law, S. 413 („[...] as an unwelcome necessity, something to be accepted with regret and not to be hailed with joy.")

225 Auf dieser „Methode" kollisionsrechtlicher Rechtsfindung beruht die objektive Anknüpfung in den folgenden Fällen: *Wagner v. Stratton Dakmont, Inc.* 83 F. 3d 1046 (9th Cir. 1996); *O.V.R.S. Acquisition Corp. v. Community Health Services, Inc.* 657 N.E. 2d 117, 124 (Ind. App. 1995); *Security Insurance Company of Hartford v. Kevin Tucker & Associates, Inc.* 64 F. 3d 1001 (6th Cir. 1995); *Allstate Insurance Co. v. Stolarz* 613 N.E. 2d 936, 940 (1993); *Frischberg and Bee Dee Sales Corp. v. Esprit de Corp., Inc.* 778 F. Supp. 793, 801 (S.D.N.Y. 1991); *Mc Clure v. Duggan* 5 UCC Rep. Serv. 2d 925, 928 (N.D. Tex. 1987); *United Rubber Cork, Linoleum und Plastic Workers of America v. Great American Industries, Inc.* 479 F. Supp. 216 (S.D.N.Y 1979); *Bunge Corp. v. Biglane* 418 F. Supp. 1159, 1165, 20 UCC Rep. Serv. 596 (S.D. Miss. 1976); *Mutual Life Insurance Company of New York v. Simmon* 151 F. Supp. 408 (S.D.N.Y 1957); *Mulvihill v. Furess, Withy & Co. Ltd.* 136 F. Supp. 201, 206 (S.D.N.Y. 1955). Vgl. auch *Abend*, lex validitatis, S. 48 ff., nach dessen Analyse das materielle Ergebnis die Gewichtung der Kontakte vorbestimme.

226 Vgl. *Lando*, Tex. Int. L. Journ. 11 (1976), S. 505, 514; *Symenoides*, Am.J.Comp.L. 37 (1989), S. 457, 458; *ders.*, 42 (1994) Am.J.Comp.L., S. 643; *Abend*, Die Lex validitatis im Internationalen Vertragsrecht, S. 48.

„ergebnisorientiertem Eklektizismus“[229] gesprochen und das internationale Schuldrecht als „nichtssagend und nebulös“[230] bezeichnet. Von *Kramer* wurde sogar die Abwendung vom System des Restatement Second gefordert, denn es bringe nur schlechte Einzelfallentscheidungen ohne kollisionsrechtliches System hervor.[231] Gegen dessen System richtet auch *Ehrenzweig* seine heftige Kritik, wenn er schreibt, es beinhalte eine fast zwangsneurotische Tautologie, „since the ‘significance’ of the relationship is the very question which the conflicts rule has to answer.“[232] „[...] what should be a conclusion reached by the use of a rule of choice of law [which] is offered to us as a premise for the choice.“[233]

Neben dem methodischen Problem des „contact counting“ ist bezüglich der Praxis der Gerichte noch auf ein weiteres hinzuweisen: Indem sie die im Einzelfall gegebenen Kontakte in freier Weise würdigen können und auch schon frei darüber entscheiden, welche Kontakte sie überhaupt heranziehen, ist es ihnen möglich, auf ein bestimmtes kollisionsrechtliches Ziel „hinzuarbeiten“. Ein besonders reizvolles, von dem System des Restatement Second aber gerade nicht verfolgtes Ziel ist dabei die Anwendung der dem Richter vertrauten materiellen lex fori. Zu diesem Ziel gelangen die Richter auf Grundlage des § 6 Abs. 2 Restatement Second entweder über § 188 Abs. 2 Restatement Second oder über die speziellen Ausweichklauseln der folgenden Paragraphen. Pikant muten in diesem Zusammenhang die Urteilsgründe in der Rechtssache *Goldberg Co. v. Remsen Partners, Ltd.* an, in denen das Gericht offen zugibt, vom System des Restatement Second überfordert zu sein und sich daher aus Gründen der Effizienz für die Anwendung des Forumsrechts entscheidet. Wegen der “’dizzying number of factors’ made relevant by [the] Restatement with little hint to their relative weight“ greift es zurück auf “a method the District has used to break a tie between its own law and that of another jurisdiction – namely the efficiency of using its own.”[234]

---

227 *Symenoides*, Am.J.Comp.L. 42 (1994), S. 599, 643.

228 *Weintraub*, Commentary on the Conflict of Laws, S. 379.

229 *Kramer*, Am.J.Comp.L. 39 (1991), S. 465, 469; zustimmend *Kropholler*, IPR, § 11 IV 6, S. 90.

230 *Reese*, A.J.Comp.L. 30 (1982), S. 135, 146. Zu dem unübersichtlichen System der zu berücksichtigenden Aspekte schreibt *Juenger*, in: North, S. 295, 300: „The permutations of any number of issues, six choice-of-law factors and five contacts, combined with the need to evaluate the contacts in the light of each particular issue, would stymie a computer.“

231 *Kramer*, Am.J.Comp.L. 39 (1991), S. 465, 465 ff.

232 *Ehrenzweig*, A Treatise on the Conflict of Laws, S. 351.

233 *Ehrenzweig*, A Treatise on the Conflict of Laws, S. 464.

234 170 F. 3d 191, 194 (D.C. Cir. 1999); *Symenoides*, Am.J.Comp.L. 48 (2000), S. 143, 164 kommentiert dieses Vorgehen bei der Anknüpfung sehr zurückhaltend als „noteworthy from a methodological perspective“.

Da im voraus nicht erkennbar ist, welche Kontakte Berücksichtigung finden werden und wie der Richter sie anhand ihres relativen Gewichtes beurteilen wird oder ob er schlicht prüfen wird, ob sie durch weitere Kontakte rein zahlenmäßig unterstützt oder aufgehoben werden, sind zumindest die Ziele der Rechtssicherheit, der Vorhersehbarkeit und des Entscheidungseinklangs durch die Judikatur nicht realisiert worden.[235] Sie scheinen als untergeordnete Aspekte des sonst so hochgeschätzten Zieles des Schutzes berechtigter Parteierwartungen angesehen zu werden. Nach der vorliegenden Analyse hat das Anknüpfungssystem des Restatement Second, das – sei es unmittelbar, sei es via spezieller Ausweichklausel – stets zum offenen „policies weighing“ gelangt, im Ergebnis nicht zu einer transparenten und methodenehrlichen Rechtsprechung geführt[236].

f) Systemvergleich von Restatement Second und EVÜ

Für einen systematischen Vergleich der beiden Regelwerke Restatement Second und EVÜ sind die folgenden Unterschiede von besonderer Bedeutung:

Das Restatement spricht in § 188 Abs. 1 von „most significant relationship to the transaction *and the parties*“, während das EVÜ enger formuliert ist und voraussetzt, dass „*der Vertrag* engere Verbindungen *mit einem anderen Staat* aufweist.“[237] Dies spricht dafür, im Rahmen der Ausweichklausel des EVÜ subjektive Kriterien – wie sie teilweise in der Liste des § 6 Abs. 2 sowie der des § 188 Abs. 2 enthalten sind – als ausgeschlossen zu betrachten. Ebenfalls spricht der Wortlautvergleich dafür, dass der Kreis der potentiell relevanten Anknüpfungspunkte im Restatement Second weiter ist, als im Römischen Übereinkommen.[238]

In § 6 (e) spricht das Restatement Second von „the basic policies underlying the particular field of law.“ Im Vordergrund der kollisionsrechtlichen Anknüpfung soll das oben beschriebene „policies weighing“ stehen, bei dem wiederum die dominanten Rechtsanwendungsinteressen eines Staates die wohl wichtigste „policy“ darstellen. Dies kann für Art. 4 EVÜ nicht gelten, denn die Redakteure dieses Übereinkommens haben die Bereiche, in denen es darauf ankam, bestimmte „policies“ durchzusetzen, eigenständig geregelt: Art. 5 und 6 EVÜ (Schutz des Schwächeren), Art. 7 Abs. 1, 2 EVÜ (zwingende Vorschriften, die

[235] *Kropholler*, IPR, § 11 IV 6, S. 90, betont, diese Praxis erschwere erheblich die Vorhersehbarkeit der Entscheidungen. Es sei abzuwarten, ob die amerikanischen Gerichte im Schuldrecht wieder zu einer einheitlichen Haltung und zu einer Befolgung bestimmter Regeln zurückfinden.

[236] Ähnlich *Juenger*, Am.J.Comp.L. 30 (1982) S. 117, 123; *Symenoides*, Am.J.Comp.L. 46 (1998), S. 233, 255; *Borchers*, Am.J.Comp.L. 42 (1994), S. 125, 127; *Abend*, lex validitatis, S. 41.

[237] Hervorhebungen durch den Verfasser.

[238] Zu dem Kreis der im Römischen Übereinkommen potentiell relevanten Anknüpfungsmomente, siehe eingehend unten S. 108 ff.

ohne Rücksicht darauf anzuwenden sind, welchem Recht der Vertrag unterliegt), ordre public-Vorbehalt in Art. 16 EVÜ, favor negotii beim Formstatut in Art. 9 EVÜ. Außerdem existieren außerhalb des Römischen Übereinkommens in den internationalen Privatrechten der europäischen Staaten eine Reihe von Rechtsinstituten, die ebenfalls gewissen „policies" dienen (z. B. dem internen oder dem internationalen Entscheidungseinklang oder sogar auch dem gerechten materiellrechtlichen Ergebnis), etwa der Renvoi, die Vorbehaltsklausel, die selbständige und die unselbständige Anknüpfung von Vor- und Teilfragen, die Anpassung, der allseitige Ausbau von Kollisionsnormen.[239] Im Rahmen der objektiven Bestimmung des Vertragsstatuts nach Art. 4 EVÜ dagegen verbleibt dem Richter ausschließlich die Aufgabe, ganz in der Tradition *Savignys*, unabhängig jeglicher Interessen den örtlichen Schwerpunkt eines vertraglichen Schuldverhältnisses zu ermitteln. Das Restatement Second dagegen, geht nicht nur vom Rechtsverhältnis aus, sondern auch von der Zielsetzung der materiellen Normen der konkret beteiligten Staaten.

Wenn *Juenger* die Nähe des Europäischen Schuldvertragsübereinkommens zum amerikanischen Restatement Second unterstreicht, wobei er bissig überspitzt von Eklektizismus[240] seitens der Redakteure des EVÜ spricht und bezogen auf die objektive Bestimmung des Vertragsstatuts, insbesondere auf die jeweiligen Ausweichklauseln, meint „like the Second Restatement, the Convention can be used to support merely any result"[241], so hat er schlicht einen reinen Wortlautvergleich vorgenommen.[242] Selbstverständlich ist es möglich, bei entsprechend vom System losgelöster Auslegung des Art. 4 EVÜ, diesen für die Begründung vielfältiger Ergebnisse zu einzusetzen. Was *Juenger* ausspricht, stellt aber eben auch nur eine Gefahr dar und keineswegs eine am System des EVÜ orientierte Aussage. Von Eklektizismus kann bei den unterschiedlichen Ausgangspunkten beider kollisionsrechtlicher Komplexe[243] nicht die Rede sein. Zu-

---

239 *Vischer*, RabelsZ 38 (1974), S. 128, 152.

240 *Juenger*, in: North, S. 295, 296.

241 *Juenger*, in: North, S. 295, 306; ähnlich *Ehrenzweig*, U.Pa.L.Rev. 113 (1965), S. 1230, 1241; *Jessurun d'Oliveira*, Am.J.Comp.L. 25 (1977), S. 303, 326, 329; *Nadelmann*, Am.J.Comp.L. 24 (1976), S. 1, 10 f.

242 Gleiches gilt für *Mosconi*, La Convenzione di Roma e le recenti teorie americani sui conflitti di leggi, in: Verso una disciplina comunitaria della legge applicabile ai contratti, S. 47 ff., 53, der die Bedeutung der Anknüpfung an den Sitz des Erbringers der charakteristischen Leistung verkennt und meint „la soluzione adottata dall'art. 4 della Convenzione comunitaria sembra [...] sostanzialmente coincidere con quella adottata dalla sez. 188 del Restatement." Dazu, dass die beiden Kollisionsrechtssysteme gravierend unterschiedlich im beschriebenen Sinne sind, vgl. auch *Rammeloo*, Das neue EG-Vertragskollisionsrecht, S. 232.

243 Vgl. *Baratta*, Il collegamento più stretto, S. 81 ff.

zustimmen ist vielmehr der Ansicht *Symenoides*'[244], nach der der Richter auf Grundlage des Restatement Second nicht nur einen sehr weiten Entscheidungsspielraum bezüglich der Frage hat, ob eine Ausweichklausel Anwendung findet, sondern auch bezüglich der Bestimmung des danach anwendbaren Rechts. Dieser Spielraum werde nur durch die sehr flexiblen Prinzipen des § 6 Restatement Second beschränkt, so dass die Schranke zur Anwendung der Ausweichklausel sehr viel niedriger sei, als im Schweizer Recht, im österreichischen Recht vor Inkrafttreten des EVÜ als auch im EVÜ selbst. *Symenoides* meint mit Blick auf das Restatement Second, „most of these rules are so equivocal and so readily displaceable that one cannot properly speak of 'escapes' from them".[245] „It would seem that, in such a system of almost unfettered judicial discretion, there would be little need for escape clauses as such."[246]

g) Schlussfolgerungen

Die dem Restatement Second vorgeworfene Konturenlosigkeit[247] ist auch eine Gefahr für das europäische Schuldvertragsübereinkommen. Rechtsprechung und Wissenschaft sind daher gefordert, diese Gefahr durch die Entwicklung und konsequente Anwendung klarer, am System des Übereinkommens orientierter Anwendungsgrundsätze zu bannen. Gleichzeitig wird deutlich, dass eine Übernahme von Anknüpfungsgrundsätzen des Restatement Second und insbesondere auch der zu ihm ergangenen Einzelfalljudikatur nur mit großer Vorsicht vorgenommen werden darf.[248] Immerhin jedoch bietet die dargestellte Rechtsprechung amerikanischer Gerichte Anschauungsmaterial für die Diskussion zur Konkretisierung der Ausweichklausel des Römer Übereinkommens.

---

244 Vgl. *Symenoides*, in: Exception Clauses, S. 77, 95; *Kokkini-Iatridou*, in: Exception Clauses, S. 3, 29.

245 *Symenoides*, in: Exception Clauses, S. 77, 83.

246 *Symenoides*, in: Exception Clauses, S. 77, 91.

247 *Kropholler*, IPR, § 11 IV 4, S. 89. Siehe auch *Kegel/Schurig*, IPR, § XI 2 b, S. 180: „Im Fahrzeug dieser sieben Umstände finden alle Reformer einen Platz. [...] Kritisch ist anzumerken: Das Restatement Second will keinem wehtun, der Entwicklung nicht vorgreifen."

248 So auch *Vitta*, Am.J.Comp.L. 30 (1982), S. 1, 14 ff.

III. Art. 4 EVÜ: Eine Synthese von flexibler und unflexibler Anknüpfung

1. Die Vermutungsregeln der Abs. 2 - 4

a) Die Regelanknüpfung nach Abs. 2

aa) Die charakteristische Leistung

Im System des Art. 4 EVÜ wird das Anknüpfungsprinzip der engsten Verbindung für den Regelfall durch die Vermutung des Abs. 2 zugunsten derjenigen Partei, der die charakteristische Leistung obliegt, konkretisiert.[249] Die charakteristische Leistung bildete schon sehr früh in den Vorarbeiten zum Römischen Übereinkommen den Schlüsselbegriff der Hauptanknüpfungsregel in Art. 4 Abs. 2 EVÜ. Bereits der Vorentwurf von 1972 sah ihn in dieser Rolle vor.[250] Der Begriff der charakteristischen Leistung wird im Übereinkommen selbst indes nicht näher bestimmt. Die Verfasser des Römischen Übereinkommens gingen davon aus, dass die Lehre der charakteristischen Leistung, die der genannten Regelung zugrunde liegt, allgemein bekannt sei.[251] Auch wenn dies zutrifft und obwohl schon viel zur Begründung oder zur Kritik geschrieben wurde, ist es auch für die vorliegende Arbeit von Interesse, den Begriff der charakteristischen Leistung näher zu beleuchten und seine Bedeutung innerhalb des Systems der objektiven Anknüpfung nach dem EVÜ zu analysieren. Je bedeutsamer dieser Begriff beziehungsweise das hinter ihm stehende Prinzip ist, desto höher sind selbstverständlich die Anforderungen, die an die Annahme eines Ausnahmefalls im Sinne der Ausweichklausel zu stellen sind.[252]

Die Lehre von der charakteristischen Leistung geht zurück auf den schweizerischen Rechtsgelehrten *Adolf F. Schnitzer*[253], doch wurde der Begriff der cha-

---

[249] Siehe *Lagarde*, Rec. des Cours 196 (1986 I), S. 9, 41 (zum schweizerischen Recht): „[...] le critère de la prestation caractéristique comme l'expression en principe la meilleure des liens les plus étroits d'un contrat avec un ordre juridique."

[250] Siehe Rapport concernant l'avant-projet de convention sur la loi applicable aux obligations contractuelles et non-contractuelles, erarbeitet von *Giuliano*, *Lagarde*, *van Sasse*, *van Ysselt*, Riv. dr. int. priv. e proc. 1973, S. 202; vgl. auch *Collins*, Dicey/Morris on the Conflict of Laws II, S. 1233; *Jessurun d'Oliveira*, Am.J.Comp.L. 25 (1977), S.303, 304 f.; *Magagni*, La prestazione caratteristica, S. 53 ff.

[251] Satt vieler: *Kropholler*, IPR, § 52 III 2, S. 447.

[252] *Lagarde*, Rec. des Cours 196 (1986 I), S. 9, 26.

[253] *Schnitzer*, Handbuch des Internationalen Handels- Wechsel- und Checkrechts, S. 204; *ders.*, in: FS Lewald, S. 383, 390 ff.; siehe auch *Ferid*, IPR, Rn. 6-39; *Moser*, SJZ 1958, S. 141, 142; Staudinger-*Magnus*, Art. 28 EGBGB, Rn. 70. Siehe zu den Vorläufern der Lehre der charakteristischen Leistung und ihrer Entwicklung *Magagni*, La prestazione caratteristica, S. 77 ff.; *Neuhaus*, Die Grundbegriffe des Internationalen Privatrechts, S. 188; *Rammeloo*, Das neue EG-Vertragskollisionsrecht, S. 286.

rakteristischen Leistung schon zuvor verwandt und zwar als Kriterium für den maßgeblichen Schuldnerwohnsitz oder Erfüllungsort bei synallagmatischen Verträgen. Ziel war es, die große Vertragsspaltung[254] zu vermeiden.[255] Zum unmittelbaren Anknüpfungskriterium wurde die charakteristische Leistung indes erst von *Schnitzer* weiterentwickelt[256], der sich die Aufgabe gestellt hatte, das Kollisionsrecht von veralteten Anknüpfungen zu befreien.[257] Sein Ansatz basiert auf der sogenannten Vertragstypenlehre, die davon ausgeht, dass das auf einen Vertrag anwendbare Recht entsprechend der jeweiligen Eigenart des Vertrages zu bestimmen ist.[258] Zur Anwendung soll diejenige Rechtsordnung kommen, in welcher der Vertrag sein „Wesen" und seine „Natur" entfaltet.[259] Ausgangspunkt war der internationale Handel, dessen Wesen *Schnitzer* in der Bereitstellung von Waren und deren Transport sah, wohingegen die Gegenleistung im modernen Wirtschaftsleben in Geld bestehe. Aus diesem Grund schien ihm die Anknüpfung an den Ort der gewerblichen Niederlassung, die vom Kunden in Anspruch genommen wurde, sinnvoll.[260] Er beschränkte seine Lehre jedoch nicht auf den Bereich der Handelsverträge, auch nicht auf das internationale Schuldrecht, sondern sah sie als allgemeinen, für das gesamte internationale Privatrecht gültigen Grundsatz an.[261] Die Lehre *Schnitzers* wurde von vielen Rechtsgelehrten aufgenommen und weiterentwickelt, so insbesondere von *Vischer*.[262] Doch blieb ihr

---

[254] Diese ergab sich Folge des auf von *Savigny* zurückgehenden Anknüpfung jeder vertraglichen Hauptpflicht an ihren jeweiligen Erfüllungsort.

[255] *Harburger*, Ann.Inst.Dr.Int. 19 (1902), S. 135, 141; *Nolde*, Ann.Inst.Dr.Int. 32 (1925), S. 103, 133; *Homberger*, Die obligatorischen Verträge im internationalen Privatrecht nach der Praxis des schweizerischen Bundesgerichts, S. 17, 50; *Juenger*, in: North, S. 295, 301; *Nussbaum*, Deutsches IPR, S. 221, der bereits vorschlägt, auf den Wohnsitz des Sachschuldners abzustellen; *Batiffol*, Les Conflits de Lois en matière de contrats, S. 84; *Magagni*, La prestazione caratteristica, S. 77 ff.

[256] Vgl. *Neuhaus*, Die Grundbegriffe des IPR, S. 188.

[257] *Schnitzer*, IPR II (1958), Vorwort, S. VIII.

[258] Vor diesem Hintergrund stellte *Schnitzer*, IPR II (1958), S. 644 bzgl. des internationalen Obligationenrechts fest: „Wir knüpfen an die für die Obligation charakteristische Leistung an. Sie unterscheidet die Kategorie von jeder anderen. Umgekehrt ist sie als typische Leistung für diese Kategorie bei jedem Einzelfall der Kategorie gegeben." Vgl. *Bonomi*, D.I.P., S. 608.

[259] *Schnitzer*, RabelsZ 33 (1969), S. 20, 21; *ders.*, RabelsZ 38 (1974); S. 317, 325 f.; *Vischer*, Internationales Vertragsrecht, S. 108.

[260] *Schnitzer*, Handbuch des Internationalen Handels- Wechsel- und Checkrechts, S. 204; *ders.*, in: FS Lewald, S. 383, 390 ff.

[261] *Schnitzer*, IPR I (1957), S. 53: „ [...] jeder internationale Tatbestand [ist] rechtlich zu konkretisieren und nach seinem charakteristischen Inhalt einer bestimmten Rechtsordnung zuzuordnen."

[262] *Vischer*, Internationales Vertragsrecht, S. 108 ff.; siehe auch *Makarov*, Grundriß des internationalen Privatrechts, S. 126 ff.; *Neuhaus*, Die Grundbegriffe des internationalen Privatrechts, S. 189 ff.

auch nicht – teilweise heftige – Kritik erspart.[263] Immerhin wurde sie in einer Reihe europäischer IPR-Kodifikationen[264] sowie in vielen Urteilen oberster Gerichte übernommen.[265] Vor diesem Hintergrund äußert sich der Bericht der Professoren *Giulianio* und *Lagarde* zum EVÜ wie folgt: „Die Gedankengänge, auf denen die Vorschrift des Absatzes 2 beruht, [...] bringen eine Tendenz zum Abschluß, die sich im Laufe der letzten Jahrzehnte sowohl in der Lehre als auch in der Rechtsprechung zahlreicher Länder immer stärker durchgesetzt hat."[266]

bb) Die einzelnen Begründungsansätze für die Erheblichkeit der charakteristischen Leistung

Obschon die Lehre der charakteristischen Leistung im Römischen Übereinkommen festgeschrieben wurde, an ihr daher auch nicht mehr zu rütteln ist, be-

---

[263] Vgl. *von Hoffmann*, EPILO, S. 2, 8 f.; *Jessurun d'Oliveira*, Am.J.Comp.L. 25 (1977), S. 303, 308 ff.; *Juenger*, RabelsZ 46 (1982), S. 57, 78; *Kassis*, Le nouveau droit européen des contrats internationaux, S. 288; *Lookowski*, Danish Law in a European Perspective, S. 505; *Patocchi*, in: FS Lalive, S. 131, 132; *Roth*, Internationales Versicherungsvertragsrecht, S. 316 ff.; *Siehr*, RIW/AWD 19 (1973), S. 569, 576; *Weitnauer*, Der Vertragsschwerpunkt, S. 197 ff.
Der Streit um diese Lehre trieb dabei hin und wieder bedauerliche Blüten, nämlich wenn er sich von der Sache löste und auf das Niveau personenbezogener Polemik absank, wie dies etwa geschah, als *Sturm* die wohl auch politisch motivierte kritische Haltung *Jessurun d'Oliveiras* als „schizoid-marxistische" Grundhaltung beschimpfte; *Sturm*, Ius communis, S. 92, 92.

[264] Siehe Art. 117 Abs. 2 des schweizerischen IPRG, §§ 36, 37 österreich. IPRG und § 12 Abs. 2 RAG der ehemaligen DDR. Auch dem Regelungssystem des US-americanischen Restatement Second liegt die Idee zugrunde, dass die „closest connection" im Wege der Typifizierung von Verträgen zu bestimmen ist, vgl. *Juenger*, in North, S. 295, 301 mit zahlreichen w.N., sowie oben S. 37 f.

[265] So in ständiger Rechtsprechung vom schweizerischen Bundesgericht, erstmals in seiner Entscheidung vom 27.2.1945, SJIR 5 (1948), S. 113 f.; vom französischen Cour d'appel de Paris erstmals in seinem Urteil vom 27.1.1955, Rev.crit.d.i.p. 1955, S. 330, 331 ff. und vom BGH nach langjähriger Ablehnung erstmals in seinem Urteil vom 16.1.1981, IPRspr. 1981, Nr. 152 = NJW 1981, S. 1905.

[266] BT Drucks. 10/503, S. 33, 52. Dieser Feststellung wird nicht von allen bestätigt, vgl. etwa *Lookowski*, in: Danish Law in a European Perspective, S. 505: „In many European countries, however, the new Rome test is largely unknown, and considerable criticism has already been heaped upon it, inter alia, because many national systems have abandoned conflicts test which hinge on a single connecting factor." Siehe auch *Rammeloo*, Das neue EG-Vertragskollisionsrecht, S. 285, der die internationale Anerkennung der Theorie der charakteristischen Leistung ebenfalls in Frage stellt.
Zur Entwicklung der Lehre von der charakteristischen Leistung siehe insbesondere die eingehenden Untersuchungen von *Gunst*, Die charakteristische Leistung, S. 55 ff. sowie von *Merschformann*, Die objektive Bestimmung des Vertragsstatuts beim internationalen Warenkauf, S. 102 ff.

darf sie einer inhaltlichen Rechtfertigung, denn sie führt zu einer apriorischen Ungleichbehandlung der Vertragsparteien: Indem durch die Anknüpfung an das Umweltrecht des Erbringers der charakteristischen Leistung eben dieser dadurch bevorzugt wird, dass er nach ihm vertrauten Recht handeln darf, wird der Vertragspartner fremdem Recht unterworfen und somit benachteiligt.[267] Dabei ist die Qualität der Rechtfertigung auch für die Auslegung der Ausweichklausel von Bedeutung. So wird beispielsweise von einigen unter dem Postulat der „relativen Schwäche der sachlichen Aspekte“ dieses Anknüpfungsmoments eine sehr extensive Auslegung der Ausweichklausel propagiert.[268] Dem ist zuzugeben, dass sich bislang kein Konzept als theoretisches Fundament für die Lehre der charakteristischen Leistung hat durchsetzen können, keines der Konzepte von überragender Überzeugungskraft war. Vielmehr existiert ein Potpourri verschiedener Ansätze, die im Folgenden nachgezeichnet werden.

(1) Wesen des Vertrages und seine sozio-ökonomische Funktion

Die beiden zunächst untersuchten Begründungsansätze zielen zwar in zwei unterschiedliche Richtungen. Einerseits wird aus dem Vertrag selbst heraus argumentiert, andererseits wird seine Auswirkung auf eine bestimmte Umwelt (die sozio-ökonomische) herangezogen. Auffällig ist jedoch, dass von ihren Vertretern meist auf die beiden Ansätze zusammen abgestellt wird.[269] Aus diesem Grund werden sie auch hier gemeinsam dargestellt.

Schon *Schnitzer* und *Vischer* sahen die Begründung für die Maßgeblichkeit der charakteristischen Leistung darin, dass eben diese Leistung die in Gesellschaft und Wirtschaft die wichtigere Funktion entfalte und zwar am Sitz ihres Erbringers. Daher sei es auch sie, die dem Vertrag sein typisches Gepräge gebe und ihn von anderen Vertragsarten unterscheide; die andere dagegen sei austauschbar und mithin für den Vertrag atypisch.[270] Regelmäßig ergebe sich für gegenseitige Verträge, dass die Sachleistung im Vordergrund des Schuldverhältnisses stehe, da ihr volkswirtschaftlich die überragende Bedeutung zukomme. Die Geldleistung aber sei deswegen nicht charakteristisch, weil jedermann zahlen könne und sie bei allen Verträgen erbracht werde, also gerade nicht das

[267] D. h. es handelt sich hier rein um eine kollisionsrechtliche Bevorzugung, die völlig unabhängig davon ist, ob sie auch materiell zu dem günstigeren Recht führt; so auch Soergel-*von Hoffmann*, Art. 28 EGBGB, Rn. 27; **a.A.** aber *Lagarde*, Rev.crit.d.i.p. 1991, S. 287, 308, Fn. 60.

[268] So etwa *von der Seipen*, Akzessorische Anknüpfung, S. 151.

[269] Vgl. *Merschformann*, Die objektive Bestimmung des Vertragsstatuts beim internationalen Warenkauf, S. 118.

[270] *Schnitzer*, Handbuch des IPR II (1958), S. 645f.; *Vischer*, Internationales Vertragsrecht, S. 108.

Wesen des Vertrages ausmache.[271] Dieser Begründungsansatz wurde von den Professoren *Giuliano* und *Lagarde* in ihrem Bericht übernommen. Auch sie bemühen sich dabei um eine zweifache theoretische Untermauerung: Erstens biete das Kriterium der charakteristischen Leistung den Vorteil, dass „das Anknüpfungsmerkmal dem Vertrag selbst entnommen werden [kann] und nicht von außen her durch Merkmale bestimmt werden [muss], die nichts mit dem Wesen des Vertrages zu tun haben [...].“ Außerdem könne „der Begriff der charakteristischen Leistung [...] auf einen allgemeineren Gedanken [zurückgeführt werden], nämlich den, dass diese Leistung die Funktion kennzeichnet, welche die in Frage stehende Rechtsbeziehung im wirtschaftlichen und sozialen Leben eines Staates ausübt. Der Begriff der charakteristischen Leistung ermöglicht es, [...] den Vertrag an das sozio-ökonomische Milieu anzuknüpfen, in das er gehört.“[272] Dieser Konzeption stimmen eine Reihe von Rechtsgelehrten zu.[273] Ihr wird jedoch auch harsche Kritik entgegengebracht. So schreiben einige süffisant, dass der Beweis für die extravagante Behauptung eines Zusammenhangs zwischen der charakteristischen Leistung und den dunklen Wissenschaften der Soziologie und der Ökonomie nicht erbracht worden sei.[274] Es sei außerdem nicht einzusehen, warum einer Leistung von Sachen oder Diensten größeres Gewicht zukommen soll als der Zahlung.[275] „Versuche einer soziologischen Rechtfertigung der Anknüpfung an die charakteristische Leistung aus deren „sozialer Funktion“ beziehungsweise aus deren „sozio-ökonomischen Nutzen“ heraus stellen [...]

---

271 *Schnitzer*, Handbuch des IPR II (1958), S. 644; *ders.*, in: FS Lewald, S. 383, 383; *ders.*, RabelsZ 33 (1969), S. 17, 20 ff.; *ders.*, in: FS Schönenberger, S. 387, 396; *Vischer*, Internationales Vertragsrecht, S. 108 f.; *ders.* SJIR 14 (1957), S. 43, 47 ff.

272 Bericht *Giuliano/Lagarde*, BT Drucks. 10/503, S. 33, 52.

273 *Ancel/Lequette*, Grands arrêts de la jurisprudence française, Nr. 35, p. 261, 263; *Klauser*, EuGVÜ und EVÜ, S. 225, 227; *Neuhaus*, Grundbegriffe, S. 189; *Schulze*, Die Kodifikation des Vertragsstatuts im internationalen Privatrecht, S. 105 f.; *Schwander*, in: FS Moser, S. 79, 83; *Schwimann*, RIW/AWD 1983, S. 404, 407; Staudinger-*Magnus*, Art. 28 EGBGB, Rn. 70.

274 *Diamond*, Curr.Legal Prob. 32 (1979), S. 155, 159; *Gunst*, Die charakteristische Leistung, S. 127; *Jessurun d'Oliveira*, Am. J. Comp. L. 25 (1977), S. 303, 313; *Juenger*, RabelsZ 46 (1982), S. 57, 77; *ders.*, in: North, S. 295, 301; *Kreuzer*, Das IPR des Warenkaufs in der dt. Rechtsprechung, S. 96; *Merschformann*, Die objektive Bestimmung des Vertragsstatuts beim internationalen Warenkauf, S. 118; *Siehr*, RIW/AWD 19 (1973), S. 569, 576; *Weitnauer*, Der Vertragsschwerpunkt, S. 197 f.

275 *Diamond*, Rec. des Cours 199 (1986 IV), S. 233, 274; *Collins*, Dicey/Morris on the Conflict of Laws II, S. 1243; *Giger*, in: FS Oftinger, S. 63-86; *Jessurun d'Oliveira*, Am.J.Com.L. 25 (1977), S. 303, 308 ff.; *Juenger*, RabelsZ 46 (1982), S. 57, 77; *Kropholler*, RabelsZ 42 (1978), S. 634, 638; *ders.*, IPR, § 52 III 2 a, S. 447; *Lüderitz*, IPR, S. 126, Rn. 278; *Roth*, Internationales Versicherungsvertragsrecht, S. 318; *Schultsz*, in: North, S. 185, 186 f.; *Siehr*, RIW/AWD 19 (1973), 569, 576.

Leerformeln ohne eigenen Erkenntniswert dar.“[276] In der Tat ist weder ersichtlich, aus welchem Grund der Sachleistung eine höhere soziale oder volkswirtschaftliche Funktion zukommen soll als der monetären Gegenleistung, noch aus welchem Grund – einmal unterstellt ersteres wäre zu bejahen – dieser Umstand für die kollisionsrechtliche Behandlung von Verträgen ausschlaggebend sein soll.[277]

(2) Anknüpfung an das Recht der stärker an der Anwendung ihres Umweltrechts interessierten Partei

Die weiteren in der Literatur angebotenen Konzepte versuchen sämtlich zu begründen, warum im Vergleich der beiden Vertragsparteien die eine berechtigterweise ein stärkeres Interesse an der kollisionsrechtlichen Bevorzugung hat. Diese Konzepte lösen sich mithin von der funktionellen Beurteilung eines Vertrages als auch von einer Argumentation aus seinem Wesen heraus. Ihre Ansatzpunkte orientieren sich vielmehr an den Partei- und Verkehrsinteressen, wobei auf das sogenannte „Prinzip der geringsten Störung“ entscheidend abgestellt wird.[278]

(a) Recht der juristisch komplizierteren Leistung

Eines dieser Konzepte stellt darauf ab, dass die Partei, der typischerweise die tatsächlich kompliziertere und schwierigere sowie rechtlich komplexer geregelte Leistung obliegt, ein vorrangiges Rechtsanwendungsinteresse habe, welches auf der Ebene objektiver Anknüpfung realisiert werden müsse.[279] Diese in tatsächli-

[276] Soergel-*von Hoffmann*, Art. 28 EGBGB, Rn. 31.

[277] Ebenso *Kreuzer*, Das IPR des Warenkaufs in der dt. Rechtsprechung, S. 96 ff., der soziologischen und volkswirtschaftlichen Argumenten für die Bestimmung des Vertragsstatuts jegliche kollisionsrechtlichen Bedeutung abspricht; abzustellen sei allein auf eine Abwägung kollisionsrechtlicher Interessen. Siehe auch *Jessurun d'Oliveira*, Am.J.Comp.L. 25 (1977), S. 303, 309, der angesichts der von der Lehre der charakteristischen Leistung erhobenen Anspruchs auf eine moderne Geldwirtschaft zugeschnitten zu sein, schreibt, es sei „no less than astonishing [...] that the most typical feature of such a monetary economy is not considered characteristic for that part of the legal system that applies to it.“

[278] Statt vieler: *Kegel/Schurig*, IPR, § 18 I d. S. 577.

[279] Siehe etwa *Jaffey*, I.C.L.Q. 33 (1984), S. 531, 547: Es sei das Recht derjenigen Partei anzuwenden, „who is likely more often, to have to ascertain and act on rules of law in the course of his performance.“; *Kegel/Schurig*, IPR, § 18 I 1 d, S. 577 f.; *Kropholler*, IPR, § 52 III 2 a, S. 447: „Das Kollisionsrecht folgt insofern der materiellrechtlichen Einordnung“; *Lando*, CML Rev. 1987, S. 159, 202 f.; *Lüderitz*, IPR, S. 126, Rn. 278; Merschformann, Die objektive Bestimmung des Vertragsstatuts beim internationalen Warenkauf, S. 128; Soergel-*von Hoffmann*, Art. 28 EGBGB, Rn. 28, 34; *Vischer*, Rec. des Cours 142 (1974 II), S. 1, 63; Begr. RegE, BT-Drucks. 10/504, S. 21, 78.

cher und rechtlicher Hinsicht komplizierter ausgestaltete Leistungspflicht[280] obliege demjenigen, der die charakteristische Leistung zu erbringen habe[281], so dass sein Leistungsprogramm enger mit dem anzuwendenden Vertragsrecht verknüpft sei.[282] Er müsse seine Leistung daher am ehesten auf eine Rechtsordnung ausrichten.[283]

Dagegen wird zu Recht eingewendet, es sei wenig überzeugend, wegen der Komplexität einer der Leistungen ihren Erbringer zu bevorzugen. Beide Seiten bräuchten gleichermaßen Rat vom Gesetz, wenn Schwierigkeiten auftauchten.[284] Schließlich entsprächen juristische Verpflichtungen der einen Seite Rechten der anderen. Wenn nämlich vorgebracht wird, für den Schuldner gehe es darum, sein Verhalten rechtskonform ausrichten zu können, so wird der Aspekt zurückgedrängt, dass die Komplexität der Ausgestaltung einer Leistungspflicht ganz wesentlich auch der Absicherung der Rechtsposition des entsprechenden Gläubigers dient.[285] Zuzugeben ist allerdings, dass diese Ansicht dem wichtigen Gesichtspunkt der Streitvermeidung Rechnung trägt.

(b) Existentiellere Betroffenheit des berufsmäßigen Erbringers der Leistung

Häufig wird vertreten, der berufsmäßige Erbringer einer Leistung sei existenziell stärker betroffen, woraus sich seine kollisionsrechtliche Bevorzugung rechtfertige. In der Regel falle die berufstypische Leistung mit der charakteristischen zusammen.[286] Dieser Argumentation wird zutreffend entgegengehalten, dass sie lediglich einen Regelfall berücksichtigt, keinesfalls aber eine tragfähige Grund-

---

280 Die Komplexität ergibt sich insbesondere daraus, dass die Rechtsfolgen von Leistungsstörungen bei der Sachleistung viel detaillierter ausgestaltet sind als bei der Geldleistung.

281 *Von Bar*, IPR II, S. 373, Rn. 506; *Bonomi*, D.I.P., S. 609 f.; *Kegel/Schurig*, IPR, § 18 I 1 d, S. 577 f.; *Kropholler*, IPR, § 52 III 2 a, S. 447; *Lando*, RabelsZ 38 (1974), S. 6, 29 f.; *ders.*, in: International Encyclopedia of Comparative Law III.

282 *Lüderitz*, IPR, S. 126, Rn. 287; *Schröder/Wenner*, Internationales Vertragsrecht, S. 106, Rn. 398.

283 *Kegel/Schurig*, IPR, § 18 I 1 d, S. 577; *Schröder/Wenner*, Internationales Vertragsrecht, S. 106, Rn. 398; *Wenner*, RIW/AWD 1998, S. 173, 176.

284 *Lasok/Stone*, Conflict of Laws in the European Community, S. 363.

285 *Gunst*, Die charakteristische Leistung, S. 120; *Lasok/Stone*, Conflict of Laws in the European Community, S. 363; *Roth*, Internationales Versicherungsvertragsrecht, S. 337; *Siehr*, RIW/AWD 19 (1973), S. 569, 576; *Weitnauer*, Der Vertragsschwerpunkt, S. 164 f.

286 *Von Bar*, IPR II, S. 373, Rn. 506; *Bonomi*, D.I.P., S. 609; *Kegel/Schurig*, IPR, § 18 I 1 d, S. 577; *Kropholler*, IPR, § 52 III 2 a, S. 447; *ders.*, RabelsZ 42 (1978), S. 634, 639; *ders.*, RIW/AWD 1981, S. 359, 361; *Lando*, RabelsZ 38 (1974), S. 6, 29 f.; *Vischer*, Rec. des Cours 142 (1974 II), S. 1, 63.

lage für die generelle Anknüpfung an die charakteristische Leistung bietet.[287] Zum einen kann sehr wohl, gerade im internationalen Rechtsverkehr, auch der zur Geldleistung Verpflichtete in Ausübung seines Berufes tätig werden. Auch ist möglich, dass beide Parteien nicht in Ausübung ihres Berufes handeln, so dass das Kriterium der Berufs- beziehungsweise Gewerbsmäßigkeit überhaupt nicht weiterhilft oder dass der charakteristisch Leistende nicht, wohl aber der Vertragspartner im Rahmen seines Berufes oder Gewerbes handelt, so dass sich der Ansatz sogar gegen die Anknüpfung des Art. 4 Abs. 2 EVÜ wenden würde. Letztlich sind auch Fälle denkbar, in denen der nicht charakteristisch Leistende aufgrund der typischerweise zum Vertragsschluss führenden Situation existentiell stärker betroffen ist.[288] Im Übringen widerspricht schon der Wortlaut des Art. 4 Abs. 2 EVÜ diesem Begründungsansatz, indem er in Satz 1 die generelle Vermutung zugunsten des gewöhnlichen Aufenthalts respektive Hauptverwaltung des charakteristisch Leistenden statuiert und erst in Satz 2 für den besonderen Fall, dass der charakteristisch Leistende in Ausübung seiner beruflichen oder gewerblichen Tätigkeit handelt, auf den Staat, in dem sich die handelnde Niederlassung befindet, verweist. Festzuhalten ist daher, dass, soweit berufstypische und charakteristische Leistung einander gegenüberstehen oder wenn beide Vertragsparteien in Ausübung ihres Berufes handeln, der charakteristischen Leistung der Vorrang gebührt.[289]

Als weiterer Einwand gegen die Bevorzugung des beruflich oder gewerblich Leistenden wird häufig vorgebracht, dass so das Kollisionsrecht ohne Rechtfertigung in der Regel den wirtschaftlich Stärkeren auch noch rechtlich besser stelle oder, wie zynisch geschrieben wurde: Wenn es die stärkere Partei übersehen habe, ihr Recht der schwächeren aufzuoktroyieren, so tue dies das Gericht.[290] Es wird kritisiert, dass die Anknüpfung an die charakteristische Leistung nicht Schutzzwecke des Sachrechts berücksichtige.[291] Dieses Argument wird jedoch

---

[287] *Von Hoffmann*, IPR, § 10 C II 1, Rn. 47; Soergel-*von Hoffmann*, Art. 28 EGBGB, Rn. 33; Staudinger-*Magnus*, Art. 28 EGBGB, Rn. 71.

[288] Vgl. Beispiel bei Soergel-*von Hoffmann*, Art. 28 EGBGB, Rn. 29: Der Patient beim ärztlichen Eingriff.

[289] *Von Hoffmann*, IPR, § 10 C II 1, Rn. 47; Soergel-*von Hoffmann*, Art. 28 EGBGB, Rn. 33.

[290] *Jessurun d'Oliveira*, Am.J.Comp.L. 25 (1977), S. 303, 327 f.; *Juenger*, RabelsZ 46 (1982), S. 57, 79; *Juenger*, in: North, S. 295, 301 f.; *Kropholler*, RabelsZ 42 (1978), S. 634, 640; *Weitnauer*, Der Vertragsschwerpunkt, S. 197 ff.; *de Boer*, RabelsZ 54 (1990), S. 24, 46; Reithmann/Martiny-*Martiny*, Internationales Vertragsrecht, S. 126, Rn. 112; *von der Seipen*, Akzessorische Anknüpfung, S. 150 f.

[291] *Roth*, Internationales Versicherungsvertragsrecht, S. 326 ff. im Anschluss an diejenigen Kritiker, die das tradierte Kollisionsrecht kontinental-europäischer Prägung insgesamt für archaisch und daher für überholt halten und fordern, dass das Internationale Privatrecht die Wertungen und Schutzzwecke des Sachrechts berücksichtigen müsse, vgl. *Gunst*, Die charakteristische Leistung, S. 103 f. Siehe auch *von Hoffmann*, RabelsZ 38 (1974), S. 396,

in erheblichem Maße durch Schutzbestimmungen für bestimmte typischerweise schutzbedürftige Gruppen, nämlich in Art. 5 EVÜ für die Verbraucher und in 6 EVÜ für die Arbeitnehmer sowie durch die Regelungen des Art. 7 Abs. 1 und 2 EVÜ[292] entkräftet.[293] Diese vom Römischen Übereinkommen gewählte Methode des Einfließenlassens materiellrechtlicher Erwägungen ist auch richtig. Es wird heute nicht mehr bestritten, dass das Kollisionsrecht sich von der klassischen Aufgabe des materiellrechtlich völlig neutralen Entscheidungsinstrumentariums weiterentwickelt und auch gewisse gewünschte materielle Ergebnisse oder Schutzgedanken zu berücksichtigen hat. Zu denken ist zum Beispiel an all die Normen, die einem favor-Gedanken durch alternative Anknüpfung folgen[294], an die Möglichkeit subsidiärer Anknüpfung[295] oder an den soeben genannten Normen. Es ist jedoch nicht sinnvoll, im internationalen Schuldvertragsrecht die Grundregel mit solchen Erwägungen zu verwässern und so undurchschaubar zu gestalten. Sinnvoll und wichtig ist vielmehr, dass diese Berücksichtigung materiellrechtlicher Erwägungen explizit und in Sonderanknüpfungen erfolgt. Wenn also mehr an „Schutz des Schwächeren" gefordert wird, sollte sich diese Forderung nicht gegen die Grundregel richten.[296]

Festzuhalten bleibt, dass auch dieser Begründungsansatz die Anknüpfung an den Sitz des Erbringers der charakteristischen Leistung zwar in gewissem Maß zu stützen vermag, aber auch berechtigter Kritik ausgesetzt und nicht in der Lage ist, eine umfassende theoretische Grundlage für die hier untersuchte Lehre zu bieten.

(c) Uniformitäts- und Kalkulationsinteresse: Der Rationalisierungseffekt

Als entscheidend wird teilweise angesehen, dass die Anknüpfung an die charakteristische Leistung für ihren gewerbsmäßigen Erbringer den Effekt hat, sämtliche im Rahmen seines Berufs/Gewerbes abgeschlossenen Verträge nach ein und demselben Recht abwickeln zu können; der Vertrag werde so dem Recht unterstellt, nach welchem er im allgemeinen ausgearbeitet wurde. Die Vorteile der Anknüpfung an die charakteristische Leistung liegen dieser Ansicht zufolge dar-

---

399, der feststellt, die Anknüpfung an die charakteristische Leistung sei „blind gegenüber Schutzbedürfnissen".

292 Siehe zu den zwingenden Bestimmungen im Sinne dieser Norm *von Hoffmann*, IPR, § 10 E III 1 a, Rn. 93. Gegen die Umsetzung des Art. 7 Abs. 1 EVÜ haben die Bundesrepublik Deutschland, Irland, Luxemburg, Portugal und das Vereinigte Königreich (einschließlich Gibraltar) gem. Art. 22 Abs. 1 a EVÜ einen Vorbehalt erklärt.

293 Ähnlich *Schröder/Wenner*, Internationales Vertragsrecht, S. 106, Rn. 399.

294 Siehe Artt. 11 Abs. 1, 2 (favor negotii), 18 Abs. 1, 2 (favor alimenti), 19 Abs. 1 (favor legitimitatis) EGBGB.

295 Siehe Art. 14 Abs. 1 EGBGB bzgl. der allgemeinen Ehewirkungen.

296 Im Ergebnis ähnlich *Gunst*, Die charakteristische Leistung, S. 111 ff.

in, dass das Uniformitätsinteresse oder auch das „Recht der Massenverträge" des gewerblich Leistenden berücksichtigt werde. Bestandteil dieses Uniformitätsinteresses ist dabei das sogenannte Kalkulationsinteresse, welches beinhaltet, dass eine massenweise kontrahierende Partei die Kosten für die Ausarbeitung des einzelnen Vertrages sowie eventuelle Folgekosten, d. h. die aus dem Vertrag resultierenden Risiken, leichter kalkulieren kann. Dieser Aspekt soll über den dadurch niedrigeren Preis auch der nicht charakteristisch leistenden Partei zugute kommen.[297]

Dieser an die ökonomische Rechtsanalyse des US-amerikanischen Rechts[298] erinnernde Ansatz ist auf den ersten Blick durchaus bestechend, hat er schließlich die Interessen beider Parteien vor Auge. Doch ist zu beachten, dass er nicht nur für den Bereich der Massenverträge gelten soll. Wird dieser Bereich jedoch verlassen, so schwächt sich das Argument des Rationalisierungseffektes deutlich ab. Insbesondere aber setzt er voraus, dass das Uniformitätsinteresse regelmäßig bei der charakteristisch leistenden und gleichzeitig gewerblich handelnden Partei liegt. Zum einen wird so etwa dem gewerbsmäßigen Abnehmer von Waren der Rationalisierungseffekt versagt[299], zum anderen deckt dieser Begründungsansatz nicht diejenigen Verträge ab, bei denen der charakteristisch Leistende nicht gewerbsmäßig oder nicht im Massengeschäft handelt. Eine tragfähige Grundlage für die generelle Anknüpfung an die charakteristische Leistung bietet mithin auch dieser Ansatz nicht.

(3) Alternativer Ansatz auf Grundlage der Ökonomischen Analyse des Rechts

Vor dem Hintergrund, dass keine der dargestellten Begründungen für die Anknüpfung an die charakteristische Leistung ausreichend für eine tragfähige theoretische Basis sei, bietet eine neuere Auffassung eine Alternative an, die den Anwendungsbereich des Art. 4 Abs. 2 EVÜ einschränken soll. Ausgehend von

[297] *Bonomi*, D.I.P., S. 609 f.; *Grundmann*, Europäisches Schuldvertragsrecht, S. 173; *Lagarde*, Rev.crit.d.i.p., 1991, S. 287, 308; *Lando*, Am.J.Comp.L. 6 (1957), S. 1, 11; *ders.*, in: International Encyclopedia of Comparative Law III, S. 89; *ders.* RabelsZ 38 (1974), S. 6, 30; *ders.*, CML Rev. 1987, S. 159, 202; Reithmann/Martiny-*Martiny*, Internationales Vertragsrecht, S. 127, Rn. 112; MünchKomm-*Martiny*, Art. 28 EGBGB, Rn. 28; *Schnitzer*, in: FS Lewald, S. 383, 392; *Schnitzer*, in: FS Schönenberger, S. 387, 392; Soergel-*von Hoffmann*, Art. 28 EGBGB, Rn. 30; *Vischer*, Rec. des Cours 142 (1974 II), S. 1, 62.

[298] Kurz gefasst, weist die ökonomische Analyse des Rechts den Rechtsnormen die Aufgabe zu, die Verschwendung von Ressourcen zu verhindern und so die Effizienz sowie in der Folge auch die Wohlfahrt zu erhöhen, vgl. *Posner*, in: Assmann/Kirchner/Schanze, S. 204-208; *Schäfer/Ott*, Ökonomischen Analyse des Zivilrechts, S. 246.

[299] *Naumann*, UN-Kaufrecht im Spannungsfeld zwischen Einheitsrecht und Kollisionsrecht, S. 96; *Roth*, Internationales Versicherungsvertragsrecht, S. 330-333; Soergel-*von Hoffmann*, Art. 28 EGBGB, Rn. 30 (m.w.N. bei Art. 37, Rn. 138-158).

der ökonomischen Prämisse, dass die Parteiinteressen auf die für beide Seiten im Hinblick auf einzusparende Transaktionskosten günstigste Rechtsordnung weisen, soll nach *Gunst* bei Fehlen einer Rechtswahl das Risiko der Rechtsermittlungskosten derjenigen Partei aufgebürdet werden, die dieses Risiko mit dem geringsten Aufwand beherrschen kann.[300] Weil auch diese Ansicht nicht daran vorbei kommt, dass nun einmal die Anknüpfung an die charakteristische Leistung festgeschrieben ist, unterscheidet sie zwischen Verträgen, bei denen die charakteristische Leistung problemlos bestimmbar ist und sonstigen Verträgen. Für erstere wird die grundsätzliche Anknüpfung entsprechend dem Vermutungstatbestand des Art. 4 Abs. 2 EVÜ befürwortet. Bei komplexeren Verträgen soll dagegen nach den Grundsätzen der Risikobeherrschbarkeitsanalyse das Recht Desjenigen Anwendung finden, der eine Leistung auf „seinem“ Markt nachfragt. Die andere Partei begebe sich bewusst in eine fremde Rechtssphäre und nehme daher auch bewusst in Kauf, dass bei Vertragsstörungen das Umweltrecht des Vertragspartners zur Anwendung gelangt. Methodisch wird dies dadurch erreicht, dass die Vermutung des Art. 4 Abs. 2 EVÜ eine teleologische Reduktion erfährt, also keine Anwendung findet und so unmittelbar auf Grundlage der engsten Verbindung nach Art. 4 Abs. 1 EVÜ angeknüpft wird.[301]

Dieser Ansatz überzeugt nicht. Erstens findet er keinerlei Stütze im Normtext und in der Systematik des Art. 4 EVÜ. Das Übereinkommen sieht vielmehr eine andere Differenzierung vor, welche die von *Gunst* vorgeschlagene ausschließt, nämlich die zwischen Verträgen, bei denen eine charakteristische Leistung bestimmbar ist (Art. 4 Abs. 2 EVÜ) und solchen, bei denen dies nicht der Fall ist (Art. 4 Abs. 5 S. 1 i.V. mit Abs. 1 EVÜ).[302] Zweitens wird in Wahrheit keine Klarheit geschaffen, denn wenn auch das Problem der Bestimmung der charakteristischen Leistung reduziert wird, wird unmittelbar das nächste Problem aufgeworfen, nämlich das der Bestimmung, wann ein Vertrag ein einfacher ist und wann nicht.[303] Es stünde sehr zu befürchten, dass die Gerichte diese Frage nach aleatorischem Prinzip oder unter dem Gesichtspunkt des Heimwärtsstrebens beantworten würden. Auch überzeugt dieser Ansatz nicht, da es völlig unklar bleibt, warum derjenige, der sich auf einen fremden Markt begibt, in dem Mo-

---

300 *Gunst*, Die charakteristische Leistung, S. 158 f.

301 *Gunst*, Die charakteristische Leistung, S. 232 f.

302 Insofern ist auch der Versuch von *Gunst*, Die charakteristische Leistung, S. 198 ff., die Ansicht von *Martiny* zu widerlegen, dass auch bei atypischen Fällen zunächst versucht werden muss, die charakteristische Leistung zu bestimmen und nur wenn dies nicht möglich ist, auf die engste Verbindung nach anderen Kriterien abzustellen, schlicht contra legem.

303 Insofern drückt sich *Naumann*, UN-Kaufrecht im Spannungsfeld zwischen Einheitsrecht und Kollisionsrecht, S. 97, zurückhaltend aus, wenn er schreibt: „Diese [...] Meinung mag auf den ersten Blick etwas für sich haben. Sie führt aber auch zu neuen Auslegungsproblemen.“

ment, in dem die Vertragsverhandlungen aufgenommen werden, oder gar bei Vertragsschluss die Risiken besser kalkulieren können soll als die andere Partei. Dies mag häufig zutreffen, häufig aber auch nicht; für eine Regelanknüpfung reicht dies als Begründung jedenfalls nicht. Weitere Auslegungsprobleme bestehen in Bezug auf die Begriffe „Markt" sowie „Begeben auf den Markt".[304] So bleibt unklar, nach welchen Kriterien entschieden werden soll, wer sich auf einen fremden Markt begibt. Beim Kaufvertrag[305] beispielsweise ist fraglich, ob sich der Käufer auf einen fremden Markt begibt, weil er dort nach einem bestimmten Produkt sucht oder ob es der Verkäufer ist, da er sein Produkt international vertreibt und damit auf fremden Märkten Abnehmer sucht. Oder soll dies etwa davon abhängen, wer den ersten Schritt macht? Aus all den Gründen kann dieser Ansicht nicht gefolgt werden. Sie wird deshalb in der Stellungnahme nicht berücksichtigt.

cc) Stellungnahme

Die Problematik der theoretischen Fundierung der Anknüpfung an die charakteristische Leistung ist schon der Entstehung dieser Lehre immanent, denn *Schnitzer* folgte keineswegs einer deduktiven Methode, indem er ein Prinzip entwickelte und dann dessen Bewährung in der Praxis nachwies. Er ging vielmehr induktiv vor, indem er die Tendenz beobachtete, für bestimmte Kategorien von Verträgen je eine gesonderte Anknüpfung vorzunehmen und versuchte, diese praktischen Lösungen theoretisch zu untermauern.[306] Diese Vorgehensweise musste zwangsläufig von den Befürwortern jener Anknüpfung fortgeführt werden. Wenn auch jeder der dargelegten gängigen Begründungsansätze für sich genommen und möglicherweise auch alle zusammen, nicht zwingend im Sinne einer kohärenten Theorie sind, so legen sie doch nahe, dass eine andere Lösung jedenfalls schlechter wäre. In der Tat ist eine überzeugende Alternative nicht in Sicht. Nach richtiger und europäisch herrschender Ansicht führt die Anknüpfung an die charakteristische Leistung nämlich zu praktikablen Ergebnissen.[307] Nachdem das EVÜ eine ganze Reihe von Jahren erprobt ist, hat sich die Ansicht

---

304 *Martiny*, in: FS Drobnig, S. 398, 402, 407 f.

305 Dies Beispiel wurde gewählt, weil es simpel ist. Selbstverständlich würde der Kaufvertrag in die Kategorie der einfachen Verträge fallen.

306 *Schnitzer*, IPR II (1958), S. 642; *ders.*, RabelsZ 33 (1969), S. 17, 23. Daran entzündet sich etwa die Kritik von *Jessurun d'Oliveira*, Am.J.Comp.L. 25 (1977), S. 303, 309, der meint, die Bestimmung der charakteristischen Leistung sei weniger eine Frage der Erkenntnis als ein Anerkenntnis willkürlich herangezogener Umstände.

307 Vgl. *Ebke*, in: von Bar, S. 102 f., der im Merkmal der charakteristischen Leistung im Hinblick auf die bis dahin gewonnenen praktischen Erfahrungen „weniger Sprengstoff [entdeckt,] als erwartet". Zwar könne nicht geleugnet werden, dass dieses Merkmal keineswegs unproblematisch sei, doch habe es sich als arbeitsfähig erwiesen und die dazu ergangene deutsche Rechtsprechung biete kaum Anlass zur Sorge. Dem ist zuzustimmen.

Juengers in der Praxis nicht bestätigt, dass das Kriterium der charakteristischen Leistung nur scheinbare Einfachheit für die kollisionsrechtliche Anknüpfung bringe.[308]

Im internationalen Privatrechtsverkehr besteht ein besonderes Bedürfnis nach Rechtssicherheit und Vorhersehbarkeit der Entscheidungen.[309] Es besteht ein hohes Interesse der Parteien daran, das anwendbare Recht leicht im Voraus bestimmen und so ihr Verhalten rechtskonform ausrichten zu können. Gerade soweit nicht vorrangige internationale Übereinkommen wie etwa das UN-Kaufrecht[310] einschlägig sind, sollten die Parteien mit einiger Sicherheit abschätzen können, welche Rechtsbehelfe, Ausschlussgründe, Einwendungen oder Einreden zu Gebote stehen und welchen Fristen diese unterliegen. Diesem Bedürfnis entspricht die klare und – trotz gelegentlicher Schwierigkeiten in Einzelfällen[311] – recht simple Anknüpfung an die charakteristische Leistung.[312] Dabei ist zu beachten, dass diese Anknüpfung lediglich als widerlegbare Vermutung ausgestaltet ist, so dass ausreichend Raum für eine ausgewogene und einzelfallbezogene Korrektur gewährleistet ist.

Die Frage bleibt, warum es sinnvoll ist, an den Sitz des Erbringers der Leistung und nicht etwa an ihren Erfüllungsort anzuknüpfen. Hierfür sind mehrere Gründe wesentlich:

Zum einen ist die Ermittlung des Erfüllungsortes im juristischen Sinn nur auf Grundlage des materiellen Rechts möglich, also erst im Anschluss an die abgeschlossene kollisionsrechtliche Prüfung. Insbesondere findet die vom Römischen Übereinkommen gewählte Anknüpfung an den Sitz/gewöhnlichen Aufenthalt ihre Rechtfertigung jedoch in dem Umstand, dass dort regelmäßig der Leistungsaustausch geplant, koordiniert und überwacht wird.[313] Dies wird insbe-

[308] *Juenger*, in: North, S. 301 m.w.N.; *Baratta*, Il collegamento più stretto, S. 131.

[309] Vgl. statt vieler *Vischer*, Rec. des Cours 142 (1974 II), S. 1, 66 sowie oben S. 19 f.

[310] Wiener UN-Übereinkommen über Verträge über den internationalen Warenkauf vom 11. April 1980, BGBl. 1989 II, S. 588 ff. = Convention on the International Sale of Goods (CISG).

[311] Als einfaches Beispiel sei die Festgeld-Anlage genannt, bei der die Frage, ob der anlegende Kunde oder die Bank die charakteristische Leistung erbringt, uneinheitlich beantwortet wird, vgl. Soergel-*von Hoffmann*, Art. 28 EGBGB, Rn. 316; MünchKomm-*Martiny*, Art. 28 EGBGB, Rn. 238; zu weiteren Beispielen bei denen die Bestimmung der charakteristischen Leitung nicht unproblematisch ist, wie z. B. dem Tausch, einigen Inter-Banken-Geschäften, dem Franchising oder dem Joint Venture vgl. *Bonomi*, D.I.P., S. 611 f.; *Juenger*, in: North, S. 295, 301 f.

[312] Ebenso *Bonomi*, D.I.P., S. 610; *Naumann*, UN-Kaufrecht im Spannungsfeld zwischen Einheitsrecht und Kollisionsrecht, S. 97; vgl. auch MünchKomm-*Martiny*, Art. 28 EGBGB, Rn. 28; Soergel-*von Hoffmann*, Art. 28 EGBGB, Rn. 34; **a. A.** *Collins*, I.C.L.Q. 25 (1976), S. 35, 45; *Juenger*, in: North, S. 301.

[313] Dieser Umstand unterliegt insbesondere den Ordnungs-, aber auch den Verkehrsinteressen.

sondere durch die grundsätzliche Anknüpfung an die Hauptniederlassung von Unternehmen deutlich, also der Niederlassung, an welcher die Verwaltungszentrale ihren Sitz hat und von der dann abgewichen wird, wenn die Steuerung des Leistungsaustausches von einer Zweigniederlassung ausgeht (Art. 4 Abs. 2 S. 2, 2. Alt. EVÜ).[314]

Dieses Argument wird durch einen weiteren, den Verkehrsinteressen zuzuordnenden, Aspekt gestützt, nämlich den, dass jede Partei zunächst daran interessiert ist, nach dem ihr bekannten Umweltrecht handeln zu können – dies dürfte unbestreitbar sein und zwar zunächst unabhängig davon, ob ein anderes noch nicht bestimmtes Recht ihr eine materiellrechtlich günstigere Lösung bietet – und ebenfalls typischerweise nicht daran interessiert ist, dass die einzelnen Vertragspflichten unterschiedlichen Rechten unterworfen werden.[315] Dann aber stellt sich unter diesem Aspekt nur noch die Frage, welcher der Parteien der Vorzug gebührt.[316] An dieser Stelle kann auf die oben dargestellten Begründungsansätze zurückgegriffen werden. Sie bieten zwar nicht eine in sich geschlossene theoretische Grundlage im Sinne eines generellen Prinzips, doch sie legen in ihrer Kumulation hinreichend deutlich dar, dass eine Reihe von sich ergänzenden Argumenten dafür besteht, dass sich das internationale Privatrecht für den Erbringer der charakteristischen Leistung entscheiden sollte.[317]

---

314 *Von Hoffmann*, IPR, § 10 C II 3, Rn. 50 f.; MünchKomm-*Martiny*, Art. 28 EGBGB, Rn. 46; Staudinger-*Magnus*, Art. 28 EGBGB, Rn. 86 ff. Tatbestandliche Voraussetzung für die Annahme einer solchen Zweigniederlassung ist zusätzlich, dass sie über ein ausreichendes räumliches und personales Substrat sowie über eine gewisse Dauer (mindestens ein Jahr) verfügt, *von Hoffmann*, a.a.O., Rn. 51; Staudinger-*Magnus*, a.a.O., Rn. 87.

315 Letzteres wurde mit der Aufgabe der großen Vertragsspaltung berücksichtigt.

316 Der Ansicht *Juengers* ist daher zu widersprechen, wenn er schreibt:„ the Convention's attempt to localize contracts by means of a „mysterious, almost mystical, concept", [...] is but another „unconvincing production of divination rather than inquiry". Since it focusses on the home state law of one of the parties, rather than on their common concerns, that test cannot easily be reconciled with the proper law approach it is meant to clarify"; *Juenger*, in: North, S. 295, 302. Zu berücksichtigen ist, dass der vom Kollisionsrecht benachteiligten Partei immerhin zugute kommt, dass, wenn das Umweltrecht der anderen Partei den Vertrag beherrscht, zumindest die möglichen Rechtsberatungskosten und evtl. über diesen Umweg auch die Vertragskosten, in die möglicherweise die ersteren als Risikofaktor eingestellt werden, sinken. Dies gleicht zwar den Nachteil nicht aus, der dadurch besteht, dass die Partei sich unterlegen fühlen wird, die nach ihr fremdem Recht gegen einen Vertragspartner prozessiert, der nach eigenem Recht handelt, doch mag es diesen Nachteil mildern.

317 Insofern ist einigen Kritikern zu widersprechen, die eine Widersprüchlichkeit der Begründungsansätze konstatieren. Sie heben insbesondere hervor, dass es unvereinbar sei, einerseits auf das innere Wesen des Vertrages Bezug zu nehmen und gleichzeitig auf äußere Umstände wie auf den wirtschaftlichen und sozialen Zusammenhang, in den das Vertragsverhältnis als Typus einzuordnen ist, abzustellen, vgl. *Jessurun d'Oliveira*, Am.J.Comp.L.

Es sei deutlich darauf hingewiesen, dass aus der dargelegten Schwierigkeit, die Lehre der charakteristischen Leistung theoretisch zu untermauern, keinesfalls der Schluss gezogen werden darf, die Vermutung des Art. 4 Abs. 2 EVÜ sei eine relativ schwache. Nur wenn dieser Forderung entsprochen wird, können die Parteien auch den Fall zumindest einkalkulieren, in dem der Richter von der Vermutung auf Grundlage der Ausweichklausel abweicht. Dieser Aspekt der Rechtssicherheit war, wie etwa *Lando* hervorhebt, schon in den Anfängen eines der zentralen Motive, als die Benelux-Staaten 1967 den Vorstoß zu einer Rechtsvereinheitlichung des Internationalen Privatrechts in Europa machten.[318] Außerdem kann nur auf diesem Wege das Gebot einheitlicher Auslegung und Anwendung entsprochen und internationaler Entscheidungseinklang hergestellt werden.

Entgegen der von *Stöcker*[319] geäußerter Ansicht, die Berufung auf die Rechtssicherheit laufe in diesem Zusammenhang meist auf die Tabuisierung rechtswissenschaftlicher Dogmen hinaus, dient diese Argumentation keinesfalls dazu, Diskussionswilligen einen Maulkorb anzulegen. Vielmehr soll – solange eine überzeugende Alternative nicht angeboten wird und eine solche ist nicht in Sicht – verhindert werden, dass das System aufgrund seiner Schwierigkeiten in der dogmatischen Begründung zweckwidrig aufgeweicht wird.[320]

b) Die Sonderanknüpfungen nach den Abs. 3 und 4

Art. 4 EVÜ sieht in seinen Absätzen 3 und 4 zwei Sonderanknüpfungen vor, die als leges speziales die Anknüpfung nach Abs. 2 verdrängen[321] und ebenfalls der einzelfallbezogenen Korrekturmöglichkeit der Ausweichklausel des Abs. 5 S. 2 unterliegen. Wie im Fall des Abs. 2 handelt es sich um Konkretisierungen des Prinzips der engsten Verbindung, welches die Generalklausel in Abs. 1 konstituiert. Anders als bei den Verbraucher- und den Arbeitsverträgen haben die Redakteure des Übereinkommens diese Sonderanknüpfungen nicht mit einem eigenen System versehen, sondern sie in das Anknüpfungssystem des Art. 4 EVÜ integriert.

---

25 (1977), S. 303, 311; *Roth*, Internationales Versicherungsvertragsrecht, S. 320; *Weitnauer*, Der Vertragsschwerpunkt, S. 197 f.

[318] *Lando*, CML Rev. 24 (1987), S. 159, 159 f.: „A major motive for commencing a unification of the private international laws of the Member States was the wish to raise the level of legal certainty in the Community. [...] This [unification of the rules] will increase legal certainty by making it easier to predict the law which will be applied to a case."

[319] *Stöcker*, WM 1969, S 442, 448 ff.; gleicher Ansicht wohl *Juenger*, Zum Wandel des Internationalen Privatrechts, S. 11.

[320] So auch Soergel-*von Hoffmann*, Art. 28 EGBGB, Rn. 34.

[321] Dies ergibt sich schon eindeutig aus dem Wortlaut der Normen. Vgl. Staudinger-*Magnus*, Art. 28 EGBGB, Rn. 99, 110.

aa) Abs. 3: Grundstücksverträge

Abs. 3 des Art. 4 EVÜ stellt die Vermutung auf, dass Verträge, die ein dingliches Recht an einem Grundstück oder ein Recht zur Nutzung eines solchen zum Gegenstand haben, am engsten mit dem Recht des Belegenheitsstaates verbunden sind. Die Regelung des Abs. 3 geht zurück auf Art. 6 EVÜ-Entwurf von 1972, der seinerseits dem Art. 119 schweizerisches IPRG nachgebildet wurde.[322]

Abweichend von der Grundregel des Art. 4 Abs. 2 EVÜ, die eine subjektsbezogene Anknüpfung an den Schuldner der charakteristischen Leistung vorsieht, werden Grundstücksverträge nach Art. 4 Abs. 3 EVÜ objektsbezogen an den Vertragsgegenstand angeknüpft.[323] Zu beachten ist, dass Abs. 3 nur obligatorische, keinesfalls aber dingliche Rechtsgeschäfte erfasst, denn diese unterliegen selbstverständlich dem Sachenrechtsstatut.[324] Dies gilt unabhängig davon, dass in manchen Rechtsordnungen bereits mit Abschluss des Kaufvertrages das Eigentum an der Sache übergeht.[325]

Ratio der Vermutung von Abs. 3 ist neben der Ortsfestigkeit von Immobilien insbesondere, dass die Leistung im Belegenheitsland erbracht wird, und zwar in der Regel unter Beachtung der dort geltenden Form-, Register- und Bodenverkehrsvorschriften.[326] Die lex rei sitae hat damit in der Regel die größte Sachnähe.[327]

Im Rahmen des Abs. 3 ergeben sich insbesondere zwei Qualifikationsprobleme, die in dieser Arbeit jedoch nur kurz angerissen werden sollen.[328] Zum einen ist die Abgrenzung zwischen obligatorischen und dinglichen Rechtsgeschäften, die in den Rechtsordnungen der Mitgliedstaaten des EVÜ sehr unterschiedlich vorgenommen wird, bisweilen schwierig.[329] Zur Lösung bieten sich zwei Möglichkeiten an, die auch beide vertreten werden: Auf der einen Seite die autonome Qualifikation[330], auf der anderen die Qualifikation nach der lex fori.[331] Des Wei-

---

[322] Vgl. Reithmann/Martiny-*Martiny*, Internationales Vertragsrecht, S. 140, Rn. 129.

[323] *Von Bar*, IPR II, S. 378, Rn. 514; Soergel-*von Hoffmann*, Art. 28 EGBGB, Rn. 72.

[324] Siehe dazu sowie zum Anwendungsbereich des Art. 4 Abs. 3 EVÜ Staudinger-*Magnus*, Art. 28 EGBGB, Rn. 99-103; Soergel-*von Hoffmann*, Rn. 74-78.

[325] Palandt-*Heldrich*, Art. 28 EGBGB, Rn. 5; MünchKomm-*Kreuzer*, nach Art. 38 EGBGB Anh. I, Rn. 28.

[326] Reithmann/Martiny-*Martiny*, Internationales Vertragsrecht, S. 140, Rn. 129; Soergel-*von Hoffmann*, Art. 28 EGBGB, Rn. 73; Staudinger-Magnus, Art. 28 EGBGB, Rn. 106.

[327] Reithmann/Martiny-*Martiny*, Internationales Vertragsrecht, S. 695, Rn. 855; Soergel-*von Hoffmann*, Art. 28 EGBGB, Rn. 73; Staudinger-*Magnus*, Art. 28 EGBGB, Rn. 106.

[328] Sie betreffen nicht die grundsätzliche Bedeutung der Vermutung im Gesamtgefüge des Art. 4 EVÜ und auch nicht deren Verhältnis zur Ausweichklausel.

[329] Vgl. OLG Celle, RIW/AWD 1988, S. 137, 138; *Spellenberg*, IPRax 1990, S. 295, 297 f.; *Vischer*, Internationales Vertragsrecht, S. 115.

[330] Staudinger-*Magnus*, Art. 28 EGBGB, Rn. 100.

[331] BGH, RIW/AWD 1995, S. 1027, 1028.

teren sind die Begriffe „Grundstück“ und „dingliches Recht“ im EVÜ nicht definiert und ihre Qualifikation bisweilen schwierig und umstritten. Divergenzen ergeben sich damit etwa bei der Frage, was alles Bestandteil eines Grundstückes ist.[332] Vorzugswürdig ist die Qualifikation nach der lex causae, in diesem Fall also nach der lex rei sitae, denn zum einen gewährleistet dies internationalen Entscheidungseinklang. Vor allem aber wäre bei einer Qualifikation nach der lex fori in Fällen, in denen diese eine Sache als Grundstücksbestandteil qualifiziert, die lex rei sitae dagegen nicht, der Sonderanknüpfung die innere Rechtfertigung entzogen.[333] Das Argument der größeren Sachnähe greift nicht, wenn das Recht der Belegenheit selbst eine Sache als nicht zum Grundstück gehörig ansieht.[334] Gleiches gilt für den oben genannten Streit bezüglich der Abgrenzung von Schuld- und Sachenrecht. In beiden Fällen ist es methodisch vorzugswürdig, die Vermutung des Abs. 3 nicht zu einer im konkreten Fall schwachen werden zu lassen, um dann eventuell die „Ausnahme von der Sonderanknüpfung“ (Abs. 5 S. 2) anzunehmen, sondern diese Vermutung nicht anzuwenden, weil ihre tatbestandlichen Voraussetzungen gar nicht vorliegen und auf die Regelanknüpfung (Abs. 2) zurückzugreifen.

Die Anknüpfung an die lex rei sitae nach Art. 4 Abs. 3 EVÜ ist allgemein anerkannt; Diskussionsbedarf bezüglich ihrer dogmatischen Begründung besteht daher nicht.

bb) Abs. 4: Güterbeförderungsverträge

Die weitere spezielle Vermutungsregel sieht Art. 4 Abs. 4 EVÜ für Güterbeförderungsverträge vor.[335] Bei diesen Verträgen wird vermutet, dass sie mit dem Staat die engsten Verbindungen aufweisen, in dem der Beförderer im Zeitpunkt des Vertragsschlusses seine Hauptniederlassung hat, sofern sich in diesem Staat auch der Verladeort oder der Entladeort oder die Hauptniederlassung des Absenders befindet. Hier wird also anders als bei den vorhergehenden Vermutungen nicht lediglich ein einzelnes Anknüpfungsmoment gewählt, sondern ein primäres mit weiteren alternativen Bedingungen verknüpft. Erst die Kombination von Hauptniederlassung des charakteristisch Leistenden mit einem weiteren räumlichen Element – insofern nimmt das Übereinkommen ein sogenanntes

---

332 Soergel-*von Hoffmann*, Art. 28 EGBGB, Rn. 73.

333 Ebenso *Collins*, Dicey/Morris on the Conflict of Laws II, S. 1389; Soergel-*von Hoffmann*, Art. 28 EGBGB, Rn. 73.

334 Soergel-*von Hoffmann*, Art. 28 EGBGB, Rn. 73 mit Verweis auf die insofern übertragbare Rechtsprechung des EuGH zu Art. 16 Abs. 1 EuGVÜ (jetzt: Art. 22 Nr. 1 S. 2 Brüssel I-VO).

335 Siehe zum Anwendungsbereich des Art. 4 Abs. 4 EVÜ MünchKomm-*Martiny*, Art. 28 EGBGB, Rn. 60-65; Soergel-*von Hoffmann*, Art. 28 EGBGB, Rn. 81-89; *Schultsz*, in: North, S. 185, 188 ff.; Staudinger-*Magnus*, Art. 28 EGBGB, Rn. 112-115.

„grouping of contacts" vor[336] – wurde als ausreichend für die Formulierung einer Vermutung im Bereich der Güterbeförderungsverträge angesehen, um den Besonderheiten dieses Rechtsgebietes Rechnung zu tragen.[337] Auch spielten Vorbehalte gegen solche Beförderer eine Rolle, die eine ansonsten maßgebende formale Niederlassung in Billigflaggenstaaten haben.[338]

Speziell für den Bereich des Gütertransportes ist darauf hinzuweisen, dass eine Vielzahl von Übereinkommen existiert, die Anwendungsvorrang genießen.[339] Damit bleibt für Art. 4 Abs. 4 EVÜ nur bei Regelungslücken der jeweils einschlägigen Übereinkommen Raum.[340] Die Häufigkeit des so gebotenen Rückgriffs auf nationales Recht variiert von Abkommen zu Abkommen, doch behält Abs. 4 insgesamt eine nicht unerhebliche praktische Bedeutung.[341]

Im Unterschied zur Sonderanknüpfung bei Immobilien ist die engste Verbindung nach Abs. 1 und nicht nach Abs. 2 zu bestimmen, wenn die Tatbestandsvorraussetzungen der spezielleren Vermutung nicht erfüllt sind. Dies regelt Abs. 4 S. 1 ausdrücklich; im übrigen wäre sonst die Anknüpfung an die von anderen Umständen unterstützte Hauptniederlassung des Beförderers überflüssig.[342]

Im Vorgriff auf die Untersuchung des Verhältnisses von Vermutungen und Ausweichklausel sei an dieser Stelle bereits gesagt, dass die Vermutung des Abs. 4 nicht von höherer Intensität ist, als die des Abs. 2. Dies könnte aufgrund

---

336 Vgl. *Lagarde*, Rec. des Cours 196 (1986 I), S. 9, 43.

337 Bericht *Giuliano/Lagarde*, BT-Drucks. 10/503, S. 33, 53; *Lagarde*, Rec. des Cours 196, (1986 I), S. 9, 43; *Mankowski*, TranspR 1993, 220 f.; *Schultsz*, in: North, S. 185, 188; Staudinger-*Magnus*, Art. 28 EGBGB, Rn. 110.

338 Begr. RegE, BT-Drucks. 10/504, S. 21, 79. Dem hätte eine entsprechende Interpretation des Begriffes der Hauptniederlassung abhelfen können. Wird dieser Begriff nämlich verstanden wie in Abs. 2, so käme man auch bei der Anwendung der Grundregel nicht zur Maßgeblichkeit des Rechts des Billigflaggenstaats, da sich dort in aller Regel nicht die Hauptniederlassung im Sinne des effektiven Verwaltungssitzes befindet, vgl. Soergel-*von Hoffmann*, Art. 28 EGBGB, Rn. 80.

339 Vgl. Bericht *Giuliano/Lagarde*, BT-Drucks. 10/503, S. 33, 54; *Basedow*, Der Transportvertrag, S. 81; Staudinger-*Magnus*, Art. 28 EGBGB Rn. 110, 362 ff.; Soergel-*von Hoffmann*, Art. 28 EGBGB, Rn. 95, 375 ff., 395 ff., 475 ff.: Übereinkommen über den Beförderungsvertrag im internationalen Straßengüterverkehr (CMR) vom 19.5.1956; Warschauer Abkommen vom 12.10.1929 zur Vereinheitlichung der Regeln über die Beförderung im internationalen Luftverkehr (WA), novelliert durch das Haager Protokoll vom 28.9.1955; Übereinkommen über den internationalen Eisenbahnverkehr (COTIF) vom 9.5.1980 welches eine große Zahl anderer Übereinkommen ersetzt hat.

340 MünchKomm-*Martiny*, Art. 28 EGBGB, Rn. 73.

341 Soergel-*von Hoffmann*, Art. 28 EGBGB, Rn. 95.

342 Begr. RegE, BT-Drucks. 10/504, S. 21, 79; *Basedow*, IPRax 1987, S. 333, 340; *Mankowski*, TranspR 1993, S. 224; *Collins*, Dicey/Morris on the Conflict of Laws II, S. 1395; Palandt-*Heldrich*, Art. 28 EGBGB, Rn. 6, **a. A.** aber OLG Frankfurt a.M., IPRax 1994, S. 141 = NJW-RR 1993, S. 809, 809 f.; *Kegel/Schurig*, § 18 I 1 d, S. 579.

der Kumulation von Anknüpfungsmoment und zusätzlichen Kriterien vermutet werden. Doch ist zu beachten, dass das Römische Übereinkommen davon ausgeht, im Gütertransportrecht sei die Hauptniederlassung des Beförderers allein kein ausreichendes Kriterium für die engste Verbindung.[343] Es bedurfte somit zusätzlicher Kriterien, um eine dem Abs. 2 entsprechend starke Vermutung zu statuieren.

2. Das Verhältnis des Prinzips der engsten Verbindung zu den Vermutungstatbeständen

Der Begriff der „engsten Verbindungen" beziehungsweise „engeren Verbindungen" eröffnet dem Rechtsanwender scheinbar einen weiten Auslegungsspielraum und erschwert eine zuverlässige Aussage darüber, welches Recht im Einzelfall angewendet werden wird. Diese Schwierigkeit, die mangelnde Vorhersehbarkeit der Entscheidungen und Rechtsunsicherheit bei den Parteien zur Folge hätte[344], wird durch die Vermutungen des Art. 4 Abs. 2-4 EVÜ gemindert. Klärungsbedürftig und unterschiedlich beantwortet ist dabei die Frage nach dem konkreten Verhältnis, in dem Generalklausel, Vermutungstatbestände und Ausweichklausel zueinander stehen.[345] Da sowohl die General- als auch die Ausweichklausel ohne weitere Konkretisierung auf das Prinzip der engsten Verbindung abstellen, ist für das richtige systematische und inhaltliche Verständnis der Ausweichklausel auch das in diesem Kapitel untersuchte Verhältnis von Bedeutung.

a) Theorie von der Subsidiarität der Typenregel

Von einigen Rechtsgelehrten wird vertreten, namentlich das Vertrauensprinzip zwinge dazu, bei der objektiven Anknüpfung unmittelbar zur Individualanknüpfung überzugehen und nicht über die Vermutung der charakteristischen Leistung hinweg in eine Ausweichklausel zu geraten. Sowohl die vorherige Fassung des Art. 114 des schweizerischen IPR-Entwurfs, als auch Art. 4 Abs. 2 EVÜ sollen danach erst bei Vorliegen einer Gleichgewichtslage, also „in dubio" Anwendung finden.[346] Diese sogenannte „Theorie von der Subsidiarität der Typenregel"[347]

---

[343] Soergel-*von Hoffmann*, Art. 28 EGBGB, Rn. 80. *Schultsz*, in: North, S. 197 wirft daher die Frage auf, warum die Hauptniederlassung überhaupt als Anknüpfungspunkt beibehalten wurde.

[344] Vgl. zum Bedürfnis nach Rechtssicherheit und Vorhersehbarkeit der Entscheidungen oben S. 19 ff., 61.

[345] Für einen kurzen Überblick über den Streitstand siehe *Martiny*, ZEuP 1995, S. 67, 77.

[346] *Heini*, in: FS Vischer, S. 149, 153; *Vander Elst*, J.Trib. 1973, S. 249, 251; wohl auch *Basedow*, NJW 1986, S. 2971, 2978; vgl. *Rammeloo*, Das neue EG-Vertragskollisionsrecht, S. 182 f. und *Magagni*, La prestazione caratteristica, S. 414 ff.

[347] Vgl. Honsell/Vogt/Schnyder-*Amsturz-Vogt-Wang*, Art. 117, Rn. 11.

begründet *Heini* damit, dass die Individualanknüpfung der Parteiautonomie näher stehe, die „die Parteiinteressen am besten [verwirklicht] und [...] in den liberal konzipierten Rechtsordnungen zu Recht die oberste Anknüpfungsmaxime [bildet]."[348] Gleiches fordern einige Rechtsgelehrte aus dem angloamerikanischen Kreis aufgrund ihrer Abneigung gegen das Drei-Stufen-System des Art. 4 EVÜ; sie wollen ebenfalls die Vermutung zugunsten des Sitzes des Erbringers der charakteristischen Leistung erst dann berücksichtigen, wenn sich die „proper law" nicht bestimmen lässt.[349] Diese Auffassung, dass die Vermutungen nicht mehr als fakultative, unverbindliche und gar subsidiäre Anknüpfungen darstellen, ist verfehlt. Aus Systematik und Wortlaut des Art. 4 EVÜ lässt sich eindeutig das Gegenteil feststellen. Das Übereinkommen sagt unzweifelhaft, dass die in den Abs. 2-4 gewählten Anknüpfungsmomente in der Regel zu dem Staat weisen, zu dem die engste Verbindung besteht, mithin, dass sie den Grundsatz der engsten Verbindung konkretisieren und objektivieren.[350] Daraus

---

348 *Heini*, in: FS Vischer, S. 143, 155.

349 *Diamond*, Curr.Legal Prob. 32 (1979), S. 155, 166: „Article 4 is not so bad as it looked. To those nations seeking for a firm, and perhaps, straightforward rule article 4 could fill the bill. But to those accustomed to a more traceable system, article 4 could well be acceptable [...][L]ook for the country with which the contract is most closely connected. *If you can find it, well and good, that will give you the proper law. But if you give up and confess defeat, then you turn to the country nominated in paragraph 2, which will at least supply an answer of some kind.*" (Hervorhebung durch den Verfasser); *Collins*, Dicey/Morris on the Conflict of Laws II, S. 1237: „There will no doubt be a tendency to disregard the presumtions, on the basis that the overriding principle reflected in clauses (1) and (4) of the Rule is that a contract is governed by the law of the country with which it is most closely connected, and the presumptions are therefore no more than a „starting point" or are only of assistance if other factors are more or less evenly balanced." Ähnlich auch *North*, in: Contract Conflicts, S. 2, 22 und *Williams*, I.C.L.Q. 1986, S. 1, 17; abweichend etwa *De Boer*, Beyond lex loci delicti, S. 37, der ein solches Verfahren als „unnecessarily laborious" bezeichnet.

350 Bericht *Giuliano/Lagarde*, BT-Drucks. 10/503, S. 33, 36, 53, sowie statt vieler *Bonomi*, D.I.P., S. 605; Reithmann/Martiny-*Martiny*, Internationales Vertragsrecht, S. 119 ff., Rn. 106 ff.; Soergel-*von Hoffmann*, Art. 28 EGBGB, Rn. 16. **A. A.** ist u. a. *Juenger*, in North, S. 295, 302, der meint, die Regelung des Abs. 2 könne die Generalklausel nicht konkretisieren, da sie auf das Heimatrecht einer Partei weise und nicht auf die gemeinsamen Belange der Parteien. Die hier vertretene Ansicht, dass die Vermutungen sehr wohl geeignet sind, das Prinzip der engsten Verbindung zu konkretisieren, deckt sich mit der Regelung des § 1 Abs. 1 und 2 i.V.m. den §§ 36 ff. des österreichischen IPRG von 1978, die besagt, dass Sachverhalte mit Auslandsberührung nach der Privatrechtsordnung zu beurteilen sind, zu der die stärkste Beziehung besteht, und dass alle speziellen Verweisungsnormen (wie z.B. § 36 IPRG, der Art. 4 Abs. 2 EVÜ entspricht) als Ausdruck dieses Grundsatzes anzusehen sind; vgl. dazu *Schwind*, Rev.crit.d.i.p. 1979, S. 174, 175: „Pour nous, les points de rattachement déterminés dans la loi sont considérés comme l'expression du lien le plus fort."

folgt zwingend, dass zunächst von ihnen auszugehen ist und keinesfalls von der Generalklausel.[351] Nur diese Auslegung entspricht der Tatsache, dass insbesondere die Vermutung des Abs. 2 in erster Linie dem Postulat der Rechtssicherheit zum Durchbruch verhelfen sollte; gerade diese gesetzgeberische Wertung verbietet es, die Stufenleiter umzukehren.[352] Die ausschließliche Anwendung des Grundsatzes der engsten Verbindung kommt erst an letzter Stelle im Prüfungsprogramm in Betracht.[353] Insoweit haben Art. 4 Abs. 5 S. 1 EVÜ und Art. 28 Abs. 2 S. 3 EGBGB nur eine klarstellende Funktion.

b) Das Stufenverhältnis negierende Ansichten

Entgegengetreten wird aus den gleichen Gründen der von *von Bar* vertretenen Ansicht, der die Annahme eines Stufenverhältnisses ablehnt und von der grundsätzlichen Gleichrangigkeit beider Anknüpfungen (nach der Vermutungsregel und der Ausweichklausel) ausgeht[354], sowie der im Ergebnis ähnlichen Ansicht *Vittas*, der stets die einschlägige (abstrakte) Vermutung und gleichzeitig den – ausdrücklich nicht als Ausweichklausel empfundenen – (konkreten) Abs. 5 S. 2 anwenden will.[355]

c) Die konkrete Ausgestaltung des Stufenverhältnisses

Nicht überzeugend ist des Weiteren eine Ansicht, die die in den Abs. 2-4 enthaltenen Regeln lediglich als „wichtigste Anhaltspunkte“ oder „Schwerpunktindizien“ für die Bestimmung der engsten Verbindung nach Abs. 1 einstuft[356], denn sie stellt diese rechtsmethodisch auf die gleiche Ebene wie andere gesetzlich nicht geregelte Kriterien. Gleichzeitig spricht sie der Ausweichklausel einen eigenständigen kollisionsrechtlichen Gehalt ab.[357] Die Vermutungen der Abs. 2-4 stellen jedoch drei konkrete, typisierende Anknüpfungen dar, die einerseits die

---

[351] Ebenso *Baratta*, Il collegamento più stretto, S. 163 f.; *Magagni*, La prestazione caratteristica, S. 428 ff.; *Naumann*, UN-Kaufrecht im Spannungsfeld zwischen Einheitsrecht und Kollisionsrecht, S. 91; *Rammeloo*, Das neue EG-Vertragskollisionsrecht, S. 321; Soergel-*von Hoffmann*, Art. 28 EGBGB, Rn. 15, 125, sowie zum schweizerischen IPRG *Patocchi*, Vertragsrecht, S. 38; *Schwander*, in: FS Moser, S. 79, 87; *Vischer*, BJM 1989, 183, 201 f.

[352] Vgl. zum gleichgelagerten Problemfeld in der Schweiz Honsell/Vogt/Schnyder-*Amsturz-Vogt-Wang*, Art. 117, Rn. 11.

[353] *Kropholler*, IPR, § 52 III, S. 446.

[354] *Von Bar*, IPR II, S. 360, Rn. 488.

[355] *Vitta*, Riv. dr. int. priv. e proc. 29 (1993), S. 513, 534 ff.

[356] So aber *Hepting*, in: FS W. Lorenz, S. 393, 408; Palandt-*Heldrich*, Art. 28 EGBGB, Rn. 2 f.; *Wolf*, Begriff der engsten Verbindung im Int. Sachenrecht, S. 15; ähnlich: *Baratta*, Il collegamento più stretto, S. 172 ff.

[357] *Hepting*, in: FS W. Lorenz, S. 393, 408, ihm folgend *Wolf*, Begriff der engsten Verbindung im Int. Sachenrecht, S. 15.

Generalklausel ausfüllen, dieser andererseits aber auch vorgehen.[358] Damit verkennt diese Ansicht, dass die in den Abs. 2-4 vorgesehenen Anknüpfungen zwar als widerlegbare Vermutungen ausgestaltet sind, aber bei der Bestimmung des Vertragsschwerpunktes nach Abs. 1 gerade nicht als bloße Hilfsmittel neben anderen zu dienen bestimmt sind, sondern in ihrem Anwendungsbereich der Generalklausel verdrängen und gleichzeitig hohe qualitative Hürden für die Annahme der Ausweichklausel begründen.[359] Richtigerweise ist daher die Anknüpfung entsprechend der Vermutungen, insbesondere der des Abs. 2, die Regel und eine auf Abs. 1 oder Abs. 5 S. 2 gestützte Anknüpfung die Ausnahme.[360] Zwar formuliert das Übereinkommen das Prinzip der engsten Verbindung als Grundsatz, aufgrund der Konkretisierung dieses Grundsatzes in der Regelanknüpfung des Abs. 2 wird die Anknüpfung an die charakteristische Leistung jedoch zur eigentlichen Grundregel des internationalen Schuldvertragsrechts.[361]

Gegen die Regelungen in den Abs. 2-4 wurde gelegentlich eingewendet, es handele sich nicht um Vermutungen, sondern um Unterstellungen.[362] Vermutungen bezögen sich auf Tatsachen, sogenannte praesumtiones facti oder auf Rechte, sogenannte praesumtiones iuris. In Art. 4 EVÜ werde dagegen nicht das Vorliegen bestimmter Tatsachen noch das Bestehen bestimmter Rechtspositionen vermutet, sondern es solle beim Vorliegen bestimmter Tatsachen im Regelfall eine bestimmte Rechtsfolge eintreten.[363] Hier handelt es sich jedoch um eine Kritik, die nicht die Regelungen in den Abs. 2-4 inhaltlich in Frage zu stellen

358 Soergel-*von Hoffmann*, Art. 28 EGBGB, Rn. 16; Staudinger-*Magnus*, Art. 28 EGBGB, Rn. 28.

359 BGH, NJW-RR 2005, 206, 209; Soergel-*von Hoffmann*, Art. 28 EGBGB, Rn. 16; vgl. auch *Naumann*, UN-Kaufrecht im Spannungsfeld zwischen Einheitsrecht und Kollisionsrecht, S. 91, der davon spricht, dass die Ansicht die historische Relevanz des Art. 28 Abs. 2 EVÜ unterschätze. Im einzelnen zu den „qualitativen Hürden" siehe unten S. 79 ff.

360 *Klauser*, EuGVÜ und EVÜ, S. 225; *Kropholler*, IPR, § 52, III, S. 446. Entsprechendes und auf die hier besprochene Ausweichklausel übertragbar schreibt *Wolf*, Begriff der engsten Verbindung im Int. Sachenrecht, S. 18, bezüglich der sachenrechtlichen Ausweichklausel des Art. 46 EGBGB: „Dies bedeutet, dass der Gesetzgeber mit den Regelanknüpfungen bereits bestimmt hat, welche Anknüpfungskriterien er als die engsten im Regelfall eingreifen lassen will." Insoweit setzt er sich in Widerspruch zu der vorher, a.a.O., S. 15, bezüglich Art. 28 EGBGB getroffenen Aussage, die Vermutungen der Absätze 2-4 „konkretisieren lediglich die Generalklausel des Abs. 1, ohne dass dadurch der engsten Verbindung ihre Funktion als Anknüpfungsmerkmal verloren ginge. [...] Die „engste Verbindung" ist und bleibt primär.

361 *Naumann*, UN-Kaufrecht im Spannungsfeld zwischen Einheitsrecht und Kollisionsrecht, S. 91; Soergel-*von Hoffmann*, Art. 28 EGBGB, Rn. 21. Ebenso wohl *Lagarde*, Rec. des Cours 196 (1986 I), S. 9, 42.

362 *Juenger*, RabelsZ 46 (1982), S. 57, 78.

363 Siehe *Hepting*, in: FS W. Lorenz, S. 393, 395; Reithmann/Martiny-*Martiny*, Internationales Vertragsrecht, S. 120 f., Rn. 107.

geeignet ist. Sie betrifft vielmehr eine ganz andere Frage, nämlich die nach der prozessualen Einordnung der Vermutungen.[364]

d) Ergebnis

Festzuhalten bleibt, dass das Prinzip der engsten Verbindung durch die Vermutungstatbestände konkretisiert wird. Aus dem System des Art. 4 EVÜ ergibt sich zwingend die folgende Prüfungsreihenfolge: Zunächst sind die Abs. 2-4 zu prüfen, wobei hier wiederum das Spezialitätsverhältnis der Abs. 3 und 4 gegenüber Abs. 2 zu beachten ist. Nur soweit weder Abs. 3 noch Abs. 4 einschlägig sind und auch eine charakteristische Leistung nicht bestimmbar ist, ist anhand der Generalklausel anzuknüpfen und nur soweit eine Vermutung tatbestandlich erfüllt ist, kann auf die Ausweichklausel eingegangen werden.[365]

Des Weiteren soll mit den Worten *Kreuzers* betont werden, dass das „Verhältnis zwischen spezieller Verweisungsnorm und Ausnahmeklausel [...] strikt als Regel-Ausnahme-Verhältnis verstanden und praktiziert werden [muss]. Dies ist erreichbar, wenn als Anwendungsvoraussetzung für die Ausnahmeklausel das völlig *eindeutige Verfehlen des Anknüpfungsziels* durch die Regelverweisung festgelegt wird. [...] Grundsätzlich ist von der Vermutung auszugehen, dass die Verweisungsvorschrift den Normzweck verwirklicht."[366]

---

364 Siehe dazu sogleich, S. 72 ff.

365 Ermann-*Hohloch*, Art. 28, Rn. 17; *von Hoffmann*, IPR, § 10 C I, Rn. 44; *Naumann*, UN-Kaufrecht im Spannungsfeld zwischen Einheitsrecht und Kollisionsrecht, S. 91; *Steinle*, ZVglRW 93 (1994, S. 300, 319; ebenso *Vitta*, Riv.dr.int.pr.rpoc 1983, S. 261, 262: „Sembra tuttavia che la sequenza logica dei due collegamenti sia l'inverso della loro sequenza letterale. [...] la legge oggetto della presunzione stessa va anteposta ad altre leggi che potrebbero eventualmente esser prese in considerazione per determinare quale tra esse sia più strettamente connessa alla fattispecie. [...] Infatti l'idea dei redattori della convenzione era, a quanto pare, di sottoporre il contratto, [...], alla legge indicata dalla prestazione caratteristica e, solo in terzo luogo, alla legge da eser individuata in base al collegamento più stretto." Der selben Ansicht zum gleichgelagerten Problemkreis in der Schweiz: Honsell/Vogt/Schnyder-*Amsturz-Vogt-Wang*, Art. 117, Rn. 12; IPRG-Kommentar-*Keller-Kren Kostkiewicz*, Art. 117, Rn. 43; *Vischer*, BJM 1989, S. 183, 201; *Schwander*, in: FS Moser, S. 79, 87; *Patocchi*, Vertragsrecht, S. 39.

366 *Kreuzer*, in: FS Zajtay, S. 295, 318. Bei einem solchen Verständnis des Regelungssystems des Art. 4 EVÜ wird eine speziell von US-amerikanischer Seite erhobene Kritik wie sie etwa Nadelmann formuliert, entkräftet. *Nadelmann*, Impressionism and Unification of Law, S.10, stellt fest, die Tatsache, dass der Entwurf nicht die Umstände angibt, aufgrund derer diese engeren Beziehungen bestimmt werden sollen, mache die Angabe der den vorangehenden Absätzen genannten Kriterien überflüssig („makes the guidelines essntially meaningless").

3. Rechtsnatur der Vermutungsregeln und Beweisbedürftigkeit sie widerlegender Tatsachen

a) Auswirkungen auf die Beweislast

Konsequenzen für die Anwendung der Ausweichklausel resultieren auch aus dem richtigen Verständnis der Rechtsnatur der Vermutungsregeln. Diese ist nicht unumstritten: Aus einem prozessualen Verständnis der Vermutungen in den Abs. 2-4 resultiert nach einer Ansicht ein einstufiges Prüfungsprogramm objektiver Anknüpfung, in dem diese Vermutungen als „Rechtsvermutungen" oder genauer als „Rechtszustandsvermutungen" lediglich Auswirkungen auf die objektive Beweislast im Falle des *non liquet* haben. In diesem System hat die Ausweichklausel konsequenterweise keine eigenständige Bedeutung, vielmehr gibt sie lediglich wieder, was „ohnehin Bestandteil des Rechtsanwendungsprogramms ist", nämlich den „selbstverständlichen Grundsatz der Widerlegbarkeit" bei echten Vermutungen.[367]

Eine weitere Ansicht qualifiziert die Abs. 2-4 ebenfalls als Vermutungen im technischen Sinne, kommt aber zu dem gegenteiligen Ergebnis, dass ihnen daraus besondere Bedeutung erwachse, da sie bis zum Beweis des Gegenteils gelten sollen.[368] „Man [...] [müsse] sich erinnern, dass die Kriterien, die eine Vermutung aufstellen und deshalb die Umstände angeben, die ihre Widerlegung erlauben, eine Beweisregel darstellen, deren Last die Partei zu tragen hat, die die Vermutung bestreitet."[369]

Beide Ansichten werden herrschend und zutreffend abgelehnt.[370] Dies ist aus mehreren Gründen richtig:

So sind die Vermutungen der Abs. 2-4 keine Rechtsvermutungen im Sinne des Prozessrechts, also etwa ein Unterfall gesetzlicher Vermutungen gemäß § 292 ZPO.[371] Bei Rechtsvermutungen schließt das Gesetz von einer Tatsache unmittelbar auf das Bestehen oder Nichtbestehen eines Rechts oder eines

---

[367] *Hepting*, in: FS W. Lorenz, S 393, 399 ff.

[368] *Batiffol*, Rev.trim.dr.europ. 11 (1975), S. 181, 184: „[...] il ne faut pas sous-estimer le service rendue par ce qui reste évidamment des présomptions: une présomption vaut jusqu'a preuve contraire, et c'est à celui qui la combat de prouver ce qu'il avance: c'est la vie même du droit." *Ders.*, Les contrats en droit international privé comparé, S. 36; *ders.*, in: FS Giuliano, S. 33 f. Ähnlich *Borysewicz*, in: FS Institute of Comparative Law in Japan, S. 736, 757.

[369] *Pocar*, RIW/AWD 1979, S. 384, 389, Fn. 33; *ders.*, in: Schwind, S. 89, 94.

[370] *Von Bar*, IPR II, S. 361 f., Rn. 491 f.; *Lüderitz*, IPR, Rn. 280; *Merschformann*, Die objektive Bestimmung des Vertragsstatuts beim internationalen Warenkauf, S. 89 f.; *Kropholler*, IPR, § 52 III 1, S. 446; Reithmann/Martiny-*Martiny*, Internationales Vertragsrecht, S. 121, Rn. 107. Ebenso zum schweizerischen Recht Honsell/Vogt/Schnyder-*Amstutz-Vogt-Wang*, Art. 117 IPRG, Rn. 10 m.w.N.; *Schwander*, in: FS Moser, S. 79, 86.

[371] So auch *Patocchi*, Vertragsrecht, S. 39; *Schwander*, in: FS Moser, S. 79, 83, 86.

Rechtsverhältnisses. Gegenstand der Vermutung ist hier also keine Tatsache, sondern unmittelbar das Recht oder Rechtsverhältnis. Vermutet wird auch nicht eine Rechtsfolge, sondern ein Rechtszustand.[372] Gegenstand der Vermutung ist im Falle der Abs. 2-4 des Art. 4 EVÜ das Vorliegen der engsten Verbindung. Diese jedoch stellt weder ein Recht noch ein Rechtsverhältnis dar. Die Vermutungsregeln in Art. 4 EVÜ vermuten also nicht das Bestehen eines Rechts oder eines Rechtsverhältnisses, mithin auch nicht einen bestimmten Rechtszustand, sondern nehmen für den Regelfall das Ergebnis einer rechtlichen Abwägung und Wertung vorweg.

Weiterhin entspricht das System von Vermutungen und Ausweichklausel nicht dem von Rechtsvermutung und dem Beweis des Gegenteils. Der Beweis des Gegenteils ist geführt, wenn Tatsachen voll bewiesen sind, aus denen sich ergibt, dass der vermutete Rechtszustand nicht oder anders besteht[373]; es muss also der volle Nachweis erbracht werden, dass aus dem Indiz, d. h. aus dem als Vermutungsgrundlage behandelten Tatbestand, notwendig ein anderer Schluss zu ziehen ist, dass also jede Möglichkeit des gesetzlichen Schlusses wegfällt.[374] Im Rahmen der objektiven Anknüpfung nach Art. 4 EVÜ haben es die Parteien jedoch nur in der Hand, Umstände vorzutragen, die möglicherweise auf einer der Anknüpfungsstufen des Art. 4 EVÜ relevant sind. Sie können indes nicht das Eingreifen der Ausweichklausel beweisen, denn die Entscheidung darüber setzt notwendig eine vom Richter vorzunehmende Wertung voraus.

Außerdem setzt die Lehre von der Beweislast voraus, dass eine streitig (sogenannte subjektive Beweislast) oder ungewiss (sogenannte objektive Beweislast) gebliebene Behauptung dem Beweis zugänglich ist. Damit stellt sich die Frage, was in Art. 4 EVÜ denn vermutet wird und ob dies Gegenstand eines Beweises sein kann. Vermutet wird das Vorliegen der engsten Verbindung im Sinne des Abs. 1. Die „engste Verbindung" ist jedoch etwas, was sich jeglichen Beweises entzieht; sie ist ein empirisch nicht erfahrbarer Wertbegriff.[375] Die Umstände, die die Grundlage für die vom Richter vorzunehmende Wertung im Rahmen der Konkretisierung der Ausweichklausel bilden, sind selbstverständlich Tatsachen, die einem Beweis zugänglich sind, doch sind diese nicht Gegenstand der Vermutungen in Art. 4 EVÜ. Bei ihnen handelt es sich vielmehr um Indizien für das Vorliegen einer engsten Verbindung zu einer Rechtsordnung. Aus diesem Grund

---

[372] Musielak-*Huber*, ZPO, § 292, Rn. 3. Beispiele sind im deutschen Recht § 891 Abs. 1 BGB, in dem von der Eintragung im Grundbuch auf das Bestehen des eingetragenen Rechts geschlossen wird, § 891 Abs. 2 BGB, in dem von der Löschung auf das Nichtbestehen eines Rechtes geschlossen wird; § 1006 Abs. 1 S. 1, der zugunsten des Besitzers einer beweglichen Sache vermutet, dass er deren Eigentümer ist.

[373] Musielak-*Huber*, ZPO, § 292, Rn. 5; Thomas/Putzo-*Thomas*, ZPO, § 292, Rn. 4.

[374] Baumbach/Lauterbach/Hartmann-*Hartmann*, ZPO, § 292, Rn. 9.

[375] *Merschformann*, Die objektive Bestimmung des Vertragsstatuts beim internationalen Warenkauf, S. 90; ähnlich *Lüderitz*, IPR, S. 127, Rn. 280.

schreibt *Rammeloo* zutreffend, nachdem er die „faktisch-empirische“ Interpretationsweise der Vermutung des Abs. 2 abgelehnt hat: „[...] tritt eine etwaige „harte Beweisführung“ vor einer Interessenabwägung zurück. Anstatt sich von Beweisen leiten zu lassen, wird der Richter sich ein durch Anwälte konzipiertes „persuasive approach“ gefallen lassen müssen.“[376] Gleicher Ansicht ist u. a. *Martiny*, der die Vermutungen als Rechtsvermutungen qualifiziert[377], dann aber schreibt: „Weitergehende Folgerungen, insbesondere bezüglich der Beweislast der Parteien sind offenbar nicht beabsichtigt. Eine Partei, die ausnahmsweise Käufer- und nicht Verkäuferrecht für anwendbar hält, trägt also nicht generell die Beweislast für die maßgeblichen Umstände.“[378] Dem stimmt *Baratta* mit dem Hinweis darauf zu, es sei Art. 4 EVÜ gerade nicht zu entnehmen, dass der Richter bezüglich der Möglichkeit den Vermutungen zu entrinnen, durch das Erfordernis des streitigen Vorbringens der Parteien begrenzt ist.[379]

Dieser Ansicht steht auch nicht, wie teilweise behauptet, die Entstehungsgeschichte des Art. 4 EVÜ oder der Vergleich mit Art. 6 EVÜ entgegen. Es wird vertreten, ein technisches oder herkömmliches Verständnis des Begriffes „Vermutung“ sei daraus herzuleiten, dass dieser Begriff im Übereinkommensentwurf von 1972 noch nicht vorgesehen war, also müsse die Entscheidung zugunsten dieses Begriffes bewusst gefallen sein. Außerdem müsse der textliche Unterschied zwischen Art. 4 und 6 EVÜ eine Bedeutung haben.[380] In Art. 6 Abs. 2 EVÜ wird bestimmt (und nicht vermutet), dass auf Arbeitsverträge und –verhältnisse bei Fehlen einer Rechtswahl unter gewissen Bedingungen das Recht des Arbeitsortes, unter anderen Bedingungen das Recht der einstellenden Niederlassung anzuwenden ist. Dieser Regelung unmittelbar angeschlossen ist eine Ausweichklausel, die der des Art. 4 Abs. 5 S. 2 entspricht und mit den Worten „es sei denn“ eingeleitet wird. Beide Umstände tragen indes nicht zur Klärung der Frage bei, ob der Begriff der „Vermutung“ in Art. 4 EVÜ in dem Sinn zu

376 *Rammeloo*, Das neue EG-Vertragskollisionsrecht, S. 322.

377 Reithmann/Martiny-*Martiny*, Internationales Vertragsrecht, S. 121, Rn. 107; ebenso *von Bar*, IPR II, S. 362, Rn. 492; Erman-*Hohloch*, Art. 28 EGBGB, Rn. 27.

378 Reithmann/Martiny-*Martiny*, Internationales Vertragsrecht, S. 121, Rn. 107; ebenso *Merschformann*, Die objektive Bestimmung des Vertragsstatuts beim internationalen Warenkauf, S. 89 f.; MünchKomm-*Martiny*, Art. 28 EGBGB, Rn. 18.

379 *Baratta*, Il collegamento più stretto, S. 168 f.: „Anzitutto, all'interno dell'art. 4 non si ravvisa alcuna traccia del fatto che il giudice, nella ricerca della legge applicabile, debba ritenersi vincolato alle indicazioni die paragrafi 2-4, nè tanto meno che la possibilità di sfuggire ad esse sia condizionata alla regola del contraddittorio tra le parti. [...] Non è [...] lecito trarre alcuna conclusione nel senso che i confini del ragionamento del giudice (e con ciò il venire meno delle presunzioni) debbano risultare rigorosamente fissati dall'attività svolta delle parti in sede processuale; [...]“

380 *Hepting*, in: FS W. Lorenz , S. 393, 408.

verstehen ist, dass er eine Verteilung der Beweislast zeitigen soll, oder aber ob er dazu dient, ein bestimmtes Regel-Ausnahmeverhältnis zu verdeutlichen.

Gegen eine Interpretation der Abs. 2-4 als Vermutungen im technischen Sinne spricht im übrigen, dass die Anwendung des Kollisionsrechts nach kontinentaleuropäischem Verständnis von Amts wegen erfolgt. Die Behauptung, die Gegenstand eines Beweises ist, muss nach diesem Verständnis eine Tatsache, ein Erfahrungssatz oder an Rechtssätzen ausländisches Recht, Gewohnheitsrecht oder Statutarrecht sein. Außerhalb dessen gilt der Satz iuria novit curia.[381] Beweisfälligkeit einer Partei hinsichtlich des Vertragsstatuts kann es aus diesem Grunde nicht geben.[382] Das Argument, die Anwendung ausländischen Rechts erfolge ex officio sowie, dass der Grundsatz iuria novit curia auch im internationalen Privatrecht gilt, kann allerdings keine Geltung für sämtliche Mitgliedstaaten des Römischen Übereinkommens beanspruchen. In England gilt annähernd unbestritten seit der Mitte des 18. Jahrhunderts die sogenannte fact doctrine, nach welcher ausländisches Recht eine Tatsache ist, die in aller Regel von den Parteien vorzutragen und gegebenenfalls zu beweisen ist. Der Richter hat daher zunächst stets von der Anwendung der lex fori auszugehen; die Anwendung fremden Rechts von Amts wegen ist ihm dagegen verwehrt.[383] Auffällig ist, dass trotz der Auffassung, ausländisches Recht stelle eine (darlegungs- und beweispflichtige) Tatsache dar, soweit ersichtlich, weder in der britischen Rechtspre-

---

[381] BGH NJW 1995, S. 2097, 2097; Stein/Jonas-*Leipold*, ZPO, § 293, Rn. 31 m.w.N.; **a. A.** *Flessner*, RabelsZ 34 (1970), S. 547, 566 ff., *ders.*, Interessenjurisprudenz im IPR, S. 119 ff.

[382] *Von Bar*, IPR II, S. 361 f., Rn. 491 f.; *Lüderitz*, IPR, S. 120, Rn. 280; MünchKomm-*Martiny*, Art. 28 EGBGB, Rn. 18; *Schwander*, in: FS Moser, S. 79, 86; Staudinger-*Magnus*, Art. 28 EGBGB, Rn. 137; **a. A.** *Hepting*, in: FS W. Lorenz, S. 409.

[383] In der Rechtsprechung wurde diese Ansicht zuerst in der Rechtssache *Mostyn v. Fabrigas*, [1774] 1 Cowp. 161, 174 von *Lord Mansfield* vertreten, siehe auch: *Ascherberg, Hopwood and Crew Ltd. v. Casa Musicale Sonzogno* [1971] 1 WLR 173, 1128 (C.A.); *Bumper Development Corporation v. Commissioner of Police of the Metropolis* [1991] 1 WLR 1362, 1368; *MCC Proceeds Inc. v. Bishopsgate Investment Trust* plc. [1999] CLC 417, 421 (C.A.); *Collier*, Conflict of Laws, S. 33; *Collins*, Dicey/Morris on the Conflict of Laws I, S. 226 ff.; *North/Fawcett*, Cheshire & North's Private International Law, S. 99 ff. **A. A.** war soweit ersichtlich nur *Wolff*, Private International Law, S. 217, der vehement eine dem kontinentaleuropäischen Verständnis ensprechende Ansicht vertrat: "What the judge applies to the facts laid down before it is 'law', not mere fact. It is meaningless to say that a judge applies a 'fact' to facts. Every judicial decision constitutes a syllogism, its major premise is a legal rule and cannot be anything else, its minor is a set of facts [...]", "All this is so obvious that to mention it needs an excuse. The excuse is that the assertation 'the English court applies foreign law as a fact' is to be found over and over again." Zu den engen Ausnahmen dieses Grundsatzes siehe *Collins*, Dicey/Morris on the Conflict of Laws I, S. 227 ff. m.w.N.; *Fentiman*, Foreign Law in English Courts, S. 111 ff.; *Hartley*, I.C.L.Q. 45 (1996), S. 271, 289.

chung noch in der britischen Literatur das hier erörterte Problem der prozessualen Rechtsnatur der Vermutungsregeln des Art. 4 EVÜ angesprochen wird. Offenbar wird diesbezüglich ganz selbstverständlich die kontinental herrschende Ansicht geteilt.

b) Auswirkungen auf die Argumentationslast

Einer weiteren in Deutschland vertretenen Ansicht zufolge verteilen die Vermutungen des Art. 4 EVÜ zwar nicht die Beweislast, wohl aber die Argumentationslast, denn wer die Regelanknüpfung erschüttern wolle, habe die Last, das Gericht von der Richtigkeit einer bestimmten individuellen Anknüpfung zu überzeugen.[384] Es kann nicht abgestritten werden, dass diese Ausführungen wohl der Rechtswirklichkeit in einem Prozess entsprechen. Nicht richtig ist indes die Schlussfolgerung, die daraus gezogen wird, nämlich, dass insofern zunächst mechanisch angeknüpft werden könne und es dann jeder Partei frei stehe, anhand einer Einzelfallwürdigung darzulegen, dass die Regelanknüpfung zugunsten einer individuellen Schwerpunktanknüpfung zu weichen habe.[385] Dieser Ansicht kann ebenfalls entgegengehalten werden, dass die Anwendung des Kollisionsrechts von Amts wegen erfolgt.[386] Es ist u. a. erklärtes Ziel des Übereinkommens, sich von der mechanischen Anknüpfung loszusagen; es überlässt es deshalb dem Richter (und nicht etwa den Parteien), das Eingreifen der Vermutungen zu prüfen sowie die „Gesamtheit der Umstände" zu würdigen.

c) Zusammenfassung

Festzuhalten ist mithin, dass der Begriff der „Vermutung" in Art. 4 EVÜ im prozessualen Sinn untechnisch zu verstehen ist. Er dient als Hinweis auf Konkretisierungsmerkmale für die Generalklausel und soll das in Art. 4 EVÜ bestehende Regel-Ausnahmeverhältnis deutlich hervorheben.[387] Zuzugeben ist allenfalls – zumindest im Vergleich zum Wortlaut des Art. 6 Abs. 2 EVÜ – dass die Wortwahl „missverständlich" und „nicht gerade glücklich"[388] gewählt wurde.

---

384 *Schröder/Wenner*, Internationales Vertragsrecht, S. 72 f.; *Lüderitz*, IPR, S. 127, Rn. 280.

385 So aber *Schröder/Wenner*, Internationales Vertragsrecht, S. 73.

386 *Von Bar*, IPR II, S. 361 f., Rn. 491 f.; *Lüderitz*, IPR, S. 127, Rn. 280; MünchKomm-*Martiny*, Art. 28 EGBGB, Rn. 18; Staudinger-*Magnus*, Art. 28 EGBGB, Rn. 137.

387 *Bonomi*, D.I.P., S. 606; *Merschformann*, Die objektive Bestimmung des Vertragsstatuts beim internationalen Warenkauf, S. 91; Staudinger-*Magnus*, Art. 28 EGBGB, Rn. 137. Gleicher Ansicht sind zum gleich gelagerten Problem des schweizerischen IPRG (Art. 117) *Heini*, in: FS Vischer, S. 149, 153 f.; Honsell/Vogt/Schnyder-*Amstutz-Vogt-Wang*, IPRG-Kommentar, Rn. 10; *Patocchi*, Vertragsrecht, S. 39; *Schwander*, in: FS Moser, S. 79, 83. **A. A.** *Gunst*, Die charakteristische Leistung, S. 18.

388 *Merschformann*, Die objektive Bestimmung des Vertragsstatuts beim internationalen Warenkauf, S. 91. Unglücklich sind auch andere Bezeichnungen wie etwa die vom OLG

Den abweichenden Ansichten ist auch deshalb nicht zu folgen, weil sie dem Ziel des Römischen Übereinkommens, eine einheitliche kollisionsrechtliche Behandlung von Schuldverträgen zu erreichen, entgegenstehen, indem sie die „Herbeischaffung" der entscheidungserheblichen Umstände in die Hand der Parteien legen.[389] Auf diese Weise wird die Gefahr einer Ungleichbehandlung gleicher Sachverhalte drastisch erhöht.

Frankfurt, IPRspr. 1992, Nr. 40, S. 86, sowie des OLG Köln, IPRspr. 1992, Nr. 45, S. 92, die die Vermutungen als „Zweifelsregeln" bezeichnen. Dies ist wohl ohne die Absicht geschehen, eine Aussage über die Rechtsnatur der Vermutungen zu treffen, trägt aber letztlich nur zur Verwirrung bei, denn „im Zweifel" könnte auch bedeuten „bei einer Gleichgewichtslage".

389 So auch *Merschformann*, Die objektive Bestimmung des Vertragsstatuts beim internationalen Warenkauf, S. 91.

2. Kapitel: Die Konkretisierung des Ausnahmefalles

I. Das Erfordernis qualitativer Gewichtung

Im vorigen Kapitel wurde festgestellt, dass das Verhältnis zwischen spezieller Verweisungsnorm und Ausnahmeklausel strikt als Regel-Ausnahme-Verhältnis verstanden und praktiziert werden muss, und dass dies nur erreichbar ist, wenn als Anwendungsvoraussetzung für die Ausweichklausel das *völlig eindeutige Verfehlen des Anknüpfungsziels* durch die Regelverweisung festgelegt wird.[390] Die Ausnahmeklausel ist demnach im Interesse der Rechtssicherheit eng auszulegen. Es müssen eindeutige *Umstände* vorliegen, *die der normalen Anknüpfung die innere Rechtfertigung entziehen.* Die Verbindlichkeit der normalen Kollisionsnormen endet erst dort, wo das Resultat beim konkreten Fall im offenen Widerspruch zur Ratio der Norm stehen würde.[391] Damit ist indes noch nichts über die Methode gesagt, anhand derer ein solches eindeutiges Verfehlen des Anknüpfungszieles zu bestimmen ist.

1. Stand der Diskussion

In einem ersten Schritt soll daher gewissermaßen der Rahmen für die konkrete Schwerpunktbestimmung eines Vertrages festgelegt werden. *Pamboukis* beschreibt das sich aus der Offenheit der Formulierung der Ausweichklausel ergebende Problem wie folgt: „L'al. 5 ne présise pas la nature des lien à retenir [...]. A cet égard, la notion de liens les plus étroit peut avoir deux acceptions: soit celle d'un groupement quantitatif de tous les contacts, soit celle d'un choix analytique d'essence qualitative [...]"[392] Die Frage ist demnach zunächst, ob der Normanwender sich mit der eher mechanischen Vorgehensweise des Erkennens und anschließenden Abzählens begnügen kann oder ob ein oder mehrere weitere, analytische Prüfungsschritte zu fordern sind. Bezogen auf die griechische Judikatur erkennt *Pamboukis* die Tendenz, eher eine rein quantitative Gewichtung vorzunehmen – speziell dann, wenn dies Vorgehen zur Anwendung griechischen Rechts führt. Gleiches beobachtet *Campiglio* bei ihrer Analyse des Urteils der französischen Cour d'appel de Versailles vom 6.12.1991.[393] Beide for-

---

[390] *Kreuzer*, in: FS Zajtay, S. 295, 318; siehe oben S. 71.

[391] *Campiglio*, Riv. dr. int. priv. e proc. 21 (1985), S. 47, 51; *Vischer/von Planta*, IPR I, § 44 IV 1, S. 184; dem für das Römische Übereinkommen zustimmend: *Rammeloo*, Das neue EG-Vertragskollisionsrecht, S. 326.

[392] *Pamboukis*, in: Exception Clauses, S. 221, 226 f.

[393] Cour d'appel de Versailles, Bull. Inf. Cour cass. Nr. 1186 = Rev.crit.d.i.p. 1991, S. 745-748; siehe dazu eingehend unten S. 149 ff.; *Campiglio*, Brevi osservazioni sulla clausola d'eccezione, S. 157, 160: „In particolare, in quel caso i giudici [...] hanno proceduto ad

dern eine Abkehr von dieser Vorgehensweise zugunsten einer am System des Art. 4 EVÜ und der jeweiligen Art des Vertrages orientierten qualitativen Gewichtung der konkreten Vertragsumstände.[394] Diese Ansicht wird in der wissenschaftlichen Diskussion zu Recht allgemein geteilt.[395]

Unterschiedlich wird jedoch die Frage beantwortet, ob im konkret zu beurteilenden Fall sämtliche Umstände in ein und dieselbe Richtung zu weisen haben, um einen Anwendungsfall der Ausweichklausel annehmen zu können. Diese Ansicht vertritt insbesondere *Schultsz*, mit dem Ziel, der durch die offene Formulierung der Ausweichklausel bedingten Rechtsunsicherheit zu begegnen: „It would have been better to have the exception limited to cases where all relevant connecting factors (other than the habitual residence as aforesaid) point to one and the same country than that of such residence.“ [396] Diese Ansicht überzeugt indes nicht, denn sie geht zum einen zu weit und beschränkt damit den Anwendungsspielraum der Ausweichklausel in zu starkem Maße. Zum anderen widerspricht sie der gerade gefolgten Auffassung, es sei eine system- und vertragstypenorientierte Gewichtung der konkreten Vertragsumstände vorzunehmen. Mit der Forderung nach 100%iger kollisionsrechtlicher Übereinstimmung aller Vertragsumstände ausser dem in der jeweiligen Vermutung herangezogenen, wird die rein mechanische Addition in ihrer extremsten Form zum Prinzip. Art. 4 Abs. 5 S. 2 EVÜ greift somit nicht erst dann ein, wenn sämtliche objektiven Verknüpfungen auf ein anderes Recht verweisen. Vielmehr genügt es, wenn eine hinreichende Anzahl kollisionsrechtlich relevanter Verknüpfungen eine eindeutige Verbindung zu diesem Recht vermittelt.[397]

2. Ergebnis

Aus diesen Ausführungen ergibt sich die folgende Verfeinerung der oben dargelegten Prüfungsreihenfolge[398]:

una comparazione aritmetica dei fattori [...] dimenticando che la valutazione in merito al collegamento più stretto va effuata più sul piano qualitativo che su quello quantitativo."

394 *Pamboukis*, in: Exception Clauses, S. 221, 226 f.; *Campiglio*, Brevi osservazioni sulla clausola d'eccezione, S. 160, die in obigem Zitat (Fn. 4) den in dieser Arbeit vertretenen eindeutigen Schwerpunkt bei der analytischen Gewichtung nicht ganz zum Ausdruck bringt.

395 *Ancel/Laquette*, Grands arrêts de la jurisprudence française, S. 262, 263: „[...] que localiser le contrat ne consiste pas simplement à compter les rattachements mais à les évaluer en fonction de leur signification pour le contrat envisagé [...]“; *Baratta* Il collegamento più stretto, S. 188 ff.; *Lando*, CML Rev. 24 (1987), S. 159, 200; Soergel-*von Hoffmann*, Art. 28 EGBGB, Rn. 99.

396 *Schultsz*, in: North; S. 185, 186.

397 *Von Bar*, IPR II, S. 361, Rn. 490; Soergel-*von Hoffmann*, Art. 28 EGBGB, Rn. 101.

398 Oben S. 71.

Wenn einer der Vermutungstatbestände (unter Beachtung des zwischen ihnen bestehenden Spezialitätsverhältnisses) einschlägig ist, so sind im Rahmen der Prüfung des Abs. 5 S. 2 in einem ersten Schritt alle relevanten[399] Vertragsumstände des konkreten Falles festzustellen. In einem zweiten Schritt ist eine qualitative Bewertung der einzelnen Umstände vorzunehmen und in einem dritten und letzten Schritt ist festzustellen, ob die so gewichteten Umstände in ihrer Gesamtheit den Schwerpunkt eindeutig einer anderen Rechtsordnung zuweisen als die einschlägige Vermutung, so dass dieser somit die innere Rechtfertigung entzogen ist.[400]

---

399 Dazu, welche Vertragsumstände im Rahmen der Ausweichklausel abstrakt gesehen von Relevanz sein können, siehe unten S 115.

400 Ähnlich, aber mit noch zu großer Betonung der quantitativen Gewichtung: *Pamboukis*, in: Exception Clauses, S. 221, 227 f.

II. Berücksichtigung von Parteierwartungen im Rahmen der Ausweichklausel?

Nach dem Römischen Übereinkommen unterliegt ein Vertrag primär dem von den Parteien gewählten Recht (Art. 3 EVÜ/Art. 27 Abs. 1 EGBGB). Dabei stellt nach einhelliger Ansicht die Rechtswahl durch die Parteien einen Vertrag dar.[401] Dieser Verweisungsvertrag kann ausdrücklich oder stillschweigend geschlossen werden. Jedoch wurde bereits verschiedentlich darauf hingewiesen, dass insbesondere in der Rechtsprechung häufig das Vorliegen eines konkludenten Verweisungsvertrages angenommen wird, obschon die Parteien ihr Verhalten nicht als darauf gerichtete Willenserklärungen beabsichtigten, mithin auch keine entsprechende Einigung vorlag.[402] Aus diesem Grunde meint *Schwimann* bezogen auf die österreichische Rechtsprechung: „Was die Gerichte in der Praxis als „schlüssige Rechtswahl" werten, verdient diese Bezeichnung nicht, sondern besteht bestenfalls in der [...] Kundgabe der Parteien, dass sie die Geltung einer bestimmten Rechtsordnung unterstellen."[403] Gleiches diagnostiziert *Wengler* in der deutschen Judikatur, die „geneigt [sei], bei Symptomen für den übereinstimmenden Glauben an die Maßgeblichkeit eines bestimmten Rechts einen Willen zur Wahl dieses Rechts anzunehmen."[404]

1. Problemaufriss

Obige Feststellungen führen zu der Frage, ob auch bei Nichtvorliegen eines Verweisungsvertrages Erwartungen der Parteien geeignet sein können, das Vertragsstatut zu bestimmen.Dies ist bei positiv-gesetzlicher Regelung selbstverständlich zu bejahen. Eine solche Regelung enthielt das österreichische IPRG bis zum Inkrafttreten des Römischen Übereinkommens in § 35 Abs. 1 2. HS:

> Schuldverhältnisse sind nach dem Recht zu beurteilen, das die Parteien ausdrücklich oder schlüssig bestimmen (§ 11); einer schlüssigen Bestimmung steht es gleich, wenn sich aus den Umständen ergibt, dass die Parteien eine bestimmte Rechtsordnung als maßgebend angenommen haben.

Dieser Regelung über die sogenannte „Geltungsannahme" lag der Gedanke zugrunde, für das Zustandekommen eines Vertrages durch schlüssige Handlungen sei der Wille der Parteien Voraussetzung, überhaupt einen Vertrag schließen

[401] Staudinger-*Magnus*, Art. 27 EGBGB, Rn. 30.

[402] *Hartmann*, Das Vertragsstatut in der deutschen Rechtsprechung seit 1945, S. 71: „In den weitaus meisten Fällen, in denen die Gerichte eine Rechtswahl kraft „stillschweigenden Parteiwillens" annehmen, liegt ein Verweisungsvertrag nicht vor." So auch bereits *Kreuzer*, Das IPR des Warenkaufs in der dt. Rechtsprechung (1964), S. 55 ff., 185 ff. sowie *Juenger*, RabelsZ 46 (1982), S. 57, 69.

[403] *Schwimann*, JBl 103 (1981), S. 368, 369.

[404] RGRK-*Wengler*, S. 594, 525, 539.

zu wollen, ein Wille, der in vielen Fällen deshalb fehle, „weil den Parteien die Anwendung eines bestimmten Rechts als so selbstverständlich erscheint, dass sie gar nicht auf den Gedanken kommen, darüber eine Vereinbarung treffen zu müssen.“[405] Diese Gleichstellung von Geltungsannahme und stillschweigender Rechtswahl unterliegt zwar einigen Bedenken, die im Folgenden angeführt werden, doch Gesetz ist nun einmal Gesetz. Fraglich ist indes, ob auch für das Kollisionsrecht des Römischen Übereinkommens gelten kann, dass die Bestimmung des Vertragsstatuts bloße, übereinstimmende Erwartungen der Parteien von der ipso iure gegebenen Anwendbarkeit eines bestimmten Rechts zu berücksichtigen hat. Dazu sei zunächst ein kurzer historischer und rechtsvergleichender Überblick vermittelt.

2. Historische und rechtsvergleichende Betrachtung

a) Deutschland

Schon *von Savigny* bestimmte im Jahre 1849 das Schuldstatut danach, „auf welchen Ort die Erwartung der Parteien gerichtet war, welchen Ort sie sich als Sitz der Obligation *gedacht haben.*“[406] Wie *Aubin* hervorhebt, könnte das genannte Zitat in Verbindung mit der Gleichstellung von „engster Verbindung“ und „Schwerpunkt“ in der amtlichen Begründung zu Art. 28 Abs. 1 EGBGB[407], dafür sprechen, „dass beim Fehlen einer vertraglichen Rechtswahl die Erwartungen der Parteien die (aller-)engste Verbindung des Vertrages mit dem erwarteten Recht herstellen.“[408] Entsprechend stellte die deutsche Rechtsprechung zwischen 1873 und 1904 bei der Bestimmung des Vertragsstatuts mehrfach darauf ab, dass die Parteien ein bestimmtes Recht „als selbstverständlich vorausgesetzt“[409], beziehungsweise „vor Augen gehabt“[410] hatten, wobei allerdings in einigen Urteilen das Kriterium der „Parteierwartungen“ mit dem der konkludenten Rechtswahl vermengt wurde.[411] Auch in der Literatur fand diese sogenannte „Voraussetzungsdoktrin“ einige Zustimmung.[412] Mit dem berühmten Urteil des

[405] *Schwind*, StAZ 29 (1976), S. 121, 127; ähnlich *ders.*, Handbuch des österr. IPR, S. 296.
[406] *Von Savigny*, System des heutigen Römischen Rechts VIII, S. 204 ff. (Hervorhebung durch den Verfasser).
[407] Begr. RegE, BT-Drucks. 10/504, S. 21, 78.
[408] *Aubin*, in: FS Seidl-Hohenveldern, S. 1, 13.
[409] RGZ 9, S. 225, 227; RGZ 20, S. 333, 335; RG, NiemZ 15 (1905), S. 293, 296.
[410] RGZ 6, S. 125, 132.
[411] Vgl. *Aubin*, in: FS Seidl-Hohenveldern, S. 1, 13.
[412] Siehe *Mommsen*, AcP 61 (1879), S. 149, 176, 198 f.; *Neumann*, Handausgabe des BGB III (1900), S. 1352, sub B I 1, sowie den Beschluß des 24. Deutschen Juristentages, Verhandlungen des 24. Deutschen Juristentages IV (1898), S. 126, 350, der auf einen Antrag von *Ennecerus* zurückgeht: „Inhalt und Wirkung der Vertragsobligationen ist, soweit nicht zwingende Rechtsnormen entgegenstehen, nach demjenigen Rechte zu beurtheilen, dessen

Reichsgerichts, welches der Formel des „hypothetischen Parteiwillens“ zum Durchbruch verhalf[413], erübrigte sich das Problem der Parteierwartungen für fast 80 Jahre.[414]

b) Österreich

Auch in Österreich ist die Anknüpfung schuldrechtlicher Verhältnisse aufgrund übereinstimmender Parteierwartungen alles andere als neu. Die §§ 36 und 37 des ABGB von 1811 sahen vor, dass das primär maßgebliche Recht des Abschlussortes nicht gelten sollte, wenn bei Geschäftsabschluss „auf ein anderes Recht Bedacht genommen worden“ beziehungsweise „ein anderes Recht zum Grunde gelegt worden“ war. Dabei wurde zunächst vertreten, „Bedachtnehmen“ und „Zugrundelegen“ seien nicht notwendig ein Austausch von Willenserklärungen und führten nicht zwingend zu einer Vereinbarung.[415] Doch konnte sich diese Auslegung in Rechtsprechung und herrschendem Schrifttum nicht durchsetzten. Gefordert wurde vielmehr auch im Anwendungsbereich der §§ 36, 37 IPRG eine Rechtswahl durch Parteivereinbarung, also ein Vertrag.[416] In den siebziger Jahren des letzten Jahrhunderts griffen dann einige Rechtsgelehrte die ursprüngliche Ansicht wieder auf; so etwa *Schwind*, der die Parteierwartungen der „vermuteten Rechtswahl“ zuordnete und damit dem Bereich der Parteiautonomie[417], oder auch *Spielbüchler*, der sie jedoch nicht rechtsgeschäftlich qualifizierte, sondern als bloße (aber relevante) „Meinung.“[418] Diese „neuen“ Ansichten führten 1978 zu der oben zitierten Fassung des § 35 Abs. 1 IPRG.

Anwendung die Parteien vereinbart oder stillschweigend vorausgesetzt haben.“ *Ennecerus* schrieb in seinem Referat zu diesen Verhandlungen, Verhandlungen des 24. Deutschen Juristentages IV (1898), S. 87 noch deutlicher, es sei nicht notwendig, dass die Parteien die Anwendbarkeit eines Rechts vereinbarten (ausdrücklich oder stillschweigend), vielmehr „genügt es, wenn sie Anwendbarkeit des fremden Recht nur *voraussetzten*, wenn sie unter dem *Eindrucke standen*, dass dieses Recht anwendbar sei.“ Auch behauptet *Ennecerus*, diese Ansicht sei im Schrifttum absolut vorherrschend, vgl. Verhandlungen des 24. Deutschen Juristentages IV (1898), S. 88.

413 RGZ 68, S. 203, 204.

414 Vgl. *Aubin*, in: FS Seidl-Hohenveldern, S. 1, 13.

415 *Spielbüchler*, ZRvgl. 17 (1976), S. 47, 48 f. mit Verweis auf *Nippel* (1830) und *Stubenrauch* (1854).

416 Vgl. *Spielbüchler*, ZRvgl. 17 (1976), S. 47, 48 f.

417 *Schwind*, Handbuch des österr. IPR, S. 296.

418 *Spielbüchler*, ZRvgl. 17 (1976), S. 47, 50 ff.

c) Schweiz

In der Schweiz haben die Parteierwartungen ebenfalls traditionell eine erhebliche Bedeutung bei der Bestimmung des Schuldvertragsstatuts. In mehr als 20 Urteilen in der Zeit von 1885 bis 1934 erklärte – mit geringen redaktionellen Abweichungen – das Bundesgericht bei Fehlen einer ausdrücklichen oder stillschweigenden Rechtswahl dasjenige Recht für anwendbar „welches die Parteien beim Geschäftsabschluss als maßgebend entweder wirklich betrachteten oder dessen Anwendung sie vernünftiger- oder billigerweise erwarten konnten und mussten.“[419] Ab 1957 setzte sich vornehmlich *Vischer* dafür ein, im Rahmen der international-schuldrechtlichen Ausweichklausel des Bundesgerichts, einen „subjektiven Ausnahmefall“ dann zu bejahen, wenn die Umstände bei Vertragsschluss zeigen, „dass die Parteien eine andere Rechtsordnung im Auge hatten.“[420] Ihm folgten insbesondere *Schwander*[421] und *Dietzi*.[422] Im Anschluss an diese Ansicht zählen die offiziellen Berichte zu Art. 14 des schweizerischen IPR-Entwurfs vier mögliche Anwendungsbereiche für die Ausweichklausel auf und nennen dabei unter anderem die Parteierwartungen.[423]

d) Frankreich

Auch in Frankreich hat die Herrschaft des Parteiwillens im IPR eine lange Tradition. Die Stärkung des Gedankens der Parteiautonomie im 19. Jahrhundert hat sich um die Jahrhundertwende auf das Kollisionsrecht ausgewirkt. Ein Meilenstein in der Entwicklung war das Urteil der Cour de Cassation von 1910 in der Rechtssache *American Trading Co. v. Quebec Steamship Co.*[424], in welchem das Gericht konstatierte, „la loi applicable aux contrats [...] est celle que les parties ont adoptée.“ Dies war der Beginn einer als „subjectivisme pur“ bezeichneten Phase, in welcher ausschließlich der Wille der Parteien das zwischen ihnen geltende Recht inhaltlich bestimmte. So waren sie theoretisch sogar frei darin, gar keinem Recht zu unterstehen; positives Recht erlangte in dieser Konzeption seine Anwendung nicht aus sich heraus, sondern durch Einbeziehung in den Vertrag kraft Parteiwillens.[425] In der Fortentwicklung dieser Konzeption unter gleichzeitiger Berücksichtigung der ihr entgegengebrachten Kritiken entwarf

---

419 Von BGE 11, S. 357, 364 bis BGE 60 II, S. 294, 300 ff.

420 *Vischer*, SJIR 14 (1957), S. 43, 62; *ders.*, in: FS Germann, 1969, S., 287, 302; *ders.*, RDS 90 (1971-II) S. 74, 75 f.; *ders.*, RabelsZ 38 (1974), S. 128, 152.

421 *Schwander*, in: FS Moser, S. 79, 87 f.; *ders.*, IPR I, Rn. 374-385.

422 *Dietzi*, in: FS Schw. Juristentag 1973, S. 49, 61 ff.

423 Schlussbericht, RabelsZ 1978, S. 27 ff., 59; vgl. *von Overbeck*, Rec. des Cours 176 (1982-III), S. 9, 187 f., S. 254.

424 Cour de Cassation, Rev.crit.d.i.p 1911, S. 395 = J.D.I. 1912, S. 1156.

425 *Rammeloo*, Das neue EG-Vertragskollisionsrecht, S. 93 f.; *Mayer*, D.I.P., S. 431.

Batiffol in den 50er Jahren seine „théorie de la localisation.“[426] In diesem Konzept wurde die kollisionsrechtliche Anknüpfung in dem Sinne objektiviert, als dass zum generellen Prinzip die „localisation“ des jeweiligen Vertrages gemacht wurde. Der Wille der Parteien war nur noch im Rahmen dieser „localisation“ von Bedeutung und zwar als ein – wenn auch wohl das wichtigste – Kriterium unter anderen. In der Theorie war das Vertragsstatut damit nicht mehr Folge einer Parteivereinbarung, sondern einer objektiven Schwerpunktbestimmung, in deren Rahmen der Wille der Parteien ein Kriterium von besonderer Wichtigkeit war.[427] Nach Einschätzung *Mayers* herrschte diese Konzeption in der Rechtsprechung französischer Gerichte bis zum Inkrafttreten des Römischen Übereinkommens vor.[428]

e) England

In England bietet sich ein besonders uneinheitliches Bild, welches hier in groben Zügen nachgezeichnet werden soll. Ausgangspunkt ist die Ansicht *Westlakes*, der Anfang letzten Jahrhunderts die Erwartungen der Parteien bei der Bestimmung der „most real connection“ ausschloss: „§ 312 [die damalige Norm zur Bestimmung des „proper law“] is consequently still retained without importing into it the intention of the parties.“[429] Dem widersprach *Dicey* etwa 35 Jahre später: „[...] the law or the laws, by which the parties intended, or may fairly be presumed to have intended, the contract to be governed [...].”[430] Deutlich näher dem heutigen Anknüpfungssystem des Römischen Übereinkommens stand dagegen etwa *Morris*: „The proper law of a contract means the system of laws by which the parties intended the contract to be governed or, where the parties intention is neither expressed nor to be inferred from the circumstances, the system of law with which the transaction has its closest and most real connection.”[431] Diese Ansicht scheint sich in der englischen Wissenschaft überwiegend

[426] *Rammeloo*, Das neue EG-Vertragskollisionsrecht, S. 95 ff.; *Mayer*, D.I.P., S. 433.
[427] *Mayer*, D.I.P., S. 433 f.
[428] *Mayer*, D.I.P., S. 434.
[429] *Westlake*, A Teatise on Pivate Iternational Law or the Conflict of Laws (1912), S. 306 ff, 335 ff.
[430] *Dicey*, Conflict of Laws, S. 579.
[431] *Dicey/Morris*, Conflict of Laws I, S. 747.

durchgesetzt zu haben.[432] Die Rechtsprechung englischer Gerichte ist dagegen nur schwer fassbar. Es besteht wohl eine Tendenz hin zu einer eher Parteiwillen-orientierten Anknüpfung.[433]

f) USA

Ein Blick nach Übersee zeigt, dass auch in den USA die Berücksichtigung berechtigter Parteierwartungen von Bedeutung ist. So weist das Restatement Second in seinem § 188 Abs. 1 bei Fehlen einer Rechtswahl auf das Recht des „most significant relationship" unter Berücksichtigung der Bestimmungsfaktoren des § 6, der seinerseits in Abs. 2 u. a. die „protection of justified expectations" nennt. Dazu äußert sich der offizielle Kommentar wie folgt: „Protection of the justified expectations of the parties is the basic policy underlying the field of contract."[434]

Wie dieser kurze Überblick verdeutlicht, ist das Kriterium der Parteierwartungen als Anknüpfungspunkt weder neu noch wenig verbreitet. Vieles war und ist indes unklar und streitig.

3. Parteierwartungen im Spannungsverhältnis zwischen objektiver und subjektiver Anknüpfung

Bezogen auf das Römische Übereinkommen stellt sich vornehmlich die Frage, ob Parteierwartungen, welchen Inhalts auch immer, überhaupt in das Anknüpfungssystem integrierbar sind. Das Problem ist, dass anders als in § 35 Abs. 1 des österreichischen IPRG von 1978, welcher die Parteierwartungen auf der primären, subjektiven Anknüpfungsebene berücksichtigt, diese nunmehr erst im Rahmen der subsidiären, objektiven Anknüpfung (Art. 4 EVÜ) und hier einzig

---

[432] *Counter*, JBL 1965, S. 326, 326 ff.; *Lipstein*, in: EPILO, S. 155, 157; *Diamond*, Curr.Legal Prob. 1979, S. 155, 160; *dies.*, Rec. des Cours 199 (1986 IV), S. 233, 258; *Thomson*, Mod. L. Rev. 1980, S. 650, 655; *Jaffey*, I.C.L.Q. 34 (1984), S. 531, 531 ff.; *Collins*, Dicey/Morris on the Conflict of Laws II, S. 1191 ff.; *North/Fawcett*, Ceshire and North's private international law, S. 460.

[433] Die Rechtsprechung pendelt mal stärker zu der einen, mal zu der anderen Seite. So entschied sich *Lord Denning* 1949 und 1961, (*Bossevain v. Weil*, (1949) 1 K.B. 482, 490 f.; *Re United Railways of Havanna v. Regula Warehouses Ltd.*, (1961) A.C. 1007, 1068) (eher) für eine rein objektive Anknüpfung. 1951 und 1983 ergingen dagegen zwei berühmte Entscheidungen, in denen objektive und subjektive Anknüpfung als gleichwertig angesehen wurden (*Bonython v. Commonwealth of Australia*, Law Reports, A.C. (1951), 201, 219; *Amin Rasheed Shipping Corp. v. Kuwait Insurance Co.*, 2 (1983) All. E.R. 884 = 3 (1983) W.L.R., 241).

[434] Comment on subsection (1) lit. b., S. 177. Siehe aus dem Schrifttum *Leflar*, Am. Conflicts Law, S. 203 ff.; *Cavers*, The choice-of-law process, S. 89; *Cheatham/Reese*, Col.L.Rev. 52 (1952), S. 959, 970 f.; *Rheinstein*, Tul.L.Rev. 19 (1944), S. 4, 20 ff.; *Hanotiau*, Le d.i.p. américain (1979), S. 70, m.w.N. in Fn. 13; *Vischer*, RabelsZ 38 (1974), S. 128, 141.

im Rahmen der Ausweichklausel relevant werden können. Das Übereinkommen zählt in Art. 3 Abs. 1 abschließend auf, was der objektiven Anknüpfung vorgeht und nennt dabei nicht die bloßen Erwartungen der Parteien. Diese Verschiebung ist ausschlaggebend, denn subjektive und objektive Anknüpfung verfolgen völlig unterschiedliche kollisionsrechtliche Ziele: Die objektive Bestimmung des Vertragsstatuts orientiert sich zwingend am Prinzip der engsten Verbindung, die Parteierwartungen dagegen nicht. Hier haben es die Parteien vielmehr in der Hand eine Vielzahl denkbarer Ziele zu verfolgen, die durchaus konträr zum Prinzip der engsten Verbindung stehen können wie etwa die Wahl eines neutralen Rechts.[435] Dennoch sprechen sich einige namhafte Rechtsgelehrte, wie *Aubin*[436], *Jaffey*[437], *Schurig*[438], *Lando*[439] sowie wohl auch *Gamillscheg*[440], *Juenger*[441], *Martiny*[442] und *Mayer*[443] für eine Beachtlichkeit von Parteierwartungen aus. Diese Ansichten stehen insgesamt vor dem Hintergrund, dass das Interesse der Parteien an der Honorierung ihres Vertrauens in den Eintritt einer kollisionsrechtlichen Situation gewissermaßen ein Reflex der im internationalen Schuld-

---

[435] Siehe dazu unten S. 118.

[436] *Aubin*, in: FS Seidl-Hohenveldern, S. 1, 10 ff.

[437] *Jaffey*, I.C.L.Q. 33 (1984), S. 531, 545, der auch den ersten Abschnitt der Bonython-Formel aus dem Urteil in der Rechtssache *Bonython v. Commonwealth of Australia* (siehe oben Fn. 433) – „by reference to which law the contract was made“ – in Art. 4 Abs. 5 EVÜ integriert sieht: „It will be recalled that the approach which has been favoured in some of the English cases is to combine the two branches of the Bonython formula, weighing the factors relevant to an implied intention to a country or system of law all in the same scales at the same time. That means that factors relevant to an implied intention, though not by themselves demonstrating an implied choice with reasonable certainty still influence the ascertainment of the proper law.“ Insbesondere die britischen Widerstände gegen eine sich auf Vermutungen stützenden Kollisionsrechtssystematik (siehe dazu z.B. *Diamond*, Curr.Legal Prob. 32 (1979), S. 155, 155 ff.) lassen, wie *Rammeloo*, Das neue EG-Vertragskollisionsrecht, S. 120, schreibt, eine „Flucht zu jenen subjektiv begründeten Ausweichklauseln“ befürchten.

[438] *Kegel/Schurig*, IPR, § 18 I d, S. 577.

[439] *Lando*, Rec. des Cours 198 (1984 VI), S. 229, 393.

[440] *Gamillscheg*, ZfA 14 (1983), S. 307, 330 ff.

[441] *Juenger*, RabelsZ 46 (1982), S. 57, 72. Der Richter habe bei der notwendigen Abwägung Parteiinteressen zu berücksichtigen und damit auch, was die Kontrahenten vernünftigerweise gewollt hätten. Diese Argumentation läuft auf die Fortführung der Anknüpfung an den hypothetischen Parteiwillen hinaus, die nach hier vertretener Ansicht von Römischen Übereinkommen gerade abgeschafft wurde. **A. A.** *Kegel/Schurig*, IPR, § 18 I d, S. 577; *Abend*, lex validitatis, S. 319 ff.

[442] Reithmann/Martiny-*Martiny*, Internationales Vertragsrecht, S. 118 f., Rn. 105. Dort wird allerdings nicht deutlich, ob mit dem Begriff der „Parteiinteressen“ auch „Parteierwartungen“ erfaßt werden. Siehe dazu auch *Steinle*, ZvglRW 93 (1994), S. 300, 309.

[443] *Mayer*, D.I.P., S. 433 ff.; vgl. dazu auch *Rammeloo*, Das neue EG-Vertragskollisionsrecht, S. 101, 105 f., 108.

recht vorherrschenden Parteiautonomie sei.[444] Übereinstimmung besteht innerhalb dieser „Gruppe" wohl weitgehend in der Hinsicht, dass die Parteien die Geltung eines bestimmten Rechts als selbstverständlich vorausgesetzt haben müssen.[445] Uneinheitlich wird allerdings die Frage beantwortet, ob eine Beschränkung auf „vernünftige" oder „berechtigte" Erwartungen vorzunehmen ist oder nicht.[446] *Schwander*[447] ist sogar der Ansicht, das Vorliegen von objektiven Anknüpfungspunkten reiche generell nicht für die Anwendung der Ausweichklausel aus; er fordert das Hinzutreten bestimmter Gründe und Motive, die das Überwiegen der anderen Anknüpfung über die durch die charakteristische Leistung vermittelte rechtfertigen. Es handele sich dabei um Werturteile, welche dem IPR-Gesetz im übrigen zugrunde liegen, wie „Schutz der schwächeren Vertragspartei", „Schutz wohlerworbener Rechte", „Treu und Glauben" oder eben „Parteierwartung". Ihm zufolge sind berechtigte Erwartungen der Parteien also nicht lediglich ein möglicher Anknüpfungspunkt, sondern sie gehören einer Gruppe von Wertungsgesichtspunkten an, die zusätzlich zu einer ausreichenden Anzahl an Anknüpfungspunkten vorliegen müssen.

Andere, zum Beispiel *Knoepfler*[448], *Buchner*[449] und *von Overbeck*[450], stehen der Berücksichtigung von Parteierwartungen mit skeptischer Zurückhaltung gegenüber und wieder andere lehnen sie mit den sogleich genannten Argumenten komplett ab.[451]

---

444 *Aubin*, in: FS Seidl-Hohenveldern, S. 1, 11 m.w.N.; *Vischer*, in: FS Vischer, S. 149, 155.

445 *Aubin*, in: FS Seidl-Hohenveldern, S. 1, 12; *Kegel/Schurig*, IPR, § 18 I d, S. 577. Unterschiede bestehen jedoch hinsichtlich der Indizien, die für die Feststellung der Parteierwartungen herangezogen werden können, vgl. *Aubin*, in: FS Seidl-Hohenveldern, S. 1, 14 ff. m.w.N.

446 Zustimmend: *Dietzi*, in: FS Schw. Juristentag 1973, S. 49, 61; *Knoepfler*, Rev.crit.d.i.p. 1979, S. 31, 37; *ders.*, in: FS Jeanprêtre, S. 113, 123; *Kreuzer*, in: FS Zajtay, S. 295, 328; *Vischer/von Planta*, IPR, *2. Aufl., 1982*, S. 186; *Vischer*, in: FS Germann, S. 287, 302. Zur Bedeutung des Begriffes „justified expectations" in der US-amerikanischen Theorie vgl. *Rheinstein*, Tul.L.Rev. 19 (1944), S. 4, 27 sowie *Hanotiau*, Le d.i.p. américain, S. 70, m.w.N. in Fn. 13. **A. A.** *Aubin*, in: FS Seidl-Hohenveldern, S. 1, 11.

447 *Schwander*, in: FS Moser, S. 79, 87 f.

448 *Knoepfler*, Rev.crit.d.i.p. 1992, S. 493: „ [...] plus que douteux que l'article 15 englobe [...] la volonté d'éviter un résultat trop dur." Noch weniger skeptisch *ders.*, Rev.crit.d.i.p. 1979, S. 31, 37: „On peut penser à l'expectative raisonnable des parties [...]".

449 *Buchner*, Grundfragen der Anknüpfungsgerechtigkeit, S. 243, 244.

450 *Von Overbeck*, Rec. des Cours 176 (1982-III), S. 9, 191.

451 *Dubler*, Les clauses d'exception en droit international privé, S. 39, 95 f.: „On devrait retenir que les expectatives légitimes des parties ne devrait pas être prises en considération dans le cadre des clauses d'exception, [...]"; IPRG-Kommentar-*Keller-Girsberger*, Art. 15 IPRG, Rn. 77; *Kreuzer*, in: Lausanner Kolloqium, S. 18 ff.; *Lagarde*, Rec. des Cours 196 (196 I), S. 9, 123 ff.; Reithmann/Martiny-*Martiny*, Internationales Vertragsrecht, S. 152, Rn. 144; *Schulze*, Die Kodifikation des Vertragsstatuts im IPR, S. 29 f.

Eine differenzierende Antwort wird von *Kreuzer* gegeben, der im Grundsatz ein Verfechter der Berücksichtigung von Parteierwartungen ist: Zwar könne die Erwartung der Parteien, ihre Rechtsbeziehungen nach einem bestimmten Recht beurteilt zu sehen, schutzwürdig sein und die Anwendung einer Ausweichklausel rechtfertigen – insofern geht er von einer (ungeschriebenen) objektiven Anknüpfungsregel aus.[452] Der Rückgriff auf solche Parteierwartungen sei jedoch nur dann erforderlich, wenn in dem jeweiligen Rechtsgebiet die Parteiautonomie nicht gegeben sei.[453] Dieses Argument hat auf den ersten Blick einiges für sich, soll es doch dazu dienen, systematische Widersprüche (subjektive Anknüpfung sowohl auf der primären Anknüpfungsebene als auch auf der sekundären bei der Ausweichklausel) zu vermeiden, jedoch begegnet es bei näherem Hinsehen gravierenden Bedenken: Erstens setzt es voraus, dass „berechtigte Erwartungen der Parteien" gleichsam ein Minus zur (konkludenten) Rechtswahl darstellen. Dies ist indes abzulehnen, da das Institut der konkludenten Rechtswahl überflüssig würde, wenn Umstände, die auf der primären Anknüpfungsebene nicht ausreichen, auf sekundärer Ebene geeignet wären, die gleiche Wirkung zu entfalten.[454] Zweitens erscheint es äußerst fraglich, ob es legitim ist, in einem Rechtsgebiet, das der Normgeber ohne Parteiautonomie ausgestaltet hat, diese, wenn auch eingeschränkt, über die Hintertür der Ausweichklausel im Rahmen der objektiven Bestimmung des Vertragsstatuts einzuführen. Dieses Argument kann gegen das gesamte Konzept der „(berechtigten) Parteierwartungen" ins Feld geführt werden, denn es wird der Geltungsbereich der Parteiautonomie über die vorgesehenen Grenzen hinaus ausgedehnt.[455]

Gegen die Berücksichtigung von berechtigten Parteierwartungen wird außerdem angeführt, dass sie bereits bei der Abfassung der Konfliktsregeln Berücksichtigung gefunden haben.[456] Dieses Argument ist zwar an sich richtig, doch könnte ihm entgegnet werden, dass wenn Parteierwartungen u. a. Motiv für den Erlass von Normen waren, dies nicht zwingend bedeutet, dass sie so auch abschließend Eingang in das Kollisionsrecht gefunden haben, d. h. dass sie nicht auch bei der einzelfallbezogenen Schwerpunktbestimmung herangezogen werden können. Jedoch ist *Buchner* zuzustimmen, wenn er schreibt: „[...] hier [bei den berechtigten Erwartungen der Parteien] kann es sich nur um die objektive Voraussehbarkeit der Anwendung des IPR handeln, wobei aber nicht übersehen

---

452 Vgl. *Aubin*, in: FS Seidl-Hohenveldern, S. 1, 2.

453 *Kreuzer*, in: FS Zajtay, S. 295, 328; vgl. *Kokkini-Iatridou*, in: Exception Clauses, S. 3, 8.

454 Siehe dazu unten S. 118.

455 *Dubler*, Les clauses d'exception en droit international privé, S. 96; vgl. auch, IPRG-Kommentar-*Keller-Girsberger*, Art. 15 LDIP, Rn. 77 ff., die allerdings dieses Argument auf solche Rechtsgebiete beschränken, in denen eine Rechtswahl unzulässig ist.

456 *Dubler*, Les clauses d'exception en droit international privé, S. 95; vgl. *Meyer*, in: Exception Clauses, S. 316.

werden darf, dass diese Aufgabe gerade von den gesetzlichen Kollisionsnormen in für die Parteien genügender Weise erfüllt wird, [...].“[457]

Von einigen wird zutreffend auf ein weiteres praktisches und prozessuales Problem hingewiesen, dass nämlich solche Parteierwartungen kaum zu beweisen sein werden.[458] Zu befürchten wäre, dass die Gerichte sie im Hinblick auf ein bestimmtes kollisionsrechtliches Ziel oder um den Urteilen eine (nur scheinbar) höhere Legitimität zu vermitteln, schlicht unterstellen würden.

Nicht übertragbar auf das Anknüpfungssystem des Römischen Übereinkommens ist ferner die in der Schweiz wohl herrschende Ansicht, ein subjektiver Ausnahmefall sei dann anzunehmen, „wenn einerseits aus *sämtlichen* Umständen des Einzelfalles hervorgeht, dass die Parteien mit der Anwendung des objektiv berufenen Rechts *nicht rechneten*, und wenn andererseits feststeht, dass den Parteien eine andere Rechtsordnung viel näher steht.“[459] Hier werden die Parteierwartungen in einem negativen Sinn berücksichtigt, indem sie dazu dienen, das primär berufene Recht auszuschalten. Das Römische Übereinkommen verlangt in Art. 4 Abs. 5 S. 2 engere Verbindungen des Vertrages mit einem anderen Staat. Diese Formulierung schließt nach hier vertretener Ansicht den Rückgriff auf Parteierwartungen auch in diesem negativen Sinn aus.[460]

4. Die zum Römischen Übereinkommen ergangene Judikatur

Trotz alledem wurde auch unter der Geltung des Römischen Übereinkommens seitens einiger Gerichte von den Parteierwartungen als Anknüpfungskriterium im Rahmen der Bestimmung der „engeren Verbindung“ im Sinne des Art. 4

---

[457] *Buchner*, in: FS Meier-Hayoz, S. 45, 62.

[458] IPRG-Kommentar-*Keller-Girsberger*, Art. 15 IPRG, Rn. 77. Dies gibt auch *Abend*, lex validitatis, S. 319 ff., zu, der sich allerdings aus diesem Grund für die Weitergeltung des „hypothetischen Parteiwillens“ im Rahmen der objektiven Anknüpfung nach Art. 4 EVÜ ausspricht.

[459] Honsell/Vogt/Schnyder-*Amstutz-Vogt-Wang*, Art. 117 IPRG, Rn. 15; *Schwander*, in: FS Moser, S. 79, 87 f.; *Vischer*, SJIR 14 (1957), S. 43, 60 ff.; *Vischer*, Internationales Vertragsrecht, S. 134 f.

[460] Ebenso *Vischer/von Planta*, IPR I, S. 185: „Wenn beide Parteien übereinstimmend von der Anwendbarkeit eines bestimmten Rechts ausgingen, ohne jedoch einen diesbezüglichen bewußten Rechtswahlwillen zu haben, so darf dies, will man nicht erneut in eine Anerkennung des hypothetischen Parteiwillens verfallen, nicht zur Annahme von der ordentlichen objektiven Anknüpfung führen (BGE 94 II, 1968, S. 355 ff. Erw. 2.).“ Dann jedoch folgt eine Aussage, die nicht auf das Römische Übereinkommen übertragbar ist: „Subjektive Momente sind wohl nur so weit zu beachten, als der Vertrag auch objektiv seinen engsten räumlichen Zusammenhang mit einem anderen als dem von der ordentlichen Anknüpfungsregel bezeichneten Recht besitzt oder wenn das auf Grund der normalen Regel anwendbare Recht völlig außerhalb aller vernünftigen Erwartungen der Parteien steht.“ Vgl. dazu auch Vischer, SJIR 14 (1957), S. 43, 56 ff.

Abs. 5 S. 2 EVÜ Gebrauch gemacht. So klingt die Berücksichtigung berechtigter Parteierwartungen in dem Urteil des belgischen Tribunal civil de Marche-en Famenne in der Rechtssache *S.A. Assurences Utrecht c. J. et D.D.*, an: „Attendu qu'en termes de plaidoirie, et sans être contredits les intimés ont [...] soutenu, que tant eux-mêmes que le bailleur [...] ont été surpris d'entendre que l'application de la loi belge était recherchée."[461] In diesem Urteil versucht das Gericht der eigentlichen objektiven Anknüpfung ein subjektives Element unterstützend zur Seite zu stellen. Dies war indes überflüssig, da die Umstände, die dazu führten, dass die Parteien über die mögliche Anwendbarkeit belgischen Rechts erstaunt waren, nach international einhelliger Ansicht ausreichend gewichtig waren, um die Korrektur der Vermutung des Art. 4 Abs. 3 EVÜ mittels der Ausweichklausel zu bejahen.

Noch deutlicher kommen die Parteierwartungen im Urteil der französischen Cour d'appel de Versailles in der Rechtssache *Roger Gilbert Bloch c. Lima SpA* zum tragen; ihnen wird dort eine ganz erhebliche Bedeutung beigemessen: „Considérant [...] que la loi applicable à l'obligation principale, la langue utilisée pour la redaction du contrat, le lieu où il a été signé et le domicile du créancier bénéficiaire du cautionnement constituent des éléments qui rattachent étroitement le contrat à la loi italienne et sont *révélateurs de la volonté de localiser le contrat* en Italie [...]."[462] In seiner Anmerkung zu diesem Urteil schreibt *Foyer*, dass die Redakteure des Römischen Übereinkommens einen solchen Rückgriff auf den Parteiwillen nicht gewollt haben. Er hebt hervor, dass das Gericht „pratique ouvertement la méthode de la localisation subjective défendue naguère par la Cour de cassation de Belgique (27 nov. 1974, Debecker c. Baeyens : Rev. crit. DIP 1976, note P. Gothot), en recherchant les indices révélant une volonté des parties de soumettre leur contrat à une loi. Il n'est pas certain qu'un tel raisonnement soit conforme aux vœux des rédacteurs de la Convention de Rome qui ont opté pour une méthode manifestement plus objective."[463] Außerdem weist *Foyer* darauf hin, dass solche Begründungen der Gerichte genau genommen die „intention vraisemblable" zu berücksichtigen versuchen. Dies entspricht einer Anknüpfung an den „hypothetischen Parteiwillen", einer Anknüpfung, die erstens der objektiven vorgelagert sein müsste und zweitens durch das Römische Übereinkommen abgeschafft wurde.[464] Damit wird deutlich, dass die Parteier-

---

[461] Annales de droit de Liège 1988, S. 100, 102. Siehe zum Sachverhalt unten S. 131 ff.

[462] Rev.crit.d.i.p. 1991, S. 745, 747; Hervorhebung durch den Verfasser. Siehe zum Sachverhalt unten S. 131 ff.

[463] *Foyer*, J.D.I. 119, 1 (1992), S. 129, 130 f.

[464] Vgl. auch *von Overbeck*, Rec. des Cours 176 (1982-III), S. 9, 191, der zu Art. 35 Abs. 1 des österreichischen IPRG ausführt, dass dessen Konzeption der Figur des „hypothetischen Parteiwillens" sehr nahe sei. **A. A.** bezüglich der Überwindung der Anknüpfung an den hypothetischen Parteiwillen durch das Römische Übereinkommen *Kegel/Schurig*, IPR, § 18 I d, S. 577; *Abend*, lex validitatis, S. 319 ff.

wartungen sich nicht in das klar gegliederte System der Art. 3 und 4 EVÜ einfügen und zu methodisch unsauberer Vorgehensweise verleiten. Wenn nach Ansicht des Gerichts die aufgeführten objektiven Umstände für die Anwendung der Ausweichklausel ausreichend waren, hätte es eines Rückgriffs auf die Parteierwartungen nicht bedurft, waren sie nicht ausreichend, konnten die Parteierwartungen ihnen auf objektiver Ebene auch nicht ein höheres Gewicht verleihen. Vielmehr wäre es geboten gewesen, die vorliegenden objektiven Vertragsumstände sauber zu gewichten – dies wiederum hat das Gericht unterlassen.

Auffällig ist, dass in den beiden dargestellten Fällen die Gerichte in der französischen Rechtstradition verfangen zu sein scheinen – immerhin handelt es sich um ein belgisches und um ein französisches Gericht. Man kann sich des Eindrucks nicht erwehren, dass sie versuchen, die von *Batiffol* konzipierte Anknüpfungslehre der „localisation“, die im Gegensatz zum dualistischen System des Römischen Übereinkommens ein „système unitaire“ forderte[465], unter der Herrschaft des nunmehr geltenden Anknüpfungssystems in etwas variierter Form fortzuschreiben.

5. Zusammenfassung

Zusammenfassend bleibt mithin festzuhalten: Die Ausweichklausel dient ausschließlich dazu sicherzustellen, dass im einzelnen Fall das Prinzip der engsten Verbindung zum Tragen kommt.[466] Berechtigte Parteierwartungen, verstanden als Minus zur stillschweigenden Rechtswahl, weisen aber in eine ganz andere Richtung, orientiert an Parteivorstellungen und fügen sich daher nicht in das objektive Anknüpfungssystem des Art. 4 EVÜ ein. Sie würden außerdem das Institut der stillschweigenden Rechtswahl überflüssig machen und widersprechen dementsprechend auch dem dualistischen Anknüpfungssystem der Art. 3 und 4 EVÜ. Des Weiteren sind sie als Anknüpfungskriterium überflüssig, denn sie müssten objektivierbar sein, also vom Richter an objektiven Kriterien festgemacht werden können. Diese Kriterien müssten so eindeutig sein, dass sie auch ohne den Rückgriff auf solche Erwartungen ausreichend wären, um die Anwendung der Ausweichklausel zu rechtfertigen. Eine erhöhte Legitimation der kollisionsrechtlichen Entscheidung kann durch sie nicht erreicht werden. Es stünde außerdem sehr zu befürchten, dass die Gerichte von diesem nebulösen Anknüpfungskriterium in Fällen Gebrauch machen würden, in denen sie ein bestimmtes kollisionsrechtliches Ergebnis erreichen möchten, ohne ausreichend Gründe hierfür zu finden oder aber um sich einer detaillierten und ausführlichen Begründung bei der Abwägung und Bewertung der objektiven Umstände zu entziehen. Das Kriterium der „(berechtigten) Parteierwartungen“ ist mithin nicht

---

[465] Vgl. dazu sehr eingehend *Rammeloo*, Das neue EG-Vertragskollisionsrecht, S. 92-109.

[466] So auch *Meyer*, in: Exception Clauses, S. 299, 319.

systemkonform und birgt große praktische Schwierigkeiten bei seiner Feststellung vor Gericht.

Im Übrigen besteht auch seitens der Parteien kein wirkliches Bedürfnis nach der Berücksichtigung ihrer Erwartungen im Rahmen der objektiven Anknüpfung, ist es ihnen doch unbenommen, dem Richter darzulegen, dass im Zeitpunkt des Vertragsschlusses auch konkludenter ein Rechtswahlvertrag vereinbart wurde oder dass die Umstände, die die objektive Grundlage ihrer Erwartungen gebildet haben, via Ausweichklausel zum anwendbaren Recht führen. Außerdem haben sie es gem. Art. 3 Abs. 2 EVÜ in der Hand, noch nach Vertragsschluss, also auch während des laufenden Prozesses nachträglich einen Rechtswahlvertrag einzugehen.[467]

Berechtigte Parteierwartungen sind daher von dem Kreis der in der Ausweichklausel relevanten Kriterien auszuschließen.

[467] Ein dadurch eintretender Statutenwechsel hat nach zutreffender Ansicht eine ex tunc-Wirkung. Dies folgt e contrario aus Art. 3 Abs. 2 S. 2 EVÜ, der ansonsten überflüssig wäre, vgl. *von Hoffmann*, IPR, § 10 B VI, Rn. 40; *Lüderitz*, in: FS Keller, S. 459, 462; *Reinhart*, IPRax 1995, S. 365, 367 ff.; Reithmann/Martiny-*Martiny*, Internationales Vertragsrecht, S. 106 f., Rn. 91 f.; **a.A.** Palandt-*Heldrich*, Art. 27 EGBGB, Rn. 10 und *W. Lorenz*, IPRax 1987, S. 269, 273.

III. Die lex validitatis im Rahmen objektiver Anknüpfung - Zugleich eine generelle Untersuchung zur Berücksichtigung materiellrechtlicher Erwägungen

Im vorigen Abschnitt wurde untersucht, ob übereinstimmende Parteierwartungen, die sich nicht in einer Rechtswahl niedergeschlagen haben, kollisionsrechtliche Bedeutung erlangen können. Dies wurde verneint. Gleichwohl soll nun ein Teilbereich dieser Erwartungen noch einmal aufgegriffen und eingehender untersucht werden, nämlich die Erwartung der Parteien, dass ihr Vertrag verbindlich, sprich gültig sein werde. Das Ergebnis dieser gesonderten Untersuchung wurde mit dem vorigen Kapitel zwar vorweggenommen, doch birgt die sogenannte lex validitatis-Regel Fragestellungen in sich, die über die bereits beantwortete Frage hinausgehen.

1. Problemaufriss

Die lex validitatis-Regel ist eine „basic rule" im System des US-amerikanischen Gelehrten *Albert A. Ehrenzweigs*, dem wohl bedeutendsten Verfechter dieses Ansatzes, der sie ursprünglich als „rule of validation", später dann als „presumtion of validity" bezeichnete.[468] Sie ist im Kollisionsrecht der USA für Verträge weit verbreitet.[469] *Ehrenzweig* umschreibt sie wie folgt: „[...] that under what may be called the Basic Rule of Validation both contracts and specific contractual provisions that involve foreign elements are generally held valid – both as to substance and form – by an application of the „lex validitatis". Thus, as against a claim of invalidity under the lex fori, the contract will ordinarily be upheld under any „proper" foreign law, that is, any foreign law that has been expressly relied on by the parties (in the contract or subsequently), or that has a contact with the contract sufficient to justify the presumtion of such a reliance [...]"[470] Der Validierungsgrundsatz soll es demnach erlauben, im internationalen Privatrecht den durch die Internationalität der Sachverhalte erschwerten Abschluss gültiger Rechtsgeschäfte zu erleichtern und der erhöhten Gefahr materieller wie formeller Vertragsungültigkeit entgegenzuwirken, indem möglichst eine das jeweilige Rechtsgeschäft validierende Rechtsordnung zum Vertragsstatut bestimmt wird. Sie basiert auf der Annahme, dass redliche Parteien die Wirksamkeit ihres Vertragsverhältnisses wollen und dass das Kollisionsrecht diesen objektivierten übereinstimmenden Parteiinteressen Geltung zu verschaffen

---

[468] *Ehrenzweig*, Col.L.Rev. 59 (1959), S. 973, 974; *ders.*, Mich.L.Rev. 58 (1960), S. (637-688).

[469] Vgl. *Heilmann*, The Conflict of Laws and the Statute of Frauds; *Reese*, Col.L.Rev. 16 (1977), S. 1, 20; *Stumberg*, Principles of Conflict of Laws, S. 239; *Weintraub*, Commentary of the Conflict of Laws, S. 386 ff.; *Kramer*, Col.L.Rev. 90 (1990), S. 277, 329 ff.

[470] *Ehrenzweig*, Col.L.Rev. 59 (1959), S. 973, 974.

hat.[471] Auf diese Weise wird der Parteiwille in den Mittelpunkt kollisionsrechtlicher Überlegungen bei der Bestimmung des Vertragsstatuts gestellt.[472] Nicht berücksichtigt werden kann in der vorliegenden Arbeit die mögliche Geltung des Validierungsgrundsatzes im Rahmen der Parteiautonomie. Es sei nur soviel gesagt, dass dessen Geltung für das Römische Übereinkommen ganz herrschend abgelehnt wird.[473] Gelegentlich wird jedoch die Bedeutung der lex validitatis-Regel als Auslegungsgrundsatz bei der Bestimmung der stillschweigenden Rechtswahl behauptet.[474]

2. Berücksichtigung materieller Gesichtspunkte im Rahmen der objektiven Anknüpfung?

An dieser Stelle ist die Frage zu erörtern, ob die „engste" beziehungsweise die „engere" Verbindung im Sinne des Art. 4 EVÜ neben räumlich-geographischen beziehungsweise persönlich/sachlichen Verbindungen des Vertrages und seiner Umstände zusätzlich anhand materiellrechtlicher Inhalte der mit dem Sachverhalt verbundenen Rechtsordnungen bestimmt werden kann. Das Bedürfnis nach der Berücksichtigung des Validierungsgrundsatzes und damit eines Aspektes aus dem Fundus materiellrechtlicher Erwägungen haben einige deutsche Lehrer vor Inkrafttreten des Römischen Übereinkommens bejaht.[475] In dem damals geltenden Anknüpfungssystem, konnten sie diesen Grundsatz bei der Bestimmung des hypothetischen Parteiwillens verorten.[476] Im kontinentaleuropäischen Schrifttum wurde die materiellrechtliche Gültigkeit eines Vertrages oder sonstigen Rechtsgeschäftes sowohl als Anknüpfungsziel als auch als Anknüpfungsgrundsatz ganz

---

471 *Pritchard v. Norton*, 106 U.S. Supreme Court Reports 124 (1882); zu weiteren, späteren Urteilen US-amerikanischer Gerichte siehe *Rammeloo*, Das neue EG-Vertragskollisionsrecht, S. 145 (Fn. 169, 171).

472 Vgl. *Abend*, lex validitatis, S. 1 ff.

473 Zur Entwicklung des Validierungsgrundsatzes und dessen Geltung bei der Anknüpfung an den Parteiwillen, aber auch bei der objektiven Anknüpfung in den USA, der Schweiz und den jetzigen EVÜ-Mitgliedstaaten, insbesondere Großbritannien vgl. *Abend*, lex validitatis, S. 125 ff., 152 ff., 281 ff.; *Lando*, Rec. des Cours 189, (1984 VI), S. 229, 393; *Naumann*, UN-Kaufrecht im Spannungsfeld zwischen Einheitsrecht und Kollisionsrecht, S. 29 ff.; *Rammeloo*, Das neue EG-Vertragskollisionsrecht, S. 141 ff., 189 ff.; *Weitnauer*, Der Vertragsschwerpunkt, S. 55 ff. alle m.w.N.

474 *Abend*, lex validitatis, S. 11 f., 257 ff., 360, 362.

475 Siehe etwa *Baum*, Alternativanknüpfungen, S. 139 ff.; *Jayme*, NJW 1972, S. 1618, 1618 f. (allerdings nur bezüglich der Formwirksamkeit); *Kegel*, in: FS Lewald, S. 259, 270 f.; *Marsch*, favor negotii im IPR, S. 86 ff.; *Neuhaus*, Grundbegriffe, S. 174 ff.

476 *Gamillscheg*, AcP 157 (1958/59), S. 329, 330; *Marsch*, favor negotii im IPR, S. 77 ff., 88; vgl. *Abend*, lex validitatis, S. 345 ff.

überwiegend abgelehnt.[477] Zur Begründung wurde dabei hauptsächlich und zutreffend – wie auch heute noch von der herrschenden Auffassung – auf die Funktionsverschiedenheit von Kollisions- und Sachnormen abgestellt.[478] Ausgehend von dem bereits dargestellten klassischen internationalen Privatrechtsverständnis und der prinzipiellen Gleichwertigkeit der Rechtsordnungen sei es nicht gerechtfertigt, einer Rechtsordnung, die einen bestimmten Vertrag aufrechterhalte, den Vorzug zu geben.[479] Eine materiellprivatrechtliche Gerechtigkeit führe zu Sachnormen, eine kollisionsrechtliche Gerechtigkeit dagegen zu Kollisionsnormen; beiden Bereichen lägen unterschiedliche Gerechtigkeitsvorstellungen zugrunde.[480] Es sei nicht Aufgabe des Kollisionsrechts, die für einen Sachverhalt materiellrechtlich beste Lösung zu finden. Ihm obliege vielmehr die Beantwortung der eher rechtstechnischen Frage, welche von mehreren nationalen Rechtsordnungen anzuwenden sei. Der Inhalt der in Frage kommenden Rechtsordnungen, ihre materiellrechtliche Qualität in Bezug auf den zu beurteilenden Sachverhalt, spielten dabei grundsätzlich keine Rolle. Nicht das sachlich beste, sondern das räumlich beste Recht sei zu ermitteln.[481] *Egon Lorenz* weist darauf hin, dass eine materiellrechtliche Gerechtigkeit für heteronom verknüpfte Sachverhalte, also für solche mit Verbindungen zu verschiedenen Rechtsordnungen, nicht erreicht werden könne, solange kein einheitliches materielles Recht für diese Sachverhalte existiere. Daher könne ein im materiellen Recht geltender Wertungsmaßstab auch nicht zur Beurteilung eines heteronom verknüpften

---

477 *Beitzke*, in: FS Smend, S. 1, 18; Erman-*Hohloch*, Art. 28 EGBGB, Rn. 13; *Gamillscheg*, AcP 157 (1958/59), S. 303, 330; *Gutzwiller*, SJIR 25 (1968), S. 161, 171; *Henrich*, JZ 1961, S. 262-263; *von Hoffmann*, Internationale Handelschiedsgerichtsbarkeit, S. 103 f.; *Jacquet*, in: Thorn, Diskussionsbericht, S. 43, 43; *Lagarde*, in: Thorn, Diskussionsbericht, S. 43, 43; *Neuhaus*, Grundbegriffe, S. 116; Palandt-*Heldrich*, Art 28 EGBGB, Rn. 2; *Vischer*, Internationales Vertragsrecht, S. 105; *Weitnauer*, Der Vertragsschwerpunkt, S. 160 ff.

478 *Baratta*, Il collegamento più stretto, S. 184 f., 266 ff.; *Buchner*, in: FS Meier-Hayoz, S. 45, 62; Erman-*Hohloch*, Art. 28 EGBGB, Rn. 13; *Dubler*, Les clauses d'exception, S. 31; *Lagarde*, Rec. Des Cours 196 (1986 I), S. 9, 122 ff.; *Merschformann*, Die objektive Bestimmung des Vertragsstatuts beim internationalen Warenkauf, S. 192; MünchKomm-*Martiny*, Art. 28 EGBGB, Rn. 88; Palandt-*Heldrich*, Art. 28 EGBGB, Rn. 2; *Pamboukis*, in: Exception Clauses, S. 221, 230; Staudinger-*Magnus*, Art. 28 EGBGB, Rn. 54.

479 *Vischer*, Internationales Vertragsrecht, S. 104 f; *W. Lorenz*, ZRP 1982, S. 148, 151, 154; *Neuhaus*, Grundbegriffe, S. 179.

480 Vgl. statt vieler *Zweigert*, in: FS Raape, S. 50 f.; *Beitzke*, in: FS Smend, S. 16; *E. Lorenz*, Struktur des IPR, S. 62 und *ders.*, ZRP 1982, S. 148, 151.

481 *Kegel*, in: FS Lewald, S. 259, 270; *Keller*, SJZ 68 (1972), 65, 85 ff.; *Neuhaus*, (öst) Zeitschrift für öffentliches Recht 6 (1953/54), S. 53, 53; *Scheuermann*, Statutenwechsel im internationalen Erbrecht, S. 4; *Siegrist*, RabelsZ 24 (1959), S. 54, 62 f.; *Vischer*, SJIR 12 (1955), S. 75, 83.

Sachverhaltes herangezogen werden.[482] Diese Auffassung war nicht unumstritten. Wie etwa *Schwimann* für das österreichische Recht und *Schwander* für das schweizerische Recht betonten, erlaubte die Bestimmung des „engsten Zusammenhanges" die Mitberücksichtigung materiellrechtlicher, also nicht ausschließlich kollisionsrechtlicher Wertungen.[483] Auch wurde in der englischen, französischen und skandinavischen Judikatur gelegentlich der jeweilige Vertrag einem ihn validierenden Recht unterworfen.[484]

3. Die lex validitatis im System des Römischen Übereinkommens

Insbesondere von *Abend* wird auch unter der Geltung des Römischen Übereinkommens die Anknüpfung an das Recht der Gültigkeit vehement vertreten.[485] Dies u. a. mit der unzutreffenden Behauptung, die „Anknüpfung an den hypothetischen Parteiwillen besteht im Gewande des Art. 28 EGBGB fort. Hier wur-

---

482 *E. Lorenz*, Struktur des IPR, S. 62 und *ders.*, ZRP 1982, S. 148, 151,

483 *Schwimann*, IPR, S. 55 f.; *Schwander*, in: FS Moser, S. 79, 80. Letzterer betont a.a.O. bezüglich des Art. 114 Abs. 1 schw. IPR-G: „Dass aber eine gewisse *Mitberücksichtigung materiellrechtlicher Wertungen* bei der Bestimmung des „engsten Zusammenhanges" dem Sinn des E Art. 114 Abs. 1 entspricht, kann m. E. nicht zweifelhaft sein. Schon die Botschaft des Bundesrates [Botschaft zum Bundesgesetz über das internationale Privatrecht vom 10.11.1982, Bundesblatt 1983 I 263 ff., N. 282.21], erwähnt neben der Anknüpfung aufgrund der charakteristischen Leistung [...] ausdrücklich auch den Schutz der schwächeren Vertragspartei, welche bei der Konkretisierung des Begriffes „engster Zusammenhang" Rechnung zu tragen sei. [...] Im Kontext mit der gesamten neuen IPR-Kodifikation umfasst nunmehr m. E. der Begriff des „engsten Zusammenhangs" folgerichtig nicht nur die sog. kollisionsrechtliche, sondern auch die materiellrechtliche Gerechtigkeit." Dann allerdings gibt *Schwander* zu, dass die Ausnahmeklausel in E Art. 14 als kollisionsrechtlich begründete Ausnahme zu verstehen ist – siehe dazu auch *Schwander*, IPR I, S. 156 – und meint der selbe Begriff könne in verschiedenem Zusammenhang unterschiedlich interpretiert werden.
Auch *Buchner*, in: FS Meier-Hayoz, S. 45, 54 f. spricht sich in nicht ganz deutlicher Weise für die Berücksichtigung materieller Erwägungen aus, wenn er sich zum „Leitgedanken der Berücksichtigung des Zweck der Sachnormen" schreibt, die an sich vorgesehene Anknüpfung sei dann nicht durchzusetzen, „wenn sich im besonderen Regelungsbereich zeigt, dass sie der Verwirklichung des Zwecks der vom Sachverhalt berührten Sachnormen in nicht tragbarer Weise entgegensteht. In solchen Fällen müssen sich gerade zweiseitige Kollisionsnormen als anpassungsfähig erweisen."
Die deutsche Rechtsprechung hat ebenfalls in seltenen Fällen auf den Inhalt der beteiligten Rechtsordnungen abgestellt und diejenige bevorzugt, nach welcher der Vertrag Bestand hatte, siehe insbesondere BGH, IPRspr. 1977, Nr. 17 = WM 1977, S. 793, 794.

484 Siehe Nachweise bei *Lando*, Rec. des Cours 189 (1984 VI), S. 229, 393.

485 *Abend*, lex validitatis. Die generelle Berücksichtigung materieller Erwägungen klingt auch bei *Magagni*, La prestazione caratteristica, S. 410 f., an, wenn er sich zugunsten der Garantie einer „giustizia sostanziale" ausspricht.

de lediglich alter Wein in neue Schläuche gefüllt."[486] Ganz in der Tradition *Ehrenzweigs* soll ihm zufolge „der Inhalt einer Rechtsordnung ausschlaggebend für ihre Anwendung sein, [wenn und soweit] noch die Erfüllung einer weiteren Voraussetzung [hinzukommt]. Das validierende Recht muss in einer Beziehung zum Rechtsgeschäft stehen."[487] Dies entbinde den Richter indes nicht von der Suche nach der engsten Verbindung. Vielmehr solle die lex validitatis-Regel einen Stichentscheid herbeiführen, wenn Verbindungen zu verschiedenen Rechtsordnungen bestehen und diese die Vertragsgültigkeit unterschiedlich beurteilen.[488] Danach wäre im Rahmen der Ausweichklausel eine dreistufige Prü-

[486] *Abend*, lex validitatis, S. 323. Diese Behauptung stützt sich auf die objektiv verstandene Bestimmung des hypothetischen Parteiwillens, wie sie lange Zeit vom BGH vertreten wurde. *Abend* verdreht indes die Aussage des BGH zu seinem Nutzen, wenn er ein Zitat des BGH gebraucht um darzulegen, wie ähnlich die Bestimmung des hypothetischen Parteiwillens mit der objektiven Vertragsstatutsbestimmung des Art. 4 EVÜ war und um daraus den Schluß zu ziehen, dass diese Anknüpfungsmethode weiterhin bestehe und zwar einschließlich des objektivierten hypothetischen Parteiwillens bezüglich der Gültigkeit des Vertrages. Dieser Schluß verbietet sich, denn zwar war die Formel zur Bestimmung des hypothetischen Parteiwillens tatsächlich der Anknüpfung nach Art. 4 EVÜ sehr nahe, aber nicht identisch und sie wurde vom Römischen Übereinkommen abgeschafft. Außerdem traf die zitierte Stelle aus dem Urteil keine Aussage über die Berücksichtigung materiellrechtlicher Erwägungen. Abend interpretiert hier etwas in die Aussage des BGH hinein, was nicht in ihr enthalten war und behauptet zusätzlich, dass dies weiterhin Geltung beanspruche: „Der objektiv verstandene hypothetische Parteiwille steht aber weder im Widerspruch zu prima facie-Vermutungen wie denjenigen der Artt. 4 Abs. 2-4 EVÜ, 28 Abs. 2-4 EGBGB, noch zur individuellen Anknüpfung nicht typisierbarer Verträge gem. Artt. 4 Abs. 5 S. 2 EVÜ, 28 Abs. 5 EGBGB." *Abend*, a.a.O., S. 321. Schon *Gamillscheg*, ZfA 14 (1983), S. 307, 332 vermengte in systemwidriger Weise die Ebenen der subjektiven Anknüpfung nach Art. 3 EVÜ und der objektiven nach Art. 4 EVÜ, als er die Ansicht vertrat, ein Recht, zu dem objektive Anknüpfungsmerkmale aus der Gesamtheit der Umstände hinweisen, sei nicht anwendbar, wenn es den Vertrag insgesamt oder in seinen wesentlichen Teilen für nichtig erklären würde, weil es die Parteien sicherlich nicht gewählt hätten.
Vgl. dagegen *Weitnauer*, Der Vertragsschwerpunkt, S. 163: „Zudem vermag die lex validitatis eine Rolle höchstens im Rahmen des traditionellen hypothetischen Parteiwillens zu spielen. Ihre Berücksichtigung scheidet naturgemäß aus, wenn sich Kollisionsnormen für die einzelnen Vertragstypen gebildet haben." Siehe auch *Ferid*, IPR, Rn. 6-43, der zurecht meint, die charakteristische Leistung verweise „den hypothetischen Parteiwillen in das Antiquarium des IPR". Zu den inhaltlichen Unterschieden von Ausweichklausel und hypothetischem Parteiwillen, siehe *Merschformann*, Die objektive Bestimmung des Vertragsstatuts beim internationalen Warenkauf, S. 191 f., die überzeugend darlegt, dass der jeweilig verfolgte Zweck ein anderer ist und die Voraussetzungen für die Annahme eines hypothetischen Parteiwillens niedriger als die für die Bejahung der Ausweichklausel.

[487] *Abend*, lex validitatis, S. 13; ähnlich S. 15. Bezüglich der Ausnahmen für die Anwendung der lex validitatis-Regel vgl. *Abend*, a.a.O., S. 327 ff.

[488] *Abend*, lex validitatis, S. 231, 304, 311.

fung vorzunehmen: Auf der ersten wären die Rechtsordnungen zu bestimmen, zu denen der Vertrag eine Verbindung aufweist, auf der zweiten würden die auf der ersten Stufe für potentiell anwendbar erklärten Rechte auf ihre sachrechtliche Lösung des Falles hin überprüft und auf der dritten schließlich der Stichentscheid aufgrund der lex validitatis-Regel durchgeführt.[489]

Argumente für eine solche Berücksichtigung materiellrechtlicher Erwägungen sind vornehmlich die angebliche Steigerung der Rechtssicherheit durch Vorhersehbarkeit und die Verwirklichung von Gerechtigkeit[490]. *Abend* zufolge ist eine Unterscheidung zwischen materiellrechtlicher und kollisionsrechtlicher Gerechtigkeit nicht möglich.[491] Er vertritt bezüglich der internationalprivatrechtlichen Gerechtigkeit unzutreffend die Geltung des Validierungsgrundsatzes als Teil beider Gerechtigkeitsbegriffe.[492] Unzutreffend ist auch die sich hieran anschließende Behauptung, das Vertrauen in den gegenseitigen Bindungswillen habe internationalprivatrechtlichen Charakter.[493] Was die Steigerung der Rechtssicherheit durch eine Erhöhung der Vorhersehbarkeit der kollisionsrechtlichen Entscheidung anbelangt, so sind die Ausführungen ebenfalls nicht überzeugend. *Abend* ist zwar zuzugeben, dass es für die Rechtssicherheit seitens der Parteien ausreichend ist, über die Methode des Richters Bescheid zu wissen und so das Ergebnis eines Rechtsstreits absehen zu können.[494] Doch schließt sich seine Schlussfolgerung nicht logisch an, wenn er meint: „Sie [die lex validitatis-Regel] ergänzt den Begriff der engsten Verbindung durch ein materiellrechtliches Anknüpfungselement und erhöht so die Vorhersehbarkeit des auf den Vertrag anzuwendenden Rechts, indem sie das Interesse der Parteien an der Gültigkeit ihrer Absprachen zum kollisionsrechtlichen Entscheidungsfaktor macht."[495] Warum soll das so sein? Richtig wäre es, wenn er in puncto Rechtssicherheit darauf abstellte, dass sie insofern durch den Validierungsgrundsatz gesteigert wird, als dass die Parteien mit größerer Sicherheit von der Gültigkeit ihres Vertrages ausgehen können; hier würde es sich allerdings um eine materiellprivatrechtliche Rechtssicherheit handeln und eben nicht um eine spezifisch internationalprivatrechtliche.

Als nicht zutreffende Behauptung wird von einigen des Weiteren bereits die Prämisse angesehen, die Aufrechterhaltung eines Vertrages liege stets im gemeinsamen Interesse der Vertragspartner. Bestritten wird damit gleichzeitig der Aspekt des Vertrauensschutzes als Grundlage für die lex validitatis-Regel. Ent-

489 *Abend*, lex validitatis, S. 208.
490 *Abend*, lex validitatis, S. 227 ff., 231.
491 *Abend*, lex validitatis, S. 14, 200 f., 203, 244, 360.
492 *Abend*, lex validitatis, S. 232 ff.
493 *Abend*, lex validitatis, S. 237.
494 *Abend*, lex validitatis, S. 230.
495 *Abend*, lex validitatis, S. 231.

gegen der Ansicht *Abends*, der im Vertragsschluss selbst das entscheidende Indiz für das stets vorliegende Gültigkeitsinteresse der Parteien im Zeitpunkt des Vertragsschlusses sieht und des Weiteren der Ansicht ist, dieses könne auch „nur schwerlich einem späteren Einzelinteresse an der Vertragsungültigkeit nachgeordnet werden“[496], wird vertreten, dass soweit die Parteien über die Rechtswirksamkeit des zwischen ihnen bestehenden Vertrages streiten, es nun einmal offenkundig sei, dass ihr Interesse an dessen Aufrechterhaltung im Zeitpunkt des Prozesses divergiert.[497] Aber auch wenn auf die Interessen im Zeitpunkt des Vertragsschlusses abgestellt werde, so gebe es eine Vielzahl an Klauseln wie etwa einen Haftungsausschluss, die eine Partei besonders begünstigen, so dass an ihrer Erhaltung auch nur diese Partei ein ernsthaftes Erhaltungsinteresse haben könne.[498] Die lex validitatis laufe dem Gedanken des Schutzes des Schwächeren zuwider, denn „die Anwendung der jeweils liberalsten Rechtsordnung führe in letzter Konsequenz dazu, einen internationalen Schuldvertrag den zwingenden Vorschriften der beteiligten Rechtsordnungen möglichst ganz zu entziehen.“[499] Dieser Vorwurf greift allerdings nicht, soweit der Lehre *Ehrenzweigs* gefolgt wird, der sich *Abend* auch in diesem Punkt anschließt. Danach soll bei einer erheblichen Ungleichgewichtslage in der Verhandlungsmacht zum Schutz des Schwächeren eine Ausnahme vom Validierungsgrundsatz gemacht werden.[500]

Abend sieht die Bestätigung seiner Ansicht über die Berücksichtigung der lex validitatis in der Tatsache, dass eine Vorschrift des EGBGB und die entsprechende Vorschrift des EVÜ eindeutig materielle Erwägungen in das Kollisionsrecht integrieren: Die lex validitatis-Regel fand in Art. 11 EGBGB alter und neuer Fassung, die weitgehend dem Art. 9 EVÜ entspricht, einen positivrechtlichen Niederschlag.[501] Die Norm besagt, dass für die Form eines Vertrages

---

[496] *Abend*, lex validitatis, S. 238.

[497] *Heini*, SJIR 24 (1962), S. 31, 67 ff.; *Marsch*, favor negotii im IPR, S. 90; *Vischer*, RabelsZ 38 (1974), S. 128, 141; *Weitnauer*, Der Vertragsschwerpunkt, S. 163.

[498] *Weitnauer*, Der Vertragsschwerpunkt, S. 163; *Marsch*, favor negotii im IPR, S. 89, 90.

[499] *Weitnauer*, Der Vertragsschwerpunkt, S. 162; *Marsch*, favor negotii im IPR, S. 89. Dieser Vorwurf wird von einigen Stimmen marxistischer Rechtsgelehrter pointierter formuliert, die der „rule of validation“ vorwerfen, sie nütze lediglich den Banken und Monopolen, deren „Ausbeutungs- und Wucherverträge“ auf diese Weise gerettet würden, siehe Nachweise bei *Marsch*, a.a.O.

[500] *Abend*, lex validitatis, S. 327 ff., 334; *Ehrenzweig*, Col.L.Rev. 59 (1959), S. 973, 976, 1000, 1013 ff., 1016 ff.

[501] Art. 9 Abs. 1 und 2 EVÜ: (1) Ein zwischen Personen, die sich in demselben Staat befinden, geschlossener Vertrag ist formgültig, wenn er sie Formerfordernisse des auf ihn nach diesem Übereinkommen materiell-rechtlich anzuwendenden Rechts oder des Rechts des Staates, in dem er geschlossen wurde, erfüllt. (2) Ein zwischen Personen, die sich in verschiedenen Staaten befinden, geschlossener Vertrag ist formgültig, wenn er die Former-

von den potentiell anwendbaren Rechten, nämlich dem Geschäftsstatut, dem Recht des Abschlussortes oder, bei Distanzgeschäften, einem der an den Aufenthaltsorten der Parteien geltenden Rechte, das den Vertrag als formgültig ansehende Recht gilt. Mit dieser Regelung wurde für Formfragen der materiellrechtliche Gedanke des favor negotii durch eine alternative Anknüpfung realisiert.[502] Im Anschluss an *Flessner*[503] und an *Schurig*[504] schreibt *Abend*, wie auch bei den konkurrierenden Gerichtsständen für heteronom verknüpfte Sachverhalte könne sich im internationalen Vertragsrecht die Günstigkeit beziehungsweise die Gültigkeit bei der Interessenbewertung auswirken. Dann aber sagt er: „Welches Gewicht der Gesetzgeber den einzelnen Interessen beimisst, bleibt ganz ihm überlassen."[505] *Abend* stellt in diesem Zusammenhang fest, dass der Gesetzgeber bei der alternativen Anknüpfung der Form die Parteiinteressen klar bevorzugt hat, aber auch, dass zum einen Art. 11 EGBGB ausschließlich die Form von Rechtsgeschäften, nicht aber materielle Gültigkeitsbeschränkungen betrifft und zum anderen, dass neben der alternativen Formanknüpfung dem EGBGB und dem EVÜ außer in Art. 12 S. 1 EGBGB keine weiteren Hinweise auf die lex validitatis-Regel zu entnehmen sind.[506] Er zieht dabei aber nicht den Schluss, dass e contrario der Normgeber im übrigen den Validierungsgrundsatz nicht anerkannt hat. Dabei kann ein solch weitreichender Einschnitt in die Autonomie der Mitgliedstaaten, der darin besteht, dass die Unwirksamkeitsgründe des an sich berufenen Rechts durch eine abweichende Anknüpfung konterkariert werden[507], nur aufgrund einer ausdrücklichen Zustimmung der Rechtssetzungsorgane dieser Staaten angenommen werden. Eine solche Zustimmung wurde jedoch indirekt verweigert, und wie *Baratta* zurecht betont, dem Validierungsgrundsatz eine Absage erteilt, indem in Art. 10 Abs. 1 e EVÜ, der den Geltungsbereich des Vertragsstatuts bestimmt, auch „die Folgen der Nichtigkeit des Vertrages" aufgenommen wurden.[508]

---

fordernisse des auf ihn nach diesem Übereinkommen materiell-rechtlich anzuwendenden Rechts oder des Rechts eines dieser Staaten erfüllt.

502 *Abend*, lex validitatis, S. 9, 234; *von Hoffmann*, IPR, § 7 C II 1, Rn. 40; *Kropholler*, IPR, § 20 II 1, S. 136.

503 *Flessner*, Interessenjurisprudenz im IPR, S. 82 ff.

504 *Schurig*, Kollisionsnorm und Sachrecht, S. 67, 190, 283.

505 *Abend*, lex validitatis, S. 234; *Schurig*, Kollisionsnorm und Sachrecht, S. 67, 190, 283.

506 *Abend*, lex validitatis, S. 9 f., 234.

507 *Martiny*, ZEuP 1997, S. 107, 119; *Schnelle*, Die objektive Anknüpfung von Darlehensverträgen im deutschen und amerkanischen IPR, 1992, S. 106 f.

508 *Baratta*, Il collegamento più stretto, S. 185: „Al contrario, l'art. 10, precisando cha la legge regolatrice del contratto determina anche le conseguenze della sua eventuale nullità, spinge a ritenere che detto principio è irrelevante nella ricerca della legge più strettamente connessa ad una fattispecie contrattuale."

Wenn *Abend* weiterhin aus den Regelungen der Artt. 29 (= Art. 5 EVÜ), 30 (= Art. 6 EVÜ) EGBGB sowie aus Art. 7 EVÜ die Schlussfolgerung zieht, in ihnen habe sich ein allgemeines Prinzip, nämlich das Gebot genereller Berücksichtigung materiellrechtlicher Erwägungen niedergeschlagen[509], so irrt er ebenfalls und aus dem gleichen Grund. Zwar sind die inhaltlichen Abweichungen der Artt. 5 Abs. 2[510] und 6 Abs. 1[511] EVÜ vom Regelungsinhalt des Art. 4 EVÜ durch das materiellrechtlich einzuordnende Prinzip des „Schutzes des Schwächeren" motiviert.[512] Das Römische Übereinkommen steht indes zunächst vor dem Hintergrund des klassischen IPR. Selbstverständlich haben andere Strömungen, insbesondere in der Folge der Kollisionsrechtsrevolution in den sechziger Jahren des vorigen Jahrhunderts, einen entscheidenden Einfluss gehabt und haben mit zu der Fassung o. g. Vorschriften beigetragen. Insofern stimmt die Aussage *Abends* – hier besteht auch kein Streit –, das klassische, rein räumlich orientierte Kollisionsrecht entspreche nicht mehr der Rechtswirklichkeit; auch im internationalen Vertragsrecht haben materiellrechtliche Kriterien Einzug gehalten.[513] Doch ist das klassisch verstandene internationale Privatrecht kontinentaleuropäischer Tradition weiterhin die Grundlage des Übereinkommens.[514] Aus diesem Zusammenspiel von „klassischem" und „modernem" Verständnis des Kollisionsrechts lässt sich also viel eher der Schluss ziehen, dass an den Stellen, an denen materiellrechtliche Erwägungen auf die Ebene des Kollisionsrechts gehoben wurden, dies im Wege von Ausnahmeregelungen ausdrücklich und abschließend geschehen ist.[515]

---

509 *Abend*, lex validitatis, S. 201, 203.

510 Art. 5 Abs. 2 EVÜ: Ungeachtet des Artikels 3 darf eine Rechtswahl der Parteien nicht dazu führen, dass dem Verbraucher, der durch die zwingenden Bestimmungen des Rechts des Staates, in dem er seinen gewöhnlichen Aufenthalt hat, gewährte Schutz entzogen wird: - wenn [...].

511 Art. 6 Abs. 1 EVÜ: Ungeachtet des Artikels 3 darf in Arbeitsverträgen und Arbeitsverhältnissen die Rechtswahl der Parteien nicht dazu führen, dass dem Arbeitnehmer der Schutz entzogen wird, der ihm durch die zwingenden Bestimmungen des Rechts gewährt wird, das nach Absatz 2 mangels einer Rechtswahl anzuwenden wäre.

512 *Abend*, lex validitatis, S. 201; *von Hoffmann*, IPR, § 10 D I, Rn. 66, III, Rn. 74.

513 *Abend*, lex validitatis, S. 201. Siehe auch *Schwander*, in: FS Moser, S. 79, 79: Es könne nicht nur „Aufgabe des IPR sein [...], die rechtliche Beurteilung eines Lebenssachverhaltes einer nationalen Rechtsordnung zuzuordnen, sondern dass das IPR, mit all seinen Behelfen wie ordre public, mit seinen materiell-rechtlich wertenden Kollisions- und Sachnormen, mit seinen Modifikationen am anwendbaren materiellen Recht, und schließlich mit seinen Ansätzen zu einem transnationalen Recht tatsächlich auch die befriedigende, der Plurinationalität der IPR-Sachverhalte adäquate Rechtsfolge zu bieten hat."

514 Ähnlich *Marsch*, favor negotii im IPR, S. 51.

515 So auch *Rammeloo*, Das neue EG-Vertragskollisionsrecht, 152 ff., sowie zum schweizerischen Recht *Campiglio*, Riv. dr. int. priv. e proc. 21 (1985), S. 47, 49. Es ist ein allgemeiner Auslegungsgrundsatz, dass Ausnahmevorschriften grundsätzlich eng auszulegen und

Gleiches gilt auch in Bezug auf die Regelung über die Wirkung zwingender Vorschriften in Art. 7 Abs. 1 EVÜ[516] – gegen dessen Anwendung die Bundesrepublik Deutschland, Irland, Luxemburg und das Vereinigte Königreich einen Vorbehalt erklärt haben, sowie für Art. 6 S. 2 EGBGB[517], der Rechtsnormen eines anderen Staates der Grundrechtskontrolle unterwirft und der übrigens nicht im Text des ordre public-Vorbehaltes des Römischen Übereinkommens, Art. 16 EVÜ, enthalten ist. Auch sie zählen zu dem Kreis der Normen, die im Hinblick auf materielle Erwägungen erlassen wurden[518] und auch für sie gilt, dass sie – anders als von *Abend* behauptet[519] – nicht als Ausprägung eines allgemeinen Prinzips, sondern als Ausnahmevorschriften zu verstehen sind.

Gegen die Methode von *Abend* spricht des Weiteren, dass auf der zweiten Stufe seiner dreistufigen Prüfung der engsten Verbindung eben die Prüfung der engsten Verbindung nicht zu Ende geführt wird. Ihm zufolge muss der Rechtsanwender bei der Feststellung irgendeiner „engen Verbindung“ zu verschiedenen Rechtsordnungen stehen bleiben, so dass der Stichentscheid zwischen Rechtsordnungen vorgenommen wird, die eventuell, wenn nicht sogar regelmäßig, sehr unterschiedlich eng mit dem Vertragsverhältnis verbunden sind. Für diese Vorgehensweise findet sich indes kein Anhaltspunkt im Normtext. Dieser steht vielmehr der vorgeschlagenen Prüfungsmethode konträr gegenüber, wenn er in Art. 4 Abs. 5 S. 2 EVÜ fordert, dass die „Vermutungen nach den Absätzen 2, 3 und 4 [nicht] gelten [...], wenn sich aus der Gesamtheit der Umstände ergibt, dass der Vertrag engere Verbindungen mit einem anderen Staat aufweist,“ und in Abs. 1 verlangt, dass „der Vertrag dem Recht des Staates [unterliegt], mit dem er die engste Verbindung aufweist.“

---

nicht analogiefähig sind. Die hinter ihnen stehenden Motive und Rechtsgedanken sind in der Regel gerade nicht Ausdruck eines generellen Prinzips und daher nicht verallgemeinerungsfähig. Dies trifft auch auf die vorgenannten Normen zu, denn sie durchbrechen das grundsätzlich geltende, tradierte Prinzip. Zur Auslegung von Ausnahmevorschriften siehe Palandt-*Heinrichs*, Einleitung, Rn. 45; Pawlowski, Methodenlehre, § 11 4 b, Rn. 489 a.

516 Art. 7 Abs. 1 EVÜ: Bei Anwendung des Rechts eines bestimmten Staates auf Grund dieses Übereinkommens kann den zwingenden Bestimmungen des Rechts eines anderen Staates, mit dem der Sachverhalt eine enge Verbindung aufweist, Wirkung verliehen werden, soweit diese Bestimmungen nach dem Recht des letztgenannten Staates ohne Rücksicht darauf anzuwenden sind, welchem Recht der Vertrag unterliegt. Bei der Entscheidung, ob diesen Bestimmungen Wirkung zu verleihen ist, sind ihre Natur und ihr Gegenstand sowie die Folgen zu berücksichtigen, die sich aus ihrer Anwendung oder ihrer Nichtanwendung ergeben würden.

517 Art. 6 EGBGB: Eine Rechtsnorm eines anderen Staates ist nicht anzuwenden, wenn ihre Anwendung zu einem Ergebnis führt, das mit wesentlichen Grundsätzen des deutschen Rechts offensichtlich unvereinbar ist. Sie ist insbesondere nicht anzuwenden, wenn die Anwendung mit den Grundrechten unvereinbar ist.

518 *Abend*, lex validitatis, S. 14.

519 *Abend*, lex validitatis, S. 14, 202 ff.

Gegen die Annahme, dass die Berücksichtigung der lex validitatis-Regel dem Anknüpfungssystem des Art. 4 EVÜ immanent ist, spricht auch ein systematisches Argument, gezogen aus einem Vergleich zu den Regelungen in den Art. 5 Abs. 2 und 6 Abs. 1 EVÜ: Die komplizierte dreistufige Prüfungskette, die dem Richter u. a. auferlegt, regelmäßig das materielle Recht mehrerer Rechtsordnungen zu prüfen, hätte ausdrücklich niedergelegt werden müssen, wie dies in Art. 5 Abs. 2 EVÜ für Verbraucherverträge und in Art. 6 Abs. 1 EVÜ für Arbeitsverträge zur Begrenzung der Parteiautonomie geschehen ist: Diese Artikel zwingen bei der Rechtswahl zu einem Vergleich zweier Rechtsordnungen in materiellrechtlicher Hinsicht.[520] Sie zeigen deutlich, dass die Redakteure des Übereinkommens es positiv-rechtlich normiert haben, wenn dem Richter ein solch großer Aufwand aufgebürdet sein soll.

In die gleiche Richtung argumentiert *Rammeloo*, der zwar zunächst feststellt, dass das im Römischen Übereinkommen enthaltene Normensubstrat einer „lex validitatis" gleichgültig gegenüberzustehen scheint.[521] Sie lasse sich anhand einer praeter legem-Auslegungsmethode nach Belieben in etwa die Ausnahmeverknüpfungen der Artt. 4 Abs. 5 und 6 Abs. 1 in fine hineininterpretieren.[522] Dann aber betont er, dass der Validierungsgrundsatz, vorausgesetzt er verdiente Geltung im System des Römischen Übereinkommens, dessen Systematik erheblich beeinflussen würde. Unabhängig davon, ob der Grundsatz der Validierung an subjektive oder an objektive Wertvorstellungen anknüpfe, wirke sich dessen Charakter negativ auf die wertneutrale Gegenseitigkeit des Savignyschen Kollisionsrechtssystems aus. In diesem Zusammenhang bestätigt er unter Hinweis auf die „materiellrechtlich angehauchten" Sonderregelungen der Artt. 8 Abs. 2[523] und 11 EVÜ die in dieser Arbeit vertretene These: „Eine Veranlassung von materiellen Entscheidungen [...] ist im EVÜ lediglich bestimmten, ausdrücklich geregelten Teilfragen vorbehalten worden."[524] Aus diesen Ausführungen zieht er den überzeugenden Schluss, dass sich „das Interesse der Aufrechterhaltung des Vertrages, [...], kaum mit der Systematik des [Römischen] Übereinkommens

---

[520] Vgl. *von Hoffmann*, IPR, § 10 D, Rn. 66 ff., 71, 77; *Kropholler*, IPR, § 52 V 3, S. 462, VI 2, S. 465

[521] „Weder im Übereinkommenstext noch im ihn begleitenden Bericht läßt sie sich wiedererkennen. Außerdem fehlen allgemeine Leitsätze wie z.B. die der Section 6 des zweiten amerikanischen Rest." *Rammeloo*, Das neue EG-Vertragskollisionsrecht, S. 202.

[522] *Rammeloo*, Das neue EG-Vertragskollisionsrecht, S. 202.

[523] Art. 8 Abs. 2 EVÜ: Ergibt sich jedoch aus den Umständen, dass es nicht gerechtfertigt wäre, die Wirkung des Verhaltens einer Partei nach dem in Absatz 1 bezeichneten Recht [dem hypothetischen Vertragsstatut] zu bestimmen, so kann sich diese Partei für die Behauptung, sie habe dem Vertrag nicht zugestimmt, auf das Recht des Staates ihres gewöhnlichen Aufenthaltsorts berufen.

[524] *Rammeloo*, Das neue EG-Vertragskollisionsrecht, S. 202 f., 205.

vereinen“ lässt.[525] Diese Ablehnung des Validierungsgrundsatzes wird von der herrschenden Auffassung in der Lehre der EVÜ-Mitgliedstaaten mitgetragen[526]; in der zum Römischen Übereinkommen ergangenen Judikatur wurde dieser Grundsatz bislang ebenfalls nicht angewandt.[527]

Als weiteres eher prozessuales Bedenken gegenüber dem Validierungsgrundsatz führt *Rammeloo* an, er könne die Parteien dazu veranlassen, „gewisse Tricks“ vorzunehmen; sie könnten die Kenntnis der Geltung dieses Grundsatzes „leicht ausnützen“.[528]

Der Ansicht *Abends* kann auch aus prozessökonomischen Gründen keinesfalls gefolgt werden. Es würde einen unverhältnismäßigen Aufwand erfordern, die zeitlichen sowie personellen Kapazitäten der Gerichte in überzogenem Umfang binden und die Kosten für die Rechtsfindung bedeutend in die Höhe treiben, wenn der Richter regelmäßig das Sachrecht verschiedener Rechtsordnungen zu prüfen hätte – zumindest soweit nicht Rechtshilfe auf der Grundlage des „Londoner Europäisches Übereinkommen betreffend Auskünfte über ausländisches Recht“ vom 7. Juni 1968[529] ersucht wird, sondern Gutachten anderweitig in Auftrag gegeben werden. Dies kann von den Redakteuren des Übereinkommens nicht gewollt sein, zumindest hätten sie ein solch aufwendiges Verfahren ausdrücklich festschreiben müssen.

4. Zusammenfassung

Aus den Ausführungen dieses und des vorhergehenden Kapitels ergibt sich zwingend, dass die lex validitatis-Regel aus verschiedenen Gründen im Rahmen der objektiven Anknüpfung nach Art. 4 EVÜ, speziell im Rahmen von dessen Ausweichklausel in Abs. 5 S. 2, keine Geltung beanspruchen kann: Erstens beruht diese Regel auf der Annahme, dass die Erwartung redlicher Parteien auf die Gültigkeit des zwischen ihnen bestehenden Vertragsverhältnisses gerichtet sind; doch sind übereinstimmende Parteierwartungen bei der Bestimmung der engsten

525 *Rammeloo*, Das neue EG-Vertragskollisionsrecht, S. 205.

526 *Baratta*, Il collegamento più stretto, S. 184 f.; Erman-*Hohloch*, Art. 28 EGBGB, Rn. 13; *Martiny*; ZEuP 1997, S, 107, 119; MünchKomm-*Martiny*, Art. 28 EGBGB, Rn. 88; Palandt-*Heldrich*, Art. 28 EGBGB, Rn. 2; *Plender*, The European Contracts Convention, Rn. 5.12; Reithmann/Martiny-*Martiny*, Internationales Vertragsrecht, S. 119, Rn. 105, S. 151, Rn. 143; Staudinger-*Magnus*, Art. 28 EGBGB, Rn. 54, unentschiedener dagegen bei Rn. 135.

527 Dieses Fazit zog 1994 auch *Kokkini-Iatridou*, Exception Clauses, S. 3, 19, in Bezug auf die Berücksichtigung materieller Erwägungen allgemein: „La conclusion générale de ce qui précède ne peut être que très brève: les juges continentaux justifient dans leurs décisions l'intervention d'une clause d'exception ouverte par des points de rattachement „normaux“. Des considérations substantielles n'y figurent pas.“

528 *Rammeloo*, Das neue EG-Vertragskollisionsrecht, S. 203.

529 Auszugsweise abgedruckt bei *Jayme/Hausmann*, IPR und IZVR, Nr. 200.

beziehungsweise engeren Verbindung außer Acht zu lassen. Außerdem ist fraglich, ob generalisierend solche übereinstimmenden Parteierwartungen überhaupt unterstellt werden können. Auch ist ganz generell die Berücksichtigung materiellrechtlicher Erwägungen außer in den gesetzlich normierten Fällen, auf der Ebene des Kollisionsrechts abzulehnen. Schließlich sprechen prozessökonomische Erwägungen gegen die Geltung des Validierungsgrundsatzes.

IV. Begrenzung der Anknüpfungsmomente auf solche mit objektivem Bezug zum Leistungsaustausch

1. Problemaufriss

Es wurde bereits dargelegt, dass die Ausweichklausel einerseits als die Einzelfallgerechtigkeit ermöglichendes Korrelat zu den typisierenden Anknüpfungen der Vermutungstatbestände in den Abs. 2-4 des Art. 4 EVÜ dient[530], andererseits aber ihre Anwendung keinesfalls dazu führen darf, auf diesem Wege die mit dem Anknüpfungssystem bezweckte Steigerung der Rechtssicherheit wieder zunichte zu machen. Dass es dazu einer restriktiven Handhabung der Ausweichklausel sowie einer Abwägung auf Grundlage insbesondere einer qualitativen Gewichtung der konkreten Vertragsumstände des Einzelfalles bedarf, wurde ebenfalls festgestellt. Dazu wurde die herrschende Ansicht unterstützt, dass aufgrund der „Gesamtheit der Umstände" der jeweilig einschlägigen Vermutungsregel die innere Rechtfertigung entzogen sein muss, so dass ihre Anwendung gleichsam mechanisch und zufällig erscheint. Nunmehr soll der Frage nachgegangen werden, ob sich darüber hinaus unter systematischen und teleologischen Aspekten weitere Grenzen für die Anwendung der Ausweichklausel ergeben. Diese Grenzen können nunmehr nur noch den Fundus an potentiell relevanten Vertragsumständen betreffen. Es stellt sich also die Frage, ob sich aus dem System des Art. 4 EVÜ und aus dem Sinn und Zweck der Vermutungstatbestände, der Ausweichklausel sowie ihres Zusammenspiels a priori herleiten lässt, dass nur Vertragsumstände mit bestimmtem Charakter von Bedeutung sein können und andere, obschon das Vertragsverhältnis betreffend, auszuschließen sind.

2. Theorie der Leistungsbezogenheit

Soweit ersichtlich sind bislang nur zwei Kollisionsrechtslehrer bezüglich des Römischen Übereinkommens so weit gegangen, aus dem System des Art. 4 EVÜ heraus die Einschränkung des Kreises aller denkbaren Vertragsumstände zu fordern. *Von Hoffmann* und *Schwimann* zufolge ist Sinn der typisierenden Anknüpfung des Art. 4 Abs. 2 EVÜ, der auf den Sitz des Erbringers der charakteristischen Leistung als dem regelmäßig wichtigsten auf den Leistungsaustausch bezogenen Kriterium abstellt, die Konzentration auf solche Vertragsumstände, die gleichfalls einen objektiven Bezug zum Leistungsaustausch aufweisen. Solle die Anknüpfung nach Art. 4 Abs. 2 EVÜ über Art. 4 Abs. 5 S. 2 EVÜ verdrängt werden, so könne dies nur dort erfolgen, wo Sinn und Zweck des Vermutungstatbestandes selbst dies gebieten. Die typisierende Anknüpfung müsse zum Ausgangspunkt bei der Bestimmung der engeren Verbindung im

[530] Bericht *Giuliano/Lagarde*, BT-Drucks. 10/503, S. 33, 54 f.

Sinne der Ausweichklausel genommen werden.[531] Da diese Meinung zu anderen klar abgrenzbar und in sich abgeschlossen also über einen bloßen Ansatz weit hinausgehend ist, wird hier vorgeschlagen, sie „Theorie der Leistungsbezogenheit" zu nennen.

Diese Ansicht findet in der schweizerischen Literatur einige Unterstützung. So ist *Schwander* hinsichtlich Art. 114 schw. IPRG-Entwurf der Auffassung, die Anknüpfung mittels charakteristischer Leistung stelle „nicht nur eine Verlegenheitslösung [...] dar, sondern sie ist der *Maßstab*, an welchem sich die Relevanz misst, welche eine andere Anknüpfung aufweisen muss, um Vorrang zu erlangen. Es geht also um die Überzeugungskraft, das Gewicht der Anknüpfungsmomente, *wobei hier aber nicht „ab ovo" irgend welche Aspekte zusammengesucht werden dürfen, sondern nur Anknüpfungspunkte in Betracht fallen, welche mit einem Vertragsverhältnis in einem inneren, notwendigen Zusammenhang stehen.*"[532] Konkreter formuliert *Goerke* diesen Gedanken, wenn er auf Art. 4 Abs. 5 S. 2 EVÜ bezogen schreibt: „Zur Konkretisierung der besonderen Umstände, die ein Abrücken von der Regelanknüpfung geboten erscheinen lassen, ist zu bemerken, dass auch diese sich ausschließlich an den sachlichen Gesichtspunkten zu orientieren hat, die bereits für die Regelanknüpfung herangezogen worden sind."[533]

Von Hoffmann zufolge bestimmt Art. 4 Abs. 2 EVÜ das regelmäßige Zentrum des Leistungsaustausches. Die Anknüpfung nach diesem Absatz könne demnach nur verdrängt werden, wenn sich im konkreten Einzelfall eindeutig ein anderes Zentrum des Leistungsaustausches ermitteln lasse.[534] Dazu sei erforderlich, dass eine Reihe solcher objektiver Elemente auf eine gemeinsame Rechtsordnung weisen, die von der durch die jeweilige Regelanknüpfung des Art 4 Abs. 2-4 EVÜ bestimmte verschieden ist, denn nur dann sei der Schwerpunkt des konkreten Vertrages abweichend von der Regelanknüpfung zu lokalisieren.[535] *Schwi-*

---

[531] Soergel-*von Hoffmann*, Art. 28 EGBGB, Rn. 97. Ähnlich argumentiert *Merschformann*, Die objektive Bestimmung des Vertragsstatuts beim internationalen Warenkauf, S. 190 ff., ohne jedoch den weiteren Schritt in Richtung entsprechender Eingrenzung der relevanten Kriterien zu vollziehen.

[532] *Schwander*, in: FS Moser, S. 79, 87; Hervorhebungen durch den Verfasser. Ihm folgend schreiben Honsell/Vogt/Schnyder-*Amstutz-Vogt-Wang*, Art. 117, Rn. 14, die Ausweichklausel des Art. 117 schw. IPR-G sei nach spezifischen, in der Norm selbst enthaltenen Gesichtspunkten auszulegen. Eine Eingrenzung des Kreises aller denkbaren Vertragsumstände vollziehen sie indes nicht. Siehe auch *von Bar*, IPR I, S. 484, Rn. 559: „[...] noch darf man Anknüpfungspunkte bemühen, die ohne inneren Bezug zu dem Anknüpfungsgegenstand sind." Zuvor (a.a.O.) hebt er jedoch hervor, dass z. B. auch die Verhandlungs- und Vertragssprache oder sogar die Muttersprache im Kontext mit anderen Elementen zu einem kollisionsrechtlich brauchbaren Kriterium werden könne.

[533] *Goerke*, Kollisionsrechtliche Probleme internationaler Garantien, S. 85.

[534] Soergel-*von Hoffmann*, Art. 28 EGBGB, Rn. 97; *von Hoffmann*, IPR, § 10 C V 1, Rn. 59.

[535] *Von Hoffmann*, IPR, § 10 C V 1, Rn. 59.

mann verwendet den Terminus „vertragsrelevanter Umstände". Da die Formulierung „objektiv auf den Leistungsaustausch bezogen" inhaltlich exakter ist, wird sie im Folgenden verwandt.

Als solche von der Ratio des Art. 4 Abs. 2 EVÜ gedeckten objektiv auf den Leistungsaustausch bezogenen Vertragsumstände werden insbesondere die Orte, an denen Leistungshandlungen zu erbringen sind, der jeweilige Sitz der Parteien, der Lageort des Vertragsgegenstandes, die vertraglich vereinbarte Währung und der Zusammenhang mit anderen Verträgen genannt.[536] Darüber hinaus könne auch die Mitwirkung amtlicher Stellen am Zustandekommen des Vertrages, etwa bei einem bestehenden Genehmigungserfordernis oder bei einer zur Erfüllung besonderer Formerfordernisse notwendigen Beteiligung von Beurkundungspersonen von Bedeutung sein.[537] Diese Mitwirkung müsse aber gleichfalls einen objektiven Bezug zum Leistungsaustausch aufweisen, was z. B. bei Genehmigungen nach dem Außenwirtschafts- beziehungsweise dem Kriegswaffenkontrollgesetz der Fall sei.[538]

Ohne Bezug zum Leistungsaustausch seien hingegen insbesondere der Abschlussort des Vertrages, die Staatsangehörigkeit der Parteien und die Vertragssprache[539], ebenso wie die Beteiligung der öffentlichen Hand als Vertragspartei eines privatrechtlichen Schuldverhältnisses[540] sowie Gerichtsstands- und

---

[536] Soergel-*von Hoffmann*, Art. 28 EGBGB, Rn. 100, 102-105; *von Hoffmann*, IPR, § 10 C V 1, Rn. 59; *Schwimann*, IPR, 3. Abschn. C VI 7 g cc, S. 101.

[537] Soergel-*von Hoffmann*, Art. 28 EGBGB, Rn. 107; *von Hoffmann*, IPR, § 10 C V 1, Rn. 60; *Schwimann*, IPR, 3. Abschn. C VI 7 g cc, S. 101.

[538] Soergel-*von Hoffmann*, Art. 28 EGBGB, Rn. 107. Zu weitgehend sei die Ansicht *Martinys* in MünchKomm-*Martiny*, Art. 28 EGBGB, Rn. 82 und Reithmann/Martiny-*Martiny*, Internationales Vertragsrecht, S. 150, Rn. 141, schon jede Mitwirkung eines Richters oder Notars sei ein relevanter Umstand. Ablehnend: *Hegmanns*, MittRhNotK 1987, S. 1, 2 f.

[539] *Schwimann*, IPR, 3. Abschn. C VI 7 g cc, S. 101; *von Hoffmann*, IPR, § 10 C V 1, Rn. 60; Soergel-*von Hoffmann*, Art. 28 EGBGB, Rn. 103 f., 106.

[540] Die Beteiligung der öffentlichen Hand an rein privatrechtlichen Verträgen wird sehr uneinheitlich bewertet. Eine strikte Gleichbehandlung von privatem und staatlichem Auftreten im Wirtschaftsverkehr fordern *Hartmann*, Das Vertragsstatut in der deutschen Rechtsprechung seit 1945, S. 209 f.; *von Hoffmann*, BerGesVR 25 (1984), S. 35, 57 f.; *Lochner*, Darlehn und Anleihe im IPR, S. 68 f.; Soergel-*von Hoffmann*, Art. 28 EGBGB, Rn. 108; *Merschformann*, Die objektive Bestimmung des Vertragsstatuts beim internationalen Warenkauf, S. 235 f.; *Zweigert*, BerGesVR 5 (1964), S. 194, 202 f. Die entgegengesetzte Ansicht, dass Verträge, an denen die öffentliche Hand beteiligt ist, grundsätzlich dem Recht ihres Staates unterworfen werden, weil dieser sich dort, wo er den Inhalt beeinflussen kann, nur schwerlich einer fremden Rechtsordnung unterwirft, vertreten etwa *Kegel/Schurig*, IPR, § 18 I 1 d, S. 577; *Kegel*, FS Schmidt, S. 215, 220 f.; *Rigaux*, Cah.dr.europ. 24 (1988), S. 306, 314. Eine vermittelnde Ansicht, dass dieser Umstand nicht zwingend sei und gegen andere Umstände abgewogen werden müsse vertreten *Gamillscheg*, RabelsZ 27 (1962/63), S. 585, 591; MünchKomm-*Martiny*, Art. 28 EGBGB, Rn. 85.

Schiedsklauseln. Diesen „subjektiven“ Kriterien komme im Rahmen der Ausweichklausel daher keinerlei Indizwirkung zu.[541]

Des Weiteren gebe es Anhaltspunkte, die nur für einzelne Vertragstypen von Bedeutung seien, die also nicht pauschal angewandt werden können, sondern deren Gewichtung im Einzelfall vom jeweiligen Vertragstyp abhänge.[542] Dazu sei auf die Ausführungen zur typisierenden Gewichtung im 4. Kapitel verwiesen.[543]

3. Die herrschende Ansicht

Die ganz überwiegende Auffassung in der Literatur teilt diese Ansicht nicht[544]; eine breite Diskussion zu dem dargestellten Vorstoß hat allerdings auch noch nicht stattgefunden. Die zum Römischen Übereinkommen ergangene Rechtsprechung übergeht diesen Vorschlag, der eine deutliche Eingrenzung ihres Entscheidungsspielraumes mit sich bringt, kommentarlos. In der Regel fehlt also jegliche oder zumindest eine ins Detail gehende Auseinandersetzung; offenbar gehen viele selbstverständlich davon aus, dass alle denkbaren Vertragsumstände in die Bewertung einzubeziehen sind. Die Kreise der heranziehbaren Indizien bei der Bestimmung der konkludenten Rechtswahl, der objektiven Schwerpunktbestimmung nach der Ausweichklausel und derjenigen nach der General-

---

541 *Von Hoffmann*, IPR, § 10 C V 1, Rn. 60; Soergel-*von Hoffmann*, Art. 28 EGBGB, Rn. 106, 108 f., 127. Auch *Schwander*, in: FS Moser, S. 79, 87 f., spricht der Staatsangehörigkeit der Parteien sowie dem Abschlussort den „inneren, notwendigen Zusammenhang“ mit dem Vertragsverhältnis ab und sieht ihn beim Erfüllungsort als gegeben an. I. Ü. aber differiert seine Ansicht doch sehr von der hier dargestellten, insbesondere da Schwander zu den jeweiligen Vertagsumständen das Hinzutreten gewisser „Gründe und Motive“ fordert, die teils materiellrechtlichen Gehalt haben, teils die bereits abgelehnten Parteierwartungen berücksichtigen wie den Schutz der schwächeren Vertragspartei, den Schutz wohlerworbener Rechte, Treu und Glauben oder Parteierwartungen.

542 Soergel-*von Hoffmann*, Art. 28 EGBGB, Rn. 110 f.

543 Siehe unten S. 182 ff.

544 *Von Bar*, IPR I, S. 484, Rn. 559, jedoch mit der einzelfallbezogenen Einschränkung auf solche Anknüpfungspunkte mit innerem Bezug zum Anknüpfungsgegenstand; *Baratta*, Il collegamento più stretto, S. 179, 181, 186, 212; *Bonomi*, D.I.P., S. 605; *Collins*, Dicey/Morris on the Conflict of Laws II, S. 1236 ff., 1327; Erman-*Hohloch*, Art. 28 EGBGB, Rn. 10 ff.; *Ferid*, IPR, Rn. 6-38; *Hartmann*, Das Vertragsstatut in der deutschen Rechtsprechung seit 1945, S. 165 ff. 182 ff.; *Jacquet*, zitiert in: Thorn, Diskussionsbericht, S. 43, 44; *Kokkini-Iatridou*, in: Exception clauses, S. 3, 32, 40; *Lüderitz*, IPR, Rn. 280; MünchKomm-*Martiny*, Art. 28 EGBGB, Rn. 93; *Naumann*, UN-Kaufrecht im Spannungsfeld zwischen Einheitsrecht und Kollisionsrecht, S. 101; *Pamboukis*, in Exception Clauses, S. 221, 226; Reithmann/Martiny-*Martiny*, Internationales Vertragsrecht, S. 153, Rn. 147; Staudinger-*Magnus*, Art. 28 EGBGB, Rn. 29, 129 f.; *Wolf*, Begriff der engsten Verbindung im Int. Sachenrecht, S. 17.

klausel werden für deckungsgleich gehalten.[545] Im Einzelnen divergieren die Einschätzungen bezüglich des relativen Gewichts der verschiedenen Vertragsumstände, einheitlich werden jedoch keiner von ihnen a priori jegliche Indizwirkung abgesprochen, dies häufig unter Hinweis auf den Wortlaut des Art. 4 Abs. 5 S. 2 EVÜ: „Gesamtheit der Umstände."[546]

In einer neueren Arbeit wird, wenn auch nur recht kurz und knapp, eine Auseinandersetzung und der Versuch einer Widerlegung der Ansicht *von Hoffmanns* unternommen. *Naumann* erkennt dabei an, dass diese Ansicht den Vorteil habe, dem Richter klarere Vorgaben zu machen, wirft ihr dann aber vor, sie verkenne, dass es „die Aufgabe einer Ausweichklausel [sei], zunächst einmal *alle* mit dem Vertrag zusammenhängenden Umstände zu berücksichtigen. Einige von ihnen für unbeachtlich zu erklären und von vornherein von der weiteren Prüfung auszuschließen, lässt sich mit diesem Zweck nicht vereinbaren."[547] Diese Argumentation ist deswegen wenig hilfreich, weil sie die These mit der These zu begründen versucht. Auch die weiteren Ausführungen, die ganz der herrschenden Lehrmeinung entsprechen, dass nämlich Indizien, die sich im Einzelfall als zu schwach erweisen, später immer noch ausgesondert werden können und dass, soweit Umstände in verschiedene Richtungen weisen, die Frage danach, welche von ihnen für eine Anknüpfung ausreichen und welche nicht, gut von Fall zu Fall geklärt werden könne, so dass es nicht eines Rückgriffs auf von vornherein festgelegte Kriterien bedürfe, sind eher die logische Konsequenz, das Arbeitsprogramm, das sich aus der These ergibt, als eine Begründung für die These.

4. Stellungnahme

Die rein wörtliche Auslegung des in Art. 4 Abs. 5 S. 2 EVÜ verwandten Begriffes „Gesamtheit der Umstände", „the circumstances as a whole", „l'ensemble des circonstances" scheint auf den ersten Blick tatsächlich einer solch restriktiven Interpretation, wie sie gemäß der Theorie der Leistungsbezogenheit vorzunehmen ist, entgegenzustehen. Es sei jedoch daran erinnert, dass nach überwiegender Auffassung dieser Begriff zurecht nur auf Vertragsumstände mit kollisionsrechtlichem Gehalt erstreckt wird.[548] Ferner sind die Erwartungen der Parteien im Hinblick auf die Anwendbarkeit oder Nichtanwendbarkeit eines bestimmten Rechts, selbst wenn sie im Einzelfall belegbar sein sollten, aus systemimma-

---

[545] Reithmann/Martiny-*Martiny*, Internationales Vertragsrecht, S. 153, Rn. 147; Staudinger-*Magnus*, Art. 28 EGBGB, Rn. 129 f.; *Lüderitz*, IPR, Rn. 280.

[546] Nachweise siehe oben Fn. 544. Der selben Ansicht sind zum schweizerischen IPR IPRG-Komm-*Keller-Kren Kostkiewicz*, Art. 117 IPRG, Rn. 17; **a. A.** Honsell/Vogt/Schnyder-*Amstutz-Vogt-Wang*, Art. 117, Rn. 14.

[547] *Naumann*, UN-Kaufrecht im Spannungsfeld zwischen Einheitsrecht und Kollisionsrecht, S. 101.

[548] Siehe oben S. 96 ff.

nenten Gründen bei der Bestimmung der engeren Verbindung ausgeschlossen.[549] Von der vorherrschenden Ansicht außerdem mehr verlangt als das bloße zahlenmäßige Überwiegen von Anknüpfungspunkten zugunsten einer Rechtsordnung[550] – eine Forderung, die sich auf teleologische Erwägungen stützt. Oben genannte Formulierung bedarf daher einer am System und am Zweck orientierten Analyse und ist einer restriktiven Auslegung durchaus zugänglich. Die grammatische Auslegung vermag daher nicht mehr als einen ersten Hinweis zu liefern und die Grenzen der zulässigen Auslegung zu vermitteln.

Auch die isoliert betrachtete innere Systematik des Art. 4 Abs. 5 EVÜ scheint der Theorie der Leistungsbezogenheit entgegenzustehen: In seinem S. 1 sagt Art. 4 Abs. 5 EVÜ, dass die Vermutung des Abs. 2 nicht gilt, wenn sich die charakteristische Leistung nicht bestimmen lässt. Er verweist dann zwar nicht ausdrücklich zurück auf Abs. 1, doch ist die engste Verbindung unstreitig unmittelbar auf Grundlage der Generalklausel zu bestimmen.[551] In diesem Fall ist ebenfalls zunächst auf solche Umstände abzustellen, die in einem objektiven Bezug zum Leistungsaustausch stehen. Ist danach jedoch kein eindeutiger Schwerpunkt des Vertrages ermittelbar, so ist jeder erdenkliche Umstand, so schwach er auch sein möge, zu berücksichtigen, da ein anwendbares Recht auf jeden Fall bestimmt werden muss.[552] Auch der zweite Satz des Art. 4 Abs. 5 EVÜ enthält keine positive Anordnung, sondern lediglich die negative, dass unter gewissen Umständen die Vermutungen nach den Absätzen 2 bis 4 nicht gelten. Die positive Anordnung ist dann ebenfalls der Generalklausel zu entnehmen.[553] Nun könnte es systemwidrig erscheinen, wenn die beiden Sätze innerhalb des Abs. 5 in der Weise unterschiedlich ausgelegt werden, dass sie zwar beide zur Anwendung des Abs. 1 führen, im ersten Fall jedoch zu dessen uneingeschränkter Anwendung, während im zweiten Fall eine in der Ausweichklausel vorgenommene Restriktion sich in der Generalklausel durchsetzen soll. Doch ist zu beachten, dass sich Abs. 5 S. 1 i. V. mit Abs. 1 und Abs. 5 S. 2 i. V. mit Abs. 1 funktionell gerade nicht entsprechen. In Abs. 5 S. 1 wird festgelegt, wann die Vermutungsregel des Abs. 2 tatbestandlich nicht eingreift, während Abs. 5 S. 2 regelt, wann die Rechtsfolge der Vermutungsregeln trotz Vorliegens ihrer Tatbestandsvoraussetzungen zu korrigieren ist. Somit enthält nur der zweite Satz des Abs. 5 die eigentliche Ausweichklausel. Insofern ist das deutsche EGBGB klarer gefasst, indem es den Satz 1 des Abs. 5 EVÜ nicht in den letzten Absatz übernommen hat, sondern bereits in Art. 28 Abs. 2 S. 3 EGBGB die Vermutung des Abs. 2 für

549 Siehe oben S. 87 ff.

550 Siehe oben S. 79 ff.

551 MünchKomm-*Martiny*, Art. 28 EGBGB, Rn. 8; Staudinger-*Magnus*, Art. 28 EGBGB, Rn. 31.

552 *Von Hoffmann*, IPR, § 10 C VI, Rn. 64.

553 Soergel-*von Hoffmann*, Art. 28 EGBGB, Rn. 19.

nicht anwendbar erklärt, wenn die charakteristische Leistung sich nicht bestimmen lässt.

Mit dem vorhergehenden Absatz wurde gleichzeitig die Funktionsverschiedenheit der Absätze 1 und 5 S. 2 betont: Bei der Bestimmung des Vertragsstatuts auf Grundlage der Generalklausel muss Rücksicht auf sämtliche denkbaren Vertragsumstände genommen werden, da die Anknüpfung nicht verweigert werden darf, wohingegen im Fall der Ausweichklausel bereits ein kollisionsrechtliches Ergebnis mit in der Regel einem hohen Grad an innerer Rechtfertigung vorliegt.[554] Im ersten Fall ist eine an der Natur des Vertragsrechts orientierte Interpretation der „engsten Verbindung" daher nur bezüglich der Bestimmung des relativen Gewichtes von Anknüpfungsmerkmalen möglich. Dagegen ist es im zweiten Fall möglich und geboten, sinnvolle, an der Natur des Vertragsrechts orientierte Restriktionen in Bezug auf die potentiell relevanten Anknüpfungsmerkmale zu entwickeln und diese dann in einem zweiten Schritt, einzelfallbezogen wie in Abs. 1, auf ihr relatives Gewicht hin zu untersuchen.

Nach hier vertretener Ansicht ist Art. 4 Abs. 5 S. 2 EVÜ daher folgendermaßen zu lesen:

> Die Vermutungen nach den Absätzen 2, 3 und 4 gelten nicht, wenn sich aus der Gesamtheit der Umstände eindeutig ergibt, dass das Zentrum des Leistungsaustauschs des Vertrages in einem anderen Staat liegt.

Diese für die Ausweichklausel wesentliche Konzentration auf leistungsaustauschbezogene Kriterien lässt sich klar aus dem Normtext der Vermutungstatbestände herleiten: Sie stellen auf die „charakteristische Leistung", den „Lageort der Immobilie" und auf den „Verlade- und Entladeort" ab, also unmittelbar auf eine Leistung beziehungsweise auf Orte an denen regelmäßig Leistungs- und Erfüllungshandlungen vorgenommen werden.

Allerdings wird in Abs. 2 und 4 das Umweltrecht des Erbringers der charakteristischen Leistung, nicht jedoch das Recht des Staates, in dem der Erfüllungsort liegt, zum Vertragsstatut erklärt, obwohl dieser auf den ersten Blick das unmittelbarste Merkmal mit objektivem Leistungsbezug darstellt. Es wurde durch die gewählte primäre Anknüpfung jedoch, wie bereits dargelegt, dem primären Verkehrsinteresse an der Unterwerfung unter das eigene und daher vertraute Um-

---

[554] Vgl. dazu MünchKomm-*Martiny*, Art. 28 EGBGB, Rn. 93, der dieser Auffassung zugibt, dass „bei Eingreifen der Vermutungen nur noch ein aufgrund signifikanter Umstände ermitteltes Statut korrigiert werden kann, während die Situation bei Abs. 1 offen ist." Dennoch spricht er sich gegen die Ansicht *von Hoffmanns* und *Schwimanns* aus mit der nicht näher erläuterten Behauptung, die „Anwendung unterschiedlicher Methoden in einer ähnlichen Frage könnte freilich zu Ungereimtheiten führen. [...] Ferner spricht hiergegen die drohende Uneinheitlichkeit der Ergebnisse." Worin diese Ungereimtheiten und die drohende Uneinheitlichkeit liegen könnten, ist dem Verfasser der vorliegenden Arbeit jedoch nicht ersichtlich.

weltrecht Rechnung getragen und der gordische Knoten auf möglichst sachgerechte Art zugunsten des Erbringers der charakteristischen Leistung durchgeschlagen.[555] Außerdem ist der Erfüllungsort als materiell-rechtlicher Begriff erst im Anschluss an die kollisionsrechtliche Prüfung bestimmbar.

Entscheidend für die Anknüpfung an den gewöhnlichen Aufenthalt/Sitz ist jedoch, dass dort regelmäßig der Leistungsaustausch geplant, koordiniert und überwacht wird.[556] Dies wird insbesondere durch die grundsätzliche Anknüpfung an die Hauptniederlassung von Unternehmen deutlich, an welcher die Verwaltungszentrale ihren Sitz hat und von der dann abgewichen wird, wenn die Steuerung des konkreten Leistungsaustausches von einer Zweigniederlassung ausgeht (Art. 4 Abs. 2 S. 2, 2. Alt. EVÜ).[557]

5. Zusammenfassung

Beide, General- und Ausweichklausel, verwirklichen das Prinzip der engsten Verbindung im Einzelfall. Dennoch ist die Ausweichklausel nicht identisch mit der Klausel des Abs. 1, sie stellt vielmehr eine ausdrücklich formulierte teleologische Reduktion des Anwendungsbereiches der vorangehenden Vermutungstatbestände dar.[558] Aus diesem Grund ist die Auslegung der Ausweichklausel abhängig von der Ratio der in den Vermutungstatbeständen verwandten Kriterien. Daraus ergibt sich, dass die primären Anknüpfungen nach den Abs. 2 bis 4 nur dann zu korrigieren sind, wenn sich im konkreten Fall eindeutig ein anderes Zentrum des Leistungsaustausches ermitteln lässt. Dazu ist erforderlich, dass eine Reihe objektiv auf den Leistungsaustausch bezogener Vertragsumstände in die gleiche Richtung weisen und der Regelanknüpfung die innere Rechtfertigung entziehen. Bezüglich des Kreises solch objektiver Umstände sei auf obige Ausführungen verwiesen.[559]

Die Ausweichklausel selbst trifft lediglich eine negative Aussage; die positive Anordnung ist dann der Generalklausel zu entnehmen. Dabei ist jedoch die von Abs. 5 S. 2 getroffene Wertung zu übernehmen, die durch Abs. 1 lediglich in eine positive Anknüpfungsanordnung umgesetzt wird. Eine selbständige Be-

---

[555] Siehe oben S. 61.

[556] Dieser Umstand unterliegt insbesondere den Ordnungs-, aber auch den Verkehrsinteressen.

[557] *Von Hoffmann*, IPR, § 10 C II 3, Rn. 50 f.; MünchKomm-*Martiny*, Art. 28 EGBGB, Rn. 46; Staudinger-*Magnus*, Art. 28 EGBGB, Rn. 86 ff. Zusätzliche tatbestandliche Voraussetzung für die Annahme einer solchen Zweigniederlassung ist zusätzlich, dass sie über ein ausreichendes räumliches und personales Substrat sowie über eine gewisse Dauer (mindestens ein Jahr) verfügt, *von Hoffmann*, a.a.O., Rn. 51; Staudinger-*Magnus*, a.a.O., Rn. 87.

[558] *Kreuzer*, in: FS Zajtay, S. 295, 317; *Merschformann*, Die objektive Bestimmung des Vertragsstatuts beim internationalen Warenkauf, S. 190.

[559] Siehe oben S. 110.

wertung der Anknüpfungsmomente nach Abs. 1 findet nicht statt.[560] Diese unterschiedliche Funktion resultiert aus der Tatsache, dass die Generalklausel Anwendung findet, ohne dass zuvor eine Vermutungsregel für tatbestandlich einschlägig befunden wurde, so dass nicht eine bereits erfolgte Anknüpfung (und damit Wertung) korrigiert, sondern eine erste Anknüpfung vorgenommen wird. Im Fall der Ausweichklausel dagegen liegt bereits ein kollisionsrechtliches Ergebnis mit einer im Einzelfall variierenden inneren Rechtfertigung vor, welches einem kritischen Blick und eventuell einer Korrektur unterzogen wird.

[560] Soergel-*von Hoffmann*, Art. 28 EGBGB, Rn. 20 f.

V. Exkurs: Die objektiven Kriterien auf den verschiedenen Ebenen der Bestimmung des Vertragsstatuts

1. Problemaufriss

In diesem Abschnitt soll auf den Umstand eingegangen werden, dass objektive Kriterien auf drei Stufen der Bestimmung des Vertragsstatuts eine Rolle spielen und untersucht werden, inwieweit die Kreise der jeweils heranziehbaren, also potentiell relevanten Vertragsumstände homogen sind. Dabei wird auch von Interesse scin, inwieweit eine Verschiebung im Gefüge der relativen Gewichte der einzelnen Anknüpfungspunkte je nach Prüfungsebene erfolgt.

Objektive Vertragsumstände sind die Grundlage für: 1. die Frage nach dem Vorliegen einer konkludenten Rechtswahl, 2. bei der Prüfung der Näherbeziehung im Sinne der Ausweichklausel und 3. bei der Bestimmung der engsten Verbindung auf Grundlage der Generalklausel:

> Art. 3 Abs. 1 S. 2 EVÜ: Die Rechtswahl muss [...] sich mit hinreichender Sicherheit aus den Bestimmungen des Vertrages oder aus den Umständen des Falles ergeben.
>
> Art. 4 Abs. 5 S. 2 EVÜ: Die Vermutungen nach den Absätzen 2, 3 und 4 gelten nicht, wenn sich aus der Gesamtheit der Umstände ergibt, dass der Vertrag engere Verbindungen mit einem anderen Staat aufweist.
>
> Art. 4 Abs. 1 S. 1 EVÜ: Soweit das auf den Vertrag anzuwendende Recht nicht nach Art. 3 vereinbart worden ist, unterliegt der Vertrag dem Recht des Staates, mit dem er die engsten Verbindungen aufweist.

Wie sich zeigt, haben die Redakteure des Übereinkommens jeweils ähnliche Ausdrücke verwandt: „aus den Umständen des Falles ergeben" (konkludente Rechtswahl – dies alternativ zu „aus den Bestimmungen des Vertrages"), „aus der Gesamtheit der Umstände ergibt" (Ausweichklausel) sowie „engsten Verbindungen" und „engere Verbindungen" (General- und Ausweichklausel). Ganz unstreitig sind auf all diesen drei Ebenen die Prüfungen auf objektiv feststellbare Umstände zu stützen.[561]

Die zwangsläufige Frage ist, ob die objektive Grundlage für die jeweilige Prüfung auf den verschiedenen Anknüpfungsebenen identisch sein kann. Dies wird von vielen bejaht. So äußert sich *Lüderitz* zum Vergleich von konkludenter Rechtswahl und Näherbeziehung im Sinne der Ausweichklausel folgendermaßen: „Welche Umstände können die Indikation [gemeint sind die Vermutungen der Abs. 2 bis 4 des Art. 28 EGBGB] ausräumen? Es sind dieselben, die Schlüsse auf stillschweigende Rechtswahl zulassen. Jedoch brauchen sie nicht so gehäuft und nachdrücklich, wie zum Beweis stillschweigender Rechtswahl erfor-

---

[561] Statt aller: *Kegel/Schurig*, IPR, § 18 I 1, S. 574 ff.; *Kropholler*, IPR, § 52 II 1, S. 439 f., III 4, 5, S. 451 f.

derlich, aufzutreten."[562] Ähnliches schreibt *Abend*, der wie gesehen[563] von der Fortgeltung der zum hypothetischen Parteiwillen entwickelten Grundsätze ausgeht: „Alle Indizien, welche die alte Rechtsprechung zur Ermittlung des objektiven hypothetischen Parteiwillens herangezogen hat und die heute auch noch eine Rolle bei der Feststellung des konkludent gewählten Rechts spielen, tauchen hier [gemeint ist die Ausweichklausel] wieder auf."[564] Diesen Ansichten zufolge besteht der einzige Unterschied zwischen der objektiven Grundlage von subjektiver und objektiver Anknüpfung in einem Intensitätsgefälle.

Dies kann kein überzeugendes Konzept sein, was bereits die ansonsten eröffnete Möglichkeit verdeutlicht, zunächst das Vorliegen einer konkludenten Rechtswahl zu prüfen, diese mangels ausreichender Intensität der konkreten Vertragsumstände abzulehnen, dann aber den selben Anknüpfungspunkten auf der Ebene objektiver Bestimmung des Vertragsstatuts entscheidende Wirkung beizumessen, nämlich die Bestimmung des kollisionsrechtlichen Ergebnisses im Rahmen der Ausweichklausel. Dies würde das Anknüpfungssystem der Art. 3 und 4 EVÜ konterkarieren und die von *Juenger*, *Jessurun d'Oliveira* und anderen zu Art. 4 EVÜ geäußerte Kritik, dass das Römische Übereinkommen ein kompliziertes und im Ergebnis überflüssiges Anknüpfungssystem etabliert habe[565], teilweise bestätigen, denn die konkludente Rechtswahl würde als Rechtsinstitut - zumindest vom Ergebnis her gesehen - überflüssig. Es muss vielmehr dem Umstand Rechnung getragen werden, dass die Anknüpfungspunkte auf den verschiedenen Anknüpfungsebenen unterschiedliche Funktionen erfüllen: Hinweis auf das tatsächliche Vorliegen einer nicht ausdrücklich erklärten Rechtswahl, Hinweis auf die objektive Beziehung eines Schuldverhältnisses zu einem Recht bei Eingreifen einer Regelvermutung beziehungsweise gerade bei Nichteingreifen einer solchen.

Die Aussage, dass die Wahl eines Rechtes durch die Parteien gänzlich andere Ziele verfolgen kann als die Bestimmung des Schwerpunktes ihres Vertrages, mutet fast banal an, ist hier aber von zentraler Bedeutung. Daher sei aus einem Urteil der Cour de Cassation zitiert: „Lorsque les contractants élisent une loi, ce n'est pas parce qu'elle est celle du centre de gravité de leur contrat, même subjectivement apprécié, mais parce qu'elle leur convient. [...] Il se peut, en effet, que les parties retiennent une loi sans lien avec leur contrat. Ainsi en va-t-il lorsqu'elles choisissent une loi parce qu'elles la connaissent et que celle-ci leur ap-

562 *Lüderitz*, IPR, S. 128.

563 Siehe oben S. 98.

564 *Abend*, Lex validitatis, S. 318. Ebenso *Kegel/Schurig*, IPR, § 18 I. 1. d), S. 426 und *von Bar*, IPR II, S. 361, Rn. 490.

565 *Juenger*, in: North, S. 295, 297 ff.; *ders.*, RabelsZ 46 (1982), S. 57, 79 f.; *Jessurun d'Oliveira*, Am.J.Comp.L. 25 (1977), S. 303, 303 ff.; *Collins*, I.C.L.Q. 25 (1976), S. 35, 45.

paraît juste et particulièrement adaptée à leur problème. Mieux c'est parfois l'absence de tout lien entre un contrat et une loi qui motive le choix de celle-ci, sans qu'on puisse pour autant parler de fraude. Tel est notamment le cas lorsque les parties retiennent une loi en raison da sa neutralité par rapport à leurs systèmes juridiques, politiques et économiques respectifs."[566]

Ausgehend von den unterschiedlichen Zielrichtungen subjektiver und objektiver Anknüpfung kann die Bedeutung der verschiedenen Kriterien auf den angesprochenen Ebenen nicht jeweils die gleiche sein. Folgerichtig wurde die Auffassung vertreten, dass im Rahmen der Ausweichklausel nur solche Vertragsumstände von Relevanz sein können, die in einem objektiven Bezug zum Leistungsaustausch stehen.[567] Im Rahmen der Generalklausel dagegen ist der Kreis der potentiell relevanten Umstände nach allgemeiner Ansicht unbegrenzt. Dabei ist nach hier vertretener Ansicht unter Berücksichtigung des Umstandes, dass es sich um eine Anknüpfung im Bereich des Vertragsrechts handelt, zunächst von den selben Kriterien auszugehen, die auch bei der Ausweichklausel von Bedeutung sind, und zwar mit der selben generellen Gewichtung. Sollten diese indes mit gleicher Intensität in verschiedene Richtungen weisen, so ist hier subsidiär auf alle weiteren denkbaren Vertragsumstände zurückzugreifen.[568] Fraglich ist, wie bei der Prüfung der konkludenten Rechtswahl zu verfahren ist.

2. Die herrschenden Ansichten zur Prüfung konkludenter Rechtswahl

Die Vielzahl der für die konkludente Rechtswahl möglicherweise relevanten Indizien lässt sich zu drei Gruppen zusammenfassen. Fast stets wird zunächst eine Gruppe von Vertragsumständen besprochen, die unmittelbar Ausdruck eines betätigten, übereinstimmenden Parteiwillens sind, dann eine Gruppe „sonstiger Indizien" und schließlich die stillschweigende Rechtswahl im Prozess. Auf letztere wird hier nicht näher eingegangen, da ihr Vorliegen nicht auf Grundlage der im Folgenden angesprochenen Indizien zu prüfen ist.

Zur ersten Gruppe zählen insbesondere: Die Vereinbarung eines ausschließlichen Gerichtsstandes, die Schiedsgerichtsvereinbarung, die Bezugnahme auf Vorschriften eines bestimmten Rechts oder Usancen, die Verwendung von speziellen Formularen oder Allgemeinen Geschäftsbedingungen, die auf einem bestimmten Recht fußen oder der Verweis auf weitere Verträge, die eine Rechtswahl beinhalten. Genügen soll auch das bloße Bestehen von Verträgen gleicher Art zwischen den Parteien, in denen eine ausdrückliche Rechtswahl vereinbart

566 *Ancel/Lequette*, Nr. 35, S. 261, 263.

567 Siehe oben S. 112 ff.

568 Soergel-*von Hoffmann*, Art. 28 EGBGB, Rn. 127. Siehe auch oben S. 113.

wurde oder die tatsächlich nach einem Recht abgewickelt wurden sowie die Vereinbarung eines gemeinsamen Erfüllungsortes.[569]

Zur zweiten Gruppe gehören all jene Vertragsumstände, die auch im Rahmen der objektiven Anknüpfung nach Art. 4 Abs. 1 EVÜ relevant werden können. Diesbezüglich besteht Einigkeit darüber, dass sie nur eine relativ schwache Indizwirkung für das Vorliegen eines Rechtswahlwillens entfalten, wobei das relative Gewicht der einzelnen Indizien variiert. Insbesondere sollen sie für sich genommen nicht ausreichen, erst wenn sie mit anderen Indizien zusammentreffen, die in die gleiche Richtung weisen, könne sich ihre Bedeutung in ausreichendem Maße erhöhen.[570] Dies insbesondere bei einer Kumulation mit Indizien der oben

---

569 *Amin Rasheed Shipping Corpn. v. Kuwait Insurance Co.*, (1984) AC 50: Die Verwendung einer „standard Lloyd's SG" form führte zur Bejahung einer schlüssigen Rechtswahl zugunsten englischen Rechts, denn nur dieses hatte von den in Betracht kommenden Rechten ein Gesetz über See-Versicherungen. Siehe dazu: *Morris/North*, Cases and Materials on Private International Law, S. 72 ff. *Egon Odendorff v. Liberia Corpn.*, (1996), 1 Lloyd's Rep, S. 380: Aufgrund einer Schiedsklausel zugunsten eines Londoner Schiedsgerichts wurde englisches Recht als konkludent gewählt erachtet. Zu weiteren Rechtssprechungsnachweisen, siehe die unten genannten Urteile, in denen aufgrund einer Kumulation von Kriterien aus der ersten und der zweiten Gruppe von einer stillschweigenden Rechtswahl ausgegangen wurde *(Fn. zur 2. Guppe)*. Vgl. aus dem Schrifttum statt vieler *Aubin*; in: FS *Seidl-Hohenveldern*, S. 1, 15; *North/Fawcett*, Cheshire & North's Private International Law, S. 561 ff.; *E. Lorenz*, RIW/AWD 1992, S. 697, 702; *Naumann*, UN-Kaufrecht im Spannungsfeld zwischen Einheitsrecht und Kollisionsrecht, S. 37 ff.; Reithmann/Martiny-*Martiny*, Internationales Vertragsrecht, S. 87 ff., Rn. 75 ff.; *Steinle*, ZVglRW 93 (1994), S. 300, 310 ff.

570 So die zum EVÜ ergangene Rechtsprechung: OLG Köln, RIW/AWD 1994, S. 970 (Währung nicht allein ausreichend, berücksichtigt werden könne aber der Wechsel der Währung); OLG Düsseldorf, TranspR 1992, S. 415, 417 (Englische Vertragssprache steht der Anwendung deutschen Rechts nicht entgegen), BGH, JZ 1992, S. 579, 581 (Währung von untergeordneter Bedeutung); BGE 106 II, S. 36, 40 (Staatsangehörigkeit und Vertragsabschlussort genügen nicht); Cass. civ. 1re, Rev.crit.d.i.p. 1959, S. 708, 709 (Wohnsitz allein reicht nicht aus). Zustimmend *Grundmann*, Europäisches Schuldvertragsrecht, S. 165, Rn. 14; *Kropholler*, IPR,l § 52 II 1, S. 439 f.; *Naumann*, UN-Kaufrecht im Spannungsfeld zwischen Einheitsrecht und Kollisionsrecht, S. 45; *Schröder/Wenner*, Internationales Vertragsrecht, Rn. 236, 239 jeweils m.w.N.; *Schwimann*, IPR, S. 119 ff.; *Schwind*, Handbuch des österreichischen IPR, S. 29. Unter Geltung alten Rechts wurden sie ebenfalls als in der Regel schwache Indizien für eine stillschweigende Rechtswahl angesehen, so BGE 72 II, S. 411 (Währung allein genügt nicht); Cass.civ., Rev.crit.d.i.p. 1952, S. 502; BGHZ 19, S. 110, 111; OLG Düsseldorf, IPRspr. 1970, Nr. 15 = WM 1971, S. 168, 171; BGH, IPRspr. 1966-67, Nr. 42; OLG Saarbrücken, IPRspr. 1966-67, Nr. 53; OLG Frankfurt, IPRspr. 1970, Nr. 110; BGH, IPRspr. 1976, Nr. 2; OLG Hamburg, IPRspr. 1977, Nr. 40 = VersR 1978, S. 918, 918; OLG Hamm, IPRspr. 1978, Nr. 13 = RIW/AWD 1979, S. 205, 205. In keinem dieser Fälle wurde ein einzelner Vertragsumstand, isoliert betrachtet, als ausschlaggebend angenommen, aber auch keinem seine generelle Bedeutung abgesprochen.

genannten ersten Gruppe.[571] Argumentiert wird zu Recht, dass die Parteien insbesondere Währung, Vertragssprache und Vertragsabschlussort häufig aus Gründen wählen, die ohne kollisionsrechtlichen Gehalt sind, etwa aus Kostengründen, Gründen des Kapitalmarktes und des Risikomanagements, der Einfachheit und Bequemlichkeit willen oder auch rein zufällig. Erst in der Kumulation könne angenommen werden, dass sie nicht nur zufälliger Natur seien.[572] Es sei daher eine Gesamtabwägung aller im konkreten Fall vorliegenden Vertragsumstände unter Berücksichtigung ihres jeweiligen relativen Gewichts vorzunehmen.

Einige aus dem Schrifttum differenzieren dagegen zwischen den einzelnen Kriterien und wollen einige von der Bestimmung der konkludenten Rechtswahl gänzlich ausschließen, nämlich insbesondere den Ort des Vertragsschlusses, die Vertragssprache sowie die Schuldwährung.[573]

Als ausreichend wurde angesehen: Die Kumulation von gemeinsamer deutscher Staatsangehörigkeit, gemeinsamem Wohnsitz in Deutschland, deutscher Vertragssprache, Abschlussort des Vertrages in Deutschland und die Vertragswährung in DM, obwohl das vertragsgegenständliche Grundstück in Italien belegen war, OLG Nürnberg, IPRspr. 1996, Nr. 31 = NJW-RR 1997, S. 1484; nachträgliche Änderung der Vertragswährung in DM und Erfüllungsort in Deutschland, OLG Köln, NJW-RR 1995, S. 245 = RIW/AWD 1994, S. 970, 970; Vertragswährung in DM, Zahlungsort und gewöhnlicher Aufenthalt in Deutschland und die im Rahmen des Geschäftsbesorgungsvertrages in Deutschland erteilte und in deutscher Sprache abgefasste Vollmacht, OLG Hamm, IPRspr. 1993, Nr. 34 = RIW/AWD 1993, S. 940, 941; gemeinsame deutsche Staatsangehörigkeit und gemeinsamer Wohnsitz in Deutschland sowie deutsche Vertragssprache und Abschlussort in Deutschland, OLG Düsseldorf IPRspr. 1990, Nr. 28 = NJW-RR 1991, S. 55.

571 Deutscher Gerichtsstand, Parteien mit Wohn- bzw. Geschäftssitz in Deutschland und Bezugnahme auf VOB/B, BGH 104, S. 268, 270; Übertragung von Geschäftsanteilen einer polnischen GmbH mit deutschen Beteiligten, Abschlussort des Vertrages in Deutschland, Kaufpreis in DM und Gerichtsstandsvereinbarung zugunsten deutscher Gerichte, OLG Celle, NJW-RR 1992, S. 1126; Tätigwerden eines ausländischen Notars sowie Bezugnahme auf Vorschriften seines Rechts und Prorogation auf Gerichte dieses Staates, OLG Köln, IPRspr. 1993, Nr. 29 = RIW/AWD 1993, S. 414, 415.

572 *North/Fawcett*, Cheshire & North's Private International Law, S. 562; *Clever*, Gaz.Pal. 1991, doc (2), S. 410, 411; *Grundmann*, Europäisches Schuldvertragsrecht, Rn. 165; IPRG-Komm-*Keller-Kren Kostkiewicz*, Art. 116, Rn. 74 f.; Honsell/Vogt/Schnyder-*Amstutz-Vogt-Wang*, Art. 116 IPRG, Rn. 42; *Kreuzer*, Das IPR des Warenkaufs in der dt. Rechtsprechung, S. 275 f.; Lando, Rec. des Cours 189 (1984 VI), S. 229, 313; *Naumann*, UN-Kaufrecht im Spannungsfeld zwischen Einheitsrecht und Kollisionsrecht, S. 45; *Schröder/Wenner*, Internationales Vertragsrecht, Rn. 236, 239.

573 So *von Hoffmann*, IPR, § 10 B II 4 a, Rn. 35; Soergel-*von Hoffmann*, Art. 27 EGBGB, Rn. 50; Reithmann/Martiny-*Martiny*, Internationales Vertragsrecht, S. 141, Rn. 130, S. 87 ff., Rn. 75 ff., der jedoch die Vertragssprache als schwaches Indiz gelten lässt, a.a.O., S. 102, Rn. 87. Siehe auch *Aubin*, in: FS Seidl-Hohenveldern, S. 1, 15, der darüber hinaus auch den Erfüllungsort, den Wohnsitz der Parteien sowie den Lageort des Vertragsgegenstandes als unbeachtlich erklärt und damit offensichtlich – da die Aufzählung wohl nicht abschlie-

Teilweise wird darüber hinaus vertreten, dass sämtliche Umstände der ersten Gruppe in die selbe Richtung weisen müssen, da sie sich ansonsten gegenseitig aufheben und zwar auch bei zahlenmäßigem Überwiegen zugunsten eines Rechts. Eine Gewichtung sei im Interesse der Rechtssicherheit nicht vorzunehmen, denn mangels eines eindeutigen von den Parteien gesetzten Regelungsprogramms könne auf diesem Weg nicht mit der hinreichenden Sicherheit auf den realen Parteiwillen geschlossen werden.[574]

3. Stellungnahme

Ob einer der genannten Auffassungen zu folgen ist, ist fraglich. Dazu sei die grundlegende Frage noch einmal aufgeworfen: Was kann entscheidendes und als Ausgangspunkt dienendes Indiz für eine Rechtswahl sein? Solche Indizien können nur Vertragsumstände sein, die *ausdrücklich* vereinbart wurden und somit unmittelbar einen übereinstimmenden Parteiwillen zum Ausdruck bringen. Rein objektive Vertragsumstände, verstanden als solche, die mangels Parteiabrede tatsächlich zu bestimmen sind, können für sich genommen gleichermaßen sowohl für eine schlüssige Rechtswahl sprechen als auch für das Vorliegen eines nicht mehr zu berücksichtigenden hypothetischen Parteiwillens oder für das Vorliegen unbeachtlicher Parteierwartungen als auch völlig aussagelos sein.

Beispiel Erfüllungsort: Haben die Parteien ihn nicht vereinbart (ist er also als Ort zu verstehen, an welchem Leistungshandlungen tatsächlich vorgenommen werden), so mag es sein, dass er zusammen mit anderen Umständen für eine schlüssige Rechtswahl spricht; viel eher spricht er jedoch dafür, dass der objektive Schwerpunkt des Vertrages (Art. 4 EVÜ) im Verhältnis zu dem gesetzlich vermuteten verschoben ist. Auch eine Kumulation mit weiteren objektiven Umständen ändert an diesem Befund nichts, da sie ebenfalls rein objektiv zu bestimmen sind, ohne *unmittelbar* Ausdruck eines Parteiwillens zu sein, so dass das Erfordernis der „hinreichenden Sicherheit"[575] (Art. 3 Abs. 1 S. 2 EVÜ) nie-

ßend gemeint ist – die Kriterien der zweiten Gruppe gänzlich von der Prüfung einer stillschweigenden Rechtswahl ausschließt.

574 *North/Fawcett*, Cheshire & North's Private International Law, S. 563; *von Hoffmann*, IPR, § 10 B IV 1, Rn. 36.

575 Die Festlegung der Grenze hinreichender Sicherheit ist problematisch. In der englischen Fassung wird von „reasonable certainty", in der dänischen von „rimeling sikkerhed", in der italienischen von „ragionevolmente certo" und in der französischen, welche die strikteste ist, von „manière certaine" gesprochen. Diese Formulierungen werden von vielen als wesentlich klarer empfunden, als die deutsche Übersetzung, vgl. etwa Reithmann/Martiny-*Martiny*, Internationales Vertragsrecht, S. 86, Rn. 73; *Steinle*, ZVglRW 93 (1994), S. 300, 309. Aus ersteren ergebe sich deutlich, dass eine stillschweigende Rechtswahl nur angenommen werden kann, wenn von ihrem Vorliegen „ohne vernünftige Zweifel" auszugehen ist, *Steinle*, a.a.O., S. 310. Die deutsche Fassung dagegen und ebenso die niederländische („voldoende duedelijk blijken"), die beide nach allgemeinem Sprachgebrauch ein Ver-

mals erfüllt sein kann.[576] Wurde der Erfüllungsort dagegen vertraglich vereinbart, so stellt er ein gewichtiges Indiz für einen ausgeübten und übereinstimmenden Rechtswahlwillen dar.[577]

Weiteres Beispiel: Gerichtsstandsvereinbarungen. Diese haben nach hier vertretener Ansicht keinerlei Bedeutung im Rahmen der Ausweichklausel, da sie in keiner Beziehung zum Leistungsaustausch stehen und nur eine schwache Bedeutung im Rahmen der Generalklausel. Als objektives Kriterium für das Vorliegen einer stillschweigenden Rechtswahl dagegen stellen sie, insbesondere wenn ein ausschließlicher Gerichtsstand vereinbart wurde, eines der stärksten Indizien für einen tatsächlich ausgeübten Rechtswahlwillen dar.[578]

Ausgangsvoraussetzung ist mithin, dass die Parteien salopp ausgedrückt irgendetwas (ausdrücklich, nicht konkludent) vereinbart haben, was deutlich auf einen Rechtswahlwillen schließen lässt. Insofern sei auf die oben genannten Kriterien der ersten Gruppe verwiesen.[579] Dieser vereinbarte Umstand muss dann

---

ständnis von lediglich „nicht zuviel und nicht zu wenig" nahe legen (Soergel-*von Hoffmann*, Art. 27 EGBGB, Rn. 40; *E. Lorenz*, RIW/AWD 1992, S. 697, 701; *Foyer*, J.D.I. 119, 1 (1992), S. 601, 606) sollen nach Meinung vieler aufgrund des Gebots nach einheitlicher Anwendung und Auslegung des EVÜ, Art. 18 EVÜ, im Sinne von „Bestimmtheit" ausgelegt werden, so *von Bar*, IPR II, S. 343 f., Rn. 467; Münch/Komm-*Martiny*, Art. 27 EGBGB, Rn. 42; Reithmann/Martiny-*Martiny*, Internationales Vertragsrecht, S. 86, Rn. 73; *Steinle*, ZVglRW 93 (1994), S. 300, 308 f. Ferner ist streitig, ob seitens der Parteien ein Erklärungsbewusstsein hinsichtlich der Rechtswahl zu verlangen ist, so Erman-*Hohloch*, Art. 27 EGBGB, Rn. 13; **a. A.** Soergel-*von Hoffmann*, Art. 27 EGBGB, Rn. 43.

576 Insofern kann der oben zitierten Judikatur (Fn. 570) nicht gefolgt werden. Sämtliche dort aufgeführten Urteile sprechen sehr dafür, dass die Gerichte entweder bemüht waren, zur Anwendung der lex fori zu gelangen und dies mittels der stillschweigenden Rechtswahl leichter zu erreichen war als unter Anwendung der Ausweichklausel oder aber dafür, dass sie die Voraussetzungen von konkludenter Rechtswahl und Ausweichklausel als so ähnlich verstanden haben, dass es für sie keinen Unterschied machte bereits eine konkludente Rechtswahl anzunehmen. Möglicherweise sollte auch eine höhere Legitimation des kollisionsrechtlichen Ergebnisses durch die vorgebliche Anknüpfung nach dem Parteiwillen erreicht werden.

577 BGH, NJW 1985, S. 560, 561; Palandt-*Heldrich*, Art. 27 EGBGB, Rn. 6; *Steinle*, ZVglRW 93 (1994), S. 300, 302; einschränkend: MünchKomm-*Martiny*, Art. 27 EGBGB, Rn. 51.

578 BGH, RIW/AWD 1973, S. 101; OLG Hamburg, RIW 1986, S. 462, 463; Staudinger-*Magnus*, Art. 28 EGBGB, Rn. 64; *Steinle*, ZVglRW 93 (1994), S. 300, 302; bei der Vereinbarung eines ausschließlichen Gerichtsstandes wird sogar angenommen, dies reiche allein aus, um eine konkludente Rechtswahl annehmen zu können, so Soergel-*von Hoffmann*, Art. 27 EGBGB, Rn. 47; **a. A.** *E. Lorenz*, RIW/AWD 1992, S. 697, 697; *Lagarde*, Rev.crit.d.i.p. 1991, S. 287, 303.

579 Dazu, dass die dort genannten Kriterien keineswegs unproblematisch sind, ihnen daher nicht generell Bedeutung für die Feststellung einer konkludenten Rechtswahl beigemessen werden kann, sondern es einer intensiven Prüfung im Einzelfall bedarf vgl. eingehend

durch weitere Indizien so weit erhärtet sein, dass dem Gebot der „hinreichenden Sicherheit“ entsprochen wird. Erforderlich ist daher – entsprechend der herrschenden Ansicht – ein sehr hoher Grad an Intensität, sprich Übereinstimmung. Dabei wird in aller Regel die hinreichende Sicherheit entfallen, wenn ein weiteres Kriterium der ersten Gruppe eine abweichende Indizwirkung entfaltet, indem es zu dem Recht eines anderen Staates weist; zwingend ist dies jedoch nicht.[580] Zur Erhärtung können nun Kriterien der oben genannten ersten und zweiten Gruppe herangezogen werden. Somit verlieren die rein objektiven Merkmale der zweiten Gruppe nicht ihre generelle Bedeutung bei der Prüfung der konkludenten Rechtswahl, sie haben vielmehr die Funktion, vorhandene Ansatzpunkte zu unterstützen.

Die hier vertretene Ansicht widerspricht daher nicht dem Wortlaut des Römischen Übereinkommens, welches zwei Aspekte für die Prüfung einer stillschweigenden Rechtswahl vorsieht, nämlich „aus den Bestimmungen des Vertrages“, was insbesondere die Indizien der oben genannten ersten Gruppe erfasst und „aus den Umständen des Falles“, worunter die sonstigen Umstände der oben genannten zweiten Gruppe fallen.

Der Kreis der objektiven Kriterien ist an dieser Stelle, anders als nach hier vertretener Ansicht zur Ausweichklausel, unbegrenzt.[581] Insoweit deckt er sich mit dem der Generalklausel des Art. 4 Abs. 1 EVÜ. Wegen der Funktionsverschiedenheit sind die verschiedenen Kriterien jedoch anders zu gewichten.[582]

4. Zusammenfassung

Objektive Kriterien sind die Grundlage für die Prüfung einer konkludenten Rechtwahl, der Voraussetzungen der Ausweichklausel und der Generalklausel. Auf diesen drei Ebenen ist der Kreis der potentiell relevanten Umstände nicht deckungsgleich und insbesondere kommt den einzelnen Vertragsumständen

Naumann, UN-Kaufrecht im Spannungsfeld zwischen Einheitsrecht und Kollisionsrecht, S. 37 ff.; Reithmann/Martiny-*Martiny*, Internationales Vertragsrecht, S. 88 ff.; Rn. 76 ff.; *Steinle*, ZVglRW, S. 300, 310 ff.

580 Haben die Parteien z. B. einen ausschließlichen Gerichtsstand in Spanien vereinbart sowie Allgemeine Geschäftsbedingungen in den Vertrag aufgenommen, die auf Grundlage spanischen Rechts erstellt wurden sowie auf Vorschriften spanischen Rechts im Vertragstext Bezug genommen, aber den Erfüllungsort in Italien vereinbart, so hindert letzteres nicht die Annahme einer konkludenten Rechtswahl zugunsten spanischen Rechts, wenn noch weitere unterstützende Indizien hinzutreten wie etwa der gewöhnliche Aufenthalt/Sitz einer Partei (während die andere ihren Sitz in Italien haben mag) und der Abschlussort des Vertrages.

581 A. A. *Aubin*, FS Seidl-Hohenveldern, S. 1, 15; *von Hoffmann*, IPR, § 10 B IV 1, Rn. 35; Soergel-*von Hoffmann*, Art. 27 EGBGB, Rn. 50; Reithmann/Martiny-*Martiny*, Internationales Vertragsrecht, S. 85 f., Rn. 72, S. 141, Rn. 130.

582 Siehe dazu oben S. 122 f.

nicht dasselbe relative Gewicht zu. Dies folgt aus der unterschiedlichen Zielsetzung, unter der diese Kriterien jeweils geprüft werden.

Die hier vorgeschlagene Lösung zur Prüfung einer stillschweigenden Rechtswahl deckt sich mit keiner der vorgenannten Ansichten – sie stellt methodisch ein neues Konzept dar:

Die überwiegende Ansicht nimmt eine klare Trennung der hier vorgestellten Indiziengruppen nicht vor, sondern untersucht lediglich die einzelnen Indizien auf ihr relatives Gewicht und fordert eine Gesamtabwägung aller jeweils in Betracht kommender Vertragsumstände und eine daraus folgende hohe Intensität der Hinweise auf eine ausgeübte Rechtswahl. Im Extremfall genügt danach eine Kumulation von Vertragsumständen der zweiten Gruppe für die Annahme einer konkludenten Rechtswahl.

Nach anderer Ansicht werden einzelne Vertragsumstände gänzlich aus dem Fundus der potentiell relevanten Indizien herausgenommen.

Auch wird vertreten, dass, sobald ein einzelnes Indiz von der hier als „erste Gruppe“ bezeichneten in eine andere Richtung weist als ein oder mehrere andere Vertragsumstände, dieses Indiz die Annahme einer stillschweigenden Rechtswahl blockiert. Eine Abwägung wird daher abgelehnt.

Nach hier vertretener Ansicht werden die *Indizien der ersten Gruppe* für primär beachtlich erklärt, und zwar als *notwendige Ausgangs- und Ansatzpunkte* für das Vorliegen einer solchen Rechtswahl. Nur sie vermitteln einen ausreichend sicheren Hinweis auf einen tatsächlich ausgeübten und übereinstimmenden Rechtswahlwillen. Ihnen kommt daher auch bei der anschließenden Gewichtung besondere Bedeutung zu. Die sonstigen Indizien der zweiten Gruppe dagegen werden als solche mit unterstützender Wirkung vorgeschlagen.

Aus diesem Ansatz ergibt sich ein mehrstufiges Prüfungsprogramm zur Prüfung einer konkludenten Rechtswahl: Zunächst ist festzustellen, ob ein Indiz der ersten Gruppe vorliegt. Ist dies nicht der Fall, so kann eine stillschweigende Rechtswahl nicht mit der hinreichenden Sicherheit angenommen werden. Liegt ein solches Indiz vor, ist weiter festzustellen, welche zusätzlichen Vertragsumstände im konkreten Fall vorliegen und dies Indiz erhärten beziehungsweise ihm entgegenstehen. Sämtliche Indizien sind sodann auf ihr relatives Gewicht in Bezug auf die Feststellung eines übereinstimmenden Rechtswahlwillens hin zu untersuchen und abschließend ist eine Gesamtabwägung unter Anlegung eines strengen Maßstabes für die Annahme einer konkludenten Rechtswahl vorzunehmen.

Dritter Teil: Die Ausweichklausel in ihrer konkreten Anwendung

3. Kapitel: Analyse der zu Art. 4 Abs. 5 S. 2 EVÜ ergangenen Rechtsprechung

Das folgende Kapitel soll eine Übersicht über diejenigen Urteile geben, die sich seit dem Inkrafttreten des Römischen Übereinkommens in den Mitgliedstaaten mit der Ausweichklausel des Art. 4 Abs. 5 S. 2 EVÜ / Art. 28 Abs. 5 EGBGB auseinandergesetzt haben. Dabei hat sich der Verfasser bemüht, diese Rechtsprechung möglichst umfassend zu recherchieren; aufgrund der Vielzahl an Mitgliedstaaten sowie an Publikationsquellen ist es jedoch nicht auszuschließen, dass ihm einige Urteile entgangen sind. Auf den ersten Blick mag erstaunen, dass sich die Häufigkeit, mit der die Gerichte der einzelnen Mitgliedstaaten den Art. 4 EVÜ anwenden, erheblich differiert; gleiches gilt für die Häufigkeit der Anwendung der Ausweichklausel. So haben in der Bundesrepublik Deutschland die Gerichte bislang die Ausweichklausel in vierzehn Fällen angewandt oder zumindest besprochen, in den Niederlanden in neun Fällen; in Griechenland waren es dagegen nur zwei, in Großbritannien, Frankreich, Belgien, Italien und Österreich nur einer. In den übrigen acht Mitgliedstaaten des Römischen Übereinkommens sind nach Kenntnis des Verfassers keine Urteile mit Bezug auf die Ausweichklausel ergangen. Aus der Zahl der in den jeweiligen Ländern so ergangenen Urteile, lässt sich aber keine Aussage in Bezug auf den Umgang der Gerichte in den verschiedenen Staaten mit der Ausweichklausel herleiten. Dies allein schon deshalb, weil die Mitgliedzeiten stark auseinanderfallen und in einigen Ländern, nämlich Dänemark, der Bundesrepublik Deutschland, den Niederlanden, Frankreich, Belgien und Luxemburg das EVÜ bereits vor seinem Inkrafttreten angewandt wurde.[583]

---

583 Für die Bundesrepublik Deutschland ergibt sich dies daraus, dass die Normen des EVÜ bereits mit der IPR-Reform von 1986 in das EGBGB inkorporiert wurden. Dänemark, Luxemburg sowie Belgien setzten das EVÜ in nationales Recht mit Gesetzen vom 1.7.1984, 27.3.1986 und 14.7.1987 um. In Frankreich, Belgien und den Niederlanden entschieden sich Gerichte dafür, das EVÜ als ratio scripta antizipiert anzuwenden. Vgl. für Frankreich das Urteil der Cour d'appel de Paris vom 27.11.1986, Rev.crit.d.i.p. 1988, S. 314-322 mit Anm. *Lyon-Caen*, S. 322-329, sowie Receuil Dalloz Sirey 1992, S. 174 mit Anm. *Mondolini*, S. 174, 174 f.: „[...] il convient de se reporter aux principes énoncés dans la Convention de Rome [...] Certes, cette convention ne s'impose pas pour l'instant en tant que traité international, puisqu'elle n'est pas encore en vigeur. [...] Elle a cependant été régulièrement ratifiée par la France. [...] Elle peut donc être dès maintenant prise en considération comme reflétant les principes comunément acceptés qui ont reçu l'approbation formelle du législateur lorsqu'il a autorisé la ratification de la convention", sowie das Urteil des

Da aus den meisten Mitgliedstaaten keine oder nur eine kaum nennenswerte Zahl an Urteilen vorliegt, fehlt die Grundlage für länderspezifische Analyse der Judikatur. Die vorliegende Analyse orientiert sich daher länderübergreifend zunächst an speziellen und typischen Fallkonstellationen (I. und II.), denn in solchen Konstellationen erfahren die einzelnen Anknüpfungspunkte eine besondere Gewichtung. Im Übrigen (III.) werden die Urteile daraufhin untersucht, wie die kollisionsrechtliche Rechtsfindung erfolgt, insbesondere ob durch bloßes Abzählen der Kontaktpunkte oder durch Herausarbeitung ihrer relativen Bedeutung im Einzelfall und einer Gesamtabwägung auf dieser Grundlage.

Soweit bei dieser Analyse besondere kollisionsrechtliche Fragestellungen aufgeworfen werden, die eine bestimmte Vertragsart betreffen und Gegenstand kontroverser Diskussion sind, werden sie bereits in diesem Kapitel vorgezogen behandelt.[584] Im Übrigen soll sich die Darstellung an dieser Stelle auf die Analyse der besprochenen Rechtssprechung beschränken.

Viele der untersuchten Urteile werden hinsichtlich des Sachverhalts sowie der Entscheidungsgründe betreffend die Erwägungen zum anwendbaren Recht sehr ausführlich dargestellt und besprochen. Nicht lediglich das kollisionsrechtliche Ergebnis ist von Interesse, sondern auch und im Besonderen die Methode der Rechtsfindung und die Ausführlichkeit, mit der sich die Gerichte dem jeweiligen internationalprivatrechtlichen Problem stellen. Letzteres ist hinsichtlich des Ziels einheitlicher Auslegung und Anwendung des Römischen Übereinkommens (Art. 18 EVÜ/Art. 36 EGBGB) von mitentscheidender Bedeutung, denn dieses Ziel setzt neben der materiellen Richtigkeit der Ergebnisse gerade auch Methodenehrlichkeit und -offenheit bei ihrer Entwicklung voraus. Diese wiederum erfordert eine möglichst ausführliche Offenlegung des Anknüpfungsprozesses.

Cour d'appel de Versailles vom 6.2.1991, Rev.crit.d.i.p. 1991, S. 745 ff.. Schon zuvor hatten französische Gerichte das EVÜ angewandt, jedoch ohne dies explizit zu tun, siehe Urteil des Tribunal de grande instance de Paris vom 3.2.1982, J.D.I. 1984, S. 583 note *M. Lefèbre*; Cass. civ. I vom 25.02.1989, Rev.crit.d.i.p. 1990, S. 732, note *P. Courbe*. Siehe für Belgien das Urteil des Tribunal civil de Marche-en-Famenne vom 26.2.1986, Annales de droi de Liège 1988, S. 100 ff. sowie bereits der Vorinstanz, Justice de paix de Barvaux vom 24.12.1985, Annales de droi de Liège 1988, S. 102 ff. und für die Niederlande das Urteil des Hoge Raad vom 25.9.1992, NIPR 1993, Nr. 105 mit sehr ausführlicher Begründung des Advocaat General. Dieser führt aus, dass das EVÜ zum Erlasszeitpunkt der Urteils bereits in Kraft getreten war und außerdem fast vollständig mit dem niederländischen internationalen Privatrecht, wie es vor dem Inkrafttreten des EVÜ galt, übereinstimme. Im Gegensatz dazu sei es bei dem Haager Übereinkommen von 1986 unsicher, ob und wenn ja, wann es von den Niederlanden ratifiziert werde und die Regelungen des Art. 8 Abs. 2 a und b Haager-Ü seien inhaltlich deutlich verschieden von dem niederländischen IPR vor Inkrafttreten des EVÜ. Daher verbiete sich eine antizipierte Anwendung des letzteren und sei bzgl. des EVÜ geboten.

584 Siehe i. Ü. S. 182 ff.

Inwieweit sich in der Art der Urteilsbegründung gewisse ländertypische Traditionen niederschlagen, kann hier nicht abschließend beurteilt werden.[585] Vor diesem Hintergrund muss offengelassen werden, ob ein Gericht etwa eine Abwägung in dem wünschenswerten Umfang und systemkonform durchgeführt hat, diesen Anknüpfungsprozess also nur verkürzt darstellt, oder ob die erforderliche Abwägung tatsächlich nicht erfolgt ist. Daher ist es auch ein Anliegen dieser Arbeit, die Notwendigkeit zu verdeutlichen, die Entscheidungsfindung explizit niederzulegen.

Nur bei entsprechender Transparenz des Anknüpfungsprozesses ist auch das Problem des sogenannten „Heimwärtsstrebens" in den Griff zu kriegen. Es kann weder den Gerichten – wie sich zeigen wird – der generelle Vorwurf eines solchen Strebens gemacht werden, noch wird zu Unrecht auf dieses Problem immer wieder hingewiesen – auch das wird sich in diesem Kapitel bestätigen. Das Bestreben, zur Anwendung des Forum-Rechts zu gelangen, ist verständlich und hat durchaus Tradition.[586] In vielen Fällen beruht die Anknüpfung an das Recht, welches auch dasjenige des Forums ist, allerdings auf zutreffenden kollisionsrechtlichen Erwägungen.[587]

---

585 Nur beispielhaft sei *Lando*, Rec. des Cours 189 (1984-VI) 1988, S. 229, 337 f. zitiert, der insbesondere über skandinavische und vor allem dänische Gerichte schreibt: „[...] when the law is doubtful the courts of other countries often formulate their grounds as syllogisms in which both the applicable rule of law and the facts subsumed under this rule are established, the reference to the principles of law is often omitted by Skandinavian, and especially Danish courts. They only mention those facts that seem relevant. [...] The reader is left to find out for himself which contact was decisive *prima facie* and what principle was applied. This technique [...] is not unknown in other countries [...]."

586 So schreibt *Lando*, Rec. des Cours 189 (1984 - VI) 1988, S. 229, 330 in Bezug auf die Anknüpfung nach dem vermuteten bzw. hypothetischen Parteiwillen im Europa des 19. Jahrhunderts: „By relying on the test of the presumed intention of the parties, the courts were able [...] to follow the homeward trend. In almost every country it was, as Beale said in his comment on English case law, remarcable to notice the great regularity with which the courts found by various methods that it was the law of England which was intended by the parties." Ähnliches betont er etwas später (S. 338) hinsichtlich der uneinheitlichen Vorgehensweise deutscher Gerichte bis 1945: „The practice of the courts created the impression that this choice was sometimes made arbitrarily and that a solution was often preferred which led to the application of German law." Siehe auch *Spiegel*, in: Exception Clauses, S. 197, 216 hinsichtlich französischer Rechtsprechung und Lehre: „On craint [...] que les instruments de "flexibilisation" puissent devenir dans la main des juges un instrument pour arriver, par des moyens détournés, à des finalités non avouées – le plus souvent à l'application de la loi française." Siehe auch *Kegel/Schurig*, IPR, § 2 II 3. d, S. 126: "[...], dass die Gerichte aller Länder „heimwärts streben" (Nussbaum), wie das Pferd zum Stall drängt (von Steiger), [...]."

587 *Campiglio* zeichnet daher ein eher beschwichtigendes Bild, wenn sie betont, allzu große Sorgen seien angesichts der bis zu ihrem Beitrag ergangenen Rechtsprechung zum EVÜ nicht angebracht; *Campiglio*, Brevi osservazioni sulla clausola d'eccezione, S. 157, 160.

Weiterhin wird sich klären, inwieweit die Gerichte in den verschiedenen Mitgliedstaaten der Rom-Konvention möglicherweise anfänglich bestehende Schwierigkeiten im Umgang mit diesem Übereinkommen überwunden haben.[588]

[588] Solche Schwierigkeiten zeigt etwa *Pamboukis* bei der griechischen Judikatur auf, die anfänglich das neue und das überkommene Kollisionsrecht für Schuldverhältnisse miteinander verquickt hat; *Pamboukis*, RHDI 48 (1995), S. 325, 326 ff. Bei einigen in dieser Arbeit besprochenen Urteilen wird sich Entsprechendes zeigen.

I. Besondere Fallgestaltungen und Vertragsarten

1. Ferienhausfälle (kurzfristige Miet- und Timesharingverträge[589])

a) Die Judikatur

Erste Gruppe von Urteilen ist die der sogenannten Ferienhausfälle. Diese Fälle haben schon früh große Beachtung gefunden. Sie wurden zwar bereits vielfach und ausführlich erörtert, dennoch sollen sie wegen ihrer kollisionsrechtlich-dogmatischen Besonderheiten auch in dieser Arbeit besprochen werden.

Der erste und berühmteste Fall ist der des belgischen Tribunal civil de Marche-en-Famenne in der Rechtssache *S.A. Assurences Utrecht v. J. et D.D.*[590] Vorinstanz war die Justice de paix de Barvaux.[591] Zum Sachverhalt: Ein niederländisches Ehepaar mit gewöhnlichem Aufenthalt in den Niederlanden hatte für ein Wochenende ein Chalet in Belgien gemietet. Der Vermieter war ebenfalls Niederländer mit gewöhnlichem Aufenthalt in den Niederlanden. Der Vertrag wurde mündlich in diesem Land abgeschlossen; der Preis betrug 200,- Gulden und wurde im Voraus in den Niederlanden bezahlt. Am Ende des Aufenthalts war das Chalet samt Einrichtung von einem Feuer zerstört, dessen Ursprung unbekannt geblieben ist. Aus diesem Grund zahlte die S.A. d'assurences Utrecht an den Eigentümer, ihren Versicherungsnehmer, 1.175.619,- belgische Franken. Somit in dessen Rechte eingetreten, verlangte sie nun im Wege des Regresses diesen Betrag von den Mietern. Beide Parteien beriefen sich auf das noch nicht in Kraft getretene EVÜ. Das Gericht erster Instanz – Justice de paix de Barvaux – erklärte sich gemäß Art. 16 Abs. 1 EuGVÜ für international ausschließlich zuständig. Es bestimmte das anwendbare Recht in antizipierter Anwendung des EVÜ. Mangels einer Rechtswahl knüpfte es objektiv nach Art. 4 Abs. 1, 3 und 5 EVÜ an. Ohne weitere eigene Begründung zitierte es ein Beispiel aus dem Bericht *Giuliano/Lagarde*[592], stellte fest, es liege ein gleichgelagerter, sogar noch eindeutigerer Fall vor und gelangte so über die Ausweichklausel zum holländischen Recht.

Das Tribunal civil de Marche-en-Famenne, bestätigte als Berufungsgericht das kollisionsrechtliche Ergebnis der Vorinstanz. Im Gegensatz zu dieser führte

---

[589] Zu den Timesharingverträgen siehe Fn. 632.

[590] Annales de droit de Liège 1988, S. 100-102 = Revue générale de droit civil belge 1989, S. 387-396.

[591] Annales de droit de Liège 1988, S. 102-104.

[592] BT-Drucks: 10/503, S. 33, 52: „Die erwähnte Vermutung [des Art. 4 Abs. 3 EVÜ] ließe sich beispielsweise widerlegen, wenn zwei in Belgien ansässige Personen einen Vertrag über Miete eines Ferienhauses auf der Insel Elba (Italien) abschließen. In diesem Falle könnte man die Auffassung vertreten, dass der Vertrag nicht zu Italien, sondern zu dem Aufenthaltsstaat der Vertragsschließenden die engsten Verbindungen aufweist."

es jedoch seine Gründe an. Nach Ansicht des Gerichts waren die folgenden Anknüpfungspunkte für die Korrektur der Anknüpfung an die lex rei sitae ausschlaggebend: Beide Parteien hatten die niederländische Staatsangehörigkeit und ihren gewöhnlichen Aufenthalt in den Niederlanden, der Mietzins wurde in Gulden vereinbart und in den Niederlanden bezahlt. Außerdem seien beide Parteien überrascht gewesen, dass belgisches Recht Anwendung finden könnte. Darüber hinaus sei die Mietzeit nur von sehr kurzer Dauer (ein Wochenende) gewesen. Ohne jegliche explizite Gewichtung der einzelnen Anknüpfungspunkte, stellt das Gericht fest, dass sich somit aus der Gesamtheit der Umstände die engste Verbindung zu den Niederlanden ergebe. Danach verweist es ebenfalls kurz und schlicht auf den Bericht *Giuliano/Lagarde.*

In der zu diesen Urteilen reichlich ergangenen Literatur wird das kollisionsrechtliche Ergebnis zu Recht fast allgemein mitgetragen.[593] Schon der Bericht der *Giuliano/Lagarde* bildet den erwähnten vergleichbaren Fall (Mietvertrag über ein Ferienhaus auf Elba (Italien) zwischen zwei in Belgien ansässigen Personen) und weist darauf hin, dass man „in diesem Falle [...] die Auffassung vertreten [könnte], dass der Vertrag nicht zu Italien, sondern zu dem Aufenthaltsstaat der Vertragsschließenden die engsten Verbindungen aufweist."[594] Zu beachten ist jedoch, dass in dem Beispielsfall die Dauer der Mietzeit nicht erwähnt wird und dass der Bericht offenbar bewusst vorsichtig formuliert ist. Diese Vorsicht mag daraus resultieren, dass die Autoren nicht die Ergebnisse der Judikatur und der wissenschaftlichen Diskussion vorwegnehmen, sondern lediglich ein Beispiel für einen möglichen Anwendungsfall der Ausweichklausel formulieren wollten und/oder daraus, dass in ihrem Beispiel der gemeinsame gewöhnliche Aufenthalt das einzig genannte Anknüpfungskriterium ist, das über eine Korrektur des Ergebnisses der Vermutungsregel nachdenken lässt.[595] In den meisten Beiträgen der Literatur wird aus der Urteilsbegründung lediglich hervorgehoben, dass die gemeinsame Staatsangehörigkeit, der gemeinsame gewöhnliche Aufenthalt, die Vertragswährung sowie der Ort der Zahlung des Mietzinses gemeinsam auf ein anderes als das von der Vermutung berufene Recht wiesen und dass diese Vertragsumstände entscheidend gewesen seien.[596]

---

593 Vgl. statt vieler *Campiglio*, Riv. dr. int. priv. e proc. 1992, S. 241, 245 f.; **a. A.** *Gralka*, Timesharing bei Ferienhäusern und Ferienwohnungen, S. 134.

594 Bericht *Giuliano/Lagarde*, BT-Drucks. 10/503, S. 53.

595 Es ist daher fragwürdig, wenn die Justice de paix de Barvaux so tut, als habe sich der Bericht an dieser Stelle eindeutig ausgedrückt und festgelegt und sodann schlicht darauf hinweist, dass ein noch eindeutigerer Fall vorliege.

596 *Campiglio*, Riv. dr. int. priv. e proc. 28 (1992), S. 241, 245; *Ebke*, in: Von Bar, S, 96; *Frigessi di Rattalma*, Riv. dr. int priv. e proc. 28 (1992), S. 819, 832 (Fn. 40); *Kokkini-Iatridou*, in: Exception Clauses, S. 3, 16 f.; *Wilderspin*, in: Lagarde/von Hoffmann, S. 47, 53, der aber immerhin in der Sachverhaltsschilderung hervorhebt, dass es sich um „a very short-term lease (one week-end)" handelte. Siehe auch Staudinger-*Magnus*, Art. 28

Andere heben zutreffend hervor, dass Ausgangspunkt der Überlegungen hinsichtlich der kollisionsrechtlichen Korrektur die *Kürze der Vertragsdauer* ist.[597] Dieser Gedankengang überzeugt. Denn wer würde in einem Fall mit einer Mietzeit von 10 Jahren, im übrigen unter ceteris paribus, gleichermaßen eine Korrektur des von der Vermutungsregel getroffenen Ergebnisses befürworten?

Die Situs-Regel dient insbesondere der Durchsetzung zwingenden Liegenschafts- und Mieterschutzrechts des Belegenheitsstaates[598], was sowohl im objektivierten Partei- und Verkehrsinteresse als auch im staatlichen Interesse liegt. Die Anwendung des Lageortrechts liegt bei Mietverträgen im objektivierten überwiegenden Parteiinteresse, da der Mieter in der Regel durch seine Lebensumstände mit dieser Rechtsordnung eng verbunden ist. Staatlicherseits besteht einerseits ein Ordnungsinteresse an der Durchsetzung bestimmter Rechtziele, insbesondere an der Wahrung und der Einheitlichkeit des nationalen sozialen Schutzniveaus[599]. Des Weiteren dient die Situs-Regel dem Verkehrsinteresse an Rechtsklarheit und damit der Verkehrssicherheit bei Liegenschaftsverträgen.[600] Aufgrund dieser gewichtigen Argumente für einen Gleichlauf von Vertrags- und Sachenrechtsstatut bei grundstücksbezogenen Verträgen i. S. des Art. 4 Abs. 3 EVÜ ist in dessen Anwendungsbereich eine hohe Legitimation des vermutungsweise berufenen Rechts anzuerkennen. Dies führt zu einer besonders restriktiven Auslegung der Ausweichklausel.[601] Bei Ferienmietverträgen greifen diese Argumente dagegen nicht. Ein Schutzbedürfnis des Mieters sowie ein staatliches Interesse an dessen Durchsetzung besteht für den Urlauber nicht.[602] Auch die Verkehrssicherheit wird durch die Anwendung eines anderen Rechts nicht gefährdet. Mithin besteht bei diesen Verträgen kein hinreichender sachlicher Grund, an der Lageort-Regel festzuhalten. Dieser Umstand eröffnet den Weg zur einzelfallbezogenen Schwerpunktbestimmung.[603]

EGBGB, Rn. 211, der allerdings ebenfalls nur von „insbes. für befristete Urlaubszwecke" spricht.

597 *W. Lorenz*, IPRax 1990, 292, 294.

598 Soweit es sich nicht ohnehin um zwingende Vorschriften handelt, die sich ohne Rücksicht auf das Vertragsstatut nach Art. 7 EVÜ bzw. 34 EGBGB international durchsetzen.

599 *Kreuzer*, IPRax 1986, S. 75, 79; *Lurger*, Der Timesharing-Vertrag, ZfRV 33 (1992), S. 348, 360.

600 *Kege/Schurig*, IPR, § 2 II 2, S. 121; *Lurger*, Der Timesharing-Vertrag, ZfRV 33 (1992), S. 348, 360.

601 Soergel-*von Hoffmann*, Art. 28 EGBGB, Rn. 73.

602 So die ganz überwiegende Ansicht, vgl. etwa *W. Lorenz*, IPRax 1990, S. 292, 294.

603 Verfehlt ist die Ansicht von *Lüderitz*, IPR, S. 128, der nicht nur bei der kurzfristigen Miete, sondern sogar beim Kauf von Immobilien stets die Ausweichklausel zur Anwendung kommen lassen will, wenn die Vertragsparteien einen gemeinsamen, vom Belegenheitsstaat der Immobilie abweichenden gewöhnlichen Aufenthalt haben. *Lüderitz* begründet seine Ansicht nicht näher. Er geht aber ausdrücklich davon aus, dass die Umstände, die bei der Bestimmung eines stillschweigend ausgeübten Rechtswahlwillens zu berücksichtigen

Ungelöst ist allerdings die Frage, wie der Begriff der Kurzfristigkeit zu konkretisieren ist. Nach einer Ansicht wird mit dem Argument des Gleichlaufs zu Art. 22 Nr. 1 S. 2 Brüssel I-VO[604], ex-Art. 16 Nr. 1 b EuGVÜ die zeitliche Grenze bei sechs Monaten gezogen.[605] Um eine sinnvolle zeitliche Grenze zu ziehen, ist der Rückgriff auf diese Regelung ein überzeugender Ansatzpunkt, denn zum einen ging der Neuregelung dieser Norm[606] eine ausführliche Diskussion unter ähnlichen Aspekten wie bei den Ferienhausfällen im Rahmen des Art. 4 EVÜ voran[607], zum anderen erscheint es sinnvoll, die zeitliche Grenze nicht weiter zu ziehen als beim EuGVÜ beziehungsweise der Brüssel I-VO, da ansonsten bei Verträgen mit einer Laufzeit über sechs Monaten stets das forum rei sitae zuständig wäre (Art. 22 Nr. 1 Brüssel I-VO), der Vertrag aber dem Recht des gemeinsamen gewöhnlichen Aufenthalts unterworfen würde. Wird die Grenze bei sechs Monaten gezogen, so kann nur bei Verträgen unterhalb dieser Grenze Zuständigkeit und anwendbares Recht auseinanderfallen.[608] Dass ein solcher weitgehender Gleichlauf erstrebenswert ist, ist wohl unbestritten, ebenso, dass das jüngere Römische Übereinkommen die Regelungen des EuGVÜ

sind, identisch mit denen sind, die auch zur objektiven Schwerpunktbestimmung eines Vertrages herangezogen werden können. Dieser Auffassung wird in dieser Arbeit entgegengetreten, vgl. dazu eingehend S. 122 ff. Tatsächlich ist in den von *Lüderitz* zitierten Urteilen der BGH zu Recht von dem Vorliegen einer stillschweigenden Rechtswahl ausgegangen. Eine rein objektive Schwerpunktbestimmung hätte dagegen nicht zur Anwendung der Ausweichklausel geführt.

604 Verordnung 44/2001/EG über die gerichtliche Zuständigkeit und die Anerkennung und Vollstreckung in Zivil- und Handelssachen vom 22.12.2000, Abl.EG Nr. L 12/1.

605 So *von Hoffmann*, IPR, § 10 C III 2, Rn. 55.

Art. 22 Nr. 1 Brüssel I-VO lautet: „Ohne Rücksicht auf den Wohnsitz sind ausschließlich zuständig: 1. für Klagen, welche dingliche Rechte an unbeweglichen Sachen sowie Miete oder Pacht von unbeweglichen Sachen zum Gegenstand haben, die Gerichte des Vertragsstaats, in dem die unbewegliche Sache belegen ist. Jedoch sind für Klagen betreffend Miete oder Pacht unbeweglicher Sachen zum vorübergehenden privaten Gebrauch für höchstens sechs aufeinanderfolgende Monate auch die Gerichte des Mitgliedstaats zuständig, in dem der Beklagte seinen Wohnsitz hat, sofernes sich bei dem Mieter oder Pächter um eine natürliche Person handelt und der Eigentümer sowie der Mieter oder Pächter ihren Wohnsitz in demselben Vertragsstaat haben;“

606 Neufassung des EuGVÜ in der Fassung des 3. Beitrittsübereinkommens vom 26.5.1989, BGBl. 1994 II, S. 518, sowie diejenige des Parallelabkommens von Lugano vom 16.9.1988, Abl. EG 1988 Nr. L 319/9.

607 *Lurger*, ZRvgl 33 (1992), S. 348, 355. Vgl. insbesondere zur Rechtsprechung des EuGH *Frigessi di Rattalma*, Riv. dr. int. priv. e proc. 28 (1992), S. 819, 831; *von Hoffmann*, IPR, § 3 E IV 5, Rn. 238 ff.; *W. Lorenz*, IPRax 1990, S. 292, 293; *Rauscher*, NJW 1985, S. 892, 893 ff.

608 Denn in diesen Fällen besteht eine konkurrierende internationale Zuständigkeit des forum rei sitae und der Gerichte des Vertragsstaates, in dem der Beklagte (wie auch der Kläger) seinen Wohnsitz hat.

berücksichtigt hat.[609] Auch ist bereits dem *Jenard*-Bericht zu entnehmen, dass die Redaktoren des Art. 16 Nr. 1 EuGVÜ davon ausgegangen sind, die ausschließliche Zuständigkeit der Gerichte des Belegenheitsstaates für Mietstreitigkeiten ergebe gewissermaßen im Gleichlauf die Anwendung der lex fori.[610] Entsprechend wurde der Art. 16 Nr. 1 EuGVÜ mit dem 3. Beitrittsübereinkommen[611] hinsichtlich der kurzfristigen Miete und Pacht von Immobilien geändert. Schlussendlich sei darauf hingewiesen, dass der EuGH gemäß des Ersten und Zweiten Brüsseler Auslegungsprotokolls[612] die Auslegungskompetenz für das EVÜ übertragen bekommen soll – auch wenn dies nicht in absehbarer Zeit eintreten wird. Für die Brüssel I-VO ergibt sich seine oberste Auslegungskompetenz unmittelbar aus Artt. 220 ff. EGV.[613] Es steht zu erwarten, dass das Gericht eine einheitliche Auslegung durchsetzen wird, was ein zusätzliches, über die EVÜ-interne Argumentation hinausgehendes Argument für die hier übernommene Ansicht liefert.

An dieser Stelle soll nur kurz der Hinweis des Tribunal civil de Marche-en-Famenne auf die Überraschung der Parteien über die mögliche Anwendbarkeit eines anderen, als des angewandten Rechts hervorgehoben werden. Dass solche Erwartungen der Parteien, negative wie positive, ohne kollisionsrechtliche Bedeutung sind, wurde bereits dargelegt.[614]

---

609 Das EVÜ wurde u. a. auch als materiellrechtliche Ergänzung des EuGVÜ geschaffen, insbesondere um der Gefahr des forum shopping – ermöglicht durch das EuGVÜ (vgl. hierzu statt vieler *Czernich/Heiss*, ÖJZ 1998, S. 681, 682) – zu begegnen. Die Übernahme von Grundsätzen und Regelungen eines Übereinkommens in ein anderes ist zwar nicht unproblematisch, der Europäische Gerichtshof hat indes bei der Auslegung des EuGVÜ auf das EVÜ Bezug genommen. Daher ist der Schluss wohl zulässig, dass dies auch umgekehrt möglich ist. Ebenso *Wilderspin*, zitiert in Haase, Diskussionsbericht, S. 63, 63 f., mit Verweis auf die Präambel des EVÜ, die ausdrücklich auf das EuGVÜ Bezug nimmt.

610 *Jenard*-Bericht, Abl. EG 1979, Nr. C 59/I.35; siehe auch *W. Lorenz*, IPRax 1990, S. 292, 294.

611 EWG-Übereinkommen von Donostia-San Sebastián über den Beitritt des Königreichs Spanien und der Portugiesischen Republik zum Übereinkommen über die gerichtliche Zuständigkeit und die Vollstreckung gerichtlicher Entscheidungen in Zivil- und Handelssachen sowie zum Protokoll betreffend die Auslegung dieses Übereinkommens durch den Gerichtshof vom 26. Mai 1989, BGBl. 1994 II, S. 519.

612 Art. 1 Abs. 1, Art. 3 Zweites Brüsseler Protokoll betreffend die Auslegung des am 19. Juni 1980 in Rom zur Unterzeichnung aufgelegten Übereinkommens über das auf vertragliche Schuldverhältnisse anzuwendende Recht durch den Gerichtshof der Europäischen Gemeinschaften vom 19. Dezember 1988 (BGBl. 1995 II, S. 923), Art. 1 a, b Erstes Brüsseler Protokoll betreffend die Auslegung des am 19. Juni 1980 in Rom zur Unterzeichnung aufgelegten Übereinkommens über das auf vertragliche Schuldverhältnisse anzuwendende Recht durch den Gerichtshof der Europäischen Gemeinschaften vom 19. Dezember 1988 (BGBl. 1995 II, S. 916), abgedruckt bei *Jayme/Hausmann*, IPR u IZVR, Nr. 71, 72.

613 Vgl. *von Hoffmann*, IPR, § 3 E II 1., Rn. 188.

614 Oben S. 87 ff.; siehe auch S. 177 ff.

Der BGH hatte in zwei Fällen zu entscheiden, in denen es ebenfalls um die kurzfristige Miete von Ferienunterkünften ging. In dem ersten[615] schloss das beklagte Unternehmen, eine GmbH mit Sitz in Deutschland und gegründet nach deutschem Recht, gewerbsmäßig Verträge über die Überlassung von Ferienwohnungen und -häusern in Frankreich und Spanien unter Verwendung ihrer AGB ab. Diese enthielten u. a. die Bestimmung, dass an den Schlüssel- oder Hausverwalter am Ferienort vor Überlassung der Ferienunterkunft eine Kaution zu zahlen sei. Diese sollte zwei Wochen nach der Abreise postalisch erstattet werden, soweit am Haus und Inventar kein Schaden angerichtet wurde. Gegen diese Regelung klagte ein Verbraucherschutzverein wegen Verstoßes gegen § 9 AGBG a. F. auf Unterlassung.

Der BGH ist der Ansicht, deutsches Recht beherrsche als Vertragsstatut die Verträge. Im Rahmen der Prüfung seiner Zuständigkeit qualifiziert er diese als Mietverträge.[616] Sehr kurz führt er aus, dass Art. 28 Abs. 3 EGBGB hier nicht zur Anwendung französischen oder spanischen Rechts führe, da die Verträge eine noch engere Beziehung im Sinne des Art. 28 Abs. 5 EGBGB zum deutschen Recht aufwiesen. Die relevanten Umstände seien insbesondere, dass die Beklagte die charakteristische Leistung in Deutschland erbrachte[617] – dies sei gem. Art. 28 Abs. 2 EGBGB der wichtigste Anhaltspunkt für die engste Verbin-

[615] BGHZ 109, S. 29 ff. = IPRax 1990, S. 318-320.

[616] Zwar tut er dies nicht ausdrücklich, jedoch ergibt es sich hinreichend deutlich aus seiner Prüfung, ob seine Zuständigkeit wegen anderweitiger ausschließlicher Zuständigkeit gem. Art. 16 Nr. 1 EuGVÜ, der Miet- und Pachtverträge betrifft, ausgeschlossen ist. Dieser Qualifikation hält *Lindacher*, BB 1990, S. 661, 661 entgegen, dass die vorliegende Vertragsgestaltung einen Veranstaltervertrag darstelle, der als Werkvertrag zu qualifizieren sei. Ebenso *Tonner*, NJW 1981, S. 1921, 1922 ff. Diese Qualifikation ablehnend: *W. Lorenz*, IPRax 1990, S. 292, 293.

[617] Ob die Vermieterpflicht – Überlassung der Wohnung auf Zeit – tatsächlich am Sitz des Vermieters erbracht wurde, erscheint zumindest fraglich. Erst am Belegenheitsort sollten die Schlüssel vom Schlüssel- und Hausverwalter übergeben werden und zwar erst nach Leistung einer Kaution, mithin erst nach Erfüllung einer weiteren Bedingung. Dass der Vermieter schon zuvor den Besitz übertragen wollte, ist kaum anzunehmen. Eine bedingte Besitzübertragung scheitert dagegen daran, dass der Besitz als tatsächliches Verhältnis zu einer Sache bedingungsfeindlich ist. Bei einigen reinen Inlandsfällen der Vermietung von Ferienunterkünften wurde daher auch die abweichende Ansicht vertreten, Erfüllungsort der vertragscharakteristischen Leistung sei der Ort der Belegenheit (etwa AG Neuss NJW-RR 1986, 1210, 1210; *Lagarde*, in: FS Bellet, S. 281, 281 f.; *W. Lorenz*, IPRax 1990, S. 292, 294). Auch sonst wird bei Miet- und Pachtverträgen über Grundstücke vielfach der Ort der belegenen Sache als Erfüllungsort der Vermieter- bzw. Verpächterpflicht angesehen (Palandt-*Heinrichs*, § 269 BGB, Rn. 13). Stellt man dagegen ausschließlich auf den Ort ab, von dem aus die charakteristisch leistende Partei ihre die Leistung vorbereitende Tätigkeit entfaltet, so ist jedenfalls dann, wenn keine weitere Bedingung am Lageort zu erfüllen ist, die Ansicht des BGH überzeugend. Vgl. dazu *W. Lorenz*, IPRax 1990, S. 292, 294.

dung. Dieser nach Deutschland weisende Umstand werde dadurch unterstützt, dass die Beklagte ihre Niederlassung und ihre Kunden ihren gewöhnlichen Aufenthalt im Inland hatten.

Zum einen fällt auf, dass der BGH, nachdem er Abs. 3 für einschlägig erklärt hat, auf Grundlage der charakteristischen Leistung im Sinne des Abs. 2 argumentiert.[618] Der BGH wollte wohl die Bedeutung des Kriteriums der charakteristischen Leistung für den Grundsatz der engsten Verbindung, welcher den gesamten Art. 28 EGBGB beherrscht, hervorheben und drückt sich nur unglücklich aus, denn selbstverständlich wäre es systemwidrig, Abs. 2 nach Abs. 3 anzuwenden.[619]

Gravierender erscheint die Frage, ob es tatsächlich legitim ist, auf das Kriterium der charakteristischen Leistung im Rahmen des Abs. 5 einzugehen und das Recht des Erbringers derselben für anwendbar zu erklären, wenn eine der speziellen Vermutungsregeln der Abs. 3 oder 4 greift, oder ob dieses Kriterium gänzlich verdrängt ist. Nun steht auf erste Sicht dem nichts entgegen, die charakteristische Leistung im Rahmen des Abs. 5 als ein Kriterium der Gesamtheit der Umstände zu berücksichtigen und sowohl ihren Erfüllungsort – so der BGH – als auch den Sitz ihres Erbringers in die Erwägungen einzustellen.[620] Dem steht auch nicht entgegen, dass der Abs. 2 zu den Abs. 3 und 4 im Verhältnis von lex generalis zu leges speciales steht. Dieses Spezialitätsverhältnis wirkt sich nämlich unmittelbar nur auf den ersten Schritt der objektiven Anknüpfung aus. Ob der die jeweilige Vermutung begründende Umstand bei Eingreifen einer anderen Vermutung auch für die Schwerpunktbestimmung im Rahmen der Ausweichklausel verdrängt sein soll, wird mit der Annahme eines Spezialitätsverhältnisses dagegen nicht beantwortet.

Problematisch an der Lösung des BGH ist jedoch, dass die Fälle, in denen die speziellen Vermutungen greifen und tatsächlich im Ergebnis zum anwendbaren Recht führen, zumindest im Bereich der grundstücksbezogenen Gebrauchsüberlassung auf ein Minimum reduziert würden. Denn es ist zu beachten, dass der BGH die Tatsache, dass Kläger und Beklagte ihren Sitz beziehungsweise ihren

618 Vgl. Anm. *W. Lorenz* IPRax 1990, S. 294: Das hätte der BGH nicht tun müssen, er hätte bei Abs. 5 bleiben sollen.

619 Zu der sehr unglücklichen Formulierung des BGH vgl. Anm. bei *W. Lorenz*, IPRax 1990, S. 292, 294.
Vgl. *Lindacher*, BB 1990, S. 661 f.: Nicht Art. 28 EGBGB, sondern Art. 29 EGBGB sei beim Ferienhausvertrag in der Spielart des Veranstaltervertrages anzuwenden, da der Vertrag als Werkvertrag zu qualifizieren sei, mit der Folge, dass grundsätzlich gem. Art. 29 Abs. 2 EGBGB aus Verbraucherschutzgründen das Umweltrecht des Verbrauchers den Vertrag beherrscht. Vgl. dazu auch BHGZ 119, S. 152, 152 ff.; KG, VuR 1995, S. 35; *Kartzke*, NJW 1994, S. 823, 825.

620 So auch *Frigessi di Rattalma*, Riv. Dr. int. priv. e proc. 28 (1992), S. 819, 833 und *Campiglio*, Riv. dr. int. e proc. 1992, S. 241, 244.

gewöhnlichen Aufenthalt im gleichen Land haben, lediglich als unterstützendes Argument heranzieht. Wie *Werner Lorenz*[621] zu Recht schreibt, ist dieser Umstand aber in Verbindung mit der Kurzfristigkeit der Gebrauchsüberlassung bei Ferienhausmieten der ausschlaggebende Grund für die Anwendung der Ausweichklausel - sofern man nicht über eine teleologische Reduktion des Abs. 3 direkt zur Anwendung des Abs. 2 gelangt.[622]

In dem zweiten Fall vor dem BGH[623] ging es um einen Veranstalter, eine GmbH mit Sitz in Deutschland, der Kunden aus Deutschland ausländische Ferienunterkünfte bereitstellte. Als Grundlage für sein Angebot gab er jährlich einen Prospekt heraus, auf dessen Rückseite allgemeine Vertragsbedingungen abgedruckt waren. Gegen einige dieser AGB ging ein Verbraucherschutzverein gerichtlich vor. Wie schon das Berufungsgericht geht der BGH von der Anwendbarkeit deutschen Rechts aus. Dabei lässt er es ohne irgendeine Subsumtion dahinstehen, ob diese sich aus Art. 28 Abs. 5 EGBGB oder aus Art. 29 Abs. 2 i.V. mit Abs. 1 Nr. 1 oder 2 EGBGB ergibt. Eingehendere Begründungen gibt der BGH nicht, bezüglich Art. 28 Abs. 5 EGBGB verweist er vielmehr lediglich auf sein Urteil vom 12.10.1989[624] sowie auf die Anmerkung zum Urteil von *Werner Lorenz*[625] und bezüglich Art. 29 EGBGB auf *Lindacher*[626] sowie *Heldrich*.[627]

Das letzte Urteil aus der Gruppe der Ferienhausfälle ist vom LG Köln[628] entschieden worden. Beklagter war ein niederländischer Betreiber eines Ferienparks in den Niederlanden. Er verfügte über eine Zweigniederlassung in Köln, über die er seine Leistungen überwiegend den in Deutschland geworbenen Kunden anbot. Er verwendete schriftlich vorformulierte AGB in deutscher Sprache. Die Klägerin verlangte die Unterlassung der Verwendung von einzelnen darin verwendeten Klauseln.

Das Gericht bejaht (wohl) zunächst die Vermutung des Art. 4 Abs. 3 EVÜ, sieht sie jedoch gemäß dessen Abs. 5 als überwunden an. Dabei geht es mit keinem Wort auf Art. 28 Abs. 1 EGBGB ein, noch subsumiert es unter den Abs. 3. Mit einem kurzen Verweis auf ein Urteil des BGH[629] meint es, die Beklagte erbringe die charakteristischen Leistungen in Deutschland. Außerdem seien Anmeldung beziehungsweise Buchung gemäß den AGB in Deutschland erfolgt,

---

621 W. *Lorenz*, IPRax 1990, S. 292, 294.

622 So *von Hoffmann*, IPR, § 10 C III. 2., Rn. 55. Wohl ebenso, wenn auch nicht ausdrücklich *Kegel/Schurig*, IPR, § 18 I 1. d, S. 580.

623 Urteil vom 9.7.1992 = BGHZ 119, S. 152-176.

624 IPRax 1990, S. 318, 319, siehe oben S. 136.

625 *W. Lorenz*, IPRax 1990, S. 292, 294.

626 *Lindacher*, BB 1990, S. 661.

627 Palandt-*Heldrich*, BGB, Art. 29 EGBGB, Rn. 2.

628 LG Köln, VuR 1992, S. 156 = IPRspr. 1992 Nr. 29.

629 BGH, NJW 1990, S. 317 = IPRspr. 1989, Nr. 195.

das als „Bestätigung/Rechnung" bezeichnete Formblatt weise als Vertragspartner die Zweigniederlassung in Köln aus und als Bankverbindung sei ein deutsches Bankinstitut angegeben. „Als weitere Umstände, die einen Hinweis auf deutsches Recht begründen, kommen hinzu,"[630] dass die Kunden der Zweigniederlassung ihren gewöhnlichen Aufenthalt in Deutschland hatten und der Vertragstext, einschließlich AGB, in deutscher Sprache abgefasst war.

Das kollisionsrechtliche Ergebnis ist sicher zutreffend, jedoch geht das LG Köln bei der kollisionsrechtlichen Anknüpfung sehr unsauber vor. Zwar deutet es eine Differenzierung zwischen vorrangigen und sekundären Indizien an, doch ist eine zwingende Logik nicht zu erkennen. Warum z. B. soll die Bankverbindung wichtig sein, der gewöhnliche Aufenthalt der Kunden dagegen nicht? Auch erwähnt es die zu den Niederlanden weisenden Aspekte nicht weiter und äußert sich mit keinem Wort zum Verhältnis von Regel und Ausnahme.

b) Zwischenergebnis

Wie sich gezeigt hat, haben sämtliche Gerichte in den untersuchten Urteilen bei der Vermietung von Ferienunterkünften die Anwendung der Regelvermutung zugunsten der lex rei sitae abgelehnt und via Ausweichklausel dasjenige Recht angewandt, welches das Umweltrecht der Mieter war und zu dem eine Mehrzahl weiterer Anknüpfungspunkte bestanden. Dem ist im Ergebnis zuzustimmen. Auffällig ist jedoch, dass das entscheidende Kriterium dieser Fallkonstellation, nämlich die Kürze der Mietdauer, die der Anknüpfung an die lex rei sitae den Boden entzieht und so den Weg ebnet für die individuelle Bestimmung des Vertragsstatuts auf Grundlage des Prinzips der engsten Verbindung, nur von einem Gericht, dem Tribunal de Marche-en-Famenne, in der Begründung herangezogen wird und dies auch nur als unterstützendes Argument. Richtigerweise ist dieser Umstand indes Ausgangspunkt der Überlegungen. Aufgrund der Kürze der Vertragsdauer besteht weder sach- noch kollisionsrechtlich ein besonderes Schutzbedürfnis des Mieters, entfallen das Verkehrsinteresse und das betroffene staatliche Interesse an der Anwendung des Belegenheitsrechts[631], so dass der Vermutung des Abs. 3 die innere Rechtfertigung entzogen ist.[632] Erst danach

[630] Mit dieser Formulierung scheint das Gericht eine Abwägung des relativen Gewichts der verschiedenen Anknüpfungspunkte dahingehend andeuten zu wollen, dass die zuvor genannten von stärkerem, die nachfolgenden von weniger großem Gewicht sind.

[631] *Von Hoffmann*, IPR, § 10 C III 2, Rn. 55.

[632] Gleiches soll nach wohl herrschender Ansicht auch für **Timesharing-Verträge** mit kurzen Zeiträumen mietrechtlicher Nutzung gelten. Der Timesharing-Vertrag umfasst als Oberbegriff eine Vielzahl verschiedener Vertragsgestaltungen mit dem Ziel Teilzeiteigentum oder Ferienwohnrecht zu verschaffen. Die kollisionsrechtliche Anknüpfung ist dabei von der vertraglichen Ausgestaltung im Einzelfall abhängig. Soweit der Vertrag einen Anspruch des Timesharingnehmers auf ein dingliches oder obligatorisches Recht an einer Fe-

kann eine Abweichung von der Regelvermutung aufgrund der Würdigung anderer Vertragsumstände vorgenommen werden. Die deutschen Gerichte, die mittels der Technik der Verweisung jeweils auf das erste Urteil des BGH eine Kontinuität der Rechtsprechung aufgebaut haben, verwenden dieses Kriterium nicht – zumindest nicht ausdrücklich. Sie stellen vielmehr sämtlich darauf ab, dass die charakteristische Leistung in einem anderen Staat als dem Belegenheitsstaat der Immobilie erbracht worden sei sowie darauf, dass sich Niederlassung und gewöhnlicher Aufenthalt von Vermieter und Mieter in eben diesem Staat befanden. Da in dem Fall des LG Köln die Besonderheit bestand, dass Beklagter ein niederländischer Ferienparkbetreiber war, während der Mieter seinen gewöhnlichen Aufenthalt in Deutschland hatte, führte das Gericht aus, dass die deutsche Niederlassung des Beklagten der eigentliche Vertragspartner gewesen sei, ohne jedoch darzulegen, dass es sich um eine Zweigniederlassung handelte, die den Anforderungen des Art. 4 Abs. 2 S. 2 EVÜ entspricht und unterfütterte dieses mit einigen weiteren Vertragsumständen, nämlich dem Ort des Vertragsschlusses, der Vertragssprache sowie der Bankverbindung des Vermieters.

Ob der Erfüllungsort der charakteristischen Leistung, nämlich der Bereitstellung der Ferienunterkünfte tatsächlich der Sitz des Vermieters ist und nicht etwa der Lageort der Immobilie, erscheint fraglich.[633] Dieses Ergebnis der deutschen

rienunterkunft begründet, liegt ein Grundstückskauf oder eine Grundstücksmiete vor. Mangels Rechtswahl unterliegt der Vertrag dem Recht am Belegenheitsort der Immobilie. Bei Verträgen, die als Grundstücksmietverträge zu qualifizieren sind und eine nur kurze jährliche Nutzungsdauer vorsehen, soll dagegen an den Sitz des Timesharinggebers anzuknüpfen sein, vgl. *Lurger*, ZRvgl 33 (1992), S. 349, 352 ff.; Soergel-*von Hoffmann*, Art. 28 EGBGB, Rn. 167. Dies überzeugt nicht, denn anders als bei der einmaligen Miete von Feriewohnungen, bei der der jeweilige Vertrag mit Ende der einzelnen Nutzung beendet ist, haben Timesharing-Verträge eine Laufzeit von mindestens mehreren Jahren. Auch wird der Timesharingnehmer in ein besonderes System von Rechten und Pflichten gegenüber dem Timesharinggeber sowie den anderen Timesharingnehmern desselben Objekts eingebunden. Die Interessenlage ist daher nicht mit der bei Miete von Ferienunterkünften vergleichbar. Zu der aus diesem Grund häufig vorgenommenen abweichenden Qualifikation des Timesharingvertrages als Dienstleistungsvertrag und damit als Verbrauchervertrag im Sinne des Art. 5 EVÜ/Art. 29 EGBGB siehe *Jayme*, IPRax 1995, S. 234, 235 f. mit rechtsvergleichender Darstellung der Rechtsprechung und m.w.N.

633 Siehe oben Fn. 617. Eindeutiger wäre das Ergebnis, wenn der Ferienhausvertrag in der Spielart des Veranstaltervertrages abweichend vom BGH als Werkvertrag, gerichtet auf die Ermöglichung vertragsgemäßen Urlaubsgenusses, oder zumindest als gemischter Vertrag qualifiziert wird und als prägende Leistungen des Veranstalters die Präsentation eines breiten und vielfältigen Angebots nach sachkundiger Auswahl, kompetente Beratung und ständige Kontrolle des Leistungsträgers angesehen werden. Dann wären die tatbestandlichen Voraussetzungen der Vermutung des Abs. 3 gar nicht erst erfüllt; vgl. *Lindacher*, BB 1990, S. 661, 661 f. Doch ist es äußerst fraglich, ob diese vorbereitenden, wenn auch wichtigen Tätigkeiten ausreichen, um die Vermutung des Abs. 3 zugunsten des Abs. 2

Judikatur ist vertretbar, aber keinesfalls zwingend. Vertretbar erscheint auch, am Ort des Vertragsschlusses, also in der Mehrzahl der Fälle am Sitz des Vermieters, lediglich die Einigung über die Überlassung anzunehmen sowie eventuell die Vereinbarung über die Erfüllung von Nebenpflichten, etwa der Schlüsselübergabe, insbesondere wenn diese erst nach Zahlung einer Kaution erfolgt, also erst nach Erfüllung einer weiteren Bedingung.

Abschießend soll auf eine dogmatisch gänzlich andere Lösung der Ferienhausproblematik hingewiesen werden, die bislang lediglich angedeutet wurde. Danach ist die erforderliche Korrektur nicht via Ausweichklausel vorzunehmen. Vielmehr sei methodisch eine teleologische Reduktion des Anwendungsbereiches des Abs. 3 vorzuziehen, mit der Folge der Anknüpfung nach Abs. 2.[634] Allerdings ist zu beachten, dass die Ausweichklausel selbst eine gesetzlich niedergelegte teleologische Reduktion der Vermutungsregeln darstellt.[635]

2. Gran Canaria-Fälle

Die zweite Gruppe von Urteilen ist die der berühmten Gran-Canaria-Fälle. Diese Fälle bereiten nicht nur im Rahmen der objektiven Anknüpfung internationalprivatrechtliche Probleme. Um sie ranken sich vor allem Fragestellungen bezüglich der Unwirksamkeit einer Rechtswahl wegen Verstoßes gegen § 9 AGBG a. F., der Gewährung des Verbraucherschutzes des Aufenthaltsstaates des Käufers mittels analoger Anwendung von Art. 29 Abs. 1 EGBGB oder, per ordre public (Art. 6 EGBGB)[636], der fraus legis durch Missbrauch der Rechtswahlmöglichkeit, entweder geschaffen durch die bewusste Manipulation anknüpfungserheblicher Tatsachen zur Umgehung der tatbestandlichen Voraussetzungen des Art. 27 Abs. 3 EGBGB oder durch die fraudulöse Ausnutzung eines bereits bestehenden Anknüpfungspunktes zu einem zu missbilligendem Zweck.[637]

---

oder sogar des Art 29 Abs. 1 und 2 EGBGB zu „umgehen", oder ob nicht nach wie vor die Bereitstellung der Ferienunterkunft auf Zeit die eigentlich prägende Leistung bleibt.

634 *Von Hoffmann*, IPR, § 10 C III 2, Rn. 55; Soergel-*von Hoffmann*, Art. 28 EGBGB, Rn. 164; MünchKomm-*Martiny*, Art. 28 EGBGB, Rn. 11.

635 Siehe oben S. 15.

636 *Von Hoffmann*, IPR, § 10 D I 3., Rn. 73; *Coester-Waltjen/Mäsch*, IPR u RVgl, *Fall 3*.

637 Vgl. LG Aachen, NJW 1991, S. 2221-2222, das zu Unrecht Art. 31 Abs. 2 EGBGB anwendet; LG Hamburg, NJW-RR 1990, S. 495 = IPRax 1990, S. 239, 242 mit Anm. *Lüderitz*, IPRax 1990, S. 216-219; OLG Frankfurt, NJW-RR 1989, S. 1018 = IPRax 1990, S. 236-239; OLG Hamm, NJW-RR 1989, S. 496 = IPRax 1990, S 242, 244 mit Anm. *Jayme*, IPRax 1990, S. 220-222; siehe auch *Coester-Waltjen*, in: FS *W. Lorenz*, 1991, S. 297-319; *Mäsch*, Rechtswahlfreiheit und Verbraucherschutz, S. 121 f.

Auch wird die mittelbare, „horizontale" Wirkung zwingender Sachvorschriften einer EG-Richtlinie gestützt auf Art. 34 EGBGB oder Art. 7 Abs. 2 EGBGB in Situationen diskutiert, in denen zwar der Forumstaat die Richtlinie bereits umgesetzt hat, nicht aber der Staat, dessen Recht Sachstatut ist.[638]

Die typische Sachverhaltskonstellation ist in diesen Fällen, dass Urlauber eines bestimmten Landes am ausländischen Urlaubsort gezielt und in ihrer Sprache zu Werbe- und Verkaufsveranstaltungen eingeladen werden. Diese Veranstaltungen finden in der Muttersprache der Urlauber statt, gleiches gilt für die im Anschluss abgeschlossenen Verträge. Bei Vertragsschluss wird zum einen die Geltung des Rechts am Urlaubsort, welches im Gegensatz zum Recht am gewöhnlichen Aufenthalt der Urlauber keine Widerrufsmöglichkeit kennt, vereinbart und zudem, dass die Ware unmittelbar von dem im Aufenthaltsstaat der Urlauber ansässigen Hersteller geliefert wird. Außerdem tritt regelmäßig der Verkäufer alle seine Rechte schon bei Vertragsschluss an diesen Hersteller ab. Übergeordnetes Thema all dieser Fragestellungen ist, ob und gegebenenfalls wie dem Käufer der Verbraucherschutz gewährt werden kann, den er in dem Staat seines gewöhnlichen Aufenthaltes genießt. Es handelt sich mithin um die Berücksichtigung von Wertungen des materiellen Rechts.

In den für die vorliegende Arbeit relevanten Urteilen weichen die Sachverhalte von dem oben beschriebenen insofern ab, als dass keine Rechtswahl vorgenommen wurde. Damit entfallen sämtliche Ansatzpunkte dafür, dem Verkäufer oder dem Hersteller eine irgendwie geartete Umgehungsabsicht zu unterstellen. Weder stellt sich die Frage, ob eine vereinbarte Rechtswahlklausel unwirksam ist, noch ob trotz der Geltung des berufenen Rechts die verbraucherschützenden Bestimmungen eines anderen Rechts angewandt werden sollen. Wie sich zeigen wird, geht es ausschließlich um die objektive Anknüpfung nach Art. 28 Abs. 2 und 5 EGBGB und zwar zutreffenderweise ohne Rücksicht auf materiellrechtliche Erwägungen.

a) Die Judikatur

In einem vom LG Würzburg[639] entschiedenen Fall war der Sachverhalt folgender: Anlässlich einer Verkaufsveranstaltung auf Ibiza erfolgte ein Kaufvertragsschluss zwischen der deutschen Klägerin und einem spanischen Unternehmer. Der Kaufpreis sollte in zwei Raten zahlbar sein; die erste wurde bei Lieferung beglichen. Sämtliche Rechte aus dem Vertrag, die Abwicklung, die Empfangnahme von Erklärungen, Zahlungen und Auslieferung nahm der in Deutschland ansässige Beklagte aus abgetretenem Recht wahr. Die Gegenstände entsprachen nicht den Anpreisungen in der Verkaufsveranstaltung und ein Nachbesserungs-

---

[638] Vgl. *von Hoffmann*, IPR, § 1 D VI 2, Rn. 123.
[639] LG Würzburg, NJW-RR 1988, S. 1324 f.

versuch seitens des Beklagten blieb ohne Erfolg. Die Klägerin erklärte daher den Rücktritt und verlangte Rückzahlung der ersten Rate. Das LG wandte Art. 28 Abs. 5 EGBGB, allerdings ohne ihn explizit zu nennen, aus folgenden Gründen an: Die Vertragssprache war Deutsch, der Käuferwohnsitz in Deutschland, die Verkäuferin hatte zwar ihren Sitz in Spanien, jedoch sollte die Abwicklung des Vertrages, also Lieferung und Zahlung, laut Vertrag in Deutschland erfolgen.[640] Der Art. 28 EGBGB wird vom Gericht nicht durchgeprüft, es wird unter keinen seiner Absätze subsumiert. Eine Gewichtung der relevanten Anknüpfungspunkte wird nicht vorgenommen, vielmehr nur eine Aufzählung der nach Deutschland weisenden Aspekte, sowie des Sitzes der spanischen Niederlassung der Verkäuferin. Im Ergebnis ist dem Urteil zuzustimmen, doch wäre eine ausführlichere Erörterung angebracht gewesen. Immerhin lagen sowohl der Sitz der Verkäuferin, als auch der nach überwiegender Ansicht durchaus zu berücksichtigende[641] Abschlussort des Vertrages in Spanien. Fallentscheidend ist, dass die von Anfand an vorgesehene Abtretung dazu führt, dass das wahre Zentrum des Leistungsaustausches im gemeinsamen Niederlassungs- beziehungsweise Aufenthaltsstaat von Käufer und Zedent liegt.

Ganz ähnlich stellt sich das zweite Urteil, entschieden vom OLG Stuttgart[642], dar. Die Beklagte vertrieb von ihr hergestellte Textilien im Versandhandel u. a. an deutsche Urlauber in Spanien. Dabei wurden ausländische Verkaufsfirmen eingeschaltet, die Kaufverträge mit deutschen Touristen auf Ausflugsveranstaltungen abschlossen. Diese Firmen traten schon im Kaufvertragsformular den Kaufpreisanspruch an die Beklagte ab, die die Waren direkt an die Kunden in Deutschland lieferte und mit der auch der Schriftwechsel zu führen war. Die klagende Verbraucherzentrale behauptete, bei Ausflugsveranstaltungen in Spanien seien Kaufverträge mit deutschen Touristen abgeschlossen worden, ohne dass diese auf ihr Widerrufsrecht nach dem HausTWG hingewiesen worden seien. Sie nahm die Beklagte daher auf Unterlassung in Anspruch.

Das Gericht wandte Art. 28 Abs. 5 EGBGB an, erwähnte diesen jedoch nicht sofort, sondern stellte zunächst fest, Art. 28 EGBGB (ohne Absatzangabe) unterstelle Verträge dem Recht des Staates mit dem sie die engste Verbindung aufweisen, was hier Deutschland sei. Dieser Satz gibt zwar eigentlich den Wortlaut von Abs. 1 des Art. 28 EGBGB wieder, aus den weiteren Entscheidungsgründen ergibt sich indes, dass dessen Abs. 5 gemeint ist, beziehungsweise, dass das Gericht die Aussagen der verschiedenen Absätze nicht klar trennt. Die Ar-

---

640 Im Leitsatz (NJW-RR 1988, S. 1324), nicht aber im Urteilstext wird noch abgeführt, dass die Veranstaltung in deutscher Sprache erfolgte.

641 Nach hier vertretener Ansicht gilt dies mangels objektiven Bezuges des Abschlussortes zum Leistungsaustausch nicht. Siehe dazu eingehend S. 108 ff.

642 OLG Stuttgart, IPRax 1991, S. 332-334 = RIW/AWD 37 (1991), S. 588-590 = NJW-RR 1990, S. 1081-1083 = IPRspr. 34 (1990), S. 67-70.

gumente für die noch engere Verbindung zu Deutschland sind, dass die charakteristische Leistung allenfalls formal von der spanischen Vertriebsfirma erbracht werde, tatsächlich jedoch von der deutschen Herstellerfirma. Bereits im Vertrag war die Kaufpreisforderung abgetreten und der Kunde aufgefordert worden, den Briefwechsel mit der Herstellerfirma zu führen, so dass die gesamte Vertragsabwicklung mit der Beklagten erfolgen sollte.[643] Auffällig ist, dass die nach Deutschland weisenden Umstände herausgearbeitet wurden, nicht aber diejenigen, die nach Spanien weisen, geschweige denn, dass diese miteinander abgewogen wurden. Zugunsten spanischen Rechts hätte zum einen der Sitz der Vertriebsfirma und zum anderen der Abschlussort des Vertrages gesprochen. Nicht weiter eingegangen wurde auf die Vertragssprache und –währung, sowie auf den Erfüllungsort der Käuferpflicht.

Das LG Düsseldorf[644] hatte in einem deutlich anders gelagerten Fall zu entscheiden. Anlässlich eines Urlaubsaufenthalts in der Türkei besichtigte der Beklagte die Werkstatt der Klägerin mit Sitz in der Türkei; es fand eine Verkaufsveranstaltung statt, die eine Vorführung der türkischen Webkunst mit kostenloser Bewirtung beinhaltete. Im Anschluss an die Veranstaltung schlossen Klägerin und Beklagter einen schriftlichen Kaufvertrag über einen Teppich, die Vertragsverhandlung erfolgte dabei in deutscher Sprache. Es erfolgte eine sofortige Anzahlung des Beklagten per Scheck. Bei Lieferung durch eine Spedition in Deutschland verweigerte der Beklagte jedoch die Annahme und erklärte kurz darauf den Rücktritt, mit der Begründung der Teppich sei zu teuer.

Das Gericht prüft Art. 28 EGBGB sauber durch; es sieht die Voraussetzungen des Abs. 5 als nicht erfüllt an und begründet dies ausführlich unter Bezugnahme auf das Urteil des LG Würzburg[645] sowie auf Stimmen aus der Literatur: „Für eine engere Verbindung zum Recht der Bundesrepublik Deutschland könnte hier allenfalls sprechen, dass die Vertragsverhandlung in deutscher Sprache geführt wurde und der Teppich nach Deutschland geliefert und dort auch zum größten Teil bezahlt werden sollte. Das LG Würzburg hat in einem ähnlichen Fall – allerdings ohne Darstellung der genauen Umstände und ohne nähere Begründung – die Anwendbarkeit deutschen Rechts angenommen. Dem kann hier nicht gefolgt werden. Das Gesetz sieht die Erbringung der charakteristischen Leistung als den wichtigsten Anhaltspunkt für die engste Verbindung des Vertrages mit einem Staat an. Das entspricht dem „Prinzip der geringsten Störung", nach dem das Recht der stärker interessierten Vertragspartei ausschlaggebend ist (Kegel, IPR, 427). Deshalb geht das für den Kaufmann maßgebliche Recht dem des Privatmannes vor. Demgegenüber werden vor allem dem Abschlussort, der Ver-

[643] Die Vorinstanz hatte aufgrund der nach Deutschland weisenden Indizien sogar eine stillschweigende Rechtswahl zugunsten deutschen Rechts angenommen.

[644] LG Düsseldorf, NJW 1991, S. 2220-2221 = IPRspr. 1990, Nr. 43.

[645] LG Würzburg, NJW-RR 1988, S. 1324 f.

tragssprache und -währung im allgemeinen nur eine mindergroße Bedeutung beigemessen und sie als zuverlässige Indizien nur dann angesehen, wenn sie durch andere gestützt werden (R-M, Int. VsR, Rn. 95)." Das Gericht gewichtet demnach unter Berücksichtigung des Systems, welches Art. 28 EGBGB konstituiert. Ob die von ihm angebotene Begründung für den kollisionsrechtlichen Vorrang der vertragscharakteristischen Leistung zutreffend ist, soll an dieser Stelle nicht vertieft werden.[646] Das LG Düsseldorf hätte stärker den relevanten Unterschied zu dem zitierten Urteil hervorheben können, dass nämlich in diesem Fall der den Vertrag abschließende Verkäufer auch derjenige war, der die Ware geliefert hat. Er wurde also nicht von einem deutschen Hersteller beziehungsweise Lieferanten „vorgeschoben". Im Ergebnis ist dem Urteil jedoch zuzustimmen. Erfreulich ist die Intensität, mit der sich das Gericht der kollisionsrechtlichen Anknüpfung widmet. Insbesondere rekurriert es auf eine bestimmte Theorie zur Begründung des Anknüpfungssystems des Art. 28 EGBGB und eröffnet so die Möglichkeit zu fundierter dogmatischer Auseinandersetzung.

Dem LG Konstanz[647] lag ein Fall zur Entscheidung vor, in dem die Klägerin, eine Gesellschaft spanischen Rechts, auf Gran Canaria als Veranstalterin von Busfahrten auftrat, während deren Verkaufsveranstaltungen in einem Hotel stattfanden. Vorgeführt wurden Waren einer deutschen Firma, die die Beklagte bestellte. Die im Kaufvertrag enthaltenen Verkaufsbedingungen enthielten folgende Abreden: „1. Zuständig für alle Garantieansprüche ist die Herstellerfirma, diese hat ein Nachbesserungsrecht bei fehlerhafter Lieferung; 2. Nachbestellung zum Werbepreis nur über die Verkäuferfirma L., Gran Canaria und 3. Der Lieferung liegt unsere Rechnung mit Einzahlungsschein bei." Die gelieferte Ware war mangelhaft, die Beklagte erklärte daher den Rücktritt gegenüber der spanischen Firma, was diese jedoch ablehnte.

Das Gericht prüft zunächst sauber Art. 28 EGBGB durch; im Rahmen der Prüfung von Abs. 5 ändert sich dies jedoch. Es leitet diese Prüfung korrekt mit dem Hinweis ein, dass von der Vermutung dann abgewichen werden kann, wenn sie ihren Zweck, auf diejenige Rechtsordnung hinzuweisen, zu der die engste Verbindung besteht, im konkreten Fall nicht mehr erfüllt. Dabei sei die Gesamtheit der *wichtigen* Umstände maßgeblich. Sodann zählt es sämtliche auf Deutschland weisenden Umstände auf und entkräftet das Argument, die charakteristische Leistung erbringe die spanische Firma, da dies allenfalls formal so sei, tatsächlich aber die Leistung durch die deutsche Herstellerfirma erfolge. Die auf Deutschland weisenden Umstände sind: Auslieferung durch die deutsche Herstellerfirma in Deutschland, deutsche Vertragssprache, angesprochen wurden gezielt deutsche Touristen, Zahlung sollte in DM erfolgen und zwar auf ein deutsches Konto. Gewährleistungsrechte sollten gegenüber der deutschen Firma

[646] Siehe dazu ausführlich oben S. 51 ff.
[647] LG Konstanz, NJW-RR 1992, S. 1332 = IPRspr. 1992, Nr. 38.

bestehen und der entsprechende Briefwechsel mit der deutschen Firma abgewickelt werden. Auch war der Geschäftsführer der Herstellerfirma bei der Verkaufsausstellung anwesend. Übrig bleibe nur der Vertragsabschlussort in Spanien. Nicht weiter eingegangen wird auf die sich aufdrängende Frage, welche der auf Deutschland weisenden Umstände wichtig sind und warum. Es wird lediglich hinsichtlich des Abschlussortes dessen geringe Bedeutung genannt. In den folgenden Gründen wird die Vermutung ausgedrückt, die gesamte Vertragsgestaltung habe dazu gedient, die Anwendung deutschen Rechts zu vermeiden, insoweit sei zumindest an eine analoge Anwendung des Art. 29 EGBGB zu denken. Dieser Gedankensprung wird ebenfalls nicht weiter erläutert; er entspricht aber wohl der herrschenden Ansicht zu der eingangs dargelegten, hier indes nicht einschlägigen Gruppe der Gran Canaria-Fälle.[648]

In dem letzten hier untersuchten Fall[649] schloss die Klägerin, eine Gesellschaft spanischen Rechts mit Sitz auf Gran Canaria, mit der Beklagten, die ihren gewöhnlichen Aufenthalt in Deutschland hatte, bei einer Verkaufsveranstaltung auf Gran Canaria einen Kaufvertrag ab. Wiederum sollte die Ware von einer Firma mit Sitz in Deutschland geliefert werden. Dazu kam es jedoch nicht, da die Beklagte die Annahme ablehnte und die Bestellung wegen betrügerischen Verhaltens einer Angestellten der Klägerin anfocht. Die Klägerin verlangte Zahlung. Das LG prüft Art. 28 EGBGB recht sauber durch. Allerdings stellt es schon bezüglich der charakteristischen Leistung in Frage, ob sie vom spanischen Verkäufer oder vom deutschen Lieferanten erbracht wird. Diese Ausführungen gehören nicht zur Prüfung des Abs. 2. Sie hätten besser unter die Prüfung des Abs. 5 gepasst mit dem Argument, dass die Vermutung im konkreten Fall nicht geeignet ist, zu dem Land zu weisen, zu dem die engsten Verbindungen bestehen. Abs. 5 wird mit den Argumenten bejaht, dass die „Beteiligten" des Vertrages Deutsche seien, bei der Verkaufveranstaltung seien Deutsche für die Klägerin aufgetreten, Verkaufsveranstaltung sowie Vertragstext seien in deutscher Sprache gewesen, der Kaufpreis sollte in DM gezahlt werden und nach Art der Veranstaltung sei bei den Kaufinteressenten der Eindruck hervorgerufen worden, es handele sich um ein Geschäft nach den in Deutschland gewohnten Gepflogenheiten. Lediglich die Umstände, dass formal die Verkäuferin spanischen Rechts sei und der Abschlussort in Spanien lag, wiesen nach Spanien. Auffällig ist im Rahmen der Begründung zu Abs. 5, dass das LG eine reine Aufzählung vornimmt. Weder äußert es sich zum Gewicht der einzelnen Vertragsumstände, noch wägt es sie in ihrer gesamten Bedeutung mit denen ab, die nach Spanien weisen. Es erklärt sich nicht dazu, warum es die nach Deutschland weisenden Umstände für so gewichtig hält, dass sie die Vermutung des Abs. 2 zu überwinden geeignet sind. Insbesondere das Argument, den Käufern sei der Eindruck

[648] Siehe oben S. 141 f.
[649] LG Köln, VuR 1993, S. 52 = IPRspr. 1992, Nr. 48.

vermittelt worden, ein nach deutschen Gepflogenheiten zustandegekommenes Geschäft abgeschlossen zu haben, ist im Rahmen der Ausweichklausel bedenklich. Dieser Umstand hätte eventuell als Indiz für eine konkludente Rechtswahl diskutiert werden können. Im Rahmen des Art. 28 Abs. 5 EVÜ dagegen scheint ihn das Gericht als Ausdruck berechtigter Parteierwartungen anzusehen, oder aber es hat ihn zu Unrecht aus der Argumentation derjenigen Urteile übernommen, die sich mit der Wirksamkeit einer Rechtswahl auseinanderzusetzen hatten beziehungsweise mit der Frage nach der analogen Anwendung des Art. 29 EGBGB oder nach der fraus legis.[650]

b) Zwischenergebnis

Im Ergebnis ist sämtlichen hier untersuchten Urteilen zuzustimmen. Bis auf eines beinhalten sie jedoch keine ausreichende Auseinandersetzung mit den Voraussetzungen der Vermutungsregel und der Ausweichklausel, geschweige denn mit dem System des Art. 28 EGBGB und der daraus zwingend erforderlichen Gewichtung der relevanten Anknüpfungspunkte bei der Prüfung der noch engeren Verbindung.

In zweien der Urteile hat das erkennende Gericht außerdem versucht, auf Grundlage einer Umgehungsabsicht des deutschen Herstellers zu argumentieren. Da eine solche sich nicht in vertraglichen Klauseln, etwa in einer Rechtswahl- oder in einer Gerichtsstandsklausel manifestiert hatte, fehlte jedoch die Grundlage für eine solche Argumentation. Es ist ein selbstverständlicher unternehmerischer Schachzug, dort aufzutreten, wo die Zielgruppe besonders kaufwillig ist, hier am Urlaubsort. Es ist ferner nicht per se verwerflich, sondern häufig sogar betrieblich geboten, sich dafür Vermittlern vor Ort zu bedienen. Dem deutschen Hersteller kann daher kein genereller Vorwurf gemacht werden. Hier wurde vielmehr – wenn auch mit den besten Absichten im Hinblick auf den Verbraucherschutz – nicht ausreichend zwischen der konkret vorliegenden und der eingangs erwähnten aber gerade nicht einschlägigen Fallkonstellation differenziert.

3. Handelsvertreterverträge

Kurios mutet ein Urteil des Kollegialgerichts erster Instanz Thessaloniki[651] an. Es ging um die Klage einer deutschen GmbH, die aufgrund eines Handelsvertretervertrages mit einer österreichischen Gesellschaft für diese weltweit Lieferanten akquirierte. Die dafür geschuldete Provision war in DM vereinbart worden. Bei der kollisionsrechtlichen Würdigung nach dem Römischen Übereinkommen prüft das griechische Gericht gänzlich ohne Angabe eines Artikels. Auch zählt es keinen der vorliegenden Anknüpfungspunkte zu den verschiedenen Staaten

---

[650] Siehe oben S. 141 f.

[651] Urteil 2594/1997, Harmenopulos 1997, S. 807.

auf, geschweige denn, dass eine Abwägung sichtbar wäre. Das Gericht stellt bloß kurz und bündig fest: „Aufgrund aller (durch die Klage und die Anträge) offenkundigen Umstände urteilt das Gericht, dass der strittige Vertrag dem österreichischen Recht unterliegt, mit dem er die engsten Verbindungen aufweist und zu welchem er überdies wegen der Gesamtheit der besonderen Umstände passt." Dieses Ergebnis ist sowohl in der Deduktion als auch inhaltlich unbefriedigend. Dies schon wegen der gewählten Formulierung, welche dem Art. 25 des griechischen IPRG entstammt. Dies lässt vermuten, dass sich das erkennende Gericht noch nicht vom „alten Recht" gelöst hat. Das Gericht hätte zunächst feststellen müssen, dass der Handelsvertreter die charakteristische Leistung erbringt[652] und dass dessen Sitz in Deutschland liegt mit der Folge, dass die Vermutung des Art. 4 Abs. 2 EVÜ greift. Um von dessen Ergebnis abzuweichen, hätte es sodann eines wesentlich höheren Begründungsaufwandes bedurft. Ein Ansatzpunkt wäre der Sitz der nicht charakteristisch leistenden Partei gewesen, ein weiterer die Tatsache, dass der Tätigkeitsbereich des Handelsvertreters nicht auf sein Sitzland beschränkt war.[653] Wenn Tätigkeitsgebiet und Niederlassung in verschiedenen Staaten liegen, wird gelegentlich die Geltung des Rechts des Tätigkeitsgebiets vorgeschlagen, da die Bearbeitung des Marktes ausschlaggebend sei.[654] Da die Marktbearbeitung ihrerseits wieder von der Niederlassung des Handelsvertreters aus erfolgt, ist indes auch unter diesem Aspekt grundsätzlich das Recht an dieser Niederlassung maßgeblich.[655] Korrekturen sind nur via Ausweichklausel denkbar. Im vorliegenden Fall ist eine solche Korrektur nicht angebracht, denn es sind keine Verbindungen zu Staaten ersichtlich, die diejenige zum Sitzland als zufällig erscheinen lassen; insbesondere ist auch das Sitzland Teil des Tätigkeitsgebiets.

---

[652] Vgl. MünchKomm-*Martiny*, Art. 28 EGBGB, Rn. 158 ff.

[653] Vgl. MünchKomm-*Martiny*, Art. 28 EGBGB, Rn. 158. Siehe dazu auch S. 204.

[654] *Birk*, ZVglRW 79 (1980), S. 168, 282; *Weitnauer*, Der Vertragsschwerpunkt, 1981, S. 181 f., *Beitzke*, DB 1961, S. 528, 528.

[655] OLG Koblenz, RIW/AWD 1996, S. 151, 151 f.; Soergel-*von Hoffmann*, Art. 28 EGBGB, Rn. 259; Palandt-*Heldrich*, Art. 28 EGBGB, Rn. 15; Reithmann/Martiny-*Martiny*, Internationales Vertragsrecht, S. 1148, Rn. 1412; *Kindler*, RIW/AWD 1987, S. 660, 664; *Kränling*, ZVglRW 83 (1984), 257, 277 f.; *Sura*, DB 1981, S. 1269, 1271.

II. Die akzessorische Anknüpfung dienender Verträge: Bürgschaft und Garantie, das bestätigte Dokumentenakkreditiv, Alleinvertriebsvertrag, Schiedsrichtervertrag

Bei dem Problem der akzessorischen Anknüpfung von Verträgen geht es darum, zu entscheiden, ob es sinnvoll ist, mehrere Rechtsverhältnisse einem einheitlichen Statut zu unterwerfen und bejahendenfalls die Frage zu beantworten, wessen Statut sich unterzuordnen hat.[656]

1. Bürgschaft und Garantie

Die folgende Gruppe von Urteilen beschäftigt sich mit der Frage nach der kollisionsrechtlichen Anknüpfung von Bürgschafts- und Garantieverträgen.[657] In den beiden ersten Urteilen hatten sich die Richter damit auseinanderzusetzen, ob ein solcher Vertrag dem Vertragsstatut der Hauptschuld unterworfen werden soll – es geht mithin um die sogenannte akzessorische Anknüpfung.

Auch in dieser Gruppe ist ein berühmt gewordener Fall Ausgangspunkt der Überlegungen. Es handelt sich um die Rechtssache *Roger Gilbert Bloch c. Lima SpA*, die von der Cour d'appel de Versailles entschieden wurde.[658] Der in Frankreich wohnende Geschäftsführer und Gesellschafter einer französischen Gesellschaft hatte sich in Italien für Schulden seiner Gesellschaft gegenüber einer italienischen Gesellschaft verbürgt. Die französische Hauptschuldnerin war alleinige Vertriebshändlerin der italienischen Gläubigerin in Frankreich; das Vertragsverhältnis zwischen ihnen unterlag italienischem Recht. Nach französischem Recht war die Bürgschaft formunwirksam und somit nichtig, nach italienischem Recht war sie dagegen gültig. Mangels Rechtswahl wandte die Cour d'appel de Versailles Art. 4 EVÜ an; da der Vertragsschluss bereits vor Inkrafttreten des Römischen Übereinkommens erfolgt war, handelte es sich um eine antizipierte Anwendung.[659] Das Gericht konstatierte, dass zwar die charakteristi-

---

[656] Siehe unten S. 188 f.

[657] Diese beiden Vertragsarten werden zusammen dargestellt. Bei beiden handelt es sich um eine eigenständige Verpflichtung des Schuldners, die in Bezug auf eine einen anderen treffende Verpflichtung eingegangen wird. Zwar unterscheiden sich die beiden Sicherungsmittel ganz erheblich, denn die Garantie ist von der Hauptschuld abstrakt, während die Bürgschaft ihr gegenüber akzessorisch ist. Dies macht aber kollisionsrechtlich keinen Unterschied, weil – zumindest nach überwiegender Auffassung – beide mangels Parteiidentität selbständig anzuknüpfen sind, siehe dazu sogleich.

[658] Cour d'appel de Versailles, Bull. Inf. Cour cass. Nr. 1186 = Rev.crit.d.i.p. 1991, S. 745-748.

[659] Nicht überzeugend ist die Annahme *Campiglios*, Riv. dr. int. priv. e proc. 1992, S. 241, 249, das Gericht habe das Römische Übereinkommen aus Versehen antizipiert angewandt. Sie begründet dies zum einen damit, dass sich im Urteilstext keinerlei Erklärungen für diese Antizipation finden lassen. Zum anderen begründet sie ihre Ansicht damit, dass die

sche Leistung von dem Bürgen erbracht werde, mithin dass die Vermutung des Art. 4 Abs. 2 EVÜ zum französischen Recht weise. Jedoch deuteten besondere Umstände, nämlich das Statut des Vertriebshändlervertrages, die Vertragssprache, der Ort der Unterzeichnung und der Wohnsitz des Bürgschaftsgläubigers sämtlich auf das italienische Recht, zu welchem die engste Verbindung bestehe (Art. 4 Abs. 5 EVÜ). Auf diese Weise wurde – wie in der französischen Judikatur schon seit langem[660] – entsprechend der Hauptschuld angeknüpft. Angesichts dessen spricht *Spiegel*[661] von „usage de manière spectaculaire de la clause d'exception". In der Tat wurde das Urteil international annähernd einhellig abgelehnt.[662] Dem Gericht wurde insbesondere vorgeworfen, es habe die Ausweichklausel missbraucht, um die Rechtsprechung zur akzessorischen Anknüpfung von Bürgschaftsverträgen, wie sie vor Inkrafttreten des EVÜ in Frankreich herrschend war[663], auch nach dessen Inkrafttreten fortführen zu können.[664] Es sei „auf dem Umweg über die Ausweichklausel zur alten, von der Rom-Konvention missbilligten Lösung gelangt."[665] Außerdem habe es die Gültigkeit des Garantievertrages erreichen wollen, d. h., es habe die kollisionsrechtliche Anknüpfung im Hinblick auf das materielle Ergebnis vorgenommen.[666] Das Gericht sei im übrigen methodisch unsauber vorgegangen, indem es die in Frankreich noch gültige subjektive Anknüpfungsmethode mit der objektiven des antizipiert ange-

Richter nicht willentlich ohne Not die noch nicht gültigen Regelungen angewandt hätten und zwar mit der Folge, dass sie sich gezwungen sahen, die Regelvermutung über die Ausweichklausel zu korrigieren – also einen erheblichen Aufwand betreiben mussten, um das gewünschte Ergebnis zu erreichen. Was das erste Argument betrifft, so ist dem entgegenzuhalten, dass bereits die Cour d'appel de Paris, 27.11.1986, Rev.crit.d.i.p. 1955, S. 330-340, mit ausführlicher Begründung das Römische Übereinkommen vor seinem Inkrafttreten angewandt hat. Auf diese Rechtsprechung konnte sich der Cour d'appel de Versailles stützen. Was das zweite Argument betrifft, so legt dieser Umstand nicht nahe, dass die Richter nicht um das geltende und noch nicht geltende Recht wussten, sondern begründet die von vielen geäußerte Besorgnis ob des Umgangs mit der Ausweichklausel.

660 Vgl. *Martiny*, ZEuP 1993, S. 298, 301.

661 *Spiegel*, in: Exception Clauses, S. 197, 201.

662 Vgl. statt vieler *Spiegel*, in: Exception Clauses, S. 197, 201.

663 Vgl. Cass. civ. 1ère, Rev.crit.d.i.p. 1982, S. 236 note *Lagarde*; J.D.I. 1982, note *Bourel*; Cass. civ. 1ère, Rev.crit.d.i.p. 1973, S. 77, note *Batiffol.*

664 *Lagarde*, Rev.crit.d.i.p. 1991, S. 748, 749; *Spiegel*, in: Exception Clauses, S. 197, 201 f.; *Wilderspin*, in: Lagarde/von Hoffmann, S. 47, 51.

665 *Lagarde*, in: Reichelt, S. 101, 104.

666 Vgl. *Frigessi di Rattalma*, Riv. dr. int. priv. e proc. 1992, S. 819, 837. Das Gericht hätte dieses Ergebnis methodisch korrekt erreichen können, indem es die Formwirksamkeit des Vertrages separat nach Art. 9 Abs. 2 EVÜ angeknüpft hätte, vgl. dazu *Lagarde* Rev. dr. int. priv. 1991, S. 748, 751, zustimmend *Campiglio*, Riv. dr. int. priv. e proc. 1992, S. 241, 249; *Frigessi di Rattalma*, Riv. dr. int. priv. e proc. 1992, S. 819, 835 und *Martiny*, ZEuP 1993, S. 298, 301.

wandten EVÜ vermischte, als es feststellte, die aufgeführten Umstände seien „révélateurs de la volonté de localiser le contrat en Italie.“[667]

Nach ganz überwiegender – und schon im Bericht *Giuliano/Lagarde* vorausgesetzter[668] – Ansicht ist die akzessorische Anknüpfung eines Bürgschaftsvertrages wegen der nicht vorliegenden Parteiidentität von Haupt- und Bürgschaftsvertrag strikt abzulehnen.[669] Auch die übrigen angeführten Anknüpfungs-

---

[667] Cour d'appel de Versailles, J.D.I. 1992, S. 125, 127; siehe Anm. von *Foyer*, J.D.I. 1992, S. 129, 130 f.

[668] BT-Drucks. 10/503, S. 33, 52 f.

[669] Vgl. *Spiegel*, in: Exception Clauses, S. 197, 202; *Campiglio*, Riv. dr. int. priv. e proc. 1992, S. 241, 248; *Campiglio*, Brevi osservazioni sulla clausola d'eccezione, S. 157, 160; Reithmann/Martiny-*Martiny*, Internationales Vertragsrecht, S. 840 f., Rn. 1023, mit dem Hinweis darauf, dass bei Bürgschaftsverträgen auch die deutschen Gerichte ihre überkommene Rechtsprechung (Suche nach dem hypothetischen Parteiwillen, subsidiäre Anknüpfung an den Erfüllungsort) ablegen und regelmäßig zur Anwendung des Rechts am gewöhnlichen Aufenthalt des Bürgen gelangen müssen; Palandt-*Heldrich*, Art. 28 EGBGB, Rn. 20; *von Hoffmann*, IPR, § 10 C V 2, Rn. 62; **a. A.** *Mondolini*, Receuil Dalloz Sirey 1992, Jurisprudence, S. 174, 175, der zwar die Anknüpfungsmethode der Cour d'appel de Versailles kritisiert, da das Gericht nicht wie vom Übereinkommen vorgesehen, eine Einzelfallbetrachtung im Rahmen der Ausweichklausel vornimmt. Jedoch sieht *Mondolini* aufgrund der Akzessorietät dieses Sicherungsmittels und wegen der damit zu erzielenden Vereinfachung der Rechtsverhältnisse der beteiligten Parteien – insbesondere dann, wenn mehrere Personen sich für eine Hauptschuld verbürgt haben – in der Regel die Geltung des Hauptschuldstatuts auch für die Bürgschaft als sachgerecht an. Zur Kritik an dieser Ansicht siehe *Spiegel*, in: Exception Clauses, S. 197, 202 (Fn. 14).
Foyer, JDI 1992, S. 129, 132, gelangt zu dem Ergebnis der herrschenden Ansicht über einen Erst-recht-Schluss aus Art. 4 Abs. 1 S. 2 EVÜ, der die Möglichkeit einer dépéçage vorsieht. Diesem Schluss zustimmend *Frigessi di Rattalma*, Riv. dr. int. priv. e proc. 1992, S. 819, 836. Dieser Gedankengang ist jedoch überflüssig oder zumindest nur von unterstützender Bedeutung, da das EVÜ, anders als *Foyer* argumentiert, nicht zunächst von einer akzessorischen Anknüpfung dienender Verträge ausgeht, die dann im Ausnahmefall korrigiert werden müsste. Das Gegenteil ist der Fall, denn das Übereinkommen geht schon vom Ansatz her von der getrennten kollisionsrechtlichen Behandlung unterschiedlicher Verträge aus – im Einzelfall mag dann diskutiert werden, ob ein dienender Vertrag akzessorisch angeknüpft werden soll.
Diese herrschende Ansicht entspricht der Regelung des Art. 117 Abs. 3 des Schweizer IPRG vom 18.12.1987, welches im Wesentlichen auf den gleichen Prinzipien fußt wie das Römische Übereinkommen und für Bürgschafts- und Garantieverträge die Leistung des Bürgen bzw. Garanten als die charakteristische deklariert, vgl. *Mondolini*, Rec. Dalloz Sirey 1992, S. 174, 175; *Spiegel*, in: Exception Clauses, S. 197, 202 (Fn. 14).
Die heute herrschende Ansicht war nicht immer unumstritten. Zur Anknüpfung von Bürgschaften wurden unterschiedliche Meinungen vertreten von der selbständigen Anknüpfung bis zur Unterwerfung des Bürgschaftsvertrages unter das die Hauptschuld beherrschende Statut, vgl. *Batiffol*, D.I.P. (1971), no. 610, S. 264; *Frigessi di Rattalma*, Riv. dr. int. priv. e proc. 1992, S. 819, 836; *Giardina/Villani*, Le garanzie bancarie internazionali, mit der

punkte reichen – so die herrschende Ansicht – nicht aus, um die Anwendung der Ausweichklausel zu rechtfertigen. Zum einen seien die vom Gericht für relevant gehaltenen Anknüpfungspunkte teilweise von nur geringer Bedeutung, so der Abschlussort des Vertrages und die Vertragssprache, teilweise auch bar jeglicher Bedeutung, so der Sitz des Gläubigers.[670] Zum anderen habe das Gericht die nach Frankreich weisenden Vertragsumstände völlig ignoriert, nämlich die Nationalität des Bürgen, dessen gewöhnlichen Aufenthalt, die Belegenheit seines Vermögens, den Sitz der Hauptschuldnerin sowie deren Gesellschaftsstatut[671] und die vertraglich vereinbarte Währung der Bürgschaftsverpflichtung. Es sei nicht nachvollziehbar, wenn das Gericht meint, die nach Italien weisenden Umstände seien „largement prépondérant."[672] Das Urteil gebe aus diesen Gründen, losgelöst vom Bereich der Bürgschaftsverträge, Anlass zur Besorgnis vor einer exzessiven Anwendung der Ausweichklausel; im Extremfall könnte es dazu beitragen, die Regelanknüpfung zugunsten des Sitzes des charakteristisch Leistenden völlig auszuhöhlen und das Ziel der Rechtsvereinheitlichung zu verhindern.[673] Die so ausgedrückte Besorgnis mag als übertrieben empfunden werden.[674] Zumindest aber „illustriert dieser Fall die überall vorhandene Versuchung, allzu schnell Vertrautes in der Konvention wieder zu entdecken, statt ihre Regeln eigenständig auszulegen und richtig anzuwenden."[675]

Was die Judikatur bezüglich der kollisionsrechtlichen Behandlung von Bürgschaften betrifft, so hat sich die verfehlte Rechtsprechung des Cour d'appel de Versailles nicht durchsetzen können. So liegen zwei deutsche Urteile vor, in denen die Gerichte eine selbständige Anknüpfung angenommen haben.[676] Der BGH setzte sich bezüglich der streitgegenständlichen Bürgschaft mit der Frage nach einer möglichen Akzessorietät nicht einmal auseinander. Das LG Hamburg dagegen konstatiert, die Anknüpfung an das Statut des Hauptvertrages sei nur dann ausnahmsweise legitim, wenn besonders enge Verbindungen zwischen

Rezension von Picone in Banca e borsa, 1986 I, S. 267; *Cassoni*, I contratti collegazi nel diritto internazionale privato, Banca e borsa 1979, S. 23 ff.

670 So *Lagarde*, Rev.crit.d.i.p. 1991, S. 748, 750, mit dem Argument, das Römische Übereinkommen habe sich nun einmal für den Vorrang des Sitzes des charakteristisch Leistenden entschieden und in einem internationalen Fall sei der Sitz des Vertragspartners in der ganz überwiegenden Zahl der Fälle in einem anderen Staat belegen. Diesen Ausführungen folgt u. a. *Spiegel*, in: Exception Clauses, S. 197, 202.

671 Diesen Umstand bezeichnet *Lagarde*, Rev.crit.d.i.p. 1991, S. 748, 751, zu Recht als sekundär.

672 *Lagarde*, Rev. dr. int. priv. 1991, S. 748, 751; ebenso *Wilderspin*, in: Lagarde/von Hoffmann, S. 47, 51.

673 *Campiglio*, Riv. dr. int. priv. e proc. 1992, S. 241, 249; *Lagarde*, Rev.crit.d.i.p. 1991, S. 748, 750 f.

674 So etwa *Campiglio*, Brevi osservazioni sulla clausola d'eccezione, S. 157, 160.

675 *Martiny*, ZEuP 1993, S. 298, 301; *Wilderspin*, in: Lagarde/von Hoffmann, S. 47, 51.

676 BGH, NJW 1993, S. 1126, 1126; LG Hamburg, RIW/AWD 1993, S. 144, 145.

beiden Verträgen bestehen[677]; solche Verbindungen lagen im Fall indes nicht vor und werden vom Gericht auch nicht beispielhaft genannt. Diese Rechtsprechung, die mit der dargestellten ganz überwiegenden Ansicht in der Literatur übereinstimmt, wurde von dem Tribunale di Milano[678] bestätigt. Im Fall verlangte die italienische Gläubigerbank von dem deutschen Garanten 100.000,- DM aus einer Garantie „auf erste schriftliche Anfrage". Hauptschuldner war eine italienische Gesellschaft. Das angerufene Gericht hatte im Rahmen der Zuständigkeitsprüfung nach Art. 5 Nr. 1 EuGVÜ das anwendbare Recht zu bestimmen. Es prüfte den Art. 4 EVÜ sehr sauber durch. Entscheidend war die Frage nach einer eventuellen akzessorischen Anknüpfung des Garantievertrages an die Hauptschuld. Das Gericht lehnte eine solche Anknüpfung ganz selbstverständlich wegen der rechtlichen Selbständigkeit der Garantie ab.

Einzig ein französisches Gericht hat seitdem ganz offensichtlich versucht, dass vom Cour d'appel de Versailles gefundene Ergebnis aufrechtzuerhalten.[679] Da sich dies aufgrund der international herrschenden Kritik jedoch nicht mehr via Ausweichklausel im Rahmen objektiver Vertragsstatutsbestimmung bewerkstelligen ließ, schlug das Gericht einen anderen Weg ein; es umging die objektive Anknüpfung, indem es eine konkludente Rechtswahl seitens der Parteien annahm und so auf Grundlage des Art. 3 EVÜ zum gewünschten Ergebnis gelangte. Soweit man den Ausführungen des Gerichts nicht folgt, zeigt sich also eine weitere Gefahr, nämlich die, dass Gerichte möglicherweise ihre Entscheidungsfreiheit durch extensive Auslegung des Art. 3 EVÜ zu erlangen versuchen, wenn sie zu rigider Anwendung der Ausweichklausel verpflichtet werden.

Abschließend zu den Garantieverträgen soll auf einen Fall eingegangen werden, der vom BGH zu entscheiden war und zwar noch unter Geltung „alten Rechts".[680] Da das Gericht in seinen Ausführungen Art. 28 Abs. 2 EGBGB in dessen neuer Fassung vergleichend berücksichtigt und auch im übrigen ähnlich den Regelungen des EVÜ argumentiert, liegt es nahe anzunehmen, dass die kollisionsrechtlichen Fragen bei Geltung des EGBGB in seiner neuen Fassung in

[677] LG Hamburg, RIW/AWD 1993, S. 144, 145. Dem widerspricht *Mondolini*, Receuil Dalloz Sirey 1992, S. 174, 175, der zwar von der grundsätzlichen Anknüpfung anhand der Vermutung des Art. 4 Abs. 2 EVÜ ausgeht, jedoch aufgrund der Akzessorietät der Bürgschaft und wegen der dadurch zu erzielenden Vereinfachung der Rechtsverhältnisse der beteiligten Parteien – insbesondere dann, wenn mehrere Personen sich für eine Hauptschuld verbürgt haben – in der Regel die Geltung des Hauptschuldstatuts auch für die Bürgschaft für sachgerecht ansieht. Dabei betont er allerdings, dass dies keine Regel sei. Vielmehr dürfe eine solche Anknüpfung nur aufgrund einer dezidierten Gewichtung der Umstände des konkreten Einzelfalles erfolgen.

[678] Tribunale di Milano, Riv. dr. int. priv. e proc. 1999, S. 63.

[679] Cour de Paris, 10.11.1993, siehe *Gaudemet-Tallon*, Rev.trim.dr.europ. 1994, S. 101, 103 ff.

[680] BGH, IPRax 1998, S. 108-110.

gleicher Weise beantwortet würden.[681] In dem Fall kauften die deutschen Kläger Anteile der C. Investments N.V. (im Folgenden C.), einer Gesellschaft, die nach dem Recht der Niederländischen Antillen gegründet war und ihren Sitz in Florida hatte, zu einem Preis in US-$. Verkäuferin war die C. selbst. Der Vertrag wurde für sie vom Beklagten, einem deutschen Staatsangehörigen mit einer Büroanschrift in Hamburg, abgeschlossen. Der Beklagte war an der C. beteiligt und zugleich ihr „managing director". Der Kaufvertrag wurde in englischer Sprache abgefasst und in Deutschland abgeschlossen. Er enthielt eine Rechtswahlklausel zugunsten des Rechts von Florida. In einem Anhang zu dem Vertrag, der in deutscher Sprache verfasst war und am gleichen Tag unterzeichnet wurde, hieß es unter anderem: „Die Rendite von 10,46 % ist als Mindestrendite von D. Corp. [einer weiteren in Florida ansässigen Gesellschaft] und Herrn [.../dem Beklagten] garantiert." Ferner war Hamburg als Gerichtsstand festgelegt. Nachdem die C. ihre Ausschüttungen an die Gesellschafter eingestellt hatte, verlangten die Kläger die Mindestrendite für die Zeit von Oktober 1986 bis September 1990.

Da die streitige Vereinbarung von 1983 datierte, war auf den Sachverhalt gemäß Art. 220 Abs. 1 EGBGB das Kollisionsrecht anzuwenden, das vor dem 1.9.1986, also vor der Inkorporation des EVÜ im Zuge der IPR-Reform, galt. Der BGH setzt sich bei der Bestimmung des auf den Garantievertrag anwendbaren Rechts zunächst mit der Frage auseinander, ob eine stillschweigende Rechtswahl erkennbar war, lässt diese Frage jedoch offen und nimmt sodann eine objektive Anknüpfung auf Grundlage des hypothetischen Parteiwillens vor. Dabei betont er, dass es sich hierbei nicht um eine subjektive, an den Parteivorstellungen orientierte Anknüpfung handelt, sondern um eine Abwägung der Interessen der beteiligten Parteien auf objektiver Grundlage, um so den Schwerpunkt des Vertragsverhältnisses zu bestimmen. Dieser Schwerpunkt werde bei Garantieverträgen im allgemeinen am Ort des gewöhnlichen Aufenthalts respektive Sitzes des Garanten gesehen, da dieser die für den Vertrag charakteristische Leistung erbringe. An dieser Stelle verweist der BGH vergleichend auf die Vermutung des Art. 28 Abs. 2 EGBGB n. F.[682] Den Grund für diese Anknüpfung sieht der BGH darin, dass es im überwiegenden Interesse des Garanten liege, das Ausmaß seiner Verpflichtung nach der ihm vertrauten Rechtsordnung leicht und zuverlässig feststellen zu können, während sich der am kaufmännischen Geschäftsverkehr teilnehmende Begünstigte hinreichend darauf einstellen könne, welchen Inhalts und Werts eine nach dem Recht des Verpflichteten erteilte Garantie sei. Dahinter steht also die Erwägung, dass das Interesse Desjenigen überwiegt, der das Risiko trägt.

[681] Zu beachten ist, dass das Urteil immerhin knapp zehn nach der IPR-Reform ergangen ist.

[682] Es sei darauf hingewiesen, dass der BGH mit keinem Wort eine mögliche Akzessorietät des Garantievertrages zum Kaufvertrag anspricht.

Diese Begründung jedoch sah der BGH im vorliegenden Fall als nicht überzeugend an. Vielmehr überwiege ausnahmsweise das Interesse des Begünstigten. Denn die Garantie habe als Kompensation dafür gedient, dass er sich im Kaufvertrag fremdem Recht unterworfen hatte und außerdem die wirtschaftlichen und rechtlichen Verhältnisse der Gesellschaft, deren Anteile er gekauft hatte, nicht kannte. Im Übrigen sei die Vermittlung des Anteilskaufs durch den deutschen Beklagten in Deutschland erfolgt, die Verhandlungen seien in deutscher Sprache geführt worden und der Beklagte habe eine Büroanschrift in Deutschland. Aus diesen Gründen sei der Schwerpunkt des Garantievertrages abweichend von der Regel am Sitz des Klägers und Ort des Vertragsschlusses, also in Hamburg, zu lokalisieren.

Es stellt sich die Frage, ob diese Ausführungen des BGH nach jetzt geltendem Recht die Anwendung der Ausweichklausel begründen könnten. Die beiden zuletzt genannten Anknüpfungspunkte würden ein solches Ergebnis sicher nicht tragen. Der BGH hat zwar ausführlich begründet, warum der Vermutung zugunsten des Rechts am gewöhnlichen Aufenthalt/Sitz des charakteristisch Leistenden die innere Rechtfertigung entzogen sei, was eine der wesentlichen Voraussetzungen der Korrektur des Ergebnisses einer der Vermutungen des Art. 28 EGBGB ist.[683] Diese Ausführungen wären nach neuem Recht Ausführungen über die Anwendbarkeit der Ausweichklausel. Jedoch ist zu beachten, dass bei der Prüfung des hypothetischen Parteiwillens die Bindung an eine solche Vermutung deutlich geringer war als nun unter Geltung des EVÜ. Das in Deutschland geltende Anknüpfungssystem war insgesamt ein flexibleres. Nach hier vertretener Ansicht reichen die genannten Umstände nicht aus, um auf der Ebene der objektiven Anknüpfung zur Anwendung deutschen Rechts zu gelangen. Dabei ist auch zu berücksichtigen, dass in dem Garantievertrag nicht nur der Beklagte, sondern gleichzeitig auch eine weitere Gesellschaft mit Sitz in Florida sich verpflichtet hatte; es wäre nicht sinnvoll - insbesondere nicht aus Sicht des Begünstigten - diese zwei Verpflichtungen unterschiedlichen Rechten zu unterwerfen. Diese zweite Garantie ebenfalls dem deutschen Sachrecht zu unterwerfen, scheint jedoch kaum möglich. Vorzuziehen wäre im vorliegenden Fall die Lösung auf der Ebene der subjektiven Anknüpfung.[684] Aus der vom BGH angeführten Interessenlage, die zum Abschluss des Garantievertrages geführt hat, sowie aus der Tatsache, dass der Garantievertrag im Gegensatz zum Kaufvertrag in deutscher Sprache abgefasst war und insbesondere daraus, dass im Anhang zum Vertrag, also nur bezogen auf die Garantie, eine Gerichtsstandsklausel zugunsten Hamburger Gerichte aufgenommen war, lässt sich mit hinreichender

683 Siehe dazu oben S. 79.

684 Siehe zu den Unterschieden bzgl. der Relevanz objektiver Kriterien auf den verschiedenen Ebenen der subjektiven und objektiven Anknüpfung oben S. 117 ff.

Deutlichkeit auf eine stillschweigende Rechtswahl schließen.[685] Dass der Vertrag, in Bezug auf den die Garantie erteilt wurde, eine Rechtswahlklausel zugunsten des Rechts von Florida enthielt, steht dem nicht entgegen.[686]

2. Das bestätigte Dokumentenakkreditiv (und die bestätigte Garantie[687])

In der Rechtssache *Bank of Baroda v. Vysya Bank Ltd.*, die vom High Court of Justice, zu entscheiden war, ging es um ein bestätigtes Dokumentenakkreditiv.[688] Dem Fall lag folgender Sachverhalt zugrunde: Das indische Unternehmen Aditya Steel Industries (im Folgenden „Aditya") hatte von Granada Worldwide Industries Ltd. (im Folgenden „Granada"), einem irischen Unternehmen mit „office" in London, 16,092 t „pig iron" gekauft. Dieses sollte per Schiff c.i.f. von Ventspils in Lettland nach Haldia in Indien geliefert werden. Aditya wies die indische Bank Vysya Bank Ltd. (im Folgenden Vysya) an, ein Akkreditiv zugunsten von Granada zu eröffnen. Dieses Akkreditiv wurde von der Bank of Baroda, London office[689] (im Folgenden „Baroda"), bestätigt und diese Bestätigung der Granada an ihrem Londoner „office" angezeigt. Bei der ersten Vorlage wurden die Dokumente von Vysya zurückgewiesen, da sie nicht mit der im Vertrag bezeichneten Fracht übereinstimmten. Dennoch stimmte Vysya der Valutierung des Kredites zu, der noch am gleichen Tag von Baroda gegen Vorlange der Dokumente ausgezahlt wurde. Baroda sandte die Dokumente am nächsten Tag an Vysya in Indien. Diese informierte Baroda einige Wochen später, dass sie bereits der Citibank New York den Auftrag zur Zahlung erteilt hatte und autorisierte Baroda, die Rückzahlung zu fordern. Kurz darauf widerrief sie jedoch diese Ermächtigung, woraufhin Baroda der Vysya gerichtliche Schritte wegen „anticipatory and/or actual breach of contract" ankündigte. Gemeint ist die Verletzung des Vertrages zwischen der eröffnenden und der bestätigenden Bank.

Zum Verhältnis Vysya (eröffnende Bank) – Baroda (bestätigende Bank) stellt das Urteil fest: „The confirmation was the object of the contract." Die charakteristische Leistung im Sinne des Art. 4 Abs. 2 EVÜ sei „adding a confirmation" „and its honouring of the obligations accepted thereby in relation to the beneficiary." Die Pflicht der eröffnenden Bank zur Erstattung oder Schadloshaltung

---

685 Vgl. zu den Voraussetzungen einer konkludenten Rechtswahl siehe oben S. 136

686 Im Ergebnis würde auch bei einer Bürgschaft nichts anderes gelten, denn es ist nicht weiter problematisch, die Begründung und Wirksamkeit des Bürgschaftsvertrages dem einen Recht zu unterstellen, den Inhalt der Bürgenverpflichtung dagegen einem anderen.

687 Siehe unten Fn. 701.

688 High Court of Justice, Lloyd's Law Report 1994, S. 657-658 (résumé) = Lloyd's Law Report 1994, S. 87-98 = European Current Law 1995, Part 11, Nr. 44 (résumé) = European Current Law 1995, Part 1, Nr. 57 (résumé).

689 Im Urteil wird dieses „office" als Niederlassung im Sinne des Art. 4 Abs. 2 EVÜ qualifiziert.

der bestätigenden Bank sei nur Folge der Charakteristik des Vertrages; sie sei nicht selbst charakteristisch für den Vertrag.[690] Diese Leistung, die im Rahmen eines Auftrages („agency contract“) erbracht wurde[691], wurde durch die Londoner Niederlassung von Baroda getätigt. Die Tatsache, dass die Erstattung in New York geltend gemacht und erbracht werden sollte, sei gleich doppelt irrelevant, da sie erstens eine reine Maßnahme der Annehmlichkeit war (denn es handelte sich um einen US-$-Kredit) und da sie zweitens jedenfalls ohne Bezug zu jedwedem Land war, dessen Recht den Vertrag beherrschen könnte.[692] Wenn auch im vorliegenden Fall der Vertag in Indien geschlossen wurde[693], zielte er insgesamt auf „Bank of Baroda's City of London Branch acting as confirming bank“ ab. Der Auftrag eines Beauftragten („agent“), in einem bestimmten Land tätig zu werden, sei dagegen unmittelbar relevant. Auch seien die Ausführungen des Berichts *Giuliano/Lagarde* dazu, dass bei der Garantie der Garant die charakteristische Leistung sowohl im Verhältnis zum Hauptschuldner, als auch zum Gläubiger erbringe, übertragbar.

Der Vertrag zwischen Bank of Baroda City of London Branch und Granada unterliege, nach Art. 4 Abs. 2 wie auch nach Abs. 5[694] EVÜ, eindeutig englischem Recht.

Der Vertrag zwischen Vysya und der indischen Käuferin, die Vysya die Anweisung zur Eröffnung des Akkreditivs gab (Deckungsverhältnis), unterliegt nach Ansicht von Vysya ebenfalls indischem Recht. Der Richter zieht diesen Vertrag indes nicht in Betracht, da ihm zum einen diesbezüglich nicht genug Angaben vorliegen, zum anderen er zu Recht der Ansicht ist, dieses Vertragsverhältnis sei von dem in Streit stehenden völlig getrennt, demnach auch in keiner Weise ein relevanter Anknüpfungspunkt.

Der Vertrag zwischen Granada und Vysya unterliege gemäß der Vermutung des Art. 4 Abs. 2 EVÜ indischem Recht.

Das kollisionsrechtliche Problem war, dass im Verhältnis Vysya (eröffnende Bank) – Granada (Begünstigte) Art. 4 Abs. 2 EVÜ zur Anwendung indischen Rechts führte, im Verhältnis Granada – Baroda (bestätigende Bank) und Baroda – Vysya jedoch zu englischem Recht. So entstand eine Situation, in der die Rechte der Begünstigten und die Pflichten der eröffnenden Bank unterschiedlichen Rechten unterlagen. Denn Granada hatte wegen des Akkreditivs einen Zah-

---

690 High Court of Justice, Lloyd's Law Report 1994, S. 87, 91 2. Spalte.
691 High Court of Justice, Lloyd's Law Report 1994, S. 87, 90, 2. Spalte.
692 High Court of Justice, Lloyd's Law Report 1994, S. 87, 91, 2. Spalte.
693 High Court of Justice, Lloyd's Law Report 1994,S. 87, 91, 1. Spalte; 92, 1. Spalte.
694 Dieser wird angeführt, um einen Verweis auf den ähnlichen - so der Richter - „common law test“ (zur Bestimmung der „closest and most real connection“), wie er vor Inkrafttreten des EVÜ durchgeführt wurde, vornehmen zu können und zu zeigen, dass das Urteil im Ergebnis mit der Judikatur auf Grundlage des vor dem EVÜ geltenden Rechts übereinstimmt. Einen triftigen Grund, Abs. 5 anzusprechen, gab es eigentlich nicht.

lungsanspruch sowohl gegen Vysya, als auch gegen Baroda bezogen auf dieselbe Kaufpreisforderung. Nach Art. 4 Abs. 2 EVÜ würden diese Forderungen eigentlich unterschiedlichen Rechten unterliegen. Gleiches gilt für die Zahlungsverpflichtungen von Vysya: Würde sie von Granada in Anspruch genommen, so wäre indisches Recht anwendbar. Würde sie von Baroda im Wege des Rückgriffs zwischen bestätigender und eröffnender Bank in Anspruch genommen, gälte englisches Recht.[695] Schon im Urteil *Offshore International S.A. v. Banco Central S.A.*[696] hatte es der Richter *Mr. Justice Ackner* auf Grundlage des „closest and most real connection-test" bezüglich eines unbestätigten Akkreditivs wegen der daraus resultierenden Schwierigkeiten insbesondere für die avisierende Bank abgelehnt, das Recht am Sitz der eröffnenden Bank zum Vertragsstatut zu erklären.[697] Darüber hinaus verwies er darauf, dass die Schwierigkeiten steigen würden, wenn die avisierende Bank das Akkreditiv bestätige. Gerade dieser Fall sei eingetreten. Es sei von großer Wichtigkeit für den Begünstigten und für die beteiligten Banken, Einfachheit und Klarheit in der Angelegenheit zu haben und Art. 4 Abs. 5 EVÜ habe eine Antwort darauf. Die Frage sei nur, welcher der Verträge einem anderen als dem eigentlich berufenen Recht unterworfen werden sollte. Nach Ansicht des Gerichts ist es der Vertrag zwischen Vysya und Granada, und zwar wegen des in London liegenden Erfüllungsortes der charakteristischen Leistung („issue of the letter of credit in London"). Im vorliegenden Fall würde Art. 4 Abs. 2 EVÜ zu der o. g. Situation führen, dass ein und dasselbe Akkreditiv unterschiedlichen Rechten unterworfen würde. Es sei indes nicht Ziel des Römischen Übereinkommens, Rechtsverhältnisse unübersichtlich zu gestalten („to confuse legal relationships") oder „to disrupt" normale Erwartungen. Mit Verweis auf Dicey and Morris on The Conflict of Laws (12th ed.), S. 1137-1138, meint das Gericht, dass insbesondere dann, wenn der Erfüllungsort mit dem Sitz der charakteristisch leistenden Partei auseinander fällt, die Ausweichklausel Anwendung finden kann. Deshalb sei auch auf das Verhältnis Vysya – Granada englisches Recht anwendbar.[698]

Ob diesem Urteil im Ergebnis und bezüglich der Begründung zu folgen ist, erscheint fraglich. Zunächst zu der Ansicht, die Vermutung des Art. 4 Abs. 2 EVÜ sei insbesondere dann zu korrigieren, wenn der Sitz der charakteristisch leistenden Partei und der Erfüllungsort ihrer Verpflichtung auseinanderfallen.

---

695 Meines Erachtens ist das nicht problema tisch, insbesondere da die Zahlungsversprechungen rechtlich nicht identisch sind (einmal abstraktes Garantieversprechen und einmal einfaches Zahlungsversprechen) und inhaltlich sich beide nach dem Verhältnis Granada – Aditya richten, diesbezüglich also das selbe Recht gilt.

696 High Court of Justice, *Offshore International S.A. v. Banco Central S.A.*, (1976) 2 Lloyd's Law Report 402, 404, col. 1 = (1977) 1 W.L.R. 399, 401. Dazu: *D'Arcy/Murray/Cleave*, Schmitthoff's Export Trade, S. 191 f.

697 Siehe zum nicht bestätigten Akkreditiv Fn. 701.

698 High Court of Justice, Lloyd's Law Report 1994, S. 87, 88.

Wäre dem so, dann hätte sich das EVÜ zugunsten des Rechts am Erfüllungsort und nicht desjenigen am Sitz des Erbringers der charakteristischen Leistung ausgesprochen. Zumindest hätte es eine entsprechende Anknüpfungsleiter eingeführt.

Was das oben dargestellte kollisionsrechtliche Problem betrifft, das in der Situation eines bestätigten Akkreditivs entsteht, so ist es nicht derart problematisch, auf die o. g. drei Rechtsverhältnisse zwei unterschiedliche Rechte anzuwenden, als dass eine einheitliche Anknüpfung geboten wäre. Denn die Zahlungsversprechungen der beteiligten Banken sind rechtlich identisch (jeweils abstraktes Schuldversprechen) und richten sich inhaltlich beide nach dem Verhältnis Granada – Aditya (Valutaverhältnis) im Zeitpunkt der Akkreditiveröffnung beziehungsweise deren Bestätigung. Diesbezüglich gilt also dasselbe Recht. Unterschiedliche Rechte finden daher nur auf das Zustandekommen und die Wirksamkeit der Verpflichtungen Anwendung sowie auf die Übertragbarkeit von Rechten insbesondere des Begünstigten. Diese Ansicht findet in der Literatur einige Unterstützung[699], ist aber lebhaft umstritten. Andere fordern – wie der High Court of Justice im besprochenen Fall – im Interesse des Begünstigten und der Simplifizierung der Rechtsverhältnisse eine einheitliche Anknüpfung an das Sitzrecht der bestätigenden Bank.[700] Vielfach wird eine solche einheitliche Anknüpfung auch dann vertreten, wenn die eingeschaltete Zweitbank nicht durch die Bestätigung eine eigene Zahlungsverpflichtung übernimmt, sondern lediglich als Zahlstelle oder als Avisbank eingeschaltet ist.[701]

---

699 Assmann/Schütze-*Schütze*, Handbuch des Kapitalanlagerechts, 1990, S. 296; *von Bar*, IPR II, S. 367, Rn. 497; *ders.*, ZHR 152 (1988), S. 38, 53, der an der Anknüpfung nach Art. 4 Abs. 2 EVÜ festhält, obwohl er zuvor (S. 42) die besondere Bedeutung der Zweitbank betont, deren Tätigkeit erst dem Gesamtgeschehen – jedenfalls aus Sicht des Exporteurs – das Gepräge gebe; *Mattout*, Droit bancaire international, S. 305; *Nielsen*, Grundlagen des Akkreditivgeschäfts – Revision 1983, 35 f.; *ders.*, IPRax 1982, S. 91, 93; *Schefold*, IPRax 1990, S. 20, 21 ff.; *Schütze*, Das Dokumenten-Akkreditiv, S. 208 ff.; *ders.*, WM 1982, S. 226, 227 f.; *ders.* EWiR 1988, S. 81, 82; Soergel-*von Hoffmann*, Art. 28 EGBGB, Rn. 347; *von Westphalen*, Rechtsprobleme der Exportfinanzierung, S. 300 f.

700 OLG Frankfurt IPRspr. 1991, Nr. 46 = NJW-RR 1992, S. 684 = WuB I H 2. - 1.92 mit zustimmender Anm. *Nielsen*; OLG Frankfurt, IPRax 1990, S. 43, 44 ff. mit ablehnendem Aufsatz *Schefold*, S. 20 ff. = EWiR 1988, 81 mit ablehnender Anmerkung *Schütze*; OLG Karlsruhe, IPRax 1982, S. 102, 102 mit ablehnendem Aufsatz *Nielsen*, S. 91 ff.; Urteil des High Court of Justice, *Offshore International S.A. v. Banco Central S.A.*, (1976) 2 Lloyd's Law Report 402, 404, col. 1 = (1977) 1 W.L.R. 399, 401; *D'Arcy/Murray/Cleave*, Schmitthoff's Export Trade, S. 189; *Jayme*, Kollisionsrecht und Bankgeschäfte mit Auslandsberührung, S. 35 f.; *Liesecke*, Die neuere Rechtsprechung, insbesondere des Bundesgerichtshofes, zum Dokumentenakkreditiv, WM 1966, S. 458, 458 ff.; *W. Lorenz*, in: FS Zweigert, S. 199, 223; *Rowe*, Guarantees, Standby letters of credit and other securities, S. 137; *von der Seipen*, Die akzessorische Anknüpfung, S. 301 f.; *Steindorff*, in: FS von

Dem ist indes entgegenzuhalten, dass die beabsichtigte Vereinfachung der Rechtsverhältnisse keinen entscheidenden Vorteil bringt, dafür aber einen ganz erheblichen Nachteil: Die Zweitbank wird häufig erst nach Eröffnung des Akkreditivs eingeschaltet. Setzt sich ihr Recht durch, so bedingt dies einen Statutenwechsel im Verhältnis des Begünstigten zur eröffnenden Bank.[702] Hier zeigt sich ein weiteres grundlegendes dogmatisches Argument gegen eine einheitliche Anknüpfung: Eine solche ist stets äußerst problematisch, wenn in den verschiedenen Rechtsverhältnissen keine Parteiidentität besteht.[703] Zumindest im Grundsatz dürfte es daher zutreffend sein, in allen Fällen, in denen eine Zweitbank beteiligt ist, das Verhältnis zwischen Begünstigtem und eröffnender Bank nach der Grundregel des Art. 4 Abs. 2 EVÜ anzuknüpfen. Ob zur Vermeidung von Abwicklungsschwierigkeiten sich der Vorschlag von *Nielsen* durchsetzen sollte, die Abwicklung des Akkreditivs, also insbesondere die Prüfung der Dokumente und die Valutierung des entsprechenden Betrages, einheitlich dem Recht am Ort der Zahlstelle zu unterwerfen, es im Übrigen aber bei der Anknüpfung an das Sitz-

---

Caemmerer, S. 761, 766 ff.; *Zahn/Eberding/Ehrlich*, Zahlung und Zahlungssicherung im Außenhandel, S. 26 f.

701 Im Unterschied zu der Situation beim bestätigten Akkreditiv übernehmen die Banken in diesen Fällen keine eigene Zahlungsverpflichtung gegenüber dem Begünstigten, was Art. 11 b der Einheitlichen Richtlinien und Gebräuche für Dokumenten-Akkreditive klarstellt. Welchem Recht die Verpflichtung der Zahlstelle bzw. der Avisbank unterliegt, ist ebenfalls umstritten. Der Streitstand entspricht in etwa dem beim bestätigten Akkreditiv. Die Anzahl derer, die eine einheitliche Anknüpfung an das Sitzrecht der Zweitbank vertreten, ist allerdings deutlich niedriger; so OLG Frankfurt IPRspr. 1991, Nr. 46 = NJW-RR 1992, S. 684 = WuB I H 2., Nr. 1.92 mit Anm. *Nielsen*; *von Bar*, ZHR 152 (1988), S. 38, 53; *von Caemmerer*, JZ 1959, S. 362, 363; vgl. dazu auch MünchKomm-*Martiny*, Art. 28 EGBGB, Rn. 241 ff.; *Rowe*, Guarantees, Standby letters of credit and other securities, S. 137; *Schefold*, Zum IPR des Dokumenten-Akkreditivs, IPRax 1990, S. 20, 21 ff.; Soergel-*von Hoffmann*, Art. 28 EGBGB, Rn. 346. Die hier zum bestätigten Akkreditiv vorgeschlagene Lösung ist auf diese Fälle uneingeschränkt übertragbar.
Ganz ähnlich ist der Streitstand bezüglich der **bestätigten Garantie**, der hier entsprechend den Ausführungen zum Akkreditiv entschieden wird. Vgl. zum Streitstand *Goerke*, Kollisionsrechtliche Probleme internationaler Garantien, S. 97 ff.; *Schütze*, Das Dokumentenakkreditiv im Internationalen Handelsverkehr, S. 211, die sich für eine Akzessorietät aussprechen. **A. A.** Soergel-*von Hoffmann*, Art. 28 EGBGB, Rn. 301. Siehe auch MünchKomm-*Martiny*, Art. 28 EGBGB, Rn. 229; *Nielsen*, WuB I H 2. – 1.92.

702 Assmann/Schütze-*Schütze*, Handbuch des Kapitalanlagerechts, S. 296; Soergel-*von Hoffmann*, Art. 28 EGBGB, Rn. 347.

703 *Von Hoffmann*, IPR, § 10 C V 2, Rn. 62 (allgemein); Soergel-*von Hoffmann*, Art. 28 EGBGB, Rn. 301 (bzgl. Bestätigter Garantie); vgl. aber auch *Kegel/Schurig*, IPR, § 18 I c, S. 582, der bzgl. Bürgschaft und deklaratorischem Schuldanerkenntnis nur vage von „meist nicht dem Recht der Hauptschuld unterworfen, sondern selbständig angeknüpft" spricht und damit das Kriterium der Parteiidentität offensichtlich nicht als zwingend ansieht.

recht der eröffnenden Bank zu belassen[704], soll hier nur zur Diskussion gestellt werden. Der Vorschlag erscheint durchaus sinnvoll, eine eingehendere Auseinandersetzung mit ihm würde jedoch den Rahmen der vorliegenden Arbeit sprengen.

3. Alleinvertriebsvertrag

In einem Urteil des OLG Düsseldorf[705] sprach sich das Gericht gegen eine akzessorische Anknüpfung aus. Im Fall hatte die Klägerin, eine Gesellschaft mit Sitz in Deutschland, mit der beklagten Gesellschaft mit Sitz in Italien einen Alleinvertriebsvertrag abgeschlossen, aufgrund dessen die Beklagte Produkte der Klägerin auf eigene Rechnung und im eigenen Namen vertreiben sollte. Der Vertrag wurde in englischer Sprache abgeschlossen und enthielt einen Hinweis auf die allgemeinen Liefer- und Zahlungsbedingungen der Klägerin. Die Beklagte leistete zu den vereinbarten Zeitpunkten keine Zahlungen. Nach erfolgloser Abmahnung machte die Klägerin u. a. den ausstehenden Betrag geltend; die Beklagte rechnete mit von ihr behaupteten Schadensersatzansprüchen auf.

Das OLG bestimmte unter Anwendung des Art. 28 Abs. 2 S. 2 EGBGB italienisches Recht als auf den Vertragshändlervertrag anwendbares Recht. Bei einem derartigen Rahmenvertrag, durch den der Vertragshändler praktisch in die Verkaufsorganisation des Herstellers eingegliedert werde, stünden in der Regel die handelsvertreterrechtlichen Elemente, wie die Bearbeitung eines bestimmten Marktes und die Marketing-Strategie, im Vordergrund.[706] Daher erbringe der italienische Vertragshändler die den Vertrag charakterisierende Leistung.

Anderes gelte indes für die in Ausfüllung des Rahmenvertrages vereinbarten Einzellieferungen. Mit Rücksicht auf die rechtliche Selbständigkeit der Einzelverträge sei das anwendbare Recht gesondert zu ermitteln und – entgegen einer in der Literatur vereinzelt vertretenen Ansicht[707] - grundsätzlich nicht an das für den Rahmenvertrag geltende Recht anzuknüpfen.[708] Im Ergebnis sei daher auf die einzelnen Kaufverträge außerhalb des Anwendungsbereichs des UN-Kaufrechts in der Regel das im Sitzland des Verkäufers geltende Recht anzuwenden.

---

[704] *Nielsen*, IPRax 1982, S. 91, 93.

[705] OLG Düsseldorf, RIW/AWD 1996, S. 958-960.

[706] So auch BGH NJW 1958, S. 1138, 1138 f; NJW 1979, S. 1782, 1783; Palandt-*Thomas*, BGB, § 675 BGB, Rn. 6; Baumbach/Hopt, HGB, Überblick vor § 373 HGB, Rn. 13 ff.; *Ulmer*, Der Vertragshändler, S. 243 ff.

[707] MünchKomm-*Martiny*, Art. 28 EGBGB, Rn. 101, 160 m.w.N.

[708] So auch die herrschende Ansicht, vgl. statt vieler *von Hoffmann*, IPR, § 10 C V 2, Rn. 62; Soergel-*von Hoffmann*, Art. 28 EGBGB, Rn. 116.

Das OLG nimmt die Prüfung des anwendbaren Rechts in einwandfreier Weise vor. Es prüft die Bestimmungen des Art. 28 EGBGB sehr sauber durch. Auch seine Argumentation in Bezug auf die Ablehnung der akzessorischen Anknüpfung der Einzelverträge an den Rahmenvertrag ist überzeugend. Zwar ist der Rahmenvertrag Grundlage für die ihn ausfüllenden Einzelverträge, jedoch ist die Interessen- und Risikolage unterschiedlich.[709] Etwas anderes gilt allerdings dann, wenn der Rahmenvertrag die Einzelverträge inhaltlich bereits in wesentlichen Punkten determiniert. Die jeweilige obligatorische Pflicht kann nicht unterschiedlichen Rechten unterworfen werden; die Einzelverträge werden dann vom Statut der Rahmenvertrages beherrscht, an den sie akzessorisch anzuknüpfen sind.[710]

4. Schiedsrichtervertrag

Der österreichische OGH[711] hatte sich mit der kollisionsrechtlichen Behandlung von Schiedsvertrag und Schiedsrichtervertrag auseinander zusetzen. Ein österreichisches und ein deutsches Unternehmen hatten in ein Rahmenlieferungsabkommen eine Schiedsklausel aufgenommen, nach der im Streitfall in den Räumen eines Wirtschaftsverbandes mit Sitz in Österreich und nach dessen Schiedsordnung ein Schiedsgericht angerufen werden sollte. Der Obmann war von dem Wirtschaftsverband, je einer der zwei Beisitzer von einer Partei zu bestimmen. Da der wirtschaftliche Eigentümer des Wirtschaftsverbandes und der der deutschen Schiedsklägerin dieselbe Person war, kam es zum Streit. In seinem Urteil wandte der OGH die Ausweichklausel in zweifacher Weise an. Dabei folgt er in einem ersten Schritt einer in der Literatur vertretenen Ansicht[712], dass sich aus Gründen der materiellen Harmonie aus der Einheitlichkeit der Leistungspflicht notwendig die Unterstellung des Schiedsrichtervertrages unter ein einheitliches Recht ergebe.[713] Dies sei schon wegen der deutschen Haf-

[709] OLG Düsseldorf NJW-RR 1997, S. 822, 822 = WiB 1997, S. 149, 149 f. mit Anm. *Kiel*; Soergel-*von Hoffmann*, Art. 28 EGBGB, Rn. 118.

[710] *Merschformann*, Die objektive Bestimmung des Vertragsstatuts beim internationalen Warenkauf, S. 233; MünchKomm-*Martiny*, Art. 28 EGBGB, Rn. 160; Soergel-*von Hoffmann*, Art. 28 EGBGB, Rn. 119, 268 ff.

[711] OGH, ZfRV 1998, S. 259 ff.

[712] *Von Hoffmann*, in: FS Glossner, S. 143, 149 ff.

[713] Der Schiedsrichtervertrag stellt zwar einen einheitlichen Vertrag dar, der dadurch zustande kommt, dass der einzelne Schiedsrichter das Amt annimmt. Werden – wie es die Regel ist – mehrere Schiedsrichter bestellt, so folgt die Einheitlichkeit des Vertrages daraus, dass die Schiedsrichter sich zur Erbringung einer gemeinsamen Leistung verpflichten. Die Parteien können nicht von jedem einzelnen Schiedsrichter die Durchführung des Schiedsverfahrens verlangen, sondern nur von allen gemeinsam. Dennoch ist der Vertrag im Grundsatz mit jedem Schiedsrichter gesondert zu beurteilen. Dabei greift die Vermutung des Art. 4 Abs. 2 EVÜ zugunsten des Aufenthaltsrechts des jeweiligen Richters als Erbringer

tungsbeschränkung nach § 839 Abs. 2 BGB, dem sogenannten Spruchrichterprivileg, und der mit ihr beziehungsweise mit ihrem Fehlen möglicherweise einhergehenden Bereitschaft des einzelnen Schiedsrichters, neue Wege zu gehen oder aber sich streng an der einschlägigen Judikatur zu orientieren, geboten.[714]

Nachdem er sich für eine einheitliche Anknüpfung des Schiedsrichtervertrages ausgesprochen und seine rechtliche Selbständigkeit gegenüber dem Schiedsvertrag betont hat, geht er unmittelbar über zur Erörterung einer möglichen Akzessorietät des Schiedsrichtervertrages. Er überspringt also die Prüfung der einschlägigen Vermutungsregel.[715] Die Anknüpfung von Schiedsrichterverträgen ist nach wie vor Gegenstand eines Meinungsstreits. Kontrovers diskutiert wird, ob ein Schiedsrichtervertrag dem Statut des Schiedsvertrages unterliegen soll[716] oder aber dem Schiedsverfahrensstatut, soweit die Parteien nicht etwas anderes ausdrücklich vorgesehen haben.[717] Der OGH schließt sich im vorliegenden Urteil der letztgenannten Ansicht an, unterstellt also den Schiedsrichtervertrag dem Schiedsverfahrensstatut. Da nach der von den Parteien berufenen Schiedsgerichtsordnung nicht nur unabhängig vom Tagungsort das Recht der Bundesrepublik Deutschland gelten, sondern soweit die Schiedsgerichtsordnung keine besonderen Vorschriften enthielt, deutsches Verfahrensrecht Anwendung finden sollte, war deutsches Recht Verfahrensstatut und mithin auch Vertragsstatut betreffend den Schiedsrichtervertrag. Seine kollisionsrechtlichen Ausführungen beendet der OGH mit dem Hinweis darauf, dass das Ergebnis kein anderes gewesen wäre, wenn er sich der anderen Ansicht angeschlossen hätte. Letztendlich scheint der OGH beide Wege für gangbar zu halten. Dem ist zuzustimmen, denn der Streit kann tatsächlich dahinstehen. Wegen der einheitlichen Anknüpfung des gesamten Schiedsrechtsverhältnisses der Parteien unterstehen sowohl Schiedsvertrag als auch Schiedsverfahren dem Recht des Verfahrensortes, so dass sich dieses in jedem Fall durchsetzt.[718]

---

der vertragscharakteristischen Leistung. Eben diese Aufspaltung wird hinsichtlich des anwendbaren Rechts im Wege einheitlicher Anknüpfung überwunden.

714 OGH, ZfRV 1998, S. 259, 261.

715 Die hier einschlägige Norm wäre § 36 österreichisches IPRG, der eine Art. 28 Abs. 2 EGBGB entsprechende Vermutungsregel enthält. Obwohl auf den Fall das Römische Übereinkommen noch nicht anwendbar war, löst der OGH den Fall parallel zu dem österreichischen IPR auch nach dessen Normen und unter Berufung auf deutsche Literaturansichten zum EVÜ.

716 So *Fasching*, Schiedsgericht und Schiedsvertrag im österreichischen und im internationalen Recht, S. 69 und *Schwab/Walter*, Schiedsgerichtsbarkeit, S. 90.

717 So Stein/Jonas-*Schlosser*, ZPO, vor § 1025 II, Rn. 16; Soergel-*von Hoffmann*, Art. 28 EGBGB, Rn. 123, 245 und *Zöller/Geimer*, ZPO, § 1025, Rn. 64.

718 Ebenso *von Hoffmann*, in: FS Glossner, S. 143, 149 ff.

III. Einzelne Anknüpfungsmomente

1. Erfüllungsort

Der Erfüllungsort wird häufig als eines der besonders wichtigen, wenn nicht sogar als das herausragende Kriterium bei der Würdigung der Gesamtheit der Umstände angesehen. Dabei wird in den Urteilen allerdings nicht weiter auf das Problem eingegangen, was unter dem Erfüllungsort zu verstehen ist. Wird darunter der Erfüllungsort im juristischen Sinn verstanden[719] oder als Ort, an dem die Erfüllung in tatsächlicher Hinsicht herbeigeführt wird oder aber Leistungshandlungen tatsächlich vorgenommen werden? Dies sind Fragen, über die die Gerichte nicht schlicht hinweggehen dürften, da der Erfüllungsort, soweit dieser Begriff im juristischen Sinne verstanden wird, ein materiellrechtlicher Begriff ist und erst im Anschluss an die kollisionsrechtliche Anknüpfung auf der Grundlage des Vertragsstatuts bestimmt werden kann.[720] Er kann folglich nicht bereits auf der Ebene des internationalen Privatrechts bei der Bestimmung des Vertragsstatuts festgestellt und herangezogen werden. Daher wird häufig vorsichtig formuliert und z. B. von „Orte(n), an denen die Leistungen zu erbringen sind"[721] gesprochen. Die Landgerichte Würzburg und Konstanz sprechen in ihren bereits zitierten Urteilen[722] von „Abwicklung des Vertrages" beziehungsweise von „Auslieferung" und bewerten diese Umstände als gewichtige Indizien. Auch bei der kollisionsrechtlichen Beurteilung in den oben vorgestellten Ferienhausfällen wird der Erfüllungsort der charakteristischen Leistung von den deutschen Gerichten als besonders bedeutsam eingestuft – er wird jedoch jeweils durch die Niederlassung der Beklagten und den gewöhnlichen Aufenthalt der Kläger unterstützt.[723] Im Urteil des Tribunal civil de Marche-en-Famenne wird er als ein Indiz unter anderen herangezogen, ohne dass eine Einschätzung des Gerichts bezüglich seiner relativen Bedeutung erkennbar wäre, gleiches gilt für das Urteil des OLG München vom 10.3.1988.[724] Als einziges Gericht gibt der High Court

---

[719] Also etwa im Sinne des Leistungsortsbegriffes des § 269 BGB.

[720] Diesen Umstand missachtet etwa das OLG München, NJW-RR 1989, S. 663, 665, indem es formuliert: „Die von der Vollmacht verdeckte Verpflichtung [...] wäre am Wohnort der Schuldnerin [...] zu erfüllen (vgl. §§ 433, 925, 269 I BGB; ...)."

[721] *Von Hoffmann*, IPR, § 10 C V 1, Rn. 59.

[722] LG Würzburg, NJW-RR 1988, S. 1324 f.; LG Konstanz, NJW-RR 1992, S. 1332 = IPRspr. 1992, Nr. 38.

[723] BGH, BB 1990, S. 658 ff.; BGHZ 119, S. 152 ff. ; LG Köln, IPRspr. 1992, Nr. 29.

[724] OLG München, NJW-RR 1989, S. 663 ff. In dem Fall urteilt das OLG zwar nach altem Recht, und nimmt zu Unrecht eine stillschweigende Rechtswahl an, jedoch legt es dar, dass seiner Auffassung nach, unter Geltung neuen Rechts, Art. 28 Abs. 3 und 5 EGBGB einschlägig wären. Aus dem Sachverhalt: Der Kläger besaß Ferienhäuser, die die Beklagte betreute. Die Beklagte wurde als Eigentümerin eines Bungalows eingetragen, den sie wohl nur treuhänderisch für den Kläger erwerben sollte. Sie verkaufte diesen an E weiter. Der

of Justice[725] eine diesbezügliche Einschätzung ausdrücklich formuliert wieder; mit Verweis auf *Dicey/Morris*[726] wird die Ansicht vertreten, die Ausweichklausel sei insbesondere bei Auseinanderfallen von Erfüllungsort und Sitz der charakteristisch leistenden Partei anzuwenden.[727] Diese Ansicht ist problematisch, da sie die Wertentscheidung des Römischen Übereinkommens ignoriert, dass nun mal der Sitz von größerem Gewicht sein soll als der Erfüllungsort.

Ganz dieser staatsvertraglichen Wertentscheidung konform urteilt die Arrondissementsrechtbank Arnhem[728], die es beim Ergebnis der Vermutungsregel belässt; der Erfüllungsort sei auch im Zusammenspiel mit dem Sitz des nicht charakteristisch Leistenden Vertragspartners nicht in der Lage, die Anwendbarkeit der Ausweichklausel zu begründen. Die niederländische Reklamefirma E.T.R. (Klägerin) sollte für die deutsche Beklagte Winkels verschiedene Arbeiten bezüglich eines Squashzentrums verrichten. Nach Ansicht der Klägerin war holländisches Recht Vertragsstatut und die Rechtbank Arnhem zuständig. Winkels war der Ansicht, gemäß Art. 4 Abs. 5 S. 2 EVÜ finde deutsches Recht Anwendung, da die Halle in Deutschland gebaut und die Reklametätigkeiten in Deutschland ausgeführt werden sollten, wo Winkels seinen Sitz hatte. Aus diesen Gründen sei der Vertrag mit Deutschland enger als mit den Niederlanden verbunden. Die Rechtbank Arnhem hatte im Rahmen des Art. 5 Nr. 1 EuGVÜ das anwendbare Recht zu prüfen. Das Gericht führt dazu lediglich aus: „Das ma-

---

Kläger meinte, da der Ankauf für ihn gewesen sei und die Beklagte treuhänderisch gebunden war, hätte sie nicht an E veräußern dürfen. Daraufhin schlossen die Parteien einen Vergleich, in dem u. a. die folgende Klausel aufgenommen wurde: „Frau G [Beklagte] übereignet das Objekt Bungalow D 16 derart, dass M [Kläger] unwiderrufliche notarielle Verkaufs-Vollmacht erhält." Das Urteil ist interessant ab S. 665 bei der Bestimmung des Vollmachtsstatuts: Das Gericht unternimmt einen völlig konfusen Versuch, unter sowohl altes als auch neues Recht zu subsumieren. Insbesondere scheint es so, als ob das OLG meint, nach neuem Recht gebe es keine stillschweigende Rechtswahl mehr, sondern dass diese nun in Art. 28 Abs. 1 (vgl. S. 665 linke Spalte unten) bzw. Abs. 5 EGBGB (vgl. rechte Spalte oben) aufgegangen sei; die Ausführungen scheinen gleichzeitig eine Subsumtion unter die Voraussetzungen der stillschweigenden Rechtswahl (altes Recht) und der noch engeren Verbindung (Art. 28 Abs. 5 EGBGB n. F.) zu sein. Außerdem würden nach h. M. die aufgeführten nach Deutschland weisenden Indizien wohl nicht ausreichen, die Vermutung des Abs. 3 über Abs. 5 zu widerlegen (es wird ja gerade bei der kurzfristigen Ferienhausmiete diskutiert). Es handelt sich um die folgenden Vertragsumstände: Beide Parteien sind deutsche Staatsangehörige mit Wohnsitz in Deutschland, der Vergleich wurde in Augsburg geschlossen, der Bungalow stand im Eigentum der deutschen Beklagten und deren Pflicht aus dem Vergleich wäre an ihren Wohnort in Augsburg zu erfüllen gewesen.

725 High Court of Justice, Lloyd's Law Report 1994, S. 87, 89.

726 *Collins*, Dicey/Morris on the Conflict of Laws II, S. 1137, 1138.

727 High Court of Justice, Lloyd's Law Report 1994, S. 87, 93.

728 Arrondissementsrechtbank Arnhem, NIPR 1995, Nr. 272.

terielle Recht ist in dieser Sache holländisches Recht, das Recht des Landes, in welchem E.T.R. - die die charakteristische Leistung erbringt - ihren Sitz hat." D. h., das Gericht geht auf die Ausführungen der Beklagten gar nicht erst ein, sondern stellt strikt und leider ohne eine Erörterung des relativen Gewichts der verschiedenen Anknüpfungsmomente auf Art. 4 Abs. 2 EVÜ ab.[729] Das kollisionsrechtliche Ergebnis ist gut vertretbar, stellt allerdings einen Grenzfall dar, bei dem sich nach hier vertretener Ansicht eine Lösung via Ausweichklausel angeboten hätte. Es stehen sich der Sitz der charakteristisch leistenden Partei auf der einen Seite und der vertraglich vereinbarte Erfüllungsort der Werbetätigkeit, das zu bewerbende Objekt sowie der Sitz der zahlenden Partei auf der anderen Seite gegenüber. In einer solchen Konstellation ist das vermutungsweise berufene Recht aufgrund der gewichtigen Umstände des Erfüllungsortes und des Sitzes der nicht charakteristisch leistenden Partei sowie des zusätzlichen Umstands, dass die vereinbarten Werbemaßnahmen sich auf ein in diesem Land belegenes Objekt beziehen, verdrängt.

In einem weiteren niederländischen Urteil hatte sich der Gerechtshof's-Hertogenbosch u. a. mit der Bestimmung des Erfüllungsortes sowie seiner kollisionsrechtlichen Bedeutung auseinander zusetzen.[730] Die Klägerin war Herausgeber einer auf englisch erscheinenden Zeitschrift, die u. a. auch in den Niederlanden erschien. Der Sitz der Klägerin lag in Deutschland. Sie bot der Beklagten mit Sitz in den Niederlanden an, in der Zeitschrift einen Artikel über ihr Unternehmen zu veröffentlichen. Nachdem ein Interview auf Niederländisch geführt worden war, sandte die Klägerin an die Beklagte ein „concept lay-out" und einen „concept-text" von dem zu platzierenden Artikel, worin die Stellen für den Text und die Fotos skizziert waren. Der Begleitbrief enthielt u. a. den folgenden Absatz: „Die Kosten für die Veröffentlichungen betragen: DM 9,95 s/w bzw. 15,95 Farbe pro mm-Höhe/Spalte. Wie bereits bekannt, ist die Texterstellung und die Übersetzung ins Englische für Sie nicht mit Kosten verbunden." Diesem Brief war ein Formular von der Klägerin beigelegt, welches die Klausel „Freigabe zum Druck und zur Veröffentlichung" enthielt und das von der Beklagten unterzeichnet wurde. Nachdem der Artikel veröffentlicht worden war, stellte die Klägerin für Fotos, die mit dem Artikel abgedruckt worden waren, DM 10.200,63 in Rechnung, die die Beklagte nicht zu zahlen bereit war.

In erster Instanz wurde dem Zahlungsbegehren nicht stattgegeben. Laut der Rechtbank Breda war auf den Vertrag niederländisches Recht anwendbar und die Beklagte danach nicht verpflichtet, die Fotos zu bezahlen. Das Gericht be-

---

[729] Ob dem kollisionsrechtlichen Ergebnis zuzustimmen ist, soll hier offen bleiben – es ist zumindest gut vertretbar. Diese Vorgehensweise legt jedoch die Frage nahe, ob sich das Gericht seiner Sache eventuell nicht ganz sicher war, jedoch seine Zuständigkeit als auch die Anwendbarkeit des Forum-Rechts erreichen wollte.

[730] Gerechtshof's-Hertogenbosch, NIPR 1998, Nr. 297.

gründet seine Auffassung nur sehr kurz. Dabei geht es nicht darauf ein, dass die Voraussetzungen des Art. 4 Abs. 2 EVÜ erfüllt sind. Es setzt sich vielmehr sogleich mit der Prüfung der engsten Verbindung auseinander. Dabei stellt es zunächst fest, dass die charakteristische Leistung in der Veröffentlichung und der Verbreitung des Artikels gelegen habe. Da die Zeitschrift nicht ausschließlich in Deutschland verbreitet wurde, liege auch nicht nur dort der Erfüllungsort. Weil im übrigen das Interview auf Niederländisch geführt worden war, der Artikel auch in den Niederlanden verbreitet wurde und dieser Artikel ein Unternehmen mit Sitz in den Niederlanden betraf, sei der Sachverhalt am engsten mit den Niederlanden verbunden.

Diese Ansicht hielt der Berufung nicht stand. Der Gerechtshof's-Hertogenbosch definierte als charakteristische Leistung die Veröffentlichung des Artikels. Diese habe in Deutschland stattgefunden, wo sich auch der Hauptsitz ihres Erbringers befand. Die übrigen von der Rechtbank Breda angeführten Umstände seien nicht geeignet, eine engere Verbindung zu den Niederlanden zu begründen. Daher bleibe es bei der Anwendung von Art. 4 Abs. 2 EVÜ. Diesen Ausführungen ist zuzustimmen. Selbst wenn der Rechtbank Breda entsprechend die Verbreitung der Zeitschrift als Bestandteil der Erfüllung berücksichtigt wird, so ist ihr im Ergebnis dennoch nicht zu folgen. Wenn nämlich der Erfüllungsort in verschiedenen Ländern verortet ist und wenn auch nicht aufgrund der Veröffentlichung zumindest ein deutlicher Schwerpunkt in Deutschland liegt, so hebt sich das Kriterium des Erfüllungsortes hinsichtlich der Länder, in denen der Vertrieb erfolgt, selbst wieder auf. Es ist dann nicht geeignet, für eine engere Verbindung zu den Niederlanden als zu Deutschland zu sprechen. Es verbleiben dann nur noch die Tatsachen, dass das Interview im Vorfeld des Vertragsschlusses auf Niederländisch geführt wurde und die nicht charakteristisch leistende Partei ihren Sitz in den Niederlanden hatte. Diese beiden Umstände sind jedoch keinesfalls geeignet, eine Korrektur der Vermutung zugunsten des Sitzes des charakteristisch Leistenden zu begründen.

2. Abschlussort

Der Ort, an dem ein Vertrag abgeschlossen wurde, wird überwiegend als nur von recht geringer Bedeutung angesehen.[731] So wird er häufig überhaupt nicht erwähnt, wie etwa in sämtlichen „Ferienhausfällen“. Dies ist bemerkenswert, da dort auch andere untergeordnete Kriterien beachtet wurden – zumindest soweit sie das kollisionsrechtliche Ergebnis unterstützten. Gleiches gilt für die „Gran Canaria-Fälle“. Das LG Würzburg[732] und LG Stuttgart[733] erwähnen ihn gar

[731] Nach hier vertretener Ansicht ist der Abschlussort des Vertrages ohne objektiven Bezug zum Leistungsaustausch und daher nicht zu berücksichtigen, siehe oben S. 112 ff.

[732] LG Würzburg, NJW-RR 1988, S. 1324 f.

[733] LG Stuttgart, IPRax 1991, S. 332-334.

nicht, nehmen aber auch nur eine ergebnisorientierte Aufzählung von Anknüpfungspunkten vor und lassen ihn wohl deshalb außer Acht, weil er das Ergebnis nicht mittragen würde. Das LG Düsseldorf[734] sowie das LG Konstanz[735] messen ihm ausdrücklich nur geringe Bedeutung bei und LG Köln zählt ihn als einen Anknüpfungspunkt unter vielen auf.[736] Der Cour d'appel de Versailles[737] zitiert in seinem Bürgschaftsfall den Abschlussort ebenfalls nur en passant. Ausschlaggebend war das Statut der Hauptschuld.

In einem Fall vor dem LG Aachen[738] hatte die deutsche Beklagte auf einer Schuhmesse in Düsseldorf bei der italienischen Klägerin eine größere Bestellung aufgenommen. Nachdem die Schuhe geliefert worden waren, verlangte die Klägerin Zahlung; die Beklagte wandte dagegen ein, die Ware sei nicht vertragsgemäß gewesen und erkannte daher nur die Hälfte des Rechnungsbetrages an. Das LG führt bei der kollisionsrechtlichen Anknüpfung des Kaufvertrages aus, der Vertrag sei zwar auf einer Messe in Deutschland geschlossen worden und die Beklagte habe dort auch ihren Sitz. Dies genüge aber nicht, um die Vermutung des Art. 28 Abs. 2 EGBGB auszuschalten, denn die Auftragsbestätigung und die Rechnung seien in italienischer Sprache abgefasst, Lieferung und Rechnungsstellung seien von Italien aus erfolgt und der Kaufpreis sei in italienischen Lire vereinbart gewesen. Diesen Ausführungen ist im Ergebnis zuzustimmen. Nicht ganz deutlich wird indes, ob das LG einen Anwendungsfall der Ausweichklausel angenommen hätte, hätten nicht die aufgezählten Indizien die Vermutung des Abs. 2 unterstützt. Allerdings ist anzunehmen, dass das Gericht auch dann keine Korrektur via Ausweichklausel vorgenommen hätte, denn der Abschlussort ist auch im Zusammenspiel mit dem Sitz des nicht charakteristisch Leistenden keinesfalls von ausreichend großer Bedeutung.

3. Vertragssprache und -währung

Ganz ähnlich dem Abschlussort werden auch die Vertragssprache und die in ihm vereinbarte Währung uneinheitlich beurteilt, immerhin jedoch mit der Tendenz dazu, ihnen weder jegliche Bedeutung abzusprechen, noch ihnen einen hohen Bedeutungsgehalt beizumessen. Nach der hier vertretenen Theorie der Leistungsbezogenheit ist die Vertragssprache mangels objektiven Bezuges zum intendierten Leistungsaustausch ohne kollisionsrechtliche Relevanz.[739] In den meisten Urteilen, die einen der genannten Vertragsumstände explizit berücksichtigen, werden sie ohne weitere Gewichtung als Indizien durchschnittlicher oder

[734] LG Düsseldorf, NJW 1991, S. 2220-2221.
[735] LG Konstanz, IPRspr. 1992, Nr. 38.
[736] LG Köln, VuR 1993, S. 52.
[737] Cour d'appel de Versailles, Bull. Inf. Cour cass. Nr. 1186.
[738] LG Aachen, IPRspr. 1990, Nr. 31 = RIW/AWD 1990, S. 491, 492.
[739] Siehe oben S. 112 ff.

mindergroßer Bedeutung in die Abwägung eingestellt, die im Zusammenspiel mit anderen Vertragsumständen eine kollisionsrechtliche Relevanz entfalten.[740]

Einzig in dem Urteil des LG Konstanz[741] wird der Vertragssprache und der Währung neben einer Vielzahl von anderen Anknüpfungspunkten eine hohe Relevanz zugestanden. Das Gericht erklärt zunächst, dass im Rahmen des Art. 28 Abs. 5 EGBGB die Gesamtheit der Umstände maßgeblich sei, „wobei diese Umstände wichtig sein müssen."[742] Sodann zählt es alle erdenklichen Vertragsumstände auf, die in die gleiche Richtung weisen, nämlich nach Deutschland. Lediglich der Abschlussort weist im Fall nach Spanien; es verwundert daher nicht, dass er als einziger für bedeutungsschwach erklärt wird. Offensichtlich ist die hier vorgenommene Bewertung der Umstände rein ergebnisorientiert vorgenommen worden. Zum einen wird sie nicht mit einer Begründung unterlegt und zum anderen gäbe es auch keine entsprechende Begründung, denn warum sollte die Vertragssprache oder die Tatsachen, dass gezielt deutsche Touristen angesprochen wurden beziehungsweise, dass der Geschäftsführer der deutschen Herstellerfirma bei der Verkaufsveranstaltung anwesend war, wichtig sein, der Abschlussort dagegen nicht? Es ist wohl nicht anzunehmen, dass das Gericht eine der Wortwahl entsprechende allgemeine Aussage treffen wollte.

4. Gewöhnlicher Aufenthalt/Sitz

a) Gemeinsamer gewöhnlicher Aufenthalt/Sitz

Soweit die streitenden Parteien ihren gewöhnlichen Aufenthalt beziehungsweise den Geschäftssitz in demselben Staat haben, wird diesem Umstand regelmäßig ein hohes Gewicht beigemessen. Dem ist zuzustimmen, da jeder die engsten Beziehungen zu seinem Umweltrecht hat[743]; wenn also die Umweltrechte übereinstimmen, so legt dies – zumindest bei Hinzutreten zusätzlicher Umstände – nahe, diese als Vertragsstatut zu bestimmen. Dabei ist allerdings beachten, dass sich meist, nämlich im Anwendungsbereich vom Abs. 2 des Art. 4 EVÜ, kein anderes Ergebnis als das von der Vermutung ausgesprochene ergibt. In diesen Fällen bestätigt der gewöhnliche Aufenthalt/Sitz des nicht charakteristisch Leistenden lediglich die Vermutung des Abs. 2 und bewahrt sie vor einer Korrektur auf Grundlage der Ausweichklausel. Aus der Rechtsprechung sind daher überwiegend die „Ferienhausfälle" als solche Fälle bekannt, in denen das gemeinsa-

[740] So in den bereits erörterten Urteilen des LG Köln, IPRspr. 1992, Nr. 48; Marche-en-Famenne, Annales de droit de Liège 1988, S. 102 ff.; LG Würzburg, NJW-RR 1988, S. 1234 f; LG Düsseldorf, IPRspr. 1990, Nr. 43; LG Köln, IPRspr. 1992, Nr. 29; Cour d'appel de Versailles, J.D.I. 1992, S. 125 ff.; LG Aachen, IPRspr. 1990, Nr. 31.

[741] LG Kontanz, IPRspr. 1992, Nr. 38.

[742] LG Konstanz, IPRspr. 1992, Nr. 38, S. 84.

[743] Ähnlich *Kegel/Schurig*, IPR, § 2 II 1, S. 118 ff.

me Umweltrecht im Zusammenspiel mit einer Mehrzahl anderer Vertragsumstände zur Überwindung der Vermutung des Art. 4 Abs. 3 EVÜ geführt hat. Dabei war das gemeinsame Umweltrecht unterstützt vom Erfüllungsort der charakteristischen Leistung das ausschlaggebende Anknüpfungskriterium.[744] Am stärksten schränkt das LG Köln[745] die Bedeutung des übereinstimmenden Umweltrechts ein, indem es den gewöhnlichen Aufenthalt der Kunden unter „weitere Umstände" gleichrangig etwa mit der Vertragssprache aufzählt.

Bezüglich der Gran Canaria-Fälle wurde bereits dargestellt, dass der Sitz des Erbringers der charakteristischen Leistung, der tatsächlich der im Käuferland sitzende Lieferant war, mit dem gewöhnlichen Aufenthalt des Vertragspartners übereinstimmte und dass dieser Umstand eines der tragenden Kriterien war.

Ebenso war die Übereinstimmung des gewöhnlichen Aufenthaltes in einem Urteil der Arrondissementsrechtbank Arnhem von entscheidender Bedeutung.[746] Im Fall klagte der Sohn eines Erblassers gegen die Erbengemeinschaft und gegen seine Mutter auf Übertragung des Eigentums an einem Grundstück, welches im Wege der Erbauseinandersetzung der Ehefrau des Erblassers zugeteilt worden war. Alle Beteiligten hatten ihren Wohnsitz in den Niederlanden, die Immobilie lag dagegen in Surinam. Zehn Jahre vor dem Erbfall hatten Eltern und Sohn vor einem Notar in den Niederlanden einen Kaufvertrag abgeschlossen, aufgrund dessen sich die Eltern zur Eigentumsübertragung an den Sohn verpflichteten. Diese Übertragung hatte im Todeszeitpunkt des Vaters noch nicht stattgefunden, ebenso wenig wie die Bezahlung der Kaufsumme. Seit Abschluss des Vertrages war der surinamische Gulden stark abgewertet. Die Mutter bestritt das Bestehen einer kaufvertraglichen Verpflichtung, subsidiär verlangte sie die Aufhebung des Vertrages. In antizipierter Anwendung des Römischen Übereinkommens stellte das Gericht zunächst die Anwendbarkeit des Art. 4 Abs. 3 EVÜ fest mit der Folge, dass eine Vermutung zugunsten der lex rei sitae bestand. Jedoch sah es aufgrund der Gesamtheit der Umstände diese Vermutung als widerlegt an. Diese „Gesamtheit der Umstände" beinhaltete ausschließlich die Übereinstimmung des gewöhnlichen Aufenthaltes der Parteien, unterstützt durch den Abschlussort des Vertrages, der ebenfalls in den Niederlanden lag. Dabei kam dem gewöhnlichen Aufenthalt eindeutig größeres Gewicht zu, insbesondere da, wie das Gericht betont, dieser Aufenthalt von dauerhaftem Charakter war. Es ist daher der Ansicht, dass „die Transaktion sich gänzlich innerhalb der niederländischen Rechtssphäre abgespielt hat." Diese Ansicht überzeugt nicht. Für sie spricht zwar der hohe Wert des gemeinsamen Umweltrechts als kollisionsrechtliches Kriterium. Dagegen spricht jedoch, dass das EVÜ bei Immobilien die Be-

[744] Siehe oben S. 131 ff.

[745] LG Köln, IPRspr. 1992, Nr. 29 = VuR 1992, S. 156 ff.; siehe oben S. 138 f.

[746] Arrondissementsrechtbank Arnhem, NIPR 1998, Nr. 300.

deutung der persönlichen Umstände der Parteien zugunsten der sachbezogenen Belegenheit des Objekts zurückgedrängt hat.

Es sei an die Ausführungen zu den Ferienhausfällen erinnert, bei denen es nur um eine Gebrauchsüberlassung und nicht um eine Eigentumsübertragung ging und diese Gebrauchsüberlassung zudem von sehr kurzer Dauer war. Diese beiden Umstände führen dazu, dass der Vermutung die innere Rechtfertigung entzogen ist und eröffnen den Weg zur einzelfallorientierten Schwerpunktbestimmung des Vertrages. Im hier besprochenen Fall dagegen ist nicht ersichtlich, warum die Vermutung zugunsten der lex rei sitae nicht greifen sollte. Zu beachten ist, dass das Übereinkommen hinsichtlich Schuldverträge über Immobilien bewusst nicht primär auf eines der Umweltrechte der Parteien abstellt. Dies mit gutem Grund: Nur so wird der Gleichlauf mit dem sachenrechtlichen Statut sowie mit öffentlich-rechtlichen Erfordernissen, die jeder Belegenheitsstaat bei der Übertragung von Grundeigentum aufstellt, gewahrt. Weder der übereinstimmende gewöhnliche Aufenthalt der Vertragsparteien noch der – generell minderbedeutende[747] – Abschlussort des Vertrages sind, soweit nicht zusätzliche Umstände von insgesamt erheblichen Gewicht in dieselbe Richtung weisen, bei solchen Verträgen geeignet, die Regelanknüpfung als willkürlich erscheinen zu lassen. Keinesfalls trifft die wohl stark ergebnisorientierte Behauptung des Gerichts zu, die Transaktion habe sich „gänzlich innerhalb der niederländischen Rechtssphäre" abgespielt.

Der hier vertretenen Ansicht entspricht im konkreten Ergebnis ein Urteil des OLG Frankfurt.[748] In der Begründung jedoch ist es schlicht falsch. Im Fall hatten sich zwei Deutsche mit gewöhnlichem Aufenthalt in Deutschland vor einem italienischen Notar über den Verkauf eines Hausgrundstücks geeinigt. Die Immobilie befand sich in Italien, der Kaufpreis wurde in DM vereinbart. Bei der Suche nach dem anwendbaren Recht prüft das OLG sehr konfus, indem es zwischen den Ebenen von Rechtswahl und objektiver Anknüpfung hin und her springt. Nachdem es das Vorliegen einer ausdrücklichen Rechtswahl verneint, sieht es Art. 28 Abs. 3 EGBGB für einschlägig an. Die dann folgenden Erwägungen beziehen sich wiederum auf das Vorliegen einer konkludenten Rechtswahl, sollten aber solche bezüglich der Suche nach einer eventuell bestehenden noch engeren Verbindung im Sinne der Ausweichklausel sein. Das Gericht lehnt ein von der Vermutung zugunsten der lex rei sitae abweichendes Ergebnis zurecht ab. Die hierfür vorgebrachte Begründung verkennt indes das System des Kollisionsrechts für Schuldverhältnisse. Das Gericht meint nämlich, ein anderes Ergebnis als das der lex rei sitae komme als Vertragsstatut deshalb nicht in Fra-

---

[747] Nach hier vertretener Ansicht ist der Abschlussort des Vertrages sogar ohne jegliche kollisionsrechtliche Bedeutung, da er keinen objektiven Bezug zum Leistungsaustausch aufweist; siehe oben S. 108 ff.

[748] OLG Frankfurt, NJW-RR 1993, S. 182, 182 f. = IPRspr. 1992, Nr. 40.

ge, weil es den Parteien auf den Eigentumsübergang angekommen sei und dieser sei nur nach italienischem Recht möglich.[749] Dabei missachtet das OLG, dass zwischen dem Vertrags- und dem Sachenrechtsstatut zu differenzieren ist. Zwar folgen beide bezüglich Immobilien grundsätzlich der Situs-Regel, so dass meistens ein Gleichlauf gewahrt ist, doch handelt es sich dennoch um zwei eigenständige Statute, die nach nicht kongruenten Regeln zu bestimmen sind.

Dass die Parteien den Übergang des Eigentums an dem Grundstück wollten und dass hierfür (öffentlich-rechtliche) Bestimmungen zwingender Art im Belegenheitsstaat bestehen, ist dagegen weder für das Vertrags- noch für das Sachenrechtsstatut von unmittelbarer Bedeutung. Weichen diese Statuten von dem Recht der Belegenheit ab, so sind diese öffentlich-rechtlichen Normen gemäß Art. 32 Abs. 2 EGBGB zu berücksichtigen. Insoweit findet jedoch keine Sonderanknüpfung statt; vielmehr werden die Besonderheiten des Auslandssachverhaltes in der Weise berücksichtigt, dass im Wege materiellrechtlicher Angleichung die am Vornahmeort möglichen Rechtshandlungen anerkannt werden.[750]

b) Gewöhnlicher Aufenthalt/Sitz der nicht charakteristisch leistenden Vertragspartei

Der Sitz der nicht charakteristisch leistenden Partei wird ganz überwiegend als wenig aussagekräftig angesehen, teilweise aber als unterstützendes Indiz in die Überlegungen eingestellt. So etwa vom Cour d'appel de Versailles[751], die den Wohnsitz des Bürgschaftsgläubigers als ein Indiz unter anderen zitiert, ausschlaggebend war jedoch das Statut des Hauptvertrages. Dem LG Aachen[752] zufolge ist der Sitz des Käufers ebenfalls nicht von besonderer Bedeutung – er reicht auch nicht in Verbindung mit dem Abschlussort aus, um die Regelvermutung zu überwinden (die Vermutung wurde durch einige ebenfalls nicht bedeutungsvolle Indizien unterstützt). Als wohl sehr schwaches Kriterium ordnet auch die Arrondissementsrechtbank Arnhem[753] den Sitz der nicht charakteristisch leistenden Partei ein. Sie belässt es bei der Vermutungsregel; der Sitz des Vertragspartners ist auch im Zusammenspiel mit dem Erfüllungsort nicht ausreichend gewichtig, um die Regel zu überwinden.

In dem Urteil des LG Düsseldorf[754] wird der Sitz des Erbringers der charakteristischen Leistung unter dem Aspekt des Prinzips der geringsten Störung als der dominierende Anknüpfungspunkt genannt. Dies entspricht im Ergebnis755 dem

[749] OLG Frankfurt, NJW-RR 1993, S. 182, 182 f. = IPRspr. 1992, Nr. 40, S. 85, 86.
[750] *Von Hoffmann*, IPR, § 10 E I 3, Rn. 88.
[751] Cour d'appel de Versailles, Bull. Inf. Cour cass 1991, Nr. 1186; siehe oben S. 149 ff.
[752] LG Aachen, IPRspr. 1990, Nr. 31; siehe oben S. 168.
[753] Arrondissementsrechtbank Arnhem, NIPR 1995, Nr. 272, siehe oben S. 165.
[754] LG Düsseldorf, IPRspr. 1990, Nr. 43, siehe oben S. 144.
[755] Zu den Zweifeln an der Begründung siehe oben S. 54 ff.

Regelungssystem des Art. 4 EVÜ. Gleichzeitig trifft das Gericht damit aber auch eine Aussage über den niedrigen relativen Wert des gewöhnlichen Aufenthalts/Sitzes der anderen Vertragspartei, der auch zusammen mit Abschlussort, Vertragssprache und -währung nicht geeignet ist, die Vermutung im Fall zu widerlegen.

Demgegenüber hat das LG Würzburg[756] den deutschen Käufersitz zusammen mit der deutschen Vertragssprache und dem Sitz der Beklagten, die zwar nicht die Verkäuferin war, aber an welche sämtliche Rechte aus dem Vertrag abgetreten worden waren und die dessen Abwicklung vornehmen sollte, als hinreichend bedeutsam angesehen, so dass sie die Vermutung zugunsten des spanischen Rechts überwinden konnten.

Ganz anderer Auffassung ist die Rechtbank Almelo.[757] Ihr zufolge ist der Sitz, respektive der gewöhnliche Aufenthalt des nicht charakteristisch Leistenden von entscheidender Bedeutung, wenn dort auch Abschluss- und Erfüllungsort liegen. Dieser Ansicht sind indes sowohl der Hof Arnhem[758] in zweiter Instanz als auch der Hoge Raad[759] in letzter Instanz entgegengetreten. Die beklagte französische Gesellschaft SNPAA hatte sich an die französische Gesellschaft ODIMAP, die Agent der niederländischen Gesellschaft BOA war, mit der Bitte um ein Angebot für eine Heuballenpresse gewandt. Im Anschluss an die Verhandlungen in Frankreich erteilte SNPAA der ODIMAP eine Order bezüglich einer solchen Presse. Letztere leitete den Auftrag an BOA weiter, die diesen bestätigte. BOA lieferte die Presse in Frankreich an SNPAA, installierte und testete sie. Als im Folgenden die Käuferin nicht vollständig zahlte, klagte BOA vor der Rechtbank Almelo. SNPAA berief sich auf die Unzuständigkeit der Rechtbank. Ihrer Auffassung nach waren französische Gerichte zuständig.

Nachdem die Rechtbank Almelo Art. 17 EuGVÜ abgelehnt hat, untersucht sie ihre Zuständigkeit nach Art. 5 Nr. 1 EuGVÜ. Dabei war inzident das anwendbare Recht zu prüfen. Dazu führt das Gericht aus, der Kaufvertrag werde prinzipiell von dem Recht des Staates beherrscht, in dem der Verkäufer, dem die charakteristische Leistung obliegt, zur Zeit des Vertragsschlusses seinen Hauptsitz hat.[760] Sodann fährt es jedoch fort: „Dieser Grundsatz ist aber nicht unter allen Umständen gültig. Der Vertrag wird von dem Recht des Staates beherrscht, in dem der Käufer im Augenblick des Vertragsschlusses seinen Hauptsitz hat,

[756] LG Würzburg, NJW-RR 1988, S. 1234 f., siehe oben S. 142.
[757] Rechtbank Almelo, NIPR 1989, Nr. 468.
[758] Hof Arnhem, NIPR 1991, Nr. 130.
[759] Hoge Raad, RvdW 1992, Nr. 207 = Nederlands Jurisprudentie 1992, Nr. 750 = NIPR1993, Nr. 105; vgl. auch *Rammeloo*, IPRax 1994, S. 243 f.; *Vlas*, IPRax 1995, S. 198; wohl auch *Kokkini-Iatridou*, in: Exception Clauses, S. 3, 16; *de Boer*, Ars Aequi 1993, S. 207-215.
[760] Das EVÜ war im Urteilszeitpunkt noch nicht in Kraft getreten. Jedoch war das niederländische internationale Privatrecht insoweit inhaltsgleich. Aus diesem Grund wurde in den folgenden Instanzen das EVÜ antizipiert angewandt. Siehe dazu Fn. 583.

wenn a. Verhandlungen in diesem Staat stattgefunden haben und der Vertrag zwischen Parteien geschlossen wurde, während sie in diesem Staat anwesend waren, b. der Vertrag ausdrücklich bestimmt, dass der Verkäufer seiner Verpflichtung bzgl. der Lieferung der Waren in diesem Staat nachkommen muss." Diese Umstände sah die Rechtbank als erfüllt an.[761] Aus diesen Gründen sei französisches Recht einschlägig. Dieser Auffassung widerspricht der Hof Arnhem. Zum einen sei der Vertrag zwar in Frankreich abgeschlossen worden, doch müsse SNPAA bewusst gewesen sein, dass ODIMAP nicht selbständig handeln konnte, sondern die Entscheidung bezüglich des Vertragsschlusses tatsächlich bei BOA lag. Aus diesem Grund komme dem Abschlussort keine Bedeutung zu. Des Weiteren beinhalte die Regelanknüpfung eine Wahl zugunsten des Ortes des Wohnsitzes des Schuldners der charakteristischen Leistung, also zum Nachteil des Rechts des Landes, in dem die Leistung erbracht wird oder werden soll, und wo eventuelle Mängel dieser Leistung auftreten. Schlussendlich sei auch die Tatsache, dass die Verhandlungen und der Vertragstext in französischer Sprache erfolgten im Fall irrelevant, „weil dieser Aspekt im Rahmen aller Faktoren keine (entscheidende) Bedeutung hat." Der Hoge Raad bestätigt die Ausführungen der Vorinstanz. „Bei Anwendung dieser genannten Ausnahmebestimmung [Art. 4 Abs. 5 EVÜ], ist der Hof offensichtlich mit Recht davon ausgegangen, dass sowohl die Worte und die Struktur von Art. 4 EVÜ als auch die mit dem Vertrag beabsichtigte Einheitlichkeit der Rechtsanwendung bedeuten, dass diese [die Ausweichklausel] [...] eingeschränkt gebraucht werden muss, was bedeutet, dass erst dann von der Hauptanknüpfung abgewichen werden darf, wenn in diesem besonderen Fall [...] der Ort der Niederlassung der Partei der charakteristischen Leistung keine reellen Anknüpfungspunkte hat. Aus den Umständen, die in diesem Fall festgestellt oder unklar geblieben sind, kann man nicht ableiten, dass Letzteres eingetreten ist. [...] Das durch die Klage angegriffene Urteil des Hofs ist deswegen richtig."[762] Diesen Ausführungen sowie dem so entwickelten Ergebnis ist uneingeschränkt zuzustimmen.

In einem weiteren Urteil war der Sitz der nicht charakteristisch leistenden Partei in Verbindung mit anderen Umständen von erheblicher Bedeutung. Das Kollegialgericht erster Instanz von Piräus hatte in einem Fall zu entscheiden, in dem es um die Anknüpfung eines Subchartervertrages zwischen der Klägerin

[761] „Ende 1986 hat die in Frankreich gegründete SNPAA an die in Frankreich gegründete SARL ODIMAP von BOA ein Angebot für eine Presse nachgefragt. Die direkten Verhandlungen über die technischen Besonderheiten der Maschine, der Preis, Ankauf und Lieferung haben (fast) ausschließlich in Frankreich zwischen SNPAA und ODIMAP stattgefunden. Das Angebot und der Vertrag erfolgten auf französisch. SNPAA hat den Auftrag an ODIMAP erteilt. Danach hat BOA den Auftrag an SNPAA schriftlich bestätigt. Aufgrund des Vertrages hat BOA die Maschine in Frankreich geliefert und in Frankreich für SNPAA zusammengestellt und installiert", Rechtbank Almelo, NIPR 1989, Nr. 468.

[762] Hoge Raad, NIPR 1993, Nr. 105 = Ned.Jur. 1992, Nr. 750 = RvdW 1992, Nr. 207.

und der beklagten liberianischen Gesellschaft als Charterer ging. Der Frachter fuhr unter maltesischer Flagge; er sollte Holz von Kamerun nach Saudi-Arabien transportieren. Als Vertragswährung waren US-$ vereinbart. Ohne auf die Vermutungen des Art. 4 EVÜ einzugehen, stellt das Gericht lapidar fest: „Die Klage wird nach den Bestimmungen des einschlägigen griechischen Rechts entschieden, welches hier gemäß Art. 4 Abs. 1, 5 des Römischen EWG-Übereinkommens [...] Anwendung findet, da aus den gesamten Umständen und aus der Tatsache, dass Piräus Ort des Vertragsabschlusses war, wo sich der tatsächliche Sitz der Subcharterin J. befindet, hervorgeht, dass der Vertrag engere Verbindungen zu Griechenland aufweist." Das Ergebnis der kollisionsrechtlichen Anknüpfung mag vertretbar sein, die Anknüpfung selber ist indes rein ergebnisorientiert und nimmt in keiner Weise eine Aufzählung oder gar Gewichtung der sehr vielfältigen Verbindungen zu verschiedenen Staaten vor. Auffällig ist, dass beispielsweise der Erfüllungsort des Chartervertrages, also der Ort der Überlassung des Schiffes, überhaupt nicht erwähnt wird, wobei er z. B. in einem Urteil des Berufungsgerichts Thessaloniki[763] mit als ausschlaggebend angesehen wird. Ähnlich dem Urteil des Kollegialgerichts erster Instanz Thessaloniki[764] stellt das Gericht die Ergebnisfindung mittels einer Floskel dar und formuliert so, als wäre das Ergebnis völlig eindeutig.

Wie sich gezeigt hat, bietet sich ein uneinheitliches Bild. Soweit auf das Kriterium des gewöhnlichen Aufenthaltes oder Sitzes der nicht charakteristisch leistenden Partei als eigenständiges überhaupt eingegangen wird, er also nicht mit demjenigen des Erbringers der charakteristischen Leistung übereinstimmt, wird er überwiegend als relativ schwaches Indiz unterstützend herangezogen. Teilweise wird ihm indes eine mitentscheidende Bedeutung beigemessen.

5. Registrierungsort des Schiffes

Von dem Gerechtshof's-Gravenhage[765] war der folgende Versicherungsfall zu entscheiden: Am Motorboot des niederländischen Klägers war ein Schaden entstanden. Das Schiff war in den Niederlanden registriert. Der Kläger verlangte den Schaden von der belgischen Versicherung Zürich aufgrund eines zwischen ihnen bestehenden Versicherungsvertrages ersetzt. Diese bestritt primär, dass ein solcher Vertrag zustande gekommen war, subsidiär berief sie sich auf eine Rechtswahlklausel zugunsten belgischen Rechts. In erster Instanz hatte die Rechtsbank Middelburg[766] lapidar entschieden: „Bezüglich der Frage, ob zwi-

---

[763] Berufungsgericht Thessaloniki, 1092/1997, Harmenopulos 1997, S. 922 ff. Das Urteil ist noch zum alten Recht ergangen, es wird aus diesem Grunde hier nicht weiter erörtert.

[764] Kollegialgericht erster Instanz Thessaloniki, Harmenopulos 1997, S. 807; siehe oben S. 147.

[765] Hof's-Gravenhage, NIPR 1997, Nr. 212.

[766] Rechtsbank Middelburg, NIPR 1990, Nr. 384.

schen Zürich [Beklagter] und Sopar [Kläger] ein Versicherungsvertrag zustande gekommen ist, ist belgisches Recht anwendbar, da Zürich die den Vertrag kennzeichnende Leistung erbracht hat und in Belgien ansässig ist."

Der Gerechtshof's-Gravenhage geht dagegen einen entscheidenden Schritt weiter. Bei seiner Auslegung der Ausweichklausel greift er auf eine Versicherungsrichtlinie vom 22. Juni 1988[767] zurück. Er führt aus, diese Versicherungsrichtlinie, die auf das Land verweist, in dem das Fahrzeug registriert ist, sei „mit Rücksicht auf den Schutz der Versicherungsnehmer" ergangen und gebe somit „eine spezifische materielle Erklärung für das im EVÜ genannte Kriterium der engsten Verbundenheit". „Das mit Art. 4 Abs. 5 EVÜ zusammenfallende internationale Privatrecht bietet genügend Interpretationsraum, um für nach dem 22. Juni 1988 geschlossene Versicherungsverträge die „engste Verbundenheit" des Vertrages nicht (mehr) nach der Vermutung des Abs. 2 zu interpretieren," sondern gemäß Art. 4 Abs. 5 EVÜ in Verbindung mit der Versicherungsrichtlinie, diese bei dem Land zu verorten, in dem das Fahrzeug registriert worden ist. Das Gericht verbindet mithin die Regelungskomplexe der Versicherungsrichtlinie mit dem des EVÜ. Allerdings ist das EVÜ im Anwendungsbereich der genannten Versicherungsrichtlinie verdrängt. Dies folgt bereits aus dem zwischen beiden Normkomplexen bestehenden Spezialitätsverhältnis, wird aber auch von Art. 1 Abs. 3 und 4 EVÜ (Art. 37 Nr. 4 EGBGB) klarstellend normiert. Insofern handelt es sich nicht um einen Anwendungsfall der Ausweichklausel der Rom-Konvention, sondern um einen Anwendungsfall des anderweitig normierten internationalen Versicherungsvertragsrechts, welches nicht Thema der vorliegen Arbeit ist.[768]

6. Nationalität

Die gemeinsame Nationalität wird gelegentlich bei den Ferienhausfällen als mit ausschlaggebend angesehen, sonst nicht erwähnt. In den meisten Urteilen gehen die Gerichte auf dieses Merkmal jedoch mit keinem Wort ein. Dies bedeutet indes nicht, dass ihm keine Bedeutung beigemessen wurde, denn die Nationalität stimmte regelmäßig mit dem gewöhnlichen Aufenthalt überein, so dass sie sicherlich mit in dessen Bewertung eingeflossen ist. Nach der Theorie der Leistungsbezogenheit, welcher vorliegend gefolgt wird, ist die Staatsangehörigkeit mangels objektiven Bezuges zum intendierten Leistungsaustausch bar jeglicher kollisionsrechtlicher Relevanz.[769]

---

[767] Gemeint ist die Zweite Richtlinie des Rates vom 22.6.1988 (88/357/EWG) zur Koordinierung der Rechts- und Verwaltungsvorschriften für die Direktversicherung (mit Ausnahme der Lebensversicherung) und zur Erleichterung der täglichen Ausübung des freien Dienstleistungsverkehrs, Abl. EG 1988, Nr. L 172, S. 1; Vgl. Art. 11 Abs. EGVVG.

[768] Siehe dazu *Kegel/Schurig*, IPR, § 18 I f cc, S. 591 ff.

[769] Siehe oben S. 108 ff.

7. Parteierwartungen

Die Berücksichtigung von im Einzelfall oder bei generalisierender Betrachtung feststellbaren berechtigten Erwartungen der Parteien ist ein Problemkreis, um den seit vielen Jahren heftig gestritten wird. An dieser Stelle soll ein kurzer Hinweis auf die sogenannte „conflicts revolution" genügen.[770] Was die zur Ausweichklausel des Römischen Übereinkommens ergangene Judikatur angeht, ist auffällig, wie relativ häufig Gerichte auf dieses Kriterium zurückzugreifen. Dies mag in dem Bemühen um Einzelfallgerechtigkeit begründet sein, entspricht jedoch nicht dem objektiven Anknüpfungssystem, welches das EVÜ konstituiert.[771]

Möglicherweise aus diesem Grund erwähnte der Tribunal de Marche-en-Famenne[772] die Parteierwartungen nicht ausdrücklich, sondern etwas verklausuliert und erst im Anschluss an die Aufzählung der objektiven Vertragsumstände, indem es feststellte, dass alle Beteiligten gleichermaßen über die Anwendung belgischen Rechts erstaunt gewesen seien.[773]

Viel eindeutiger noch stellte das OLG Celle[774] auf den Willen der Parteien ab. Dieses Urteil ist im übrigen auch ein gutes Beispiel für die Schwierigkeiten, die durch die Umstellung auf ein neues kollisionsrechtliches System bedingt sind. Das Gericht versucht die noch zum alten Recht ergangene Rechtsprechung des BGH – der hier aufgrund des hypothetischen Parteiwillens anknüpft hätte – fortzuführen und passt seine Argumentation nicht in das Anknüpfungssystem des EVÜ ein. Es bejaht das Vorliegen einer stillschweigenden Rechtswahl zugunsten deutschen Rechts und kommt so zur Anwendung diesen Rechts gemäß Art. 28 (nicht Art. 27) EGBGB![775] Dabei erwähnt es den Abs. 5 nicht ausdrücklich, noch subsumiert es den Sachverhalt unter eine der Vermutungsregeln. Es bejaht vielmehr die Einschlägigkeit des Art. 28 Abs. 3 EGBGB[776], der zum polnischen Recht weist und nimmt sodann eine Gesamtwürdigung vor mit dem Ergebnis,

---

770 Vgl. eingehender S. 8, 82 ff.

771 Siehe oben S. 87 ff.

772 Tribunal civil de Marche-en-Famenne, Annales de droit de Liège 1988, S. 100 ff. = Revue générale de droit civil belge 1989, S. 387 ff.; siehe oben S. 131 ff.

773 „Attendu qu'en termes de plaidoirie, et sans être contredits, les intimés ont également soutenu, que tant eux-mêmes que le bailleur auquel l'appelante est subrogée ont été surpris d'entendre que l'application de la loi belge était recherchée." Tribunal civil de Marche-en-Famenne, Annales de droit de Liège 1988, S. 100, 101.

774 OLG Celle, NJW-RR 1992, S. 1126-1128.

775 „Auf die Rechtsbeziehungen der Parteien ist nach Art. 28 EGBGB deutsches Recht anzuwenden. [...] besteht doch kein Zweifel, dass die Parteien die Anwendung deutschen Rechts gewollt haben. Nach ständiger Rechtsprechung des BGH ist das für einen schuldrechtlichen Vertrag maßgebliche Recht in erster Linie durch den ausdrücklichen oder stillschweigenden Parteiwillen bestimmt." OLG Celle, NJW-RR 1992, S. 1126, 1127.

776 Es ging um die Übertragung von Gesellschaftsanteilen an einer polnischen GmbH!

dass „keine ernsthaften Zweifel an der beabsichtigten Vereinbarung der Geltung deutschen Rechts aufkommen." Die von ihm zitierten Urteile des BGH, in denen er mit gleicher Begründung Art. 28 Abs. 3 EGBGB als überwunden angesehen haben soll, datieren dabei aus den 60er und 70er Jahren, mithin aus der Zeit deutlich vor Geltung des Römischen Übereinkommens. Systematisch korrekt lag also kein Anwendungsfall des Art. 28 Abs. 5 EGBGB, sondern des Art. 27 Abs. 1 Satz 1, 2. Alt. EGBGB (konkludente Rechtswahl) vor.

Das LG Köln hat in dem oben geschilderten Gran Canaria-Fall[777] ebenfalls darauf abgestellt, dass bei der als schutzbedürftig angesehenen Partei gewisse Erwartungen hervorgerufen wurden. Dabei ist interessant, dass es eine Argumentation übernimmt, die sonst bei Gran-Canaria-Fällen mit Problemen rund um eine Rechtswahl geführt wird, die zur Umgehung von Schutzvorschriften getroffen wurde.[778] In diesen Fällen geht es darum, ob eine fraudulöse Umgehungsabsicht irgendwie sanktioniert werden kann und soll. Diese Argumentation aus dem Bereich der subjektiven Anknüpfung übernimmt nun das LG Köln in die objektive Anknüpfung, indem es nicht die Gewichtigkeit der einzelnen objektiven Vertragsumstände oder ihre Kumulation als entscheidend ansieht, sondern die Tatsache, dass aufgrund dieser objektiven Umstände „bei den Kaufinteressenten den Eindruck erweckt wurde, es handele sich nicht um ein Geschäft am Urlaubsort mit den hierfür maßgeblichen Gepflogenheiten, sondern um eine auf den Urlaubsort Gran Canaria verlegte Verkaufsveranstaltung [...] entsprechend den in Deutschland gewohnten Gepflogenheiten."[779]

Auf einen übereinstimmenden Parteiwillen als Kriterium im Rahmen der objektiven Bestimmung des Vertragsstatuts stellte auch der Gerechtshof's-Hertogenbosch ab.[780] Die niederländische Handelsgesellschaft NVC Rotterdam BV hatte mit der niederländischen Handelsgesellschaft Arco einen Vertrag über den Transport von Schinken von den Niederlanden nach Jugoslawien abgeschlossen. Arco kontrahierte ihrerseits mit der deutschen Handelsgesellschaft Frigosped, die daraufhin einen weiteren Vertrag mit der österreichischen Handelsgesellschaft Braun abschloss. Braun schließlich transportierte die Schinken. NVC machte Arco für den Schaden verantwortlich, der dadurch entstand, dass die Schinken nicht in gutem Zustand in Jugoslawien geliefert wurden. Arco wiederum wollte bedingt für den Fall, dass sie in der Hauptsache verurteilt werde, Frigosped in Regress nehmen. Daraufhin nahm Frigosped gleichfalls bedingt, Braun in Regress. Bezüglich des Verhältnisses Arco – Frigosped knüpft der Gerechtshof's-Hertogenbosch objektiv nach Art. 4 EVÜ an. Ohne auf den

[777] LG Köln, IPRspr. 1992, Nr. 48 = VuR 1993, S. 52; Siehe oben S. 146 f.
[778] Siehe oben S. 141 f.
[779] LG Köln, VuR 1993, S. 52 = IPRspr. 1992, Nr. 48.
[780] Gerechtshof's-Hertogenbosch, NIPR 1993, Nr. 273.

von der Vorinstanz für anwendbar erklärten CMR-Vertrag[781] einzugehen und ohne die Vermutungen des Art. 4 EVÜ zu erwähnen, zitiert das Gericht Abs. 1 und Abs. 5 des Art. 4 EVÜ, stellt unter einem generellen Hinweis auf das vorinstanzliche Urteil fest, das die Gesamtheit der dort genannten Umstände gemäß Art. 4 Abs. 5 EVÜ zur Anwendbarkeit niederländischen Rechts führen. Es untermauert dies Ergebnis mit dem Argument, die Tatsache, dass die Parteien niederländische Gerichte für zuständig hielten weise darauf hin, dass sie das Rechtsverhältnis der niederländischen Rechtssphäre unterwerfen wollten.[782]

Das Kriterium der berechtigten Parteierwartungen wird wie dargelegt gelegentlich von den Gerichten verwandt. Wenn dies geschieht, wird diesen Erwartungen eine hohe kollisionsrechtliche Bedeutung beigemessen. Offenbar dient dieses Kriterium dazu, dem Ergebnis eine höhere Legitimation dadurch zu verleihen, dass die rein objektive Anknüpfung von einer subjektiv gefärbten, das Vorstellungsbild der Parteien berücksichtigenden Anknüpfung flankiert wird. Systemkonform ist dies nicht, so dass die höhere Überzeugungskraft nur eine scheinbare ist.[783]

[781] Übereinkommen über den Beförderungsvertrag im internationalen Straßengüterverkehr (= CMR) vom 19.5.1956, vgl. *Jayme/Hausmann*, IPR u IZVR, Nr. 153.
[782] Gerechtshof's-Hertogenbosch, NIPR 1993, Nr. 273.
[783] Siehe S. 93 f.

IV. Zusammenfassung

Zur Begründungspflicht der Gerichte schreibt *Lagarde*: „Heute soll der französische Richter diesen Staat ermitteln, dessen Recht er dann ohne weiteres anwenden darf. Er kann auch die in Art. 4 Abs. 5 vorgesehene Ausweichklausel anwenden, wenn der Vertrag mit einer anderen Rechtsordnung enger verbunden ist, muss dies aber begründen. Er darf nicht mehr direkt diese andere Rechtsordnung anwenden."[784] Die so formulierte Forderung umschreibt etwas verkürzt den Schwerpunkt des vorstehenden 3. Kapitels. Verkürzt deshalb, weil den Richter nicht nur eine Begründungspflicht trifft, sondern die Begründung auch am System des Art. 4 EVÜ ausgerichtet sein muss. Die Analyse der vorliegenden Rechtsprechung zeichnet ein insgesamt uneinheitliches Bild. Einige wenige Gerichte gehen diesbezüglich in vorbildlicher Weise vor. Eine Reihe anderer Gerichte hingegen hat die in der Einleitung zum Ausdruck gebrachte Befürchtung bestätigt, dass eine hinreichende Transparenz beim Anknüpfungsprozess oftmals nicht geschaffen wird. Dies steht im Widerspruch zum Ziel einer fortschreitenden Rechtsvereinheitlichung auf kollisionsrechtlicher Ebene in Europa und erschwert die Erfüllung des Normgebotes des Art. 18 EVÜ nach einheitlicher Auslegung und Anwendung des Übereinkommens. Bei einigen Urteilen wurde festgestellt, dass sich das erkennende Gericht von materiellrechtlichen Erwägungen hat leiten lassen, dass es bemüht war, überkommene Anknüpfungsgrundsätze auch unter Geltung des EVÜ fortzuschreiben oder bestrebt war, zur Anwendung des Rechts des Forums zu gelangen. Oft wird in den Entscheidungsgründen ein schlichtes Abzählen der Anknüpfungspunkte vorgenommen. Diese Vorgehensweise ignoriert das Gebot nach einer qualitativen Gewichtung.[785]

Gefestigte Rechtsprechung hat sich zu den folgenden Vertragsgestaltungen entwickelt:

Ferienhausfälle: Bei der Vermietung von Ferienunterkünften haben sämtliche Gerichte die Anwendung der Regelvermutung zugunsten der lex rei sitae abgelehnt und via Ausweichklausel dasjenige Recht angewandt, welches das Umweltrecht der Mieter war und zu dem eine Mehrzahl weiterer Anknüpfungspunkte bestanden.

Gran Canaria-Fälle: Bei diesen Fällen herrscht Einigkeit in der Rechtsprechung, dass die Vermutung zugunsten des Rechts am Sitz des Verkäufers trotz des in diesem Land vorgenommenen Vertragsschlusses dann die innere Rechtfertigung entzogen ist, wenn der Verkäufer bereits bei Vertragsschluss seine Forderung an einen im Land des Käufers ansässigen Hersteller oder Lieferanten abgetreten hat und diesem die komplette Abwicklung des des Vertrages mit dem

---

[784] *Lagarde*, in: Reichelt, S. 101, 102.

[785] Siehe oben S. 79.

Käufer obliegt. In diesem Fall erbringe der Verkäufer allenfalls formal die charakteristische Leistung, tatsächlich erbringe sie jedoch der Hersteller beziehungsweise der Lieferant. Dessen Sitz wird als kollisionsrechtliches Kriterium regelmäßig vom gewöhnlichen Aufenthalt des Käufers und der Vertragssprache unterstützt.

Bürgschafts- und Garantieverträge: Solche Kreditsicherungsverträge widerstehen mangels Parteiidentität von Haupt- und Nebenvertrag einer Unterwerfung unter das Statut der gesicherten Hauptschuld. Zwar liegen diesbezüglich einander widersprechende Urteile vor, doch wurde das einzige Gericht, welches anders entschieden hat, von der Literatur fast einhellig scharf kritisiert. Es folgten einige weitere Urteile die konform zur herrschenden Lehrmeinung von einer selbständigen Anknüpfung ausgingen.

Schiedsrichterverträge: Schiedsrichterverträge unterliegen nach überwiegender Ansicht dem Statut des Schiedsverfahrens. Dies wurde auch im einzigen hierzu ergangenen Urteil angenommen. Zwar bleibt streitig, ob der Schiedsrichtervertrag nicht dem Recht des Schiedsvertrages zu unterstellen ist, da dieser jedoch seinerseits dem Recht des Schiedsverfahrens unterliegt, ist zumindest das Ergebnis unstreitig.

Im Übrigen ist aufgrund der geringen Zahl an Urteilen zu den jeweiligen kollisionsrechtlichen Problemen eine solche Aussage verfrüht. In Bezug auf die kollisionsrechtliche Behandlung einzelner Anknüpfungsmomente bietet sich ein uneinheitliches Bild, so dass von einer gefestigten Rechtsprechung nicht die Rede sein kann.

4. Kapitel: Fallgruppenbildung und typisierende Gewichtung

Im Hinblick sowohl auf die Ziele der Realisierung möglichst hoher Rechtssicherheit sowie Einzelfallgerechtigkeit aber auch auf die Befolgung des Gebotes in Art. 18 EVÜ nach einheitlicher Auslegung und Anwendung der Übereinkommensnormen, hier des Art. 4 Abs. 5 S. 2 EVÜ, ist es wünschenswert, wenn sich – entsprechend der Vertragstypendogmatik – in gewissem Umfang für bestimmte Sachverhalte oder für bestimmte Vertragsarten feste Anknüpfungsregeln innerhalb der Ausweichklausel herauskristallisieren. Im Spannungsverhältnis von generalisierender und individualisierender Anknüpfung, von Rechtssicherheit und Einzelfallgerechtigkeit bewirken sie einen gewissen Ausgleich dieser gegenläufigen Ziele international-privatrechtlicher Gerechtigkeit.[786] Es kann indes kein Zweifel bestehen, dass dieses Ziel nur in begrenztem Umfang zu realisieren sein wird.[787] Literatur und Rechtsprechung sind hier besonders gefordert.

Gelegentlich wurde bestritten, dass Ausweichklauseln überhaupt eine Ermächtigung für den Richter zur kasuistischen Rechtsfindung darstellten; so vertrat etwa *Kreuzer* zunächst die Ansicht, Ausweichklauseln begründeten eine richterliche Ermächtigung ausschließlich für typische Fallgruppen, nicht jedoch für Einzelausnahmen.[788] Dies trifft nicht zu, denn die Ausweichklausel dient als unerlässliche Gegenvorschrift zu den Vermutungstatbeständen des Art. 4 Abs. 2-4 EVÜ gerade dazu, ein starres Anknüpfungssystem zu verhindern und es dem Richter zu ermöglichen, in Ausnahmefällen zur Wahrung der Einzelfallgerechtigkeit von der generalisierenden zur individualisierenden Anknüpfungs-

---

786 Siehe dazu S. 11 f.

787 So auch Soergel-*von Hoffmann*, Art. 28 EGBGB, Rn. 19, zur Bildung von Vertragstypen, die regelmäßig zur Anwendung der Ausweichklausel führen.

788 *Kreuzer*, Das IPR des Warenkaufs in der dt. Rechtsprechung, S. 105 ff. Später korrigierte *Kreuzer* seine Ansicht jedoch, indem er anerkannte, der Standort der Problematik von Ausnahmeklauseln sei das Spannungsverhältnis von starrem und flexiblem Recht, es gehe mithin um die Durchsetzung der Billigkeitsidee im Sinne der Einzelfallgerechtigkeit, *Kreuzer*, in: FS Zajtay, S. 295, 315. Die ursprüngliche Ansicht war noch fest in der klassischen kontinentaleuropäischen Kollisionsrechtstradition verhaftet, wie sie von *Vischer*, RabelsZ 38 (1974), S. 128, 138, dargestellt wird: „Im Bereich der *kontinentalen Rechte*, werden Grundprinzipien, die in der Regel als Generalklausel formuliert werden, als Auftrag verstanden, typische Fallgruppen einer grundsätzlichen Lösung zuzuführen, das Prinzip „modo legislatoris" zu konkretisieren. Sie beinhalten nicht die Ermächtigung des Richters zur kasuistischen Rechtsfindung, da nach unserer kontinentaleuropäischen Meinung die Weiterentwicklung des IPR nur über den Weg der Differenzierung nach typischen Fällen erfolgen kann." Siehe dazu auch *Vischer*, ZSR 90 (1971), S. 1, 77; *Kegel*, in: FS Lewald, S. 259, 261; *Müller-Gindullis*, Das IPR in der Rechtsprechung des Bundesgerichtshofs, S. 152.

methode überzugehen.[789] Dieses hinter der Ausweichklausel stehende Motiv zwingt zu einer gewissen Kasuistik.

Die folgende Besprechung soll einen Beitrag zu der so angestrebten Rechtsfortbildung leisten. Sie zeigt daher den status quo der Diskussion möglicher Anwendungsfälle der Ausweichklausel auf und bezieht Stellung, soweit dies den Rahmen der vorliegenden Arbeit nicht sprengt. Sie orientiert sich zunächst an typischen Fallkonstellationen (I., II.), sodann werden einzelne Vertragsarten besprochen (II.).

[789] Vgl. *Foyer*, J.D.I. 103 (1976), S. 555, 613; *Merschformann*, Die objektive Bestimmung des Vertragsstatuts beim internationalen Warenkauf, S. 187; *Naumann*, UN-Kaufrecht im Spannungsfeld zwischen Einheitsrecht und Kollisionsrecht, S. 100.

I. Besondere Fallkonstellationen

Rechtssicherheit bei der Anwendung der Ausweichklausel unter Wahrung des Gebotes nach Einzelfallgerechtigkeit kann also durch eine an der Vertragstypendogmatik orientierte Gewichtung der einzelnen Anknüpfungsmomente in bestimmten Fallkonstellationen erreicht werden.[790] Es handelt sich dabei um Konstellationen, die in kollisionsrechtlich einförmiger Weise immer wiederkehren und in denen daher typischerweise die gleichen Anknüpfungsmomente vorliegen. Diese Anknüpfungsmomente können dann in ihrer Relevanz für die Bestimmung der engeren Verbindung in diesen Fällen generalisierend bestimmt werden mit der Folge, dass sich zusätzlich zu den ausdrücklich formulierten Vermutungsregeln des Art. 4 EVÜ im Rahmen der Ausweichklausel gewissermaßen Regelanknüpfungen bilden lassen.

1. Platzgeschäfte

a) Der Barkauf sowie Käufe an Messen und Märkten, privatrechtliche Versteigerungen und kurzfristige Darlehen am Urlaubsort

Beim Barkauf[791] erfolgen Vertragsschluss und Übergabe der Ware Zum um Zug gegen Zahlung des Kaufpreises an einem einzigen Ort.[792] Aufgrund der einheitlichen Erfüllung des Vertrages, nach überwiegender Ansicht unterstützt durch das schwächere Argument des Abschlussortes[793], überwiegt hier stets die Verbindung zum Ort des Leistungsaustausches diejenige zum Sitz des Verkäufers.[794] Freilich dürfte der Abschlussort meist mit dem Niederlassungsort des Verkäufers identisch sein, so dass es bei der Anknüpfung an den gewöhnlichen Aufenthalt beziehungsweise die Niederlassung des Verkäufers bleibt. Sollte diese Identität jedoch nicht vorliegen, ist das Ergebnis der Anknüpfung nach Art. 4 Abs. 2 EVÜ über Abs. 5 S. 2 entsprechend zu korrigieren. Andere Anknüpfungsmomente wie die Vertragswährung, die Vertragssprache, die Nationalität

---

[790] Soergel-*von Hoffmann*, Art. 28 EGBGB, Rn. 112 f.

[791] Siehe i. Ü. zu Kaufverträgen unten S. 194 ff.

[792] Siehe das für den Barkauf recht komplexe Beispiel bei *von Hoffmann*, IPR, § 10 C V 2, Rn. 61: Auf einem Gebrauchtwagenmarkt in Frankfurt/Main verkauft ein Pole mit Wohnsitz in Krakau einem auf der Heimreise nach Istambul befindlichen Türken einen Karavan.

[793] Nach der hier gefolgten Theorie der Leistungsbezogenheit, ist der Abschlussort des Vertrages kollisionsrechtlich bedeutungslos. Dazu oben S. 108 ff.

[794] So die allgemeine Meinung, vgl. statt aller *Schwimann*, IPR, S. 101 sowie für das Schweizer Recht *Vischer/von Planta*, IPR I, S. 185.

der Parteien[795] sind beim Barkauf nicht geeignet, die Verbindung zum Verkäuferrecht oder zu einer anderweitigen Rechtsordnung als noch enger erscheinen zu lassen.[796] Diese Anknüpfungsgrundsätze gelten ebenfalls für kurzfristige Darlehen am Urlaubsort, die dort auch zurückgezahlt werden sollen.[797]

Anders ist indes bei Käufen auf Messen und Märkten zu urteilen. Entgegen früher herrschender Auffassung ist nicht generell das Recht des Messe- oder Marktortes maßgeblich. Das Vertragsstatut ist vielmehr anhand der zentralen Anknüpfungsregel des Art. 4 Abs. 2 EVÜ zu bestimmen, da hier in der Regel nur der Abschlussort als typisches, aber nicht zu berücksichtigendes Anknüpfungsmoment[798] eine Verbindung zum Messeort herstellt. Ausnahmsweise ist jedoch das Recht des Messeortes aufgrund der Ausweichklausel anzuwenden, wenn der Vertrag dort von beiden Seiten erfüllt wird.[799] Dieser Grundsatz gilt auch bei privatrechtlichen Versteigerungen[800] für den Vertrag zwischen Auktionator und Bieter: Wird der Vertrag nicht beiderseits am Versteigerungsort erfüllt, so gilt das Recht am Sitz des Versteigerers, sonst das des Versteigerungsortes.[801]

---

795 Die beiden letztgenannten Umstände scheiden nach hier vertretener Ansicht als Anknüpfungsmoment im Rahmen der Ausweichklausel generell aus, da sie nicht in einem objektiven Bezug zu Leistungsaustausch stehen, siehe oben S. 108 ff.

796 *Merschformann*, Die objektive Bestimmung des Vertragsstatuts beim internationalen Warenkauf, S. 221; *von Hoffmann*, IPR, § 10 C V 2, Rn. 61; Soergel-*von Hoffmann*, Art. 28 EGBGB, Rn. 112.

797 IPRG-Komm-*Keller-Kren Kostkiewicz*, Art. 117, Rn. 39; Soergel-*von Hoffmann*, Art. 28 EGBGB, Rn. 112; *Vischer*, Internationales Vertragsrecht, S. 136 f.

798 Siehe S. 108 ff.

799 *Kreuzer*, Das IPR des Warenkaufs in der dt. Rechtsprechung, S. 107; *Magagni*, La prestazione caratteristica, S. 455; MünchKomm-*Martiny*, Art. 28 EGBGB, Rn. 115; Reithmann/Martiny-*Martiny*, Internationales Vertragsrecht, S. 567, Rn. 681; *Schulze*, Die Kodifikation des Vetragsstatuts im IPR, S. 78 ff.; Soergel-*von Hoffmann*, Art. 28 EGBGB, Rn. 144; *von Sprecher*, Die eindeutige Verknüpfung von Verträgen und ihre Auswirkung auf die Parteiautonomie, S. 84 f. **A. A.** IPRG-Komm-*Keller-Kren Kostkiewicz*, Art. 117, Rn. 124, *Schönenberger/Jäggi*, Allg. Einleitung, Rn. 264; *Vischer*, Internationales Vertragsrecht, S. 116, 136.

800 Liegt eine öffentlich-rechtliche Versteigerung vor, wie z. B. nach deutschem Recht die Versteigerung durch den Gerichtsvollzieher im Wege der Zwangsvollstreckung, so sind die Art. 4 ff. EVÜ/27 ff. EGBGB nicht anwendbar. Das Recht des Ortes der Zwangsvollstreckung bestimmt dann die Rechte des Staates bzw. des Vollstreckungsorgans sowie diejenigen des Ersteigerers, vgl. Soergel-*von Hoffmann*, Art. 28 EGBGB, Rn. 145; *von Sprecher*, Die eindeutige Verknüpfung von Verträgen und ihre Auswirkung auf die Parteiautonomie, S. 85 f.

801 OLG Düsseldorf, IPRspr. 1990, Nr. 167 = IPRax 1991, S. 327, 328, mit Anm. *Thomsen-Guth*, S. 302 ff.; Soergel-*von Hoffmann*, Art. 28 EGBGB, Rn. 145. **A. A.**, d. h. generell für das Recht des Versteigerungsortes dagegen *Schulze*, Die Kodifikation des Vetragsstatuts im IPR, S. 81; *von Sprecher*, Die eindeutige Verknüpfung von Verträgen und ihre Aus-

b) Börsengeschäfte

Keine Platzgeschäfte im eigentlichen Sinne sind die Börsengeschäfte. Dennoch sollen sie an dieser Stelle besprochen werden. Aufgrund der Vielzahl verschiedener Arten von Börsengeschäften an Effekten-, Devisen- und Warenbörsen und der unterschiedlichen Ausgestaltung des Handels an ihnen, etwa bei Präsenz- und Computerbörsen, würde es den Rahmen dieser Arbeit sprengen und von deren eigentlichem Thema zu sehr abschweifen, würde der Versuch unternommen, detailliert dieses weite Feld zu untersuchen. Gleichwohl sollen einige Grundzüge dargestellt und besprochen werden. Wichtig ist dabei zunächst die Differenzierung zwischen Börseninnen- und Börsenaussengeschäften. Börseninnengeschäfte werden von an der jeweiligen Börse zugelassenen Maklern abgeschlossen und betreffen den Handel mit bestimmten, börsenstatutarisch festgelegten Wertpapieren oder Waren.[802] Bei den Börsenaußengeschäften dagegen handelt es sich um außerhalb der Börse geschlossene Geschäfte, in der Regel um Kommissionsgeschäfte. Letztere sind kollisionsrechtlich simpel, sie sind jeweils selbständig nach den einschlägigen Kollisionsnormen anzuknüpfen.[803]

Die Börseninnengeschäfte stellen den Kollisionsrechtler dagegen vor dogmatische Probleme, wobei allerdings nach fast einhelliger Ansicht das Ergebnis klar ist: Anzuwenden ist das Recht des jeweiligen Börsenortes. In der Begründung liegen indes ganz erhebliche Unterschiede. Nach der wohl überwiegenden Ansicht unterliegen Börseninnengeschäfte wegen der Bedeutung von Börsenusancen, der staatlichen Aufsicht nach den Börsengesetzen[804] und weil dort – je nach Börse – auch die charakteristische Leistung erbracht wird, dem Recht des Börsenortes. Dies wird auch deshalb befürwortet, weil den Parteien regelmäßig das Recht am Börsenort bekannt sei. Hinzu komme die Bedeutung spezieller, am Börsenort tätiger Schiedsgerichte für Börsenstreitigkeiten. Dieses Ergebnis – Anknüpfung an den Börsenort – wird durch die Anwendung der Ausweichklausel erreicht.[805]

wirkung auf die Parteiautonomie, S. 82 ff. Vgl. auch § 40 österr. IPR. Für eine generelle Anknüpfung an den Versteigerungsort: *Magagni*, La prestazione caratteristica, S. 454 f.

802 MünchKomm-*Martiny*, Art. 28 EGBGB, Rn. 250; Soergel-*von Hoffmann*, Art. 28 EGBGB, Rn. 365.

803 MünchKomm-*Martiny*, Art. 28 EGBGB, Rn. 250; Soergel-*von Hoffmann*, Art. 28 EGBGB, Rn. 367.

804 Nicht alle Börsen unterliegen dieser staatlichen Aufsicht. So sind Warenbörsen, an denen nur Effektiv- und keine Termingeschäfte vorgenommen werden, keine Börsen im Sinne des § 1 BörsenG. Sie können aber auf Antrag als Börse anerkannt werden und unterliegen dann dem BörsenG.

805 *Kiel*, Internationales Anlegerschutzrecht, S. 198 f., 236 f. 297; *Kreuzer*, Das IPR des Warenkaufs in der dt. Rechtsprechung, S. 107; *Magagni*, La prestazione caratteristica, S. 454 f.; *von Sprecher*, Die eindeutige Verknüpfung von Verträgen und ihre Auswirkung auf die Parteiautonomie, S. 82 ff.; *Starp*, Die Börsentermingeschäfte an Auslandsbörsen, S. 66,

Nach anderer Ansicht vermischt die herrschende Auffassung unzulässig internationales Privatrecht mit internationalem öffentlichem Recht; so könne die öffentlich-rechtliche Staatsaufsicht keinesfalls eine Näherbeziehung der privatrechtlichen Börseninnengeschäfte zum Ortsrecht der Börse begründen, da zwischen beiden Rechtsgebieten eine nicht permeable Grenze bestehe. Dieser Ansicht zufolge ist in aller Regel, nämlich immer dann, wenn der Handel auf Grundlage der Geschäftsbedingungen der Börse vorgenommen wurde, eine konkludente Rechtswahl zugunsten des Rechts des Börsenortes anzunehmen.[806] Diese Ansicht ist dogmatisch besser auf das Kollisionsrechtssystem des Römischen Übereinkommens abgestimmt. Sie kommt allerdings in aller Regel zu gleichen Ergebnissen wie die herrschende Ansicht. Sollte im Einzelfall einmal das Vorliegen einer stillschweigenden Rechtswahl abzulehnen sein, kann sie jedoch Schwierigkeiten für den Handel an Börsen und dortige Rechtsunsicherheit aufwerfen.

2. Die Ferienhausfälle (einschließlich kurzfristigem Timesharing) und die Gran Canaria-Fälle

Zu diesen Fallkonstellationen wird auf die ausführliche Darstellung oben 3. Kapitel I.1. und 2. verwiesen.[807]

215. So auch für das Schweizer Recht IPRG Komm-*Keller-Kren Kostkiewicz*, Art. 117, Rn. 124 f.; *Schönenberger/Jäggi*, Allg. Einleitung, Rn. 264; *Vischer*, Internationales Vertragsrecht, S. 116, 136. Vgl. auch § 27 Abs. 1 ungar. IPRG von 1979 und Art. 28 poln. IPRG von 1965.
Zunehmend wird für den Effektenkauf eine Anknüpfung an das Recht des Marktortes, d. h. an den Ort der Abgabe des Kaufangebotes vorgeschlagen, siehe *Ebenroth/Wilken*, ZVglRW 90 (1991), S. 235, 242; *Grundmann*, RabelsZ 64 (1990), S. 283, 283 ff.; *Hopt*, in: FS W. Lorenz, S. 413, 414 ff. Dieses ist beim Kauf von Effekten über die Börse jedoch mit dem Marktrecht in aller Regel identisch, vgl. Reithmann/Martiny-*Merkt*, Internationales Vertragsrecht, S. 655 f., Rn. 774.

[806] Soergel-*von Hoffmann*, Art. 28 EGBGB, Rn. 146, 365.

[807] Siehe S. 131 ff., 141 ff.

II. Verbundene Verträge

1. Die akzessorische Anknüpfung

Zur Rechtssicherheit und gleichzeitig zur Einzelfallgerechtigkeit durch die Begründung von Regelanknüpfungen im Rahmen der Ausweichklausel trägt auch die akzessorische Anknüpfung dienender Verträge, sogenannter Nebenverträge, an ein sie beherrschendes Rechtsgeschäft, den Hauptvertrag, bei.[808] Viele sehen daher das Vertrauensprinzip als wesentliche Grundlage der akzessorischen Anknüpfung.[809] Bei dieser Anknüpfung wird der Nebenvertrag dem Statut des Hauptvertrages unterworfen. Eine solche Anknüpfung setzt Dreierlei voraus: Erstens muss zwischen Haupt- und Nebenvertrag ein enger wirtschaftlicher Zusammenhang bestehen; diese wirtschaftliche Konnexität ist etwa bei rein äußerlicher Zusammenfassung in einer Urkunde (sogenannte contrats simultanés) nicht ausreichend begründet.[810] Zweitens können nur solche Nebenverträge akzessorisch angeknüpft werden, bei denen Parteiidentität zum Hauptvertrag vorliegt, d. h., die zwischen den selben Vertragsparteien abgeschlossen wurden wie der Hauptvertrag, oder es müssen sich Dritte der Geltung des Hauptvertrages unterworfen haben.[811] Auch ist eine Einbeziehung kraft Gesetzes (Direktanspruch) denkbar.[812] Diese zweite Voraussetzung dient der Wahrung der kollisionsrechtlichen Interessen Dritter, mithin der Beachtung des Verbotes von Verträgen zu Lasten Dritter sowie der Chancengleichheit der Beteiligten Vertragsparteien auf der Ebene des internationalen Privatrechts.[813] Drittens erfordert Art. 4 Abs. 5 S. 2 EVÜ auch bei der akzessorischen Anknüpfung eine Näherbeziehung des Vertrages zu einer anderen Rechtsordnung, so dass eine einheitliche Anknüpfung erforderlich erscheint. Diese Näherbeziehung liegt vor, wenn ein

---

[808] Siehe auch oben S. 149 ff. Unklar ist, ob *Spiegel*, in: Exception Clauses, S. 197, 202 mit seiner Aussage „La Convention de Rome, [...], ne connaît pas de rattachement accessoire" fälschlich die generelle Geltung dieser Rechtsfigur ablehnt, oder ob seine Aussage sich nur auf das besprochene Urteil des Cour d'appel de Versailles bezieht und somit sich zu Recht gegen die akzessorische Anknüpfung von Bürgschaften richtet.

[809] *Gamillscheg*, AcP (1958/59), S. 303, 330 f.; *Gonzenbach*, Die akzessorische Anknüpfung, S. 5 ff; *Kropholler*, IPR, § 53 IV 5, S. 504; *Mansel*, in: FS Weitnauer, S. 33, 53 f.; *von der Seipen*, Komplexe Vertragsverhältnisse, S. 64 ff.

[810] *Von Hoffmann*, IPR, § 10 C V 2, Rn. 62; Soergel-*von Hoffmann*, Art. 28 EGBGB, Rn. 115; MünchKomm-*Martiny*; Art. 28 EGBGB, Rn. 97; Reithmann/Martiny-*Martiny*, Internationales Vertragsrecht, S. 157, Rn. 153.

[811] MünchKomm-*Martiny*, Art. 28 EGBGB, Rn. 96 b; *Von Hoffmann*, IPR, § 10 C V 2, Rn. 62.

[812] Soergel-*von Hoffmann*, Art. 28 EGBGB, Rn. 116.

[813] Soergel-*von Hoffmann*, Art. 28 EGBGB, Rn. 116.

besonderes Ordnungsinteresse am Gleichlauf der Verträge (Grundsatz der materiellen Harmonie) festgestellt werden kann.[814]

Beispiele für eine solche Akzessorietät sind die Sicherungsabrede, die an das Statut des abzusichernden Rechtsgeschäftes angeknüpft wird, das bloße kausale Schuldversprechen, das im Gegensatz zum abstrakten Schuldversprechen keine selbständige Verpflichtung begründet und daher an das Statut des zugrundeliegenden Rechtsverhältnisses angeknüpft werden kann, begleitende Verträge eines komplexen Rechtsgeschäftes[815] sowie angelehnte Verträge wie der Vergleich, Erlass, Verzicht, die Option und der Vorvertrag.[816] Gleiches gilt häufig für den Auftrag sowie die (entgeltliche) Geschäftsbesorgung.[817]

Mangels Parteiidentität besteht dagegen keine Akzessorietät beim Bürgschafts- und beim Garantievertrag, beim Schuldbeitritt und bei der Drittverpfändung von beweglichen Sachen gegenüber dem zu sichernden Hauptvertrag.[818] Dies wurde zwar fälschlich bezüglich einer Bürgschaft in Fortführung tradierter Rechtsansicht in Frankreich und mit Blick auf das materielle Ergebnis

---

814 Soergel-*von Hoffmann*, Art. 28 EGBGB, Rn. 117 ff. Ähnlich MünchKomm-*Martiny*, Art. 28 EGBGB, Rn. 96 a, der diese Voraussetzung allerdings umschreibt, als „Sachgerechtigkeit der Einzelanknüpfung“ und sie wohl nicht als eigenständigen Prüfungspunkt ansieht. Ein Unterschied in Inhalt und Ergebnis besteht aber wohl nicht.

815 Etwa bei einem Unternehmenskauf oder einem Kooperationsvertrag. Dort ist häufig der Abschluss dienender Rechtsgeschäfte, z. B. Lizenzverträge, unerlässlich, um das Ziel des Hauptvertrages zu erreichen.

816 *Gamillscheg*, AcP 157 (1958/59), S. 303, 334; *von Hoffmann*, IPR, § 10 C V 2, Rn. 62; *Mankowski*, EWS 1994, S. 379, 379 ff.; MünchKomm-*Martiny*, Art. 28 EGBGB, Rn. 99 f., 102, 235; *Roden*, Zum Internationalen Privatrecht des Vergleichs, S. 93 ff.; Soergel-*von Hoffmann*, Art. 28 EGBGB, Rn. 120 f., 184, 314, 506, 519; *Schwimann*, IPR, S. 102; Staudinger-*Magnus*, Art. 28 EGBGB, Rn. 134; *Vischer*, Internationales Vertragsrecht, S. 138 f.

817 MünchKomm-*Martiny*, Art. 28 EGBGB, Rn. 99, 138.

818 *Campiglio*, Riv. dr. int. priv. e proc. 1992, S. 241, 248; *dies.*, Brevi osservazioni sulla clausola d'eccezione, S. 157, 160; *von Hoffmann*, IPR, § 10 C V 2, Rn. 62; Palandt-*Heldrich*, Rn. 20; Reithmann/Martiny-*Martiny*, Internationales Vertragsrecht, S. 158, Rn. 156, S. 840, Rn. 1023; MünchKomm-*Martiny*, Art. 28 EGBGB, Rn. 100, 220; *Schwimann*, IPR, S. 102; *Spiegel*, in: Exception Clauses, S. 197, 202. So auch der Bericht *Giuliano/Lagarde*, BT-Drucks. 10/503, S. 33, 52 f. Ebenso zum schweizerischen Recht: IPRG-Komm-*Keller-Kren Kostkiewicz*, Art. 117, Rn. 92 ff. mit zahlreichen w. N. zu Rechtsprechung und Literatur. Sie vertreten die Ansicht (a.a.O., Rn. 97), soweit mehrere Bürgen aus verschiedenen Staaten beteiligt seien, sei die Anwendung eines einzigen Rechts angezeigt. *Schönenberger/Jäggi*, Allg. Einl, Rn. 313, sprechen sich für das Recht desjenigen Bürgen aus, der im Lande des Hauptschuldners wohnt. Diese Ansichten werden in der vorliegen Arbeit nicht geteilt.

vom Cour d'appel de Versailles angenommen[819], hat sich aber in der Judikatur zum Römischen Übereinkommen nicht durchsetzen können[820], wie das besprochene spätere Urteil des Tribunale di Milano[821] belegt. Zu den weiteren Urteilen, die eine akzessorische Anknüpfung vornehmen, so der OGH in einem Schiedsfall[822], beziehungsweise sie ablehnen, so das OLG Düsseldorf bezüglich eines Alleinvertriebsvertrages[823], sei auf die entsprechende Rechtsprechungsanalyse verwiesen.[824]

Wegen fehlender Parteiidentität ist des Weiteren eine akzessorische Anknüpfung des Subunternehmervertrages an das Statut des Anlagenbauvertrages, der im Rahmen von Makler- und Handelsvertreter-verhältnissen vermittelten Ausführungsgeschäfte an das Statut des Vertriebsverhältnisses, von Rückversicherung an das Statut der Erstversicherung, von bestätigter Garantie, Rückgarantie und Akkreditiv[825] an das Statut der Hauptschuld sowie im Fall der Grundstücksverwaltung des Verwaltervertrages an die Art. 4 Abs. 3 EVÜ unterliegenden

819 Cour d'appel de Versailles, Bull. Inf. Cour cass. Nr. 1186 = Rev.crit.d.i.p. 1991, S. 745-748. Siehe dazu ausführlich oben S. 149 f. Dem stimmt zu Unrecht *Steinle*, ZVglRW 93 (1994), S. 300, 319, zu.

820 Diese Ablehnung akzessorischer Anknüpfung bedeutet nicht generell, dass bei Bürgschaften und Garantien nicht doch einmal nach Art. 4 Abs. 5 S. 2 EVÜ anzuknüpfen sein kann. Im Einzelfall kann etwa die Bürgschaft so eng mit einem anderen Rechtsgeschäft verbunden sein, dass sehr wohl eine Näherbeziehung zu der darauf anwendbaren Rechtsordnung nach Abs. 5 S. 2 besteht. Dies wurde von der Rechtsprechung vor dem Inkrafttreten des Römischen Übereinkommens z. B. bei der Übernahme von Gesellschaftsanteilen mit gleichzeitiger Bürgschaft für neue Kredite an die Gesellschaft angenommen, siehe OLG Oldenburg, IPRspr. 1975, Nr. 15; OLG Hamburg, IPRspr. 1958/59, Nr. 61. Zustimmend MünchKomm-*Martiny*, Art. 28 EGBGB, Rn- 220; Soergel-*von Hoffmann*, Art. 28 EGBGB, Rn. 286. Auch das schweizerische Bundesgericht, BGE 67 II, 1947, S. 215 ff., nahm eine solche Näherbeziehung in einem Fall an, in dem ein Garant mit Wohnsitz in Ungarn ein Grundgeschäft sicherte, dessen Statut New Yorker Recht war. Außerdem wiesen die Vertragswährung, die Vertragssprache, der Erfüllungsort und die Tatsache, dass der Garant seine Verpflichtung im Rahmen eines von einer New Yorker Bank geleiteten Bankenkonsortiums übernommen hatte, zum amerikanischen Recht. In Anbetracht all dieser Umstände konnte der engste räumliche Zusammenhang nicht am Ungarischen Wohnsitz des Garanten angenommen werden. Zustimmend *Vischer/von Planta*, IPR I, S. 185.

821 Tribunale di Milano, Riv. dr. int. priv. e proc. 1999, S. 63. Siehe dazu oben S. 153.

822 OGH, ZfRV 1998, S. 259.

823 OLG Düsseldorf, RIW/AWD 1996, S. 958-960.

824 Siehe oben S. 149 ff.

825 In der zum Römischen Übereinkommen ergangenen Judikatur wurde vom High Court of Justice, Lloyd's Law Report 1994, S. 657-658, im Falle eines bestätigten Akkreditivs einheitlich an das Recht angeknüpft, das das Verhältnis von bestätigender Bank und Begünstigtem beherrschte; dem wurde in der vorliegenden Arbeit nicht gefolgt; siehe dazu ausführlich oben S. 156 ff.

Ausführungsverträge des Verwalters mit Dritten ohne eine Unterwerfung im obigen Sinne unzulässig.[826]
An der dritten Voraussetzung, dem erforderlichen Ordnungsinteresse, scheitert die akzessorische Anknüpfung etwa bei Lieferverträgen, die zur Erfüllung eines reinen Vertragshändlervertrages abgeschlossen werden, falls dieser keinen festen Rahmen für die Einzelverträge festlegt, z. B. über die Bestimmung von AGB oder Rabattstufen.[827] In diesen Fällen ist zwar sowohl die Parteiidentität als auch die wirtschaftliche Konnexität gegeben, es besteht jedoch kein Bedürfnis nach materieller Harmonie: Der Vertragshändlervertrag wird unter bewusster Vernachlässigung der hierdurch vom Hersteller eingeräumten Optionsrechte an den Sitz des Vertragshändlers, der die charakteristische Leistung zu erbringen hat, angeknüpft. Folge einer akzessorischen Anknüpfung der einzelnen Lieferverträge an das Statut des Vertragshändlervertrages wäre die erneute jedoch nicht gerechtfertigte Vernachlässigung der Lieferpflicht des Herstellers, als die die einzelnen Lieferverträge charakterisierende Leistung.[828]

2. Die gemeinschaftliche Schulderfüllung

Die zweite der Fallgruppe der zusammenhängenden Verträge, bei denen regelmäßig eine Korrektur der Vermutungsregeln via Ausweichklausel erfolgt, ist die der gemeinschaftlichen Schulderfüllung. Hierbei handelt es sich um Sachverhalte, in denen sich mehrere Schuldner, ohne eine Gesamthands-gemeinschaft zu bilden, zu einer Leistung verpflichtet haben, die sie nur gemeinschaftlich erbringen können. Im Unterschied zur Gesamtschuld kann der Gläubiger die Leistung auch nur von sämtlichen Schuldnern gemeinsam fordern, nicht dagegen von je-

---

826 *Von Bar*, IPR II, S. 372, Rn. 504; *Beitzke*, DB 1961, S. 528, 528 f.; Erman-*Hohloch*, Art. 27 EGBGB, Rn. 37; *Magagni*, La prestazione caratteristica, S. 467 ff.; MünchKomm-*Martiny*, Art. 28 EGBGB, Rn. 96 b, 99, 100, 140; Reithmann/Martiny-*Thode*, Internationales Vertragsrecht, S. 779, Rn. 951; Soergel-*von Hoffmann*, Art. 28 EGBGB, Rn. 116, 301, 306, 346 ff., 240; *Schröder/Wenner*, Internationales Vertragrecht, S. 109; Staudinger-*Magnus*, Art. 28 EGBGB, Rn. 308; *Stoll*, RabelsZ 24 (1959), S. 601, 617 f.; *Vetter*, NJW 1987, 2124, 2126 f.; **a. A.** *Jayme*, in: FS Pleyer, S. 371, 377; *ders.*, IPRax 1985, S. 372, 372; *ders.*, J.D.I. 1985, S. 951, 959; *Batiffol/Lagarde*, D.I.P. II, S. 272, 301; *Lagarde*, Va.J.Int.L 22 (1982), S. 97, 97 f. Differenzierend: *Von der Seipen*, Akzessorische Anknüpfung, S. 255. Die Anknüpfung von Rückversicherungen ist auch in der Schweiz streitig, zum Streitstand siehe IPRG-Komm-*Keller-Kren Kostkiewicz*, Art. 117, Rn. 136 ff. In Frankreich und in Italien bestehen für den Subunternehmervertrag gesetzliche Sonderregelungen, vgl. *Jayme*, in: FS Pleyer, S. 371, 375, *Ferid/Sonnenberger*, Das Französische Zivilrecht II, Rn. 2 K 136; *Kühne/Langer*, RIW/AWD 1977, S. 610 ff.

827 Beispiel aus Soergel-*von Hoffmann*, Art. 28 EGBGB, Rn. 118 f. Ungenau daher Staudinger-*Magnus*, Art. 28 EGBGB, Rn. 134.

828 *Merschformann*, Die objektive Bestimmung des Vertragsstatuts beim internationalen Warenkauf, S. 233; Soergel-*von Hoffmann*, Art. 28 EGBGB, Rn. 118f., 262 ff., 269.

dem einzeln.[829] In diesen Fallkonstellationen ist es wiederum ein Gebot des Prinzips der materiellen Harmonie, die Schuldverhältnisse sämtlicher Beteiligter einheitlich nach Art. 4 Abs. 5 S. 2 EVÜ anzuknüpfen. Ansonsten wären Wertungswidersprüche bei heterogen verknüpften Sachverhalten die notwendige Folge. Dies mögen zwei Beispiele verdeutlichen, in denen typischerweise die Schuldner der charakteristischen Leistung verschiedenen gewöhnlichen Aufenthaltes sind: Die Konzertveranstaltung und das Kollegialschiedsgericht. Im ersten Fall besteht aufgrund des gemeinsamen Erfüllungsortes die engste Verbindung zum Auftrittsort, im zweiten Fall sind die Schiedsrichterverträge einheitlich an das Statut des Schiedsverfahrens anzuknüpfen.[830] Letzterem ist der österreichische OGH gefolgt[831], andere vertreten die einheitliche Anknüpfung an das Schiedsvertragsstatut.[832] Dieser Streit hat auf das kollisionsrechtliche Ergebnis indes keine Auswirkung, da sich jedenfalls das Recht des Verfahrensortes durchsetzt.[833]

Obschon nicht ein Fall der gemeinschaftlichen Schulderfüllung im eigentlichen Sinn, ist bei der Anleihe die Situation vergleichbar; auch sie ist regelmäßig abweichend von der Regelanknüpfung nach Art. 4 Abs. 2 EVÜ insgesamt einer Rechtsordnung zu unterstellen.[834] Insbesondere Anleihen oder Anleihetranchen, die ausschließlich für den Kapitalmarkt eines einzelnen Landes bestimmt und in ihren Bedingungen den Erfordernissen dieses Marktes angepasst sind, liegt ein Anwendungsfall der Ausweichklausel vor: Sie unterstehen dem Recht des Emissionsortes.[835]

Anders ist die Situation bei Emissionen durch ein internationales Bankenkonsortium sowie beim Konsortialkredit. Hier scheitert bereits die Feststellung einer charakteristischen Leistung, da mehrere Schuldner in verschiedenen Ländern zur Leistung verpflichtet sind. In diesen Fällen ist nicht nach Art. 4 Abs. 2 EVÜ anzuknüpfen und dieses Ergebnis dann nach Abs. 5 S. 2 EVÜ zu korrigieren, son-

---

829 Palandt-*Heldrich*, Überbl. vor § 420 BGB, Rn. 9.

830 Soergel-*von Hoffmann*, Art. 28 EGBGB, Rn. 122 f., 202, 244 f.

831 OGH, ZfRV 1998, S. 259, 260 f.; siehe dazu ausführlich oben S. 162 ff.; ebenso Stein/Jonas-*Schlosser*, ZPO, vor § 1025 II, Rn. 16; Soergel-*von Hoffmann*, Art. 28 EGBGB, Rn. 123 und *Zöller/Geimer*, ZPO, § 1025, Rn. 64.

832 *Fasching*, Schiedsgericht und Schiedsvertrag im österreichischen und im internationales Recht, S. 69 und *Schwab/Walter*, Schiedsgerichtsbarkeit, S. 90.

833 So der OGH, ZfRV 1998, S. 259, 261 und *von Hoffmann*, in: FS Glossner, S. 143, 149 ff.

834 MünchKomm-*Martiny*, Art. 28 EGBGB, Rn. 137 ff.; Soergel-*von Hoffmann*, Art. 28 EGBGB, Rn. 124, 187 ff. So auch die ständige schweizerische Rechtsprechung seit BGE 68 II, S. 203, 208, zustimmend *Vischer/von Planta*, IPR, § 44 II 2 b, S. 179.

835 *Böse*, Internationale Anleihen, S. 59 f.; Reithmann/Martiny-*Martiny*, Internationales Vertragsrecht, S. 866, Rn. 1059; Staudinger-*Magnus*, Art. 28 EGBGB, Rn. 241. Generell für das Recht des Ausgabeortes das schweizerische Bundesgericht, BGE 88 II, 283, 286 mit zustimmender Anm. *Vischer*, SJIR 21 (1964), S. 261, 272 f.; zustimmend auch: IPRG-Komm-*Keller-Kren Kostkiewicz*, Art. 117, Rn. 122.

dern es ist gemäß Abs. 5 S. 1 EVÜ (= Art. 28 Abs. 2 S. 3 EGBGB) unmittelbar auf Abs. 1 zurückzugreifen. In aller Regel besteht die engste Verbindung zur Niederlassung des Konsortialführers, an dessen Recht einheitlich anzuknüpfen ist.[836]

[836] *Lawrence*, Dicey/Morris, Conflict of Laws II, S. 1237; *Goltz*, Vertragsgestaltung bei Roll over-Eurokrediten, S. 42; MünchKomm-*Martiny*, Art. 28 EGBGB, Rn. 55; Reithmann/Martiny-*Martiny*, Internationales Vertragsrecht, S. 825 f., Rn. 1005; *Schnelle*, Die objektive Anknüpfung von Darlehensverträgen im deutschen und amerikanischen IPR, S. 206 f.; Soergel-*von Hoffmann*, Art. 28 EGBGB, Rn. 321; Staudinger-*Magnus*, Art. 28 EGBGB, Rn. 94.

III. Einzelne Vertragstypen

Zusätzlich zu den dargestellten Vertragskonstellationen sind bei einer Reihe von Verträgen ein oder mehrere Merkmale typischerweise von so herausragender Bedeutung, dass sie in der Regel zur Anwendung der Ausweichklausel führen. Im Folgenden soll bezüglich einer Reihe von Vertragsarten untersucht werden, ob bei ihnen bei Vorliegen bestimmter Vertragsumstände die Anwendung der Ausweichklausel geboten ist und sich daher eine Typisierung herleiten lässt.

1. Veräußerungsverträge

a) Fahrniskauf

Vor Inkrafttreten des Römischen Übereinkommens sprachen sich Teile des Schrifttums für die Geltung des Käuferrechts aus, wenn der Kaufgegenstand auf die Gefahr des Verkäufers versandt werden sollte oder wenn in diesem Land auch der Lieferort lag.[837] Unter dem Römischen Übereinkommen genügen diese Umstände indes nicht, um die Anwendung der Ausweichklausel zu rechtfertigen.[838] Sie stellen jedoch starke Indizien dar, die in Verbindung mit weiteren Umständen sehr wohl geeignet sein können, die Korrektur des Ergebnisses nach Art. 4 Abs. 2 EVÜ zu veranlassen.

Abweichend von der Regelung des Art. 3 Abs. 2 Haager Kaufrechtsübereinkommens von 1955[839] wird eine Näherbeziehung zu einer anderen Rechtsordnung auch nicht schon dadurch begründet, dass der Verkäufer die Bestellung durch einen Repräsentanten im Staat des Käufers entgegengenommen hat.[840] Nach hier gefolgter Ansicht sind solche Handlungen, die auf den Vertragsabschluss zielen, generell nicht im Rahmen der Ausweichklausel zu berücksichtigen, da sie keinen objektiven Bezug zum Leistungsaustausch aufweisen.[841]

---

837 *Rabel*, The Conflict of Laws III, S. 66 ff.; Soergel-*Kegel*, vor Art. 7 EGBGB, Rn. 369; *Weitnauer*, Der Vertragsschwerpunkt, S. 174 ff.

838 So auch MünchKomm-*Martiny*, Art. 28 EGBGB, Rn. 113; Soergel-*von Hoffmann*, Art. 28 EGBGB, Rn. 143.

839 Haager Übereinkommen betreffend das auf internationale Kaufverträge über bewegliche Sachen anzuwendende Recht vom 15.6.1955, auszugsweise abgedruckt bei *Jayme/Hausmann*, IPR und IZVR, Nr. 76.

840 *Kindler*, RIW/AWD 1988, S. 776, 779 f.; *W. Lorenz*, IPRax 1987, S. 269, 274; Soergel-*von Hoffmann*, Art. 28 EGBGB, Rn. 143.

841 Siehe oben S. 108 ff.

Entsprechend der typisierten Anknüpfung bei Platzgeschäften sollte eine feste Anknüpfungsregel auch für das Distanzgeschäft gelten: Da nach hier vertretener Ansicht der Erfüllungsort, soweit dieser vertraglich vereinbart ist, sonst die Orte, an denen tatsächlich Leistungshandlungen vorgenommen werden, einen herausragenden Bezug zum Leistungsaustausch aufweisen, sollte in den Fällen, in denen diese Orte übereinstimmend in einem Land liegen, in aller Regel dessen Recht Anwendung finden, was gegebenenfalls durch Anwendung der Ausweichklausel zu erreichen ist. Dies gilt nur dann nicht, wenn die Vertragsparteien einen gemeinsamen gewöhnlichen Aufenthalt beziehungsweise Sitz in einem hiervon verschiedenen Land haben, denn das Übereinkommen hat diesem Anknüpfungsmoment das größte Gewicht beigemessen.

b) Grundstückskauf

Verbreiteter Ansicht zufolge ist die Ausweichklausel in Fällen anwendbar, in denen Vertragspartner gleicher Staatsangehörigkeit und mit entsprechendem, gleichem gewöhnlichen Aufenthalt einen Kaufvertrag über eine Immobilie im Land ihres gewöhnlichen Aufenthaltes abschließen, während die Immobilie in einem anderen Land belegen ist.[842] Insbesondere die deutsche Rechtsprechung geht in diesen Fällen dagegen eher von einer stillschweigenden Rechtswahl aus.[843] Nach hier vertretener Ansicht genügen die genannten Umstände keinesfalls für eine Näherbeziehung zum Recht des gemeinsamen gewöhnlichen Aufenthaltes, da die Staatsangehörigkeit der Parteien sowie der Abschlussort des Vertrages keine auf den Leistungsaustausch bezogenen Kriterien sind und der gemeinsame gewöhnliche Aufenthalt für sich genommen der Anknüpfung an die lex rei sitae nicht die innere Rechtfertigung entzieht.[844] Auch reichen diese Kriterien für sich genommen nicht für die Annahme einer konkludenten Rechtswahl.[845] Die Mitwirkung eines Notars hingegen kann ein zusätzliches starkes Indiz für den Abschluss einer solchen Rechtswahl darstellen, nicht jedoch ein für die Ausweichklausel relevantes Kriterium.[846]

---

842 MünchKomm-*Martiny*, Art. 28 EGBGB, Rn. 143 f.; *Reckhorn-Hengemühle*, ZVglRW 90 (1991), S. 155, 155; Reithmann/Martiny-*Limmer*, Internationales Vertragsrecht, 695 ff., Rn. 856 ff.; *von Sachsen-Gessaphe*, RIW/AWD 1991, S. 299, 299 f.

843 OLG Hamm, RIW/AWD 1993, S. 940, 940; OLG Frankfurt, OLG-Report Frankfurt 1994, S. 15, 16. So bereits zum alten Recht BGHZ 52, S. 239, 241 f.; BGHZ 73, S. 391, 393 f.; vgl. Erman-*Hohloch*, Art. 28 EGBGB, Rn. 30; MünchKomm-*Martiny*, Art. 28 EGBGB, Rn. 118.

844 Siehe dazu oben S. 108 ff, 131 ff.

845 So auch Soergel-*von Hoffmann*, Art. 28 EGBGB, Rn. 151.

846 **A. A.** Reithmann/Martiny-*Limmer*, Internationales Vertragsrecht, S. 695 f., Rn. 856.

c) Schiffs- und Flugzeugkauf

Nach zutreffender Ansicht können beim Schiffskauf der Registrierungsort sowie die Flagge bei der Anwendung der Ausweichklausel von Bedeutung sein; sie sind jedoch für sich genommen nicht hinreichend gewichtig, als dass sie eine ausreichende Näherbeziehung begründen könnten.[847] Auf der Ebene subjektiver Anknüpfung sind sie starke Indizien für das Vorliegen einer stillschweigenden Rechtswahl.

2. Gebrauchsüberlassung

a) Miete beweglicher Sachen[848]

Bei der Miete beweglicher Sachen können der Gebrauchs- und der Überlassungsort Hinweise auf eine engere Beziehung im Sinne des Art. 4 Abs. 5 S. 2 EVÜ liefern. Anders als nach der deutschen Rechtsprechung vor der IPR-Reform, die maßgeblich auf diese beiden Orte abstellte[849], sind sie indes nicht allein, sondern nur im Zusammenspiel mit anderen Umständen, etwa dem Ort der Zahlung als der zweiten Leistungspflicht, geeignet, die Anwendung der Ausweichklausel herbeizuführen.[850]

b) Unternehmenspacht

Soweit ein Unternehmen Gegenstand eines Pachtvertrages ist, muss danach differenziert werden, ob dieses in einer Betriebsstätte mit entsprechendem Grundstück besteht oder ob es sich um ein Gesamtunternehmen handelt, welches sich aus einer Vielzahl von Mobilien, Immobilien und Rechten zusammensetzt. Im ersten Fall ist gemäß Art. 4 Abs. 3 EVÜ die lex rei sitae Vertragsstatut; im zweiten Fall ist dagegen nach Art. 4 Abs. 2 EVÜ anzuknüpfen, mit der Folge, dass das Verpächterrecht Anwendung findet.[851] In den Fällen der Anknüpfung an die

---

[847] *Mankowski*, Seerechtliche Vertragsverhältnisse im internationalen Privatrecht, S. 434 ff.; Staudinger-*Magnus*, Art. 28 EGBGB, Rn. 194. Für die Anerkennung einer solchen Anknüpfungsregel spricht sich aber *Magagni*, La prestazione caratteristica, S. 454, aus. Ebenso für das Schweizer Recht: IPRG-Komm-*Keller-Kren Kostkiewicz*, Art. 117, Rn. 123 und *Schönenberger/Jäggi*, Allg. Einleitung, Rn. 263.

[848] Zur Anknüpfung bei Gebrauchsüberlassung von Immobilien, insbes. kurzfristiger Miete und Timesharing, siehe oben S. 131 ff.

[849] BGH, IPRspr. 1958/59, Nr. 100 = NJW 1958, S. 1390, 1390 ff., zustimmend *Weitnauer*, Der Vertragsschwerpunkt, S. 185.

[850] Erman-*Hohloch*, Art. 28 EGBGB, Rn. 35; MünchKomm-*Martiny*, Art. 28 EGBGB, Rn. 215.

[851] Soergel-*von Hoffmann*, Art. 28 EGBGB, Rn. 181. Hinsichtlich der ersten Fallgestaltung im Ergebnis (Geltung des Rechts am Unternehmensort) gleich, aber mit abweichender Be-

lex rei sitae bleibt für eine abweichende Anknüpfung wenig Raum. Insbesondere genügt nicht schon ein dem Verpächter und dem Pächter gemeinsamer, vom Belegenheitsort abweichender Sitz.[852] Bei den Verträgen, die nach Art. 4 Abs. 2 EVÜ anzuknüpfen sind, kann dagegen wegen der Vielfältigkeit der möglichen Vertragsgegenstände und –pflichten keine allgemeine Aussage getroffen werden; entscheidend sind die Besonderheiten des einzelnen Falles.

c) Durch Realsicherheiten gesicherte Darlehensverträge (Realkredite), und Anleihen

Uneinigkeit besteht hinsichtlich der Anknüpfung von Darlehen, die grundpfandrechtlich gesichert sind. Nach einer der deutschen Rechtsprechung zum alten Recht folgenden Ansicht, lässt eine solche dingliche Sicherheit die persönliche Forderung in den Hintergrund treten und sie der dinglichen Haftung folgen. Diese sei ihrerseits durch die Belegenheit der sichernden Immobilie gekennzeichnet. Daher liege der Schwerpunkt des typischen Realkredites in der Regel bei jenem Belegenheitsort und damit auch eine noch engere Beziehung im Sinne der Ausweichklausel zugunsten des dort geltenden Rechts.[853] Allerdings sei regelmäßig von einer konkludent vereinbarten Rechtswahl auszugehen, wenn Vertragsparteien mit gleicher Nationalität und gleichem Sitzland in ihrer Sprache einen Darlehensvertrag abschließen, der auf die Bestimmungen des Heimatrechts verweist. Dies soll auch gelten, wenn das Darlehen durch ein Grundstück gesichert wird, das in einem anderen Land belegen ist und insoweit jenes ausländische Recht beachtet werden muss.[854]

In einem neueren Fall hat der BGH ausgeurteilt, dass zwar bei grundpfandrechtlich hesicherten Forderungen nicht zwangsläufig das Recht der Belegenheit der Hypothek sich durchsetze, sondern im Grundsatz die Hauptforderung nach Art.28 Abs. 2 EGBGB anzuknüpfen sei. Das Gericht kam aber aufgrund einer Mehrzal von Verbindungen zu einem von der Regelvermutung abweichenden Recht in Anwendung der Ausweichklausel zur Nichtanwendung des vermu-

---

gründung (Näherbeziehung im Sinne des Art. 4 Abs. 5 S. 2 EVÜ) Staudinger-*Magnus*, Art. 28 EGBGB, Rn. 218.

[852] Soergel-*von Hoffmann*, Art. 28 EGBGB, Rn. 181.

[853] OLG Karlsruhe, IPRspr. 1987, Nr. 24 a = NJW-RR 1989, S. 367; *von Bar*, IPR II, S. 380, Rn. 516; *Klotz*, RIW/AWD 1997, S. 197, 199; MünchKomm-*Martiny*, Art. 28 EGBGB, Rn. 134 a; Palandt-*Heldrich*, Art. 28 EGBGB, Rn. 12; Reithmann/Martiny-*Martiny*, Internationales Vertragsrecht, S. 827, Rn. 1007; *Schnelle*, Die objektive Anknüpfung von Darlehensverträgen im deutschen und amerikanischen IPR, S. 185; Staudinger-*Magnus*, Art. 28 EGBGB, Rn. 236. Zur Rechtsprechung zum alten Recht vgl. BGHZ 17, S. 89, 94 = NJW 1955, S. 827, 827; BGHZ 26, 91 = NJW 1958, S. 168; BGH WM 1964, S. 15; KG, NJW 1957, S. 347, 347 = RabelsZ 23 (1958), S. 280, 281 f.; OLG Frankfurt a.M., WM 1963, S. 872, 874.

[854] BGH, RIW/AWD 1997, S. 426; Staudinger-*Magnus*, Art. 28 EGBGB, Rn. 234.

tungsweise berufenen Rechts. Entscheidend war, dass es dem Forderungsgläubiger auf im Ergebnis auf den Erwerb der Hypothek ankam. Der Rechtsgedanke des Art. 28 Abs. 3 EGBGB spreche dafür, im Zusammenhang mit grundpfandrechtlich gesicherten Forderungen die Belegenheit der Hypothek im Rahmen des Art. 28 Abs. 5 EGBGB als einen gewichtigen Umstand für eine Verbindung des Vertrages zu einem Recht heranzuziehen.[855]

Nach einer weiteren Ansicht gelten für das grundpfandrechtlich gesicherte Darlehen dieselben Regeln wie bei Darlehen allgemein; es sei gemäß Art. 4 Abs. 2 EVÜ an den Sitz des Darlehensgebers anzuknüpfen.[856] Diese Ansicht überzeugt, denn der primär vom Darlehensgeber verfolgte wirtschaftliche Zweck liegt in der Erlangung der Darlehenssumme nebst Zinsen und naturgemäß nur nachrangig, da lediglich sicherungshalber, in der Verwertung der Sicherheiten. Auch ist nicht ersichtlich, worin der für den Hauptvertrag relevante kollisionsrechtliche Unterschied zu solchen Darlehen liegt, die durch Personalsicherheiten abgesichert werden. Darüber hinaus entstehen nach den erstgenannten Ansichten erhebliche kollisionsrechtliche Schwierigkeiten in Fällen der Mehrfachsicherung, insbesondere bei mehrfacher grundpfandrechtlicher Sicherung. Des Weiteren ist es äußerst fragwürdig, nicht dienende Verträge an den Hauptvertrag anzuknüpfen, wie es bei der akzessorischen Anknüpfung der Fall ist, sondern umgekehrt den Hauptvertrag an das Statut des Nebenvertrages.[857] Aus diesen Gründen ist einzig die Lösung, auch dinglich gesicherte Darlehen entsprechend der Vermutungsregel anzuknüpfen, aus kollisionsrechtlicher Sicht überzeugend.

Gleiches gilt für grundpfandrechtlich gesicherte Anleihen; auch bei ihnen ist die Verwertung der Sicherheiten nicht primärer Vertragszweck.[858]

3. Dienst- und Werkverträge

a) Unterrichtsvertrag

Verträge, die Unterricht, Schulungen, Lehrgänge oder andere Aus- und Fortbildungsinhalte zum Gegenstand haben, sind mangels Rechtswahl gemäß Art. 4 Abs. 2 EVÜ dem Recht des Ortes zu unterstellen, an dem der Veranstalter seinen Sitz hat.[859] Dabei führt der Ort, an dem die Veranstaltungen durchgeführt

---

[855] BGH, NJW-RR 2005, S. 206-210 = IPRax 2005, S. 342-308.

[856] OLG Düsseldorf, WM 1990, S. 1959, 1960 = IPRspr. 1990, Nr. 35; Soergel-*von Hoffmann*, Art. 28 EGBGB, Rn. 184; *Weitnauer*, Der Vertragsschwerpunkt, S. 185.

[857] Soergel-*von Hoffmann*, Art. 28 EGBGB, Rn. 184, 311.

[858] Im Ergebnis gleich, aber mit anderer, nämlich auf den Sicherungszweck abstellender Argumentation Reithmann/Martiny-*Martiny*, Internationales Vertragsrecht, S. 866, Rn. 1059: Bei solchermaßen gesicherten Anleihen sei der Ort der sichernden Grundstücke nicht für das Schuldstatut entscheidend, da Kreditgrundlage nicht primär der belastete Grundbesitz, sondern die Rentabilität das Unternehmens sei.

[859] MünchKomm-*Martiny*, Art. 28 EGBGB, Rn. 153.

werden, nicht typischerweise zu einer abweichenden Beurteilung; dieser Umstand ist lediglich ein in die Gesamtabwägung nach Art. 4 Abs. 5 S. 2 EVÜ einzustellendes Kriterium von einigem Gewicht.[860] Dies gilt auch für Fernunterrichtsverträge.[861]

b) Bau- und Anlagenbauvertrag

Uneinheitlich wird die Frage nach der Anknüpfung von Bau- und speziell Anlagebauverträgen beantwortet. Während die überwiegende Ansicht grundsätzlich die unkorrigierte Anknüpfung anhand der Vermutungsregel des Art. 4 Abs. 2 EVÜ befürwortet[862], wird gelegentlich vertreten, zu dem Recht des Landes, in welchem das Werk erstellt wird, bestehe stets eine engere Verbindung im Sinne der Ausweichklausel.[863] Wieder andere vertreten die Anknüpfung nach Art. 4 Abs. 3 EVÜ und gelangen auf diese Weise zur Anwendung des Rechts der Baustelle.[864]

Der herrschenden Ansicht ist zu folgen, denn es ist nicht plausibel, aus welchem Grund bei diesen Verträgen der Ort der Baustelle, der mit dem Belegenheitsort des Grundstückes identisch ist, die Vermutungsregel typischerweise überwinden können soll. Selbstverständlich ist auch hier der Erfüllungsort ein gewichtiges Indiz in der Gesamtbetrachtung und –bewertung, die im Rahmen der Ausweichklausel vorzunehmen ist. Jedoch ist zu beachten, dass in der Regel die Leistung des Unternehmers nicht auf die Errichtung des Bauwerks beschränkt ist, sondern auch dessen Planung sowie Transportleistungen als wesentliche Elemente umfasst, so dass ein einheitlicher Erfüllungsort meist nicht vorliegt.[865] Die letztgenannte Ansicht dagegen ist mit dem Wortlaut des Art. 4 Abs. 3 EVÜ nicht vereinbar, denn Bauverträge haben nicht, wie es dieser Absatz ver-

---

860 Ähnlich Staudinger-*Magnus*, Art. 28 EGBGB, Rn. 260.

861 Vgl. Staudinger-*Magnus*, Art. 28 EGBGB, Rn. 260, mit weiteren Einzelheiten zu diesem Vertragstypus.

862 MünchKomm-*Martiny*, Art. 28 EGBGB, Rn. 141; Reithmann/Martiny-*Thode*, Internationales Vertragsrecht, S. 782 f., Rn. 953; *Schröder/Wenner*, Internationales Vertragrecht, S. 109; Soergel-*von Hoffmann*, Art. 28 EGBGB, Rn. 75, 213; Staudinger-*Magnus*, Art. 28 EGBGB, Rn. 311. So auch zum schweizerischen Recht: *Schnitzer*, IPR II (1958), S. 714; *Vischer*, Internationales Vertragsrecht, S. 121; *Vischer/von Planta*, IPR, S. 180.

863 Erman-*Hohloch*, Art. 28 EGBGB, Rn. 39; *Kegel*, in: FS Schmidt, S. 215, 223. Ebenso (zum schweizerischen Recht): *Schönenberger/Jäggi*, IPRG, Rn. 288. Generell für den Ort, an dem die Werkleistung erbracht wird, *Weitnauer*, Der Vertragsschwerpunkt, S. 178.

864 So vor allem unter Geltung alten Rechts BGH, NJW 1986, S. 935; *von Hoffmann*, in: North, S. 221, 227; *Kürschner*, ZfBR 1986, S. 259, 262.

865 Soergel-*von Hoffmann*, Art. 28 EGBGB, Rn. 213.

langt, ein dingliches Recht oder ein obligatorisches Nutzungsrecht zum Gegenstand.[866]

Richtig ist es daher, den Ort der Baustelle lediglich im Zusammenspiel mit weiteren gewichtigen Indizien als geeignetes Kriterium für die Anwendung der Ausweichklausel anzusehen. Solche weiteren starken Indizien können etwa das Vorhandensein eines mit verantwortlichen Mitarbeitern des Unternehmers besetzten Baubüros am Ort der Baustelle sein, soweit dadurch nicht bereits die Voraussetzungen einer Niederlassung i. S. des Art. 4 Abs. 2 S. 2 EVÜ erfüllt sind[867], oder auch umfangreiche Mitwirkungspflichten des Bestellers, wie die Stellung von Personal, Maschinen oder Grundstücken, Mitwirkung an der Organisation und am Gütertransport.[868] Eine typisierende Gewichtung dürfte hier aber nur in sehr begrenzten, speziellen Fallkonstellationen möglich sein.

c) Architektenvertrag

Gleiches gilt für den Architektenvertrag. Auch bei ihm gilt mangels Rechtswahl das Recht am Niederlassungsort des Architekten; der Ort der Baustelle ist im Rahmen des Art. 4 Abs. 5 S. 2 EVÜ lediglich ein bei der Gesamtbewertung der Fallumstände relevantes Kriterium.[869] Bei der Bewertung der Vertragsumstände ist auch bei diesen Verträgen stets zunächst festzustellen, welche einzelnen planerischen und organisatorischen Aufgaben vom Architekten zu leisten sind.

4. Die Geschäftsbesorgung

a) Beratungsverträge: Rechtsberatung, Consulting-Engineering

Verträge zwischen Anwalt und Mandant[870] sind mangels Rechtswahl gemäß Art. 4 Abs. 2 EVÜ an die Niederlassung des Rechtsanwalts anzuknüpfen.[871]

---

866 Begr. RegE, BT-Drucks. 10/504, S. 21, 78; Bericht *Giuliano/Lagarde*, BT-Drucks. 10/504, S. 30, 53; *Audit*, D.I.P., S. 687; *von Bar*, IPR II, S. 380, Rn. 516; *W. Lorenz*, IPRax 1995, S. 329, 331; MünchKomm-*Martiny*, Art. 28 EGBGB, Rn. 56 a, 141; Reithmann/Martiny-*Thode*, Internationales Vertragsrecht, S. 782 f., Rn. 953; Soergel-*von Hoffmann*, Art. 28 EGBGB, Rn. 75, 213.

867 Zu den Voraussetzungen einer solchen Niederlassung siehe oben Fn. 314.

868 Soergel-*von Hoffmann*, Art. 28 EGBGB, Rn. 213, 218; Staudinger-*Magnus*, Art. 28 EGBGB, Rn. 311, 318; vgl. auch *von Bar*, IPR II, S. 371, Rn. 502; und *Schwimann*, IPR, S. 102.

869 Reithmann/Martiny-*Thode*, Internationales Vertragsrecht, S. 789, Rn. 960; Staudinger-*Magnus*, Art. 28 EGBGB, Rn. 319; **a. A.** *Motzke/Wolff*, Praxis der HOAI, S. 40 f.

870 Solche Rechtsberatungsverträge sind Geschäftsbesorgungsdiestverträge, deren charakteristische Leistung die Rechtsberatung durch den Anwalt ist.

871 Dies gilt auch für Verträge mit Patentanwälten sowie mit nichtanwaltlichen Rechtsberatern und Steuerberatern, MünchKomm-*Martiny*, Art. 28 EGBGB, Rn. 149; Soergel-*von Hoffmann*, Art. 28 EGBGB, Rn. 235, 238.

Handelt es sich um eine Rechtsanwaltssozietät mit Niederlassungen in verschiedenen Staaten, so ist an diejenige anzuknüpfen, die das konkrete Mandat bearbeitet, also die Hauptniederlassung oder eine andere, wenn diese abredegemäß die anwaltliche Tätigkeit erbringen soll.[872] Erbringen in einer Rechtssache mehrere Niederlassungen einer Sozietät mit Sitz in verschiedenen Ländern die Beratungsdienste, so ist je nach Lage des Einzelfalles zu entscheiden, ob es bei der Grundsatzanknüpfung nach Art. 4 Abs. 2 EGBGB bleibt mit der Folge, dass für jede Niederlassung ihr Recht gilt. Eine isolierte Anknüpfung ist etwa dann vorzunehmen, wenn jede Niederlassung selbständig eine wesentliche Anwaltstätigkeit erbringt. In der Regel dürfte indes aufgrund des Gesamtzusammenhangs eine einheitliche Anknüpfung nach Art. 4 Abs. 5 S. 2 EVÜ zugunsten des Rechts derjenigen Niederlassung vorzunehmen sein, die die überwiegende Leistung oder die Koordination der verschiedenen Leistungen erbringt.[873] In Ausnahmefällen kann darüber hinaus eine ausreichende Näherbeziehung bei forensischer Tätigkeit des Anwalts im Ausland zu bejahen sein. Im Übrigen kommt es auf den Ort an welchem die Dienste erbracht werden nicht an.[874]

Bei den Consulting-Engeneering-Verträgen[875] ist die Position des Consultant eine besondere, die, allgemein gefasst, durch zwei Aufgabenbereiche charakterisiert ist: Durch dessen Stellung als Vertreter des Bauherrn auf der einen und als unparteiischer Mittler zwischen den Parteien des Bau- oder Anlagevertrages auf der anderen Seite. Grundlage für seine Tätigkeit ist jedoch ausschließlich der Vertrag mit dem Bauherrn, der durch die Leistung des Consultant charakterisiert wird. Im Grundsatz ist daher das an seinem Sitz geltende Recht Vertragsstatut. Ähnlich wie beim Managementvertrag[876] wird der Consultant meist am Projektort ein Büro unterhalten. Soweit dieses die Anforderungen des Art. 4 Abs. 2 S. 2 EVÜ erfüllt, also insbesondere für die erforderliche Zeitspanne von mindestens einem Jahr besteht und mit einem verantwortlichen und mit Vertretungsmacht ausgestattetem Mitarbeiter ausgestattet ist, ist abweichend das Recht des Projektortes anwendbar. Sollten die Voraussetzungen des Art. 4 Abs. 2 S. 2 EVÜ nicht erfüllt sein, so ist das Vorhandensein eines solchen Büros zusammen

---

872 *Collins*, Dicey/Morris on the Conflict of Laws II, S. 1238; Reithmann/Martiny-*Mankowski*, Internationales Vertragsrecht, S. 1202, Rn. 1476; Staudinger-*Magnus*, Art. 28 EGBGB, Rn. 251.

873 Soergel-*von Hoffmann*, Art. 28 EGBGB, Rn. 236; Reithmann/Martiny-*Mankowski*, Internationales Vertragsrecht, Rn. 1476; Staudinger-*Magnus*, Art. 28 EGBGB, Rn. 252.

874 MünchKomm-*Martiny*, Art. 28 EGBGB, Rn. 149; Soergel-*von Hoffman*, Art. 28 EGBGB, Rn. 235 f.

875 Bei den Consulting-Engineering-Verträgen wird der Consultant oder auch Engineer bei der Realisierung internationaler Bauvorhaben im Rahmen der Planung, Ausführung und Unterhaltung des Projektes tätig, vgl. umfassend *Schlüter*, Management- und Consulting-Verträge.

876 Siehe dazu sogleich unten S. 202.

mit dem Ort des Projektes immerhin ein starkes Indiz für eine Näherbeziehung im Sinne des Art. 4 Abs. 5 S. 2 EVÜ[877], welches wohl für eine typisierende Anknüpfung ausreicht. Dieses Ergebnis bedarf seinerseits aber einer abschließenden einzelfallbezogenen Überprüfung.

b) Managementvertrag

Beim Managementvertrag[878] herrscht weitgehend Einigkeit hinsichtlich der kollisionsrechtlichen Behandlung: Zwar erbringt der Manager die vertragscharakteristische Leistung im Sinne des Art. 4 Abs. 2 EVÜ, doch besteht, soweit er nicht über eine eigene Niederlassung im Sinne des Art. 4 Abs. 2 EVÜ im Lande des zu managenden Unternehmens verfügt, regelmäßig eine engere Verbindung im Sinne der Ausweichklausel zum Recht des Staates, in dem dieser seine Aktivität entfaltet, mithin zum Recht des Landes, in welchem das Unternehmen des Managementnehmers seinen Sitz hat.[879] Bei diesen Verträgen ist der Schwerpunkt eindeutig im Verhältnis zu dem von der Regelanknüpfung vermuteten verlagert. Es kann daher eine typisierende Anknüpfung bejaht werden, die ihrerseits einer einzelfallbezogenen Überprüfung zu unterziehen ist.

---

877 *Schlüter*, Management- und Consulting-Verträge, S. 211; Soergel-*von Hoffmann*, Art. 28 EGBGB, Rn. 234.

878 Solche Verträge sind dadurch gekennzeichnet, dass ein unabhängiger Dritter, der sogenannte Manager oder Managementgeber, für eine gewisse Dauer die Kontrolle und eigene Verantwortlichkeit für ein fremdes Unternehmen übernimmt und der sogenannte Managementnehmer hierfür ein Entgelt zu zahlen hat, vgl. MünchKomm-*Martiny*, Art. 28 EGBGB, Rn. 145.

879 *Von Bar*, IPR II, S. 367 f.; Rn. 498; MünchKomm-*Martiny*, Art. 28 EGBGB, Rn. 145; *Schlüter*, Management- und Consultingverträge, S. 207 ff.; Soergel-*von Hoffmann*, Art. 28 EGBGB, Rn. 242 f.; Staudinger-*Magnus*, Art. 28 EGBGB, Rn. 349; *Zeiger*, Der Management-Vertrag als internationales Kooperationsinstrument, S. 91 f.

c) Der Trust

Der Trust des anglo-amerikanischen Rechtskreises wird meist schuldrechtlich qualifiziert.[880] Schuldstatut ist nach überwiegender Ansicht das Recht am Sitz des trustee, da dieser die charakteristische Leistung erbringt. Der Ort der Trust-Verwaltung sowie die Belegenheit des Trust-Vermögens können nur im Rahmen der Gesamtbewertung nach Art. 4 Abs. 5 S. 2 EVÜ Berücksichtigung finden, ein unbedingter Vorrang dieser Kriterien ist abzulehnen.[881]

5. Vertriebsverträge

a) Vertragshändlervertrag[882]

Der Vertragshändlervertrag[883] ist grundsätzlich nach Art. 4 Abs. 2 EVÜ anzuknüpfen. Daher gilt in der Regel das Recht der Niederlassung des Vertragshändlers.[884] Eine typischerweise bestehende noch engere Verbindung zum Recht des Tätigkeitsortes ist entgegen einigen Stimmen in Rechtsprechung und Literatur nicht anzunehmen[885]; dieser Ort kann jedoch in Kumulation mit anderen Umständen auf eine Näherverbindung zu einem anderen Recht gemäß Art. 4 Abs. 5 S. 2 EVÜ hinweisen.[886]

---

[880] BGH IPRax 1985, S. 221, 221 f. mit Aufs. *Kötz*, IPRax 1985; S. 205 ff.; *von Bar*, IPR II, S. 369 f., Rn. 500; Reithmann/Martiny-*Martiny*, Internationales Vertragsrecht, S. 177, Rn. 183. Für eine gesellschaftsrechtliche Qualifikation dagegen: *Kegel/Schurig*, IPR, § 17 III 1, S. 517.

[881] Reithmann/Martiny-*Martiny*, Internationales Vertragsrecht, S. 177, Rn. 183; Staudinger-*Magnus*, Art. 28 EGBGB, Rn. 354. **A. A.** *von Bar*, IPR II, S. 369 f., Rn. 500; siehe auch *Kegel/Schurig*, IPR, § 17 III 1, S. 517.

[882] Zum Problem der akzessorischen Anknüpfung der den Vertragshändlervertrag erfüllenden Einzelverträge, siehe oben S. 191.

[883] Dieser Vertrag ist dadurch gekennzeichnet, dass ein sogenannter Vertrags- oder Eigenhändler in eigenem Namen und für eigene Rechnung Waren des Lieferanten oder Herstellers verkauft; vgl. BGHZ 54, 338, 340 f.; *Ulmer*, Der Vertragshändler, S. 1.

[884] Vgl. zur ausnahmsweisen Geltung des Rechts am Niederlassungsort des Lieferanten in Fällen, in denen sich der Vertragshändler, ohne eine Absatzpflicht zu übernehmen, nur dazu verpflichtet, den Vertrieb von Konkurrenzprodukten zu unterlassen, Soergel-*von Hoffmann*, Art. 28 EGBGB, Rn. 266.

[885] So aber BGHZ 57, 72, 76 = JR 1972, S. 153, 153 f. mit Anm. *Giesen* = NJW 1972, S. 391, 393 f. mit Anm. *Geimer* und *Schmidt-Salzer*; OLG Hamburg, IPRspr. 1976, Nr. 125 b; LG München I, IPRspr. 1982, Nr. 141; BGH, WM 1992, S. 825, 826 ff., wohl auch Reithmann/Martiny-*Kartzke*, Internationales Vertragsrecht, S. 1171, Rn. 1437. Unentschieden OLG Düsseldorf, RIW/AWD 1993, S. 761, 762 = IPRspr. 1993, Nr. 33.

[886] Kindler, RIW/AWD 1987, S. 660, 665; Soergel-*von Hoffmann*, Art. 28 EGBGB, Rn. 266.

b) Handelsvertretervertrag[887]

Gleiches gilt für den Handelsvertretervertrag.[888] Auch bei ihm gilt mangels Rechtswahl gemäß Art. 4 Abs. 2 EVÜ grundsätzlich das Recht am Sitz des Handelsvertreters.[889] Der Ort seiner Tätigkeit begründet keine generelle Näherbeziehung des Vertrages.[890] Dies wurde mit dem Argument vertreten, dass die Bearbeitung des jeweiligen Marktes bei diesen Verträgen ausschlaggebend sei.[891] Unter der Geltung des Römischen Übereinkommens ist jedoch grundsätzlich die Niederlassung des Handelsvertreters maßgeblich, da von ihr aus die den Vertrag charakterisierende Leistung erbracht wird.[892] Die Regelanknüpfung vermeidet auch sich ansonsten ergebende Schwierigkeiten bei der Anknüpfung, wenn das Tätigkeitsgebiet nicht auf ein Land beschränkt ist. Der Tätigkeitsort sowie der Ort der Niederlassung des Geschäftsherrn können jedoch im Rahmen des Art. 4 Abs. 5 S. 2 EVÜ Bedeutung erlangen.[893]

6. Transportverträge

a) Luftbeförderung (Güter und Personen)

Der Bereich der internationalen Luftbeförderung ist fast weltweit in erheblichem Umfang materiellrechtlich durch das Warschauer Abkommen zur Vereinheitlichung der Regeln über die Beförderung im internationalen Luftverkehr (WA) vom 12.10.1929[894] vereinheitlicht, welches durch das Haager Protokoll zur Änderung des WA vom 28.9.1955[895] modifiziert und durch das Zusatzabkommen von Guadalajara zur Vereinheitlichung von Regeln über die von einem anderen als dem vertraglichen Luftfrachtführer ausgeführte Beförderung vom 18.9.1961[896] ergänzt wurde.[897] Dies Einheitsrecht verdrängt als lex spezialis in

---

[887] Zum Problem der akzessorischen Anknüpfung der in Erfüllung des Handelsvertretervertrages vermittelten Geschäfte, siehe oben S. 190.

[888] Handelsvertreter (commercial agent, agent commercial) ist, wer ständig für einen oder mehrere Geschäftsherren selbständig Geschäfte vermittelt, vgl. Staudinger-*Magnus*, Art. 28 EGBGB, Rn. 273.

[889] Staudinger-*Magnus*, Art. 28 EGBGB, Rn. 280 m.w.N.

[890] Staudinger-*Magnus*, Art. 28 EGBGB, Rn. 280.

[891] *Birk*, ZVglRW 79 (1980), S. 268, 282; *Weitnauer*, Der Vertragsschwerpunkt, S. 181 f.; vgl. auch *Beitzke*, DB 1961, S. 528, 528.

[892] MünchKomm-*Martiny*, Art. 28 EGBGB, Rn. 158.

[893] MünchKomm-*Martiny*, Art. 28 EGBGB, Rn. 158; Staudinger-*Magnus*, Art. 28 EGBGB, Rn. 280.

[894] RGBl. 1933 I, S. 1039 und 1079.

[895] BGBl. 1958 II, S. 291.

[896] BGBl. 1964 II, S. 1159.

[897] Für einen Überblick über die jeweiligen Vertragsstaaten, vgl. Staudinger-*Magnus*, Art. 28 EGBGB, Rn. 444 und MünchKomm HGB-*Ruhwedel*, § 51 LuftVG, Rn. 20. International

seinem Anwendungs- und Regelungsbereich das nationale Kollisionsrecht, vgl. etwa § 51 LuftVG.[898] Außerhalb dessen gilt das internationale Vertragsrecht des Forums, für die EVÜ-Mitgliedstaaten demnach die Art. 3 und 4, evtl. auch 5 EVÜ.[899]

Bei fehlender Rechtswahl greift für die Personenbeförderung somit grundsätzlich die Vermutungsregel des Art. 4 Abs. 2 EVÜ und damit das Recht am Sitz des Luftbeförderers.[900] Wenn jedoch Abflug- und Bestimmungsort in demselben Staat liegen, wie dies bei einer Buchung von Hin- und Rückflug der Fall ist, wird in der Regel zum Recht dieses Staates eine noch engere Beziehung im Sinne der Ausweichklausel bestehen.[901] Auch beim Rundflug wird häufig aufgrund dieser Klausel die Anwendung des Rechts des Abflugortes, der gleichzeitig den Ort der letzten Landung darstellt, vertreten.[902] Ob sich hier die Möglichkeit für eine typisierende Gewichtung bietet, erscheint jedoch fraglich, denn der Bestimmungsort ist als Anknüpfungskriterium nicht unproblematisch. Zwar ist er häufig Erfüllungsort solcher Transportverträge, indes braucht er nicht für alle Passagiere eines Fluges der gleiche zu sein, er kann im Einzelfall schwer bestimmbar sein und ist nachträglich änderbar.[903]

Für den Gütertransport greift die Vermutung des Art. 4 Abs. 4 EVÜ, wonach das Recht des Hauptniederlassungsortes des Luftfrachtführers gilt, wenn und soweit in demselben Staat auch der Verlade- respektive der Entladeort oder die Hauptniederlassung des Absenders liegen. Eine Korrektur dieses Ergebnisses per Ausweichklausel wird insbesondere dann vorgeschlagen, wenn sich die Hauptniederlassung des Absenders, die ausführende Zweigniederlassung des Beförderers und der Verladeort in demselben Staat befinden und zwar auch dann, wenn gleichzeitig die Hauptniederlassung des Beförderers und der Be-

noch nicht in Kraft getreten sind bisher das Protokoll von Guatemala vom 8.2.1971, ZLW 20 (1971), S. 176 sowie die vier Protokolle von Montreal vom 25.9.1975, ZLW 25 (1976), S. 48.

898 Zum Anwendungsbereich des WA und zu dessen Regelungslücken vgl. MünchKomm-*Martiny*, Art. 28 EGBGB, Rn. 170 ff.; Staudinger-*Magnus*, Art. 28 EGBGB, Rn. 448 ff.

899 Soergel-*von Hoffmann*, Art. 28 EGBGB, Rn. 408; Staudinger-*Magnus*, Art. 28 EGBGB, Rn. 456 ff.

900 Reithmann/Martiny-*van Dieken*, Internationales Vertragsrecht, S. 971, Rn. 1203.

901 Soergel-*von Hoffmann*, Art. 28 EGBGB, Rn. 408, Art. 38 EGBGB, Rn. 385; Staudinger-*Magnus*, Art. 28 EGBGB, Rn. 458.

902 MünchKomm-*Martiny*, Art. 28 EGBGB, Rn. 178 a; Reithmann/Martiny-*van Dieken*, Internationales Vertragsrecht, S. 971 f., Rn. 1203; Soergel-*von Hoffmann*, Art. 28 EGBGB, Rn. 408. Dies entspricht der zum alten Recht in Deutschland ergangenen Rechtsprechung, vgl. OLG Frankfurt a. M., TranspR 1984, S. 21, 22 f.; LG Frankfurt a. M., IPRspr. 1990, Nr. 55.

903 MünchKomm-*Martiny*, Art. 28 EGBGB, Rn. 178 a.

stimmungsort ihrerseits übereinstimmend in einem anderen Staat liegen.[904] Tatsächlich liegt es nahe, in solchen Fallgestaltungen eine ausreichende Näherbeziehung anzunehmen; für eine typisierende Gewichtung genügen die genannten Umstände indes wohl nicht. Es ist daher auch bei ihnen eine Gesamtbetrachtung und –gewichtung sämtlicher Umstände des Einzelfalles geboten.

b) Seetransport (Güter und Personen)

Das Vertragsstatut für internationale Personenbeförderungsverträge ist in aller Regel nach den Normen des Römischen Übereinkommens zu bestimmen.[905] Mangels Rechtswahl gilt grundsätzlich die Vermutung des Art. 4 Abs. 2 EVÜ[906] zugunsten des Rechts des Staates, in dem der Beförderer seine Haupt- oder gegebenenfalls seine Zweigniederlassung hat. Vorgeschlagen wird eine Korrektur via Ausweichklausel, wenn der gewöhnliche Aufenthalt des Passagiers, der Abschlussort des Vertrages sowie der Abgangs- oder Bestimmungshafen in demselben Staat und der Sitz des Beförderers in einem anderen Staat liegen.[907] Die Anwendung der Ausweichklausel wird in solchen Fällen oftmals sachgerecht sein, eine feste Anknüpfungsregel ergibt sich hieraus aber nicht. Es bedarf auch in diesen Fällen eine Abwägung sämtlicher Umstände des Einzelfalles. Hierbei kommt dem Recht der Flagge sowie dem Abfahrts- und Bestimmungshafen besondere Bedeutung zu.[908]

Bei der Beförderung von Stückgut[909] gilt bei fehlender Rechtswahl grundsätzlich die Vermutung des Art. 4 Abs. 4 EVÜ. Dabei ist jedoch zu beachten, dass bei diesen Verträgen meist kein eigenständiger Frachtvertrag abgeschlossen, sondern ein Konnossement ausgestellt wird. In der Regel findet daher das im Konnossement bestimmte Recht Anwendung. Art. 4 Abs. 4 EVÜ hat daneben nur noch eingeschränkte Bedeutung.[910] Soweit er dennoch einschlägig ist, wird

---

[904] BGH, IPRspr. 1976, Nr. 2; MünchKomm HGB-*Kronke*, Art. 1 WA 1955, Rn. 17; Reithmann/Martiny-*van Dieken*, Internationales Vertragsrecht, S. 972, Rn. 1203; Staudinger-*Magnus*, Art. 28 EGBGB, Rn. 460.

[905] Dazu und zu vorrangigem materiellen Einheitsrecht des Athener Übereinkommens über die Beförderung von Reisenden und ihrem Gepäck auf See vom 13.12.1974 und dessen Zusatzprotokollen vom 19.11.1976 und 29.5.1990, vgl. Soergel-*von Hoffmann*, Art. 28 EGBGB, Rn. 460 f. und Staudinger-*Magnus*, Art. 28 EGBGB, Rn. 380 f.

[906] Zur Anwendbarkeit des Art. 5 EVÜ vgl. Soergel-*von Hoffmann*, Art. 28 EGBGB, Rn. 461.

[907] Staudinger-*Magnus*, Art. 28 EGBGB, Rn. 382; vgl. auch *Mankowski*, Seerechtliche Vertragsverhältnisse im IPR, S. 405.

[908] *Mankowski*, Seerechtliche Vertragsverhältnisse im IPR, S. 404 f.; MünchKomm-*Martiny*, Art. 28 EGBGB, Rn. 211.

[909] Bei den Seefrachtverträgen wird gewöhnlich zwischen Stückgut- und Raumfracht- bzw. Charterverträgen unterschieden, vgl. MünchKomm-*Martiny*, Art. 28 EGBGB, Rn. 189.

[910] *Mankowski*, Seerechtliche Vertragsverhältnisse im IPR, S. 42 ff.; Reithmann/Martiny-*van Dieken*, Internationales Vertragsrecht, S. 992, Rn. 1224.

eine noch engere Beziehung im Sinne des Art. 4 Abs. 5 S. 2 EVÜ insbesondere dann vertreten, wenn eine ausführende Zweigniederlassung des Verfrachters, der Bestimmungshafen sowie die Hauptniederlassung des Befrachters übereinstimmend in einem anderen Staat liegen als die Hauptniederlassung des Verfrachters.[911] Dem ist zuzustimmen, da – insbesondere wenn die ausführende Zweigniederlassung den Anforderungen des Art. 4 Abs. 2 S. 2, 2. Alt. EVÜ entspräche[912] – der Anknüpfung an die Hauptniederlassung des Befrachters die innere Rechtfertigung entzogen ist.

7. Verträge über geistiges Eigentum und der Know-how-Vertrag

a) Lizenzvertrag

Die objektive Anknüpfung von Lizenzverträgen ist insgesamt sehr umstritten, wobei sich die Uneinigkeit bis hin zur Anwendung der Ausweichklausel erstreckt. Die Schwierigkeiten bei der kollisionsrechtlichen Behandlung resultieren daraus, dass solche Verträge über geistiges Eigentum in unterschiedlichsten Konstellationen abgeschlossen werden. Die Grundform besteht in der schlichten Übertragung eines Rechtes oder dessen Überlassung zur Nutzung gegen Zahlung eines Entgelts. Diese reinen Lizenzverträge werden jedoch häufig mit der Vermittlung von Know-how in der Weise kombiniert, dass dem Lizenznehmer zusätzlich nicht schutzfähiges technisches, kaufmännisches oder betriebswirtschaftliches Wissen zur Nutzung überlassen wird. Auch kann der Lizenznehmer neben der monetären Vergütungspflicht auch Verwertungspflichten übernehmen, etwa in Form von Fabrikations-, Gebrauchs- oder Vertriebspflichten. Dies wird insbesondere dann vereinbart, wenn ihm ein ausschließliches Verwertungs- und Nutzungsrecht für ein bestimmtes Gebiet eingeräumt wird. Des Weiteren können die Vertragsparteien einander gegenseitig Lizenzen gewähren oder als Gegenleistung die Lieferung von Waren vereinbaren. Schlussendlich stellen Lizenzverträge häufig einen integralen Bestandteil komplexer Geschäfte dar wie dem Unternehmenskauf, der Lieferung industrieller Anlagen oder der Gründung von Joint Ventures.[913]

Die Vielzahl an Ansichten zur kollisionsrechtlichen Behandlung von Lizenzverträgen mit ihren verschiedenen Verknüpfungen lässt sich hinsichtlich der Anwendung der Ausweichklausel im Wesentlichen auf zwei Ansätze reduzieren.

So wird von einer starken Meinungsgruppe die grundsätzliche Geltung des Rechts des Staates, in dem der Lizenzgeber seine Niederlassung hat, befürwor-

---

[911] Staudinger-*Magnus*, Art. 28 EGBGB, Rn. 394.

[912] Zu den Voraussetzungen siehe oben Fn. 314.

[913] Vgl. zu den Vertragskonstellationen siehe *Stumpf/Groß*, Der Lizenzvertrag, S. 43 ff.; *Troller*, GRUR Int. 1952, S. 108, 108 ff.; *Zenhäusern*, Der Internationale Lizenzvertrag, S. 16 ff.

tet, davon aber Ausnahmen zugelassen, wenn der Lizenznehmer Verwertungspflichten übernimmt oder ihm eine ausschließliche Lizenz erteilt wird. Die grundsätzliche Anknüpfung beruht dabei auf der Vermutungsregel des Art. 4 Abs. 2 EVÜ[914], die Ausnahmen auf der Ausweichklausel des Art. 4 Abs. 5 S. 2 EVÜ.[915]

Nach anderer, ebenfalls stark verbreiteter Ansicht sind Verträge über solche Schutzrechte in aller Regel akzessorisch (also via Ausweichklausel) der Rechtsordnung zu unterstellen, für deren Hoheitsgebiet ein derartiger Schutz gewährt wird, denn zu diesem bestehe die engste Verbindung. Es sei daher regelmäßig das Recht des Schutzlandes anzuwenden, es sei denn, dass eine einheitliche Lizenzvergabe für mehrere Schutzländer erfolgt. In diesem Fall sei subsidiär einheitlich nach Art. 4 Abs. 2 EVÜ an das Recht des Lizenzgebers anzuknüpfen.[916]

Nur die erstgenannte Ansicht überzeugt, die letztere stellt sich dagegen systematisch in Widerspruch zum Anknüpfungssystem des Art. 4 EVÜ, denn der korrigierende Rückgriff auf die Vermutungsregel nach erfolgter Anwendung der Ausweichklausel verbietet sich. Jedoch ist eine stärkere Ausdifferenzierung auch der ersten Ansicht erforderlich. Nur dann ist eine strenge Orientierung an der Systematik des Römischen Übereinkommens sowie an der Typenbildungsdogmatik, die ihm zugrunde liegt, realisierbar. Gleichzeitig ist aufgrund der folgenden Differenzierungen innerhalb der Vermutungsregel einer behutsame Anwendung der Ausweichklausel möglich: Ausgehend von der Grundnorm des Art. 4 Abs. 2 EVÜ ist die jeweilige Vertragsgestaltung typologisch einzuordnen und sodann die vertragstypische Leistung zu bestimmen. Handelt es sich um die

---

914 Dass es der Lizenzgeber ist, dem die vertragscharakteristische Leistung obliegt, ist inzwischen (wohl) unbestritten. Unter Hinweis auf die Wesentlichkeit der Vertragsleistung des Lizenznehmers wurde gelegentlich dessen Leistung als charakteristisch angesehen und die generelle Anknüpfung an dessen Niederlassung (Art. 4 Abs. 2 EVÜ) vertreten. Anders sei nur dann zu urteilen, wenn dem Lizenznehmer die technische Eigenständigkeit fehle; so noch *Henn*, Problematik und Systematik des internationalen Patentlizenzvertrages, S. 90. Diese Ansicht hat er inzwischen aufgegeben, siehe *Henn*, Patent- und Know-how-Lizenzvertrag, S. 255.

915 *Von Bar*, IPR II, S. 367 f., Rn. 498; *von Hoffmann*, RabelsZ 40 (1976), S. 208, 211 ff., 214 f.; *Kaye*, New Private International Law of Contract, S. 183; *Pfaff*, Der Lizenzvertrag, S. 289, 299 f.; *Schnitzer*, IPR II, (1958), S. 597; Staudinger-*Magnus*, Art. 28 EGBGB, Rn. 610; *Ulmer*, Die Immaterialgüterrechte im IPR, S. 103 f.; *Vischer/von Planta*, IPR, S. 179 f. Die Grundsatzanknüpfung entspricht Art. 122 Abs. 1 schw. IPRG.

916 BGH, RIW/AWD 1965, S. 455 = IPRspr. 1964/65, Nr. 180; OLG Düsseldorf, RIW/AWD 1961, S. 295 = GRUR Int. 1962, S. 256, 257; *Beier*, GRUR Int. 1981, S. 299, 305, 307; *ders*., in: Holl/Klinke, S. 287, 292 ff., 296 ff., 302 f.; *Henn*, Patent- und Knowhow-Lizenzvertrag, S. 255; MünchKomm-*Martiny*, Art. 28 EGBGB, Rn. 269; Reithmann/Martiny-*Hiestand*, Internationales Vertragsrecht, S. 1038, Rn. 1274; *Schwimann*, IPR, S. 102, *Stumpf/Groß*, Der Lizenzvertrag, S. 242 f.; *Troller*, GRUR Int. 1952, S. 108, 118.

Übertragung oder Nutzungsüberlassung eines Schutzrechtes gegen Zahlung eines Entgelts, so entspricht dies einem Rechtskauf beziehungsweise einer Rechtspacht. Es ist dann der Rechtsinhaber, dem die charakteristische Leistung obliegt. Hat der Lizenznehmer zusätzlich Verwertungspflichten übernommen, wie dies regelmäßig bei ausschließlichen Patentlizenzverträgen (stillschweigend) der Fall ist[917], so ist zu differenzieren, ob diese vertragliche Nebenpflichten darstellen, die den kauf- oder pachtrechtlichen Charakter des Vertragsverhältnisses nicht verändern, oder ob diese zusätzlichen Pflichten vertragliche Hauptpflichten begründen. In diesem Fall gleicht das Vertragsverhältnis einem Vertriebsverhältnis, so dass die Leistung des Lizenznehmers die vertragscharakteristische ist.[918] In diesen Fallkonstellationen kann nach Lage des Einzelfalles eine engere Beziehung zu einem anderen Recht, etwa zu dem des Schutzlandes, unter dem Aspekt des besonderen staatlichen und territorial begrenzten Schutzes bestehen, den dieses gewährt sowie aufgrund der Tatsache, dass dort die Lizenz ausgeübt werden soll oder bei Vergabe ausschließlicher Lizenzen. Eine generelle Näherbeziehung in diesem Sinne ist jedoch abzulehnen.[919] Gleiches gilt, wenn die Gegenleistung für die Lizenzeinräumung in der Belieferung des Lizenzgebers mit mittels der Lizenz hergestellten Produkten liegt.[920]

Wenn die Gegenleistung ebenfalls in einer Lizenzeinräumung liegt, ist Art. 4 Abs. 2 EVÜ dagegen unanwendbar und eine individuelle Schwerpunktbestimmung nach der Generalklausel des Art. 4 Abs. 1 EVÜ vorzunehmen.[921]

Ist die Lizenzvergabe nur ein integraler Bestandteil eines komplexen Rechtsgeschäftes im oben genannten Sinne, so ist sie auf Grundlage der Ausweichklausel akzessorisch an das Statut des Hauptvertrages anzuknüpfen.

b) Urheberrechtsvertrag

Bezüglich der Urheberrechtsverträge besteht ein den Lizenzverträgen entsprechender Streitstand: Von einigen wird das Recht am Niederlassungsort des Urhebers für anwendbar erklärt, jedoch mit möglichen Ausnahmen zugunsten des

---

917 *Zenhäusern*, Der internationale Lizenzvertrag, S. 123 m.w.N.

918 Soergel-*von Hoffmann*, Art. 28 EGBGB, Rn. 502 sowie zum schweizerischen Recht *Zenhäusern*, Der internationale Lizenzvertrag, S. 123 ff.

919 Siehe dazu eingehend *Hausmann*, in: FS Schwarz, S. 47, 57; *von Hoffmann*, RabelsZ 40 (1976), S. 208, 214 f.; *Kleine*, Urheberrechtsverträge im IPR, S. 66 ff., 80 ff.; Soergel-*von Hoffmann*, Art. 28 EGBGB, Rn. 110, 495 f., 503; Staudinger-*Magnus*, Art. 28 EGBGB, Rn. 611, *Zenhäusern*, Der internationale Lizenzvertrag, S. 123 ff., 127. Für die generelle Näherbeziehung zum Schutzland im Sinne des Art. 4 Abs. 5 S. 2 EVÜ – zumindest wenn sich die Lizenz nur auf ein Schutzland erstreckt – bzw. bei ausschließlichen Lizenzen aber *Beier*, in: Holl/Klinke, S. 287, 296 ff.; MünchKomm-*Martiny*, Art. 28 EGBGB, Rn. 262, 269 b.

920 Soergel-*von Hoffmann*, Art. 28 EGBGB, Rn. 505.

921 Soergel-*von Hoffmann*, Art. 28 EGBGB, Rn. 504.

Rechts des Erwerbers, wenn dieser Verwertungspflichten übernommen hat oder ihm ein ausschließliches Urheberrecht übertragen wurde.[922] Von anderen wird wiederum generell an den Sitz des Verwerters angeknüpft.[923] Bisweilen wird das Recht des Ausübungslandes zum Vertragsstatut erklärt, wenn das Urheberrecht nur für ein Land übertragen werden soll.[924]

Wie Lizenzverträge sind auch Urheberrechtsverträge, der erstgenannten Ansicht folgend, nach Art. 4 Abs. 2 EVÜ anzuknüpfen und zwar nach einer typologischen Qualifikation: Besteht die Gegenleistung in der Entrichtung eines Entgelts, liegt ein kauf- oder pachtähnliches Rechtsverhältnis vor, dessen charakteristische Leistung vom Urheber erbracht wird; wenn der Erwerber jedoch zusätzliche für das Austauschverhältnis wesentliche Verwertungspflichten übernimmt, so ähnelt dies Verhältnis einem Geschäftsbesorgungs- oder einem Vertriebsverhältnis, dessen charakteristische Leistung vom Erwerber zu erbringen ist.[925] Im Einzelfall können Indizien für eine Näherbeziehung im Sinne des Art. 4 Abs. 5 S. 2 EVÜ vorliegen; folgt man der hier vertretenen Ansicht, bleibt für eine solche Abweichung indes wenig Spielraum. Relevante Indizien können insbesondere Nebenpflichten darstellende Verwertungspflichten des Erwerbers oder auch die Einräumung eines ausschließlichen Urheberrechtes sein.

c) Know-how-Vertrag

Im Unterschied zu Verträgen über Immaterialgüterrechte sind Know-how-Verträge dadurch gekennzeichnet, dass gegen Entgelt technisches, kaufmännisches oder betriebswirtschaftliches Wissen verschafft wird, das nicht als absolutes Immaterialgüterrecht geschützt ist.[926] Der Meinungsstand ist dem bezüglich der Immaterialgüterrechtsverträge jedoch sehr ähnlich: Nach herrschender Ansicht ist gemäß Art. 4 Abs. 2 EVÜ grundsätzlich das Recht am Niederlassungsort des Know-how-Gebers als dem Erbringer der charakteristischen Leistung Vertragsstatut.[927] Abweichungen können indes daraus resultieren, dass Know-how-Verträge häufig in komplexere Schuldverhältnisse eingebunden oder mit anderen Verträgen, insbesondere mit Lizenzverträgen, gekoppelt sind. Dann ist

---

922 *Katzenberger*, in: FS Schricker, S. 225, 253; MünchKomm-*Martiny*, Art. 28 EGBGB, Rn. 265 f.; Soergel-*von Hoffmann*, Art 28 EGBGB, Rn. 509 ff.

923 *Walter*, in: Reimer, S. 137, 146.

924 *Mackensen*, Der Verlagsvertrag im internationalen Verlagsrecht, S. 77 ff.; *Schwimann*, IPR, S. 102.

925 Soergel-*von Hoffmann*, Art. 28 EGBGB, Rn. 509.

926 MünchKomm-*Martiny*, Art. 28 EGBGB, Rn. 270.

927 *Kreuzer*, in: FS von Caemmerer, S. 705, 722; *Pfaff*, Der Lizenzvertrag, S. 289, 308; Reithmann/Martiny-*Hiestand*, Internationales Vertragsrecht, S. 1038 f., Rn. 1275. Ebenso für das Schweizer Kollisionsrecht: IPRG-Komm-*Keller-Kren Kostiewicz*, Art. 122, Rn. 29.

via Ausweichklausel akzessorisch an das Statut des Hauptvertrages anzuknüpfen. Bisweilen wird dagegen die regelmäßige Anknüpfung an den Niederlassungsort des Know-how-Nehmers vertreten, wenn diesem ein ausschließliches Recht eingeräumt wurde[928], beziehungsweise wenn er sich zur ausschließlichen und obligatorischen Nutzung des vermittelten Wissens verpflichtet hat.[929] Der zutreffenden herrschenden Ansicht folgend, ist außer in den oben genannten Fällen der akzessorischen Anknüpfung nur in engen Ausnahmefällen eine Näherbeziehung zu einem anderen Recht im Sinne der Ausweichklausel anzunehmen. Indizien hierfür können die von den abweichenden Ansichten als zentral eingestuften Kriterien ausschließlicher Einräumung eines Rechtes respektive die Übernahme der Verpflichtung ausschließlicher und obligatorischer Nutzung sein. Für sich genommen, genügen diese Indizien indes nicht.[930]

---

[928] *Stumpf*, Der Know-how-Vertrag, S. 156.

[929] IPG 1978 Nr. 6, S. 58 ff.

[930] Staudinger-*Magnus*, Art. 28 EGBGB, Rn. 622 f.; Soergel-*von Hoffmann*, Art. 28 EGBGB, Rn. 518.

Vierter Teil: Thesen

Die Ergebnisse der Arbeit lassen sich in den folgenden Thesen resümieren. Soweit für das Verständnis erforderlich, werden kurz die zentralen Begründungen angerissen.

- Das System objektiver Anknüpfung nach dem Europäischen Schuldvertragsübereinkommen ist beherrscht vom Prinzip der engsten Verbindung. Sämtliche Regelungen des Art. 4 EVÜ sind Ausdruck dieses Prinzips. Das Prinzip der engsten Verbindung dient seinerseits der Verwirklichung internationalprivatrechtlicher Gerechtigkeit.

- Die internationalprivatrechtliche Gerechtigkeit umfasst neben der kollisionsrechtlichen Einzelfallgerechtigkeit u. a. auch die Rechtssicherheit. Letztere ist also integraler Bestandteil dieser Gerechtigkeit; sie steht ihr gerade nicht als konträres Ziel entgegen.

- Art. 4 EVÜ schafft eine Synthese von flexiblem und unflexiblem Recht, mit dem Ziel, einen ausgewogenen Ausgleich zwischen den beiden genannten Aspekten der internationalprivatrechtlichen Gerechtigkeit zu realisieren. Die Ausweichklausel ist im Anknüpfungssystem des Art. 4 EVÜ die Norm, die der Garantie der Einzelfallgerechtigkeit dient. Sie hat als offen formulierte Ausweichklausel naturgemäß einen gewissen Grad an Rechtsunsicherheit zu Folge. Diese Rechtsunsicherheit hält sich jedoch in Grenzen, wenn die Ausweichklausel streng systemkonform angewandt wird. Dann wird ihre scheinbare Weite durch das System des Römischen Übereinkommens, bestehend aus dem grundsätzlichen Aspekt der Rechtssicherheit, der Zielformulierung in der Präambel (Rechtsvereinheitlichung), dem Gebot einheitlicher Auslegung und Anwendung der Übereinkommensnormen gemäß Art. 18 EVÜ sowie durch die hohe Bedeutung der Vermutungsregeln der Absätze 2 – 4 begrenzt.

- Auch teilweise berechtigte Kritik an der zentralen Vermutung des Art. 4 Abs. 2 EVÜ zugunsten des Sitzes des Erbringers der charakteristischen Leistung darf nicht dazu führen, dass die Vermutungen leicht via Ausweichklausel überwunden werden können. Zwar sind eine Vielzahl an Vorschlägen präsentiert worden, die einer theoretisch-dogmatischen Fundierung dienen und keiner dieser Vorschläge ist hinreichend, um im Sinne einer kohärenten Theorie der gewählten Anknüpfung als Fundament zu dienen. Indes ist zur Wahrung der nötigen Balance zwischen den Bedürfnissen nach Einzelfallgerechtigkeit einerseits und Rechtssicherheit andererseits das etablierte Anknüpfungssystem zu akzeptieren. Dieses System führt in aller Regel zu praktikablen Ergebnissen, ist im Regelfall recht leicht zu handhaben; es ist außerdem bislang ohne überzeugende Alternative. Daraus folgt zunächst allgemein, dass die Überwindung der Vermutungen via Ausweichklausel nur in Ausnahmefällen möglich ist. Voraussetzung ist, dass aufgrund einer qualitativen Gewichtung der im konkreten Fall gegebenen Vertragsumstände feststeht, dass der Anknüpfung nach der jeweiligen Vermutung die innere Rechtfertigung entzogen ist. Es ist dann auch von dem erkennenden Gericht eine hinreichende Transparenz hinsichtlich der Urteilsfindung zu fordern. Die Analyse der entsprechenden Rechtsprechung hat gezeigt, dass dieser Forderung bislang häufig nicht entsprochen wird.

- Bei der Gewichtung der Vertragsumstände sind nur solche zu berücksichtigen, die einen objektiven Bezug zum Leistungsaustausch aufweisen. Dies folgt aus der Struktur des Art. 4 EVÜ, insbesondere aus der Konzentration der Vermutungstatbestände auf eine Leistung beziehungsweise auf Orte, an denen Leistungshandlungen vorgenommen werden. Zur Benennung dieser Ansicht wurde der Name „Theorie der Leistungsbezogenheit" vorgeschlagen. Danach ist Art. 4 Abs. 5 S. 2 EVÜ folgendermaßen zu lesen:

  > „Die Vermutungen nach den Absätzen 2, 3 und 4 gelten nicht, wenn sich aus der Gesamtheit der Umstände eindeutig ergibt, dass das Zentrum des Leistungsaustauschs des Vertrages in einem anderen Staat liegt".

  Insbesondere der Abschlussort des Vertrages, die Staatsangehörigkeit der Parteien und die Vertragssprache, aber auch die Beteiligung der öffentlichen Hand als Vertragspartei eines privatrechtlichen Schuldverhältnisses sowie Gerichtsstands- und Schiedsklauseln sind ohne jeglichen Bezug zum Leistungsaustausch. Sie sind daher bei der Prüfung der noch engeren Verbindungen nach Art. 4 Abs. 5 S. 2 EVÜ nicht von Bedeutung.

- Von vornherein ausgeschlossen sind weiterhin solche Umstände, die einen Parteiwillen oder auch nur objektivierte, berechtigte Erwartungen der Parteien dokumentieren. Ansonsten würde ein nicht systemkonformes, subjektives Element in die objektive Anknüpfung eingeführt und die Grenze zur konkludenten Rechtswahl verwischt. In der Rechtsprechung wurden die Erwartungen der Parteien gelegentlich bei der kollisionsrechtlichen Rechtsfindung herangezogen.

- Die „lex-validitatis-Regel", oder auch der „Validierungsgrundsatz", kann im europäischen Kollisionsrecht der Schuldverträge keine Geltung beanspruchen. Zum einen ist diese Regel ein Unterfall der Berücksichtigung berechtigter Parteierwartungen und schon deshalb nicht systemkonform. Zum anderen ist das Ziel, Verträge möglichst dem Recht zu unterstellen, welches sie als wirksam betrachtet, ein materiellrechtliches Ziel. Ein solches dient nicht der Bestimmung der engsten Verbindung und sollte auf kollisionsrechtlicher Ebene nur dann anerkannt werden, wenn es positiv-rechtlich normiert wurde.

- Objektive Kriterien sind die Grundlage für die Prüfung einer konkludenten Rechtswahl (Art. 3 Abs. 1 S. 2 EVÜ), der Voraussetzungen der Ausweichklausel (Art. 4 Abs. 4 S. 2 EVÜ) und der Generalklausel (Art. 4 Abs. 1 EVÜ). Auf diesen drei Ebenen ist der Kreis der potentiell relevanten Umstände nicht deckungsgleich und insbesondere kommt den einzelnen Vertragsumständen nicht dasselbe relative Gewicht zu.

- Bei der subjektiven Anknüpfung nach Art. 3 Abs. 1 S. 2 EVÜ sind primär solche Vertragsumständen beachtlich, die unmittelbar Ausdruck eines betätigten, übereinstimmenden Parteiwillens sind. Diese sind notwendiger Ausgangs- und Ansatzpunkt für das Vorliegen einer stillschweigenden Rechtswahl. Nur sie können einen ausreichend sicheren Hinweis auf einen tatsächlich ausgeübten und übereinstimmenden Rechtswahlwillen vermitteln. Alle weiteren Indizien können einen solchermaßen vorliegenden Ansatzpunkt unterstützen und so zu der erforderlichen „hinreichenden Sicherheit" beitragen.

- Die Prüfung der „engsten Verbindungen" im Rahmen der Generalklausel (Art. 4 Abs. 1 EVÜ) hat sich zunächst ebenfalls an solchen Vertragsumständen zu orientieren, die mit dem Leistungsaustausch in einem objektiven Bezug stehen. Heben sich solche Anknüpfungsmomente gegenseitig auf, ist zur Vermeidung einer Rechtsverweigerung subsidiär auf alle weiteren Vertragsumstände abzustellen.

Fünfter Teil: Der Vorschlag für die Rom I-Verordnung

Das Gemeinschaftskollisionsrecht befindet sich derzeit in einer Phase des Umbruchs, die insbesondere auch den Bereich des Internationalen Schuldrechts erfasst. Dieses soll mit diversen Rechtsinstrumenten in ein im Wesentlichen geschlossenes System überführt werden: Mittels der Rom I-Verodnung betreffend das Internationale Schuldvertragsrecht und der Rom II-Verodnung betreffend das Internationale Recht der außervertraglichen Schuldverhältnisse. Darüber hinaus werden möglicherweise auch das Recht der Ehesachen und der Güterstands- und Erbschaftssachen im Wege von Rom-Verordnungen vereinheitlicht.[931]

Fast drei Jahre nach Veröffentlichung des Grünbuchs[932] hat die Komission den für diese Arbeit relevanten Vorschlag für die Rom I-Verodnung vorgelegt[933]. Die Rom I-E soll einerseits das Kollisionsrecht der Schuldverträge in die Form einer unmittelbar anwendbaren Verordnung überführen, damit eine kohärentere Rechtsetzungspolitik ermöglichen und es der Umsetzung durch die nationalen Gesetzgeber entziehen,[934] zum anderen der Aktualisierung des EVÜ im Sinne einer behutsamen Fortentwicklung dienen. Die ersten Autoren zu diesem Vorschlag sprechen von einem evolutionären Ansatz; die Anknüpfung von Verträgen solle nicht revolutiniert werden.[935] Diese Aussage mag für die überwiegende Zahl der vielfältigen, von der Kommission vorgesehenen Änderungen zutreffen. Allerdings entfaltet Rom I-E in zweierlei Hinsicht echte Radikalität[936]: Zum einen soll im Internationalen Verbrauchervertragsrecht die Möglichkeit einer Rechtswahl gänzlich entfallen, so dass fortan ausschließlich objektiv anzuknüpfen ist (Art. 5 Rom I-E) zum anderen soll die Ausweichklausel des Art. 4 Abs. 5 EVÜ ersatzlos gestrichen werden.

Die vorliegende Arbeit konzentriert sich ausschließlich auf die von dem Rom I-E im Hinblick auf Art. 4 EVÜ vorgesehenen Änderungen. Wegen der zahlreichen weiteren, überwiegend sinnvollen Änderungen zum EVÜ, der dennoch zu identifizierenden diversen Unstimmigkeiten oder neuen Rechtsproblematiken,

---

931 Aktionsplan des Rates und der Kommission zur bestmöglichen Umsetzung der Bestimmungen des Amsterdamer Vertrages über den Aufbau eines Raums der Freiheit, der Sicherheit und des Rechts, AVl. EG 1999/C19/1 vom 23.1.1999 endg., Rat Ziff. 41; *Siems*, GPR 03-04, 66, 66.

932 Grünbuch über die Umwandlung des Übereinkommens von Rom aus dem Jahre 1980 über das auf vertragliche Schuldverhältnisse anzuwendende Recht in ein Gemeinschaftsinstrument sowie über seine Aktualisierung, KOM (2002) 654 endg.

933 „Vorschlag für eine Verordnung über das auf vertragliche Schuldverhältnisse anzuwende Recht (Rom I)“, KOM(2005) 650 endg.

934 Grünbuch KOM(2002) 654, 16.

935 *Mankowski*, IPRax 2006, 101, 101; *Leible*, IPRax 2006, 365, 365.

936 *Mankowski*, IPRax 2006, 101, 101; *Leible*, IPRax 2006, 365, 365.

etwa betreffend Erweiterung und Begrenzung des sachlichen Anwendungsbereichs, Rechtswahlmöglichkeiten, Verbraucherverträge, Arbeitsverträge und Vertretergeschäfte sei auf die Beiträge Anderer verwiesen.[937]

Das System objektiver Anknüpfung von Verträgen soll durch Art. 4 Rom I-E grundsätzlich umgestaltet werden. Von dem dreischrittigen Aufbau (1.) Generalklausel, (2.) Konkretisierung durch Vermutungsregeln und (3.) Ausweichklausel sollen Generalklausel und Ausweichklausel entfallen. In der Folge verlieren die – erheblich erweiterten und umgestalteten – Anknüpfungsregeln ihren Charakter als Vermutungsregeln; sie werden mithin zu starren Anknüpfungen.

Zustimmen mag man der Streichung der Generalklausel, denn tatsächlich ist deren Bedeutung bei der Rechtsanwendung gering, während sie durchaus geeignet ist, nicht mit dem IPR vertraute Richter und Rechtsanwälte zu verwirren.[938] Für die (unbenannten) Fälle, in denen ein Rekurs auf das Prinzip der engsten Verbindung mangels Identifizierbarkeit der charakteristischen Leistung tatsächlich einmal erforderlich ist, wie etwa beim Tausch, sieht Art. 4 Abs. 2 S. 2 Rom I-E eine entsprechende Anknüpfung vor. Diese Umgestaltung ist aus praktischer Sicht richtig; aus dogmatischer Sicht unsauber ist allerdings, dass auf diese Weise die Grundregel im Normaufbau auf die letzte Stufe des Anknüpgungsprogramms gestellt wird.

Beibehalten wird das Prinzip der charakteristischen Leistung in beiden Absätzen des Art. 4 Rom I-E. In seinem Abs. 1 sieht Art. 4 Rom I-E einen Katalog von insgesamt acht Anknüpfungsregeln vor, die überwiegend[939] – ohne dies ausdrücklich zu tun – das Prinzip der charakteristischen Leistung für die Katalog-Vertragstypen umsetzen.[940] In Art. 4 Abs. 2 S. 1 Rom I-E wird sodann explizit für Verträge, die nicht von dem Katalog des Abs. 1 umfasst sind, das Prinzip der chrakteristischen Leistung für anwendbar erklärt. Dieses wird demnach zu einer subsidiären Auffangregel, die zugleich das Grundprinzip objektiver Anknüpfung festschreibt.[941]

An dieser Stelle soll nicht auf sämtliche Anknüpfungsregeln eingegangen werden, die Rom I-E vorsieht. Von besonderem Interesse ist für diese Arbeit

---

[937] *Bitterich*, RIW 2006, 262 ff.; *Fricke*, VersR 2006, 745 ff.; *ders.*, VersR 2005, 726 ff.; *Heiss*, VersR 2006, 185 ff.; *Junker*, RIW 2006, 401 ff.; *Leible*, IPRax 2006, 365 ff.; *Mankowski*, IPRax 2006, 101 ff.

[938] *Mankowski*, IPRax 2006, 101, 103 m.w.N.

[939] Dies gilt nicht für die Anknüpfung von Verträgen, die ein dingliches Recht an einem Grundstück oder ein Recht zur Nutzung eines Grundstücks zum Gegenstand haben, Art. 4 Abs. 1 lit d und e Rom I-E.

[940] *Mankowski*, IPRax 2006, 101, 103.

[941] Begründung der Kommssion zum Vorschlag für die Rom I-Verordnung, Ziff. 4.2 zu Artikel 4, KOM(2005) 650 endg. Zur Frage, ob eine allgemeine Regel wie Art. 4 Abs. 2 S. 1 Rom I-E nicht ausgereicht hätte und eleganter gewesen wäre vgl. *Mankowski*, IPRax 2006, 101, 103.

allerdings das in Art. 4 Abs. 1 it e Rom I-E vorgesehene Anknüpfung für bestimmte Miet- und Pachtverhältnisse. Danach soll von der grundsätzlichen Anwendung der Situs-Regel abgewichen werden, wenn Gegenstand der Anknüpfung Miete und Pacht unbeweglicher Sachen zum vorübergehenden Gebrauch für höchstens sechs aufeinander folgende Monate ist. In diesem Fall soll von der Grundregel für Verträge, deren Gegenstand ein Recht zur Nutzung zur Nutzung eines Grundstücks ist (Art. 4 Abs. 1 lit d Rom I-E), der Situs-Regel, zugunsten des Rechts des Staates abgewichen werden, in dem der Eigentümer seinen gewöhnlichen Aufenthalt, sofern es sich bei dem Mieter oder Pächter um eine natürliche Person handelt und der Mieter oder Pächter seinen gewöhnlichen Aufenthalt in demselben Mitgliedstaat hat. Diese Regel ist deswegen interessant, weil sie letztlich nichts anderes ist, als eine ausdrückliche Ausformung der – abgeschafften – Ausweichklausel: Bei Vorliegen der tatbestandlichen Voraussetzungen betreffend die Person des Eigentümers und des Vertragspartners und einem Zusammentreffen mit der Kürze der Vertragsdauer und dem Vertragszweck ist der Regelanknüpfung die innere Rechtfertigung entzogen; aus der Gesamtheit der Umstände ergibt sich die engere Verbindung zu dem Recht eines anderen Staates als dem von der Regel berufenen.[942]

Dieser Befund zeigt auf, dass für die Berücksichtigung von Besonderheiten des konkreten Falls – bei aller gebotenen Zurückhaltung hinsichtlich der Nichtanwendung einer bestimmten Regelanknüpfung – ein Bedürfnis besteht. Der Wegfall der Ausweichklausel stellt keine Fortentwicklung dar, sondern einen Rückschritt.

Ausweislich der sehr kurzen Begründung der Kommission zur Art. 4 Rom I-E soll mit dem Vorschlag, die Vermutungen in feste Regeln umzuwandeln und die Ausweichklausel zu streichen, die Rechtssicherheit erhöht werden. Angesichts der freien Rechtswahl empfehle es sich, die bei unterlassener Rechtswahl anwendbaren Vorschriften so präzise und berechenbar wie möglich zu fassen, damit die Parteien sich bewusst entscheiden könnten, ob sie von der freien Rechtswahl Gebrauch machen wollen oder nicht.[943] Auch wenn in dieser Arbeit der Aspekt der Rechtssicherheit als ein wesentlichen Aspekt internationalprivatrechtlicher Gerechtigkeit hevorgehoben, ihm eine hohe Bedeutung beigemessen und vor diesem Hintergrund eine im Verhältnis zur international herrschenden Meinung strenge Auslegung der Ausweichklausel vertreten wird, so wird doch anerkannt, dass ein System zur Anknüpfung von Verträgen bei fehlender Rechtswahl keinesfall durch ausschließlich starre Anknüpfungsregeln ausgefüllt sein sollte. Es wurde ausgeführt, dass es bis zur Veröffentlichung des Vor-

[942] Zur inhaltlichen Kritik an der Ausgestaltung dieser Anknüpfung vgl. *Mankowski*, IPRax 2006, 101, 103.

[943] Begründung der Kommssion zum Vorschlag für die Rom I-Verordnung, Ziff. 4.2 zu Artikel 4, KOM(2005) 650 endg.

schlags der Kommission für die Rom I-Verordnung annähernd unbestritten war, dass starre Systeme, die a priori die engste Verbindung endgültig festlegen, wegen ihrer Unflexibilität ungeeignet sind, der Rechtswirklichkeit in all ihren Facetten und ihrer Dynamik gerecht zu werden.[944] Diese Ansicht ist nach wie vor zutreffend. Entsprechend war von der Kommission in dem Grünbuch auch von der Abschaffung der Ausweichklausel keine Rede. Das Grünbuch hatte vielmehr unter Ziff. 3.2.5.3. noch verschiedene Möglichkeiten aufgezeigt, die Rechtssicherheit zu stärken, indem der Ausnahmecharakter der Ausweichklausel in stärkerem Maße betont würde. Dieser Ansatz war richtig, denn in der Tat besteht Bedarf für eine präzisere Ausgestaltung der Ausweichklausel. Dies hat u.a. die vorliegende Arbeit verdeutlicht.

Sollte die Ausweichklausel tatsächlich abgeschafft werden, ist der Weg für eine ausgewogene, sachgerechte Weiterentwicklung der Anknüpfungen im Internationalen Schuldvertragsrecht für die Rechtspraxis abgeschnitten. Die Ausweichklausel sollte mit Blick auf die Zukunft insbesondere dazu dienen, einen Prozess der Balancefindung zwischen Rechtssicherheit und Einzelfallgerechtigkeit zu ermöglichen, bei welchem sich im Sinne einer Fortsetzung der sogenannten Typenbildung am Normzweck ausgerichtete Unterregeln herauskristallisieren, die als Ausnahmeregeln der jeweiligen Grundregel vorgehen und somit helfen, die mögliche Rechtsunsicherheit in Grenzen zu halten und gleichzeitig durch die erreichte Verfeinerung der Anknüpfungsregeln der Einzelfallgerechtigkeit dienen.[945] Nur eine solche Verfeinerung der Anknüpfungsregeln kann dem fortschreitenden grenzüberschreitenden Wirtschaftsleben gerecht werden und zugleich ausreichend präzise sein, um dem Gebot der Rechtssicherheit Genüge zu tun. Es sei etwa auf die Grundsätze und Fälle der akzessorischen Anknüpfung dienender Verträge erinnert. Eine solche akzessorische Anknüpfung ist nach den Vorstellungen der Kommission nicht mehr möglich. In den Fällen, in denen de lege lata dienende Verträge akzessorisch an das Statut des Hauptvertrages angeknüpft werden, kommt es bei Wegfall der Ausweichklausel schlicht zu nicht sachgerechten Ergebnissen.

Auch vor dem Hintergrund, dass nunmehr, sei es in der Form eines Staatsvertrages, sei es in der Form einer Verodnung, der EuGH die einheitliche Auslegung und Anwendung der Normen im internationalen Schuldvertragsrecht gewährleisten und damit auch die Kriterien für die Anwendung der Ausweichklausel konkretisieren kann, besteht nach hier vertretener Auffassung kein entscheidendes Bedürfnis die Vorteile einer Ausweichklausel zugunsten der so geschaffenen höheren Rechtssicherheit aufzugeben. Der durch die Auslegungsmöglichkeiten der offen formulierten Ausweichklausel geschaffenen Rechtsunsicherheit, sollte nicht durch die Abschaffung derselben entgegengewirkt werden. Vielmehr

---

944 1. Kapitel I. 4.

945 Siehe Zweiter Teil, 1. Kapitel I.4.

sind nach wie vor Lehre und Rechtsrpechung hierzu berufen. Es ist zu hoffen, dass die Komission sich mit ihrem Vorschlag zur Aufhebung der Ausweichklausel nicht durchsetzen wird.

Literaturverzeichnis

Abend, Martin: Die lex validitatis im Internationalen Vertragsrecht – Zugleich eine Untersuchung Ehrenzweigs Lehre von der Rule of Validation im amerikanischen Kollisionsrecht für Verträge, Heidelberger rechtsvergleichende Studien, Heidelberg 1994 (Zitiert: *Abend*, lex validitatis)

Ancel, Bertrand/Lequette, Yves: Grands arrêts de la jurisprudence française, 3eme édition, Paris 1998 (Zitiert: *Ancel/Lequette*)

Assmann, Heinz-Dieter/Schütze, Rolf A.: Handbuch des Kapitalanlagerechts, München 1990

Aubin, Bernhard: Vertragsstatut und Parteierwartungen im deutschen Internationalen Privatrecht, in: Karl-Heinz Böckstiegel, Hans-Ernst Folz, Jörg Manfred Mössner, Karl Zemanek (Hrsg.), Völkerrecht, Recht der Internationalen Organisationen, Weltwirtschaftsrecht, Festschrift für Ignaz Seidl-Hohenveldern, Köln [u.a.] 1988, S. 1-16 (Zitiert: *Aubin*, in: FS Seidl-Hohenveldern)

Audit, Bernard: Droit international Privé, 3ème éd., Paris 2000

Bar, Christian von: Internationales Privatrecht, Erster Band, Allgemeine Lehren, München 1987 (Zitiert: *von Bar*, IPR I)

Bar, Christian von: Internationales Privatrecht, Zweiter Band, Besonderer Teil, München 1991 (zitiert: *von Bar*, IPR II)

Bar, Christian von: Kollisionsrechtliche Aspekte der Vereinbarung und Inanspruchnahme von Dokumentenakkreditiven, ZHR 152 (1988), S. 38-56

Baratta, Roberto: Il collegamento più stretto nel diritto internazionale privato di contratti, Milano 1991 (Zitiert: *Baratta*, Il collegamento più stretto)

Basedow, Jürgen: Der Transportvertrag, Tübingen 1987

Basedow, Jürgen: Kollisionsrechtliche Aspekte der Seerechtsreform von 1986, IPRax 1987, S. 333-341

Batiffol, Henri: Anmerkung zum Urteil des Cour de Cassation (1re Ch. civ.) vom 15.2.1972, Rev.crit.d.i.p. 1973, S. 77-89

Batiffol, Henri: Droit international privé, 5e éd. 1971 (Zitiert: *Batiffol*, D.I.P. (1971))

Batiffol, Henri: Les Conflits de Lois en matière de contrats, Paris 1938

Batiffol, Henri: Les contrats en droit internatinal privé comparé, Mc Gill University 1981 (Zitiert: *Batiffol*, Contrats)

Batiffol, Henri: Les contrats en droit international privé comparé, Mc Gill University 1981

Batiffol, Henri: Projet de convention C.E.E. sur la loi applicable aux obligations contractuelles, Revue trimestrielle de droit européen 11 (1975), S. 181-186

Batiffol, Henri: Remarques sur l'opposition des directives aux règles en droit international privé, in: Tullio Treves, Fausto Pocar, Tullio Scavazzi, Roberto Clerici (Hrsg.), L'unificazione del diritto internazionale privato e processuale. Studi in memoria di Mario Giuliano, S. 27-36 (Zitiert: *Batiffol*, in: FS Giuliano)

Batiffol, Henri/Lagarde, Paul: Droit International Privé, Tome 2, 5. Auflage, Paris 1971 (Zitiert: *Batiffol/Lagarde*, D.I.P. II)

Baum, Hans Harald: Alternativanknüpfungen. Begriff, Funktion, Kritik, Hamburg 1983 (zitiert: *Baum*, Alternativanknüpfungen)

Baumbach, Adolf/Hopt, Klaus J.: Handelsgesetzbuch mit GmbH & Co., Handelsklauseln, Bank- und Börsenrecht, Transportrecht (ohne Seerecht), 30. Auflage, München 2000 (Zitiert: *Baumbach/Hopt*, HGB)

Baumbach Adolf/Lauterbach, Wolfgang/Hartmann,Peter/Albers, Jan: Zivilprozessordnung mit Gerichtsverfassungsgesetz und anderen Nebengesetzen, 58. Auflage 2000 (Zitiert: Baumbach/Lauterbach/Hartmann-*Bearbeiter*, ZPO)

Beale, Joseph Henry: A Treatise on the Conflict of Laws, Vol. 3: Administration and Procedure, New York 1935

Begründung zum Entwurf eines Gesetzes zur Neuregelung des Internationalen Privatrechts, BT-Drucks. 10/504, S. 21 ff. (Zitiert: Begr. RegE)

Beier, Friedrich-Karl: Das auf internationale Markenlizenzverträge anwendbare Recht, GRUR Int. 1981, S. 299-308

Beier, Karl-Friedrich: Die international-privatrechtliche Beurteilung von Verträgen über gewerbliche Schutzrechte, in: Wolfgang Holl, Ulrich Klinke (Hrsg.), Internationales Privatrecht. Internationales Wirtschaftsrecht, Köln [u.a.] 1985, S. 287-303 (Zitiert: *Beier*, in: Holl/Klinke)

Beitzke, Günther: Betrachtungen zur Methodik im Internationalprivatrecht, in: Erich Kaufmann, Ulrich Scheuner, Werner Weber (Hrsg.), Rechtsprobleme in Staat und Kirche, Festschrift für Rudolf Smend zum 70. Geburtstag, Göttingen 1952, S. 1-22 (Zitiert: *Beitzke*, in: FS Smend)

Beitzke, Günther: Das anwendbare Recht beim Handelsvertretervertrag, DB 1961, S. 528-531

Beitzke, Günther: Neues österreichisches Kollisionsrecht, RablesZ 43 (1979), S. 245-276

BGB-RGRK: Das Bürgerliche Gestzbuch mit besonderer Berücksichtigung der Rechtsprechung des Reichsgerichts und des Bundesgerichtshofes, herausgegeben von Mitgliedern des Bundesgerichtshofes, Band VI, 1. Teilband – Internationales Privatrecht, 12. Auflage, Berlin [u.a.] 1981

Birk, Rolf: Das Handelsvertreterrecht im deutsch-italienischen Wirtschaftsverkehr, ZVglRW 79 (1980), S. 268-289

Bitterich, Klaus: Kollisionsrechtliche Absicherung gemeinschaftsrechtlicher Standards im Bereich des Verbraucherschutzes: Der Vorschlag für eine Rom I-Verordnung, RIW 2006, 262-270

Boer, Th. M. de: Beyond lex loci delicti. Conflicts methodology and multistate torts in American case law, Deventer 1987

Boer, Th. M. de: Een Hollandse kijk op het EEG-Overeenkomstenverdrag: het Balenpers-arrest (Um regard hollandais sur la Convention CEE: l'arrêt Balenpers), Ars Aequi 1993, S. 207-215

Boer, Th. M. de: The EEC Contracts Convention and the Dutch Courts, a Methodological Perspective, RabelsZ 54 (1990), S. 24-62

Bonomi, Andrea: Diritto Internazionale Privato, seconda edizione aggiornata sulla legge 218/1995, Padova 1996 (Zitiert: *Bonomi*, D.I.P.)

Borchers, Patrick J.: Choice of Law in the American Courts in 1992: Observations and Reflections, Am.J.Comp.L. 42 (1994), S. 125-146

Borgioli, Alessandro: La Convenzione di Roma sulla legge applicabile alle obbligazioni contrattuali, Giur. Comm. 1983, S. 149-174

Borysewicz, Michel: Le Rôle de la Localisation du Contrat en Droit International Privé Français, in: The Institute of comparative Law in Japan, Chuo University (Hrsg.), Conflict and Integration: Comparative Law in World Today, The 40th anniversary of the Institute of Comparative Law in Japan, Tokio 1989, S. 735-759 (Zitiert: *Borysewicz*, in: FS Institute of Comparative Law in Japan)

Böse, Peter Otto Richard: Einfluß des zwingenden Rechts auf internationale Anleihen, Frankfurt a.M. [u.a.] 1963 (Zitiert: *Böse*, Internationale Anleihen)

Bourel, Pierre: Anmerkung zum Urteil des Cour de Cassation (1re Ch. civ.) vom 1.7.1981, J.D.I. 1982, S. 148-160

Buchner, Andreas: Grundfragen der Anknüpfungsgerechtigkeit im internationalen Privatrecht, Basel [u.a.] 1975 (Zitiert: *Buchner*, Anknüpfungsgerechtigkeit)

Buchner, Andreas: Auslegungsregeln in der neueren Gesetzgebung des schweizerischen internationalen Privatrechts, in: Peter Forstmoser und Walter R. Schluep (Hrsg.), Freiheit und Verantwortung im Recht, Festschrift zum 60. Geburtstag von Arthur Meier-Hayoz, Bern 1982, S. 45-64 (Zitiert: *Buchner*, in: FS Meier-Hayoz)

Campiglio, Cristina: Brevi osservazioni sulla clausola d'eccezione, in: Tito Ballarino (Hrsg.) La convenzione di Roma sulla legge applicabile alle obbligazioni contrattuali, Vol. 2: Limiti di applicazione. Lectio Notariorum. Atti del convegno di studi tenuto a Treviso ai giorni 27-28 Novembre 1992, Milano 1994, S. 157-160 (Zitiert: *Campiglio*, Brevi osservazioni sulla clausola d'eccezione)

Campiglio, Cristina: L'esperienza svizzera in tema di clausola d'eccezione: l'art. 14 del progetto di riforma del diritto intzernazionale privato, Riv. dr. int. priv. e proc. 21 (1985), S. 47-88

Campiglio, Cristina: Prime applicazioni della clausola d'eccezzione „europea" in materia contrattuale, Riv. dir. int. priv. e proc. 1992, S. 241-254

Cassoni, Giuseppe: I contratti collegati nel diritto internazionale privato, Riv. dir. int. priv. e proc. 1979, S. 23-42

Cavers, David F.: The Choice-of-Law Process, Ann Arbor 1965

Cavers, David F.: The Common Market's Draft Conflicts Convention on Obligations: Some Preventive Law Aspects, So.Cal.L.Rev. 49 (1975-76), S. 603, 623

Cavers, David F.: A Critique of the Choice of Law Problem, Harv.L.Rev. 47 (1933-1934), S. 173-208

Cavers, David F.: Re-Restating the Conflict of Laws, in: Kurt H. Nadelmann, Arthur T. von Mehren, John N. Hazard (Hrsg.), XXth Century Comparative and Conflicts Law, Legal Essays in honor of Hessel E. Yntema, Leyden 1961, S. 349-364 (Zitiert: *Cavers*, in: FS Yntema)

Cheatham Elliot E./Reese, Willis L. M.: Choice of the applicable law, Col.L.Rev. 52 (1952), S. 959-982

Clever, Denise: De certaines indices de l'entrée en vigueur de la Convention de Rome du 19 juin 1980 sur le droit de la vente internationale de marchandises, Gaz.Pal. 1991, doc (2), S. 410-415

Coester-Waltjen, Dagmar: Der Eskimo-Mantel aus Spanien – Ist der kollisionsrechtliche Verbraucherschutz zu kurz gestrickt?, in: Bernard Pfister, Michael R. Will (Hrsg.), Festschrift für Werner Lorenz zum siebzigsten Geburtstag, Tübingen 1991, S. 297-319 (Zitiert: *Coester-Waltjen*, in: FS W. Lorenz)

Coester-Waltjen, Dagmar/Mäsch, Gerald: Übungen in Internationalem Privatrecht und Rechtsvergleichung, 2. Auflage, Berlin [u.a.] 2001 (Zitiert: *Coester-Waltjen/Mäsch*, IPR u RVgl)

Cohen, Dany/Ughetto, Bernard: La nouvelle Convention de la Haye relative à la loi applicable aux ventes internationales de marchandises, Receuil Dalloz Sirey 1986, chron., S. 149-158

Collier, J. G.: Conflict of Laws, third edition, Cambridge 2001

Collins, Lawrence: Contractual Obligations - The EEC Preliminary Draft Convention on Private International Law, I.C.L.Q. 25 (1976), S. 35-57

Collins, Lawrence: Dicey and Morris on the Conflict of Laws, Vol. 2, 12. Auflage, London 1993 (Zitiert: *Collins*, Dicey/Morris on the Conflict of Laws II)

Collins, Lawrence: Dicey and Morris on the Conflict of Laws, Vol. 1, 12. Auflage, London 1993 (Zitiert: *Collins*, Dicey/Morris on the Conflict of Laws I)

Conférence de la Haye de droit international privé. Actes et documents de la Session extraordinaire du 14 au 30 octobre 1985, La Haye 1987

Conférence de la Haye de droit international privé. Documents relatifs à la septième session tenue du 9 au 31 octobre 1951, La Haye 1952

Counter, K.N.S.: The Proper Law of Contract – A Re-examination, JBL 1965, S. 326-333

Courbe, Patrick: Anmerkung zum Urteil des Cour de Cassasation (1re Ch. civ.) vom 25.10.1989, Rev.crit.dr.int.privé 1990, S. 732-740

Currie, Brainerd: Selected Essays on the Conflict of Laws, Durham, N.C. 1963

Czapski, Georg: Niederländische Rechtsprechung zum internationalen Privat- und Prozeßrecht (Veröffentlichungen der Jahre 1959-1964) Teil II, RabelsZ 30 (1966), 701-725

Czapski, Georg: Niederländische Rechtsprechung zum internationalen Privat- und Prozeßrecht (1965-1968), RabelsZ 34 (1970), S. 86-126

Czernich, Dietmar/Heiss, Helmut: Das Europäische Schuldvertragsübereinkommen: Neues internationales Vertragsrecht für Österreich, ÖJZ 1998, S. 681-688

Czerwenka, G. Beate: Rechtsanwendungsprobleme im internationalen Kaufrecht. Das Kollisionsrecht bei grenzüberschreitenden Kaufverträgen und der Anwendungsbereich der internationalen Kaufrechtsübereinkommen, Berlin 1988 (Zitiert: *Czerwenka*, Rechtsanwendungsprobleme im internationalen Kaufrecht)

D'Arcy, Leo/Murray,Carole/Cleave, Barbara: Schmitthoff's Export Trade – The Law and Practice of International Trade, 10. Auflage, London 2000 (Zitiert: *D'Arcy/Murray/Cleave*, Schmitthoff's Export Trade)

Diamond, Aubrey L.: Conflict of Laws in the E.E.C., Curr.Legal Prob. 32 (1979), S. 155-175

Diamond, Aubrey L.: Harmonization of Private International Law Relating to Contractual Obligations, Rec. des Cours, 199 (1986-IV), S. 233-312

Dicey, Albert Venn: Conflict of Laws, London 1949

*Dicey, Albert Venn/Morris, John H.C.:*On the Conflict of Laws, Vol. 2, London 1980

Dietzi, Hanspeter: Zur Einführung einer generellen Ausweichklausel im schweizerischen IPR, in: Juristische Fakultät der Universität Basel (Hrsg.), Festgabe zum Schweizerischen Juristentag 1973, Basel [u.a.] 1973, S. 49-74 (Zitiert: *Dietzi*, in: FS Schw. Juristentag 1973)

Dölle, Hans: Die 7. Haager Konferenz, RabelsZ 17 (1952), S. 161-211

Dubler, César E.: Les clauses d'exception en droit international privé, Genf 1983 (Zitiert: *Dubler*, Les clauses d'exception)

Duchek, Alfred/Schwind, Fritz von: Internationales Privatrecht. Das IPR-Gesetz vom 15.6.1978 samt einschlägigen sonstigen Rechtsvorschriften und zwischenstaatlichen Abkommen, Wien 1979 (Zitiert: *Duchek/Schwind*, IPR)

Dutoit, Bernard: Droit international privé suisse. Commentaire de la loi fédérale du 18 décembre 1987, 2. éd. revue et augmentée, Basel 1997 (Zitiert: *Dutoit*, D.I.P. suisse)

Ebenroth Carsten Thomas/Wilken, Oliver: Kollisionsrechtliche Einordnung transnationaler Unternehmensübernahmen, ZvglRW 90 (1991), S. 235-261

Ebke, Werner F.: Erste Erfahrungen mit dem EG-Schuldvertragsübereinkommen, in: Christian von Bar (Hrsg.), Europäisches Gemeinschaftsrechts und internationales Privatrecht, Tagung des Instituts für Internationales Privatrecht und Rechtsvergleichung des Fachbereichs Rechtswissenschaften der Universität Osnabrück am 6. und 7. April 1990 in Osnabrück, Osnabrücker Rechtswissenschaftliche Abhandlungen, Band 26, Köln [u.a.] 1991 (Zitiert: *Ebke*, in: Europäisches Gemeinschaftsrechts und IPR)

Ehrenzweig, Albert Armin: A Counter-Revolutionin Conflicts Law? From Beale to Cavers, Harv.L.Rev. 80 (1966), S. 377-401

Ehrenzweig, Albert Armin: A Treatise on the Conflict of Laws, 5. Auflage, Minnesota 1975

Ehrenzweig, Albert Armin: Contracts in the Conflict of Laws, Part One: Validity, Col.L.Rev. 59 (1959), S. 973-1025

Ehrenzweig, Albert Armin: The Lex Fori – Basic Rule in the Conflict of Laws, Mich.L.Rev. 58 (1960), S. 637-688

Ehrenzweig, Albert Armin: The Second Conflict Restatement: A Last Appeal for its Withdrawal, U.Pa.L.Rev. 113 (1965), S. 1230-1244

Ehrenzweig, Albert Armin/Jayme Erik: Private International Law – A Comparative Treatise on American International Conflicts Law, Including the Law of Admiralty, Vol. 1: General Part, Leyden 1974 (Zitiert: *Ehrenzweig/Jayme*, Private International Law)

Elst, Raymond Vander: L'unification des règles de conflit de lois dans la C.E.E., Jounal des Tribunaux 1973, S. 249-254

Elst, Raymond Vander/Weser, Martha: Droit international privé belge et droit conventionnel international, tome 1: Conflits de lois, Bruxelles 1983

Enneccerus, Ludwig: Referat zu den Verhandlungen des 24. Deutschen Juristentages; Band 4 (1898)

Erman, Walter: Bürgerliches Gesetzbuch, Handkommentar mit AGBG, EGBGB, ErbbauVO, HausratsVO, HausTWG, ProdHaftG, SachenRBerG, SchuldRAnpG, VerbrKrG, Band II, herausgegeben von Harm Peter Westermann, 9. Auflage, Münster 1993

Fasching, Hans Walter: Schiedsgericht und Schiedsverfahren im österreichischen und im internationales Recht, Wien 1973

Fentiman, Richard: Foreign Law in English Courts, Oxford 1998

Ferid, Murad: Internationales Privatrecht: das neue Recht, 3. Auflage, Frankfurt a.M. 1986

Ferid, Murad/Sonnenberger, Hans Jürgen: Das Französische Zivilrecht, Band 2: Schuldrecht: Die einzelnen Schuldverhältnisse; Sachenrecht, 2. Auflage, Heidelberg 1986 (Zitiert: *Ferid/Sonnenberger*, Das Französische Zivilrecht II)

Fikentscher, Wolfgang: Methoden des Rechts in vergleichender Darstellung, Band IV: Dogmatischer Teil, Tübingen 1977 (Zitiert: *Fikentscher*, Methoden des Rechts)

Flessner, Axel: Fakultatives Kollisionsrecht, RabelsZ 34 (1970), S. 547-584

Flessner, Axel: Interessenjurisprudenz im internationalen Privatrecht, Tübingen 1990 (Zitiert: *Flessner*, Interessenjurisprudenz im IPR)

Foyer, Jacques: Entrée en vigueur de la Convention de Rome du 19 juin 1980 sur la loi applicable aux obligations contractuelles, J.D.I. 118, 2 (1991), S. 601-631

Foyer, Jacques: L'avant-projet de Convention C.E.E. sur la loi applicable aux obligations contractuelles et non-contractuelles, J.D.I. 103 (1976), S. 555-658

Foyer, Jacques: Anmerkung zum Unrteil der Cour d'Appel de Versailles vom 6.1.1991, J.D.I. 119, 1 (1992), S. 129-133

Frédéricq, Louis Baron: La vente en droit international privé, Rec. des Cours 93 (1958-I), S. 1-116

Fricke, Martin: Das VersicherungsIPR im Entwurf der Rom-I-Verordnung – ein kurzer Überblick über die Änderungen, VersR 2006, 745-751

Fricke, Martin: Kollisionsrecht im Umbruch – Perspektiven für die Versicherungswirtschaft, VersR 2005, 726-741

Frigessi di Rattalma, Marco: Le prime esperienze giurisprudenziali sulla Convenzione di Roma del 19 giunio 1980, Riv dir int priv proc 28 (1992), S. 819-854

Frisch, Wolfgang: Das internationale Schuldrecht der nordischen Länder im Vergleich zu dem europäischen Übereinkommen über das auf Schuldverträge anwendbare Recht, Frankfurt a.M. [u.a.] 1985 (Zitiert: *Frisch*, Das IPR der nordischen Länder)

Gamillscheg, Franz: Besprechung von: Kegel, Gerhard, Das internationale Privatrecht im Einführungsgesetz zum BGB, Erläuterungen zu Art. 7-31 BGB, RabelsZ 27 (1962/63), S. 585-594

Gamillscheg, Franz: Ein Gesetz über das internationale Arbeitsrecht, ZfA 14 (1983), S. 307-373

Gamillscheg, Franz: Rechtswahl, Schwerpunkt und mutmaßlicher Parteiwille im internationalen Vertragsrecht, AcP 157 (1958/1959), S. 303-341

Gaudemet-Tallon, Hélène: Jurisprudence sur la Convention de Rome du 19 juin 1980, Rev.trim.dr.europ. 30 (1994), S. 101-105

Geimer, Reinhold: Anmerkung zu den Urteilen des EuGH vom 14.10.1976 – Rs 29/76, vom 6.10.1976 – Rs 14/76 und vom 6.10.1976 – Rs 12/76, NJW 1977, S. 492-493

Geimer, Reinhold/Schmidt-Salzer, Joachim: Anmerkung zum Urteil BGHZ 57, 72, 76, NJW 1972, S. 391-393

Geisler, Stephan: Die engste Verbindung im Internationalen Privatrecht, Berlin 2001 (Zitiert: *Geisler*, Die engste Verbindung im IPR)

Germann, Oskar Adolf: Grundlagen der Rechtswissenschaft, 3. Aufl., Bern 1975

Giardina, Andrea/Villani, Ugo: Le garanzie bancarie, commercio internazionale e diritto internazionale privato, Padova 1984 (Zitiert: *Giardina/Villani*, garanzie bancarie)

Gierke, Otto von: Deutsches Privatrecht, Band 1: Allgemeiner Teil und Personenrecht, Leipzig [u.a.] Neudruck 1936 (Zitiert: *Gieke*, Deutsches Privatrecht I)

Giesen, Dieter: Anmerkung zum Urteil BGHZ 57, 72, 76, JR 1972, S. 153-155

Giger, Hans: Geldleistung als vertragstypenbestimmender Faktor. Zur Umformung des Abzahlungsvertragsbegriffs im Zeitalter der zweiten industriellen Revolution, in: Max Keller (Hrsg.), Revolution der Technik. Evolutionen des Rechts. Festgabe zum 60. Geburtstag von Karl Oftinger, Zürich 1969, S. 63-86 (Zitiert: *Giger*, in: FS Oftinger)

Giuliano, Mario/Lagarde, Paul: Bericht über das Übereinkommen über das auf vertragliche Schuldverhältnisse anzuwendende Recht, BT Drucksache 10/503 vom 01.10.1983, S. 33-78 (Zitiert: Bericht *Giuliano/Lagarde*)

Giuliano, Mario/Lagarde, Paul/van Sasse van Ysselt Th.: Rapport concernant l'avant-projet de convention sur la loi applicable aux obligations contractuelles et non-contractuelles, Riv. dr int. priv. e proc. 1973, S. 198-260

Goerke, Eberhardt: Kollisionsrechtliche Probleme internationaler Garantien, Konstanz 1982

Goltz, Heinrich-Werner: Vertragsgestaltung bei Roll-over-Eurokrediten, Berlin 1980

Gonzenbach, Gerald C.: Die akzessorische Anknüpfung. Ein Beitrag zur Verwirklichung des Vertrauensprinzips im internationalen Deliktsrecht, Zürich 1986 (Zitiert: *Gonzenbach*, Die akzessorische Anknüpfung)

Gralka, Peer: Time-sharing bei Ferienhäusern und Ferienwohnungen, Köln [u.a.] 1986

Graveson, Ronald Harry: Conflict of Laws. Private International Law, 7th ed., London 1974

Grundmann, Stefan: Deutsches Anlegerschutzrecht in internationalen Sachverhalten – vom internationalen Schuld- und Gesellschaftsrecht zum internationalen Marktrecht, RabelsZ 54 (1990), S. 283-322

Grundmann, Stefan: Europäisches Schuldvertragsrecht. Das europäische Recht der Unternehmensgeschäfte (nebst Texten und Materialien zur Rechtsangleichung), Berlin 1999 (Zitiert: *Grundmann*, Europäisches Schuldvertragsrecht)

Gunst, Dirk: Die charakteristische Leistung - Zur funktionellen Anknüpfung im internationalen Vertragsrecht Deutschlands, der Schweiz und der Europäischen Gemeinschaft, Konstanz 1994 (Zitiert: *Gunst*, Die charakteristische Leistung)

Gutzwiller, Peter Max: Internationales Obligationen- und Handelsrecht, SJIR 10 (1953), S. 273-368

Gutzwiller, Peter Max: Von Ziel und Methode des IPR, SJIR 25 (1968), S. 161-196

Haase, Cordula: Diskussionsbericht zu dem Referat von Michael Wildersprin, in: Paul Lagarde, Bernd von Hoffmann (Hrsg.), L'européisation du droit international privé, Köln 1996, S. 63-65 (Zitiert: *Haase*, Diskussionsbericht)

Hanotiau, Bernard: Le droit inetrnational privé américain. Du premier au second Restatement of Law, Conflict of Laws, Paris 1979 (Zitiert: *Hanotiau*, Le d.i.p. américain)

Harburger, H.: Conflits de lois en matière d'obligations, Ann.Inst.Dr.Int. 19 (1902), S. 135-149

Hartley, Trevor C.: Pleading and Proof of Foreign Law: The Major European Systems Compared, I.C.L.Q. 45 (1996), S. 217-292

Hartmann, Jan: Das Vertragsstatut in der deutschen Rechtsprechung seit 1945, Freiburg i. Br. 1972

Hausmann, Rainer: Möglichkeiten und Grenzen der Rechtswahl in internationalen Urheberrechtsverträgen, in: Manfred Rehbinder (Hrsg.), Beiträge zum Film- und Medienrecht, Festschrift für Wolf Schwarz zum 70. Geburtstag, Baden-Baden 1988, S. 47-75 (Zitiert: *Hausmann*, in: FS Schwarz)

Hegmanns, Ekkehard: Probleme mit Kaufverträgen über im Ausland gelegene Grundstücke, MittRhNotK 1987, S. 1-15

Heilmann, Reymond J.: The Conflict of Laws and the Statute of Frauds, Seattle 1961

Heini Anton/Keller, Max/Siehr, Kurt/Vischer, Frank/Volken, Paul: IPRG Kommentar. Kommentar zum Bundesgesetz über das Internationale Privatrecht (IPRG) vom 1. Januar 1989, Zürich 1993 (Zitiert: IPRG-Komm-*Bearbeiter*)

Heini, Anton: Neue Strömungen im amerikanischen internationalen Privatrecht, SJIR 24 (1962), S. 31-70

Heini, Anton: Vertrauensprinzip und Individualanknüpfung im internationalen Vertragsrecht, in: Peter Böckli, Kurt Eichenberg, Hans Hinderling, Hans Peter Tschudi (Hrsg.), Festschrift für Frank Vischer zum 60. Geburtstag, Zürich 1983, S. 149-160 (Zitiert: *Heini*, in: FS Vischer)

Heiss, Helmut: Das Kollisionsrecht der Versicherungsverträge nach Rom I und II, VersR 2006, 185-188

Henn, Günter: Patent- und Know-how-Lizenzvertrag, 2. Aufl., Heidelberg 1989

Henn, Günter: Problematik und Systematik des internationalen Patentlizenzvertrages, München 1964

Henrich, Dieter: Anmerkung zum Urteil des BGH vom 19.10.1960 – VIII ZR 27/60, JZ 1961, S. 262-263

Hepting, Reinhard: Schwerpunktanknüpfung und Schwerpunktvermutungen im internationalen Vertragsrecht - zugleich ein Beitrag zur Beweislast bei der Konkretisierung von Generalklauseln, in: Bernard Pfister, Michael R. Will (Hrsg.), Festschrift für Werner Lorenz zum siebzigsten Geburtstag, Tübingen 1991, S. 393-411 (Zitiert: *Hepting*, in: FS W. Lorenz)

Heuzé, Vincent: La vente internationale de marchendises. Droit uniforme, Paris 1992

Hoffmann, Bernd von: Assesment of the E.E.C. Convention from a German Point of View (including an examination of the jurisdiction of the European Court of Justice over the convention), in: P. M. North (Hrsg.), Contract Conflicts. The E.E.C. Convention on the Law Applicable to Contractual Obligations: A Comparative Study, Amsterdam [u.a.] 1982, S. 221-235 (Zitiert: *von Hoffmann*, in: North)

Hoffmann, Bernd von: General Report on Contractual Obligations, in: Ole Lando, Bernd von Hoffmann, Kurt Siehr (Hrsg.), European Private International Law of Obligations, Acts and Documents of an International Colloquium on the European Preliminary Draft Convention on the Law Applicable to Contractual and Non-Contractual Obligations held in Copenhagen on April 29 and 30, 1974, Tübingen 1975, S. 1-41 (Zitiert: *von Hoffmann*, in: EPILO)

Hoffmann, Bernd von: Staatsunternehmen im internationalen Privatrecht, in: Peter Fischer und Bernd von Hoffmann (Hrsg.), Staatsunternehmen im Völkerrecht und im Internationalen Privatrecht, Berichte der Deutschen Gesellschaft für Völkerrecht, Band 25, Heidelbarg 1984, S. 35-74 (Zitiert: *von Hoffmann*, in: BerGesVR 25 (1984))

Hoffmann, Bernd von: Über den Schutz des Schwächeren bei internationalen Schuldverträgen, RabelsZ 38 (1974), S. 396-420

Hoffmann, Bernd von: Verträge über gewerbliche Schutzrechte im internationalen Privatrecht, RabelsZ 40 (1976), S. 208-232

Hoffmann, Bernd von: Der internationale Schiedsvertrag – eine kollisionsrechtliche Skizze, in: Alain Plantey, Karl-Heinz Böckstiegel und Jens Bredow (Hrsg.), Festschrift für Ottoarndt Glossner zum 70. Geburtstag, Heidelberg 1994, S. 143-153 (Zitiert: *von Hoffmann*, in: FS Glossner)

Hoffmann, Bernd von: Internationale Handelschiedsgerichtsbarkeit, Die Bestimmung des maßgeblichen Rechts, Frankfurt a.M. [u.a.] 1970 (Zitiert: *von Hoffmann*, Internationale Handelschiedsgerichtsbarkeit)

Hoffmann, Bernd von: Internationales Privatrecht, 7. Auflage, München 2002 (Zitiert: *von Hoffmann*, IPR)

Hoffmann, Bernd von/Ortiz-Arce, Antonio: Das neue spanische Internationale Privatrecht, RabelsZ 39 (1975), S. 647-691

Homberger, A.: Die obligatorischen Verträge im internationalen Privatrecht nach der Praxis des schweizerischen Bundesgerichts, Bern 1925

Honsell, Heinrich/Vogt, Nedim Peter/Schnyder, Anton K. (Hrsg.): Baseler Kommentar zum schweizerischen Privatrecht. Internationales Privatrecht, 2. Auflage, Basel [u.a.] 2002 (Zitiert: Honsell/Vogt/Schnyder-*Bearbeiter*)

Hopt, Klaus J. *Emission:* Prospekthaftung und Anleihetreuhand im internationalen Recht, in: Bernard Pfister, Michael R. Will (Hrsg.), Festschrift für Werner Lorenz zum siebzigsten Geburtstag, Tübingen 1991, S. 413-433 (Zitiert: *Hopt*, in: FS W. Lorenz)

Jackson, John H./Bollinger, Lee C.: Contract Law in Modern Society – Cases and Materials, 2.edition, St. Paul, Minnesota 1980 (Zitiert: *Jackson/Bollinger*, Contract Law)

Jaffey, Anthony J. E.: Introduction to the Conflict of Laws, London 1988

Jaffey, Anthony J. E.: The English proper law doctrine and the EEC convention, I.C.L.Q. 33 (1984), S. 531-557

Jayme, Erik: „Timesharing-Verträge" im Internationalen Privat- und Verfahrensrecht (zu LG Detmold, 29.9.1995 – 9 O 57/94), IPRax 1994, S. 234-236

Jayme, Erik: Anmerkung zum Urteil des BGH vom 3.12.1971 - V ZR 126/69 (Köln), NJW 1972, S. 1618-1619

Jayme, Erik: Der Subunternehmervertrag im deutsch-französischen Rechtsverkehr – Heidelberg-Montpellier-Seminar 1985, IPRax 1985, S. 372-374

Jayme, Erik: Haustürgeschäfte deutscher Urlauber in Spanien: Horizontale Wirkungen der EG-Richtlinien und internationales Vertragsrecht, IPRax 1990, S. 220-222

Jayme, Erik: Jurisprudence de la République Fédérale d'Allemagne en matière de droit international privé 1978-1984, J.D.I. 1985, S. 951-959

Jayme, Erik: Kollisionsrecht und Bankgeschäfte mit Auslandsberührung, Berlin 1977

Jayme, Erik/Hausmann, Rainer: Internationales Privat- und Verfahrensrecht – Textausgabe, Stand 15. Juni 2000, 10. Auflage, München 2000 (Zitiert: *Jayme/Hausmann*, IPR u IZVR)

Jayme, Erik/Kohler, Christian: Das Internationale Privat- und Verfahrensrecht der EG - Stand 1989, IPRax 1989, S. 337-346

Jayme,Erik: Subunternehmervertrag und Europäisches Gerichtsstands- und Vollstreckungsübereinkommen (EuGVÜ), in: Paul Hofmann, Ulrich Meyer-Cording, Herbert Wiedmann (Hrsg.), Festschrift für Klemens Pleyer zum 65. Geburtstag, Köln [u.a.] 1986, S. 371-382 (Zitiert: *Jayme*, in: FS Pleyer)

Jenard, P.: Bericht zu dem Übereinkommen über die gerichtliche Zuständigkeit und die Vollstreckung gerichtlicher Entscheidungen in Zivil- und Handelssachen (unterzeichnet in Brüssel am 27. September 1968), Abl. EG, Nr. C 59 (Zitiert: *Jenard*-Bericht)

Jessurun d'Oliveira, Hans Ulrich: "Characteristic Obligations" in The Draft EEC Obligation Convention, Am.J.Comp.L. 25 (1977), S. 303-331

Joerges, Christian: Zum Funktionswandel des Kollisionsrechts. Die "Governmental Interest Analysis" und die „Krise des Internationalen Privatrechts", Berlin 1971 (Zitiert: *Joerges*, Zum Funktionswandel des Kollisionsrechts)

Juenger, Friedrich K.: American and European Conflicts Law, Am.J.Comp.L. 30 (1982) S. 117-133

Juenger, Friedrich K.: Möglichkeiten einer Neuorientierung des internationalen Privatrechts, NJW 1973, S. 1521-1526

Juenger, Friedrich K.: Parteiautonomie und objektive Anknüpfung im EG-Übereinkommen zum Internationalen Vertragsrecht, RabelsZ 46 (1982), S. 57-83

Juenger, Friedrich K.: The E.E.C. Convention on the Law Applicable to Contractual Obligations: An American Assessment, in: Peter M. North (Hrsg.), Contract Conflicts - The E.E.C. Convention on the Law Applicable to Contractual Obligations: A Comparative Study, Amsterdam [u.a.] 1982, S. 295 – 322 (Zitiert: *Juenger*, in: North)

Juenger, Friedrich K.: Zum Wandel des internationalen Privatrechts, Karlsruhe 1974 (Zitiert: *Juenger*, zum Wandel des IPR)

Junker, Abbo: Internationales Arbeitsrecht in der geplanten Rom I-Verordnung, RIW 2006, 401-408

Kahn, Philippe: Anmerkung zum Urteil des Cour de Cassation (1re Ch. civ.) vom 4.10.1989 und vom 18.10.1989, J.D.I. 1990, S. 415-423

Kahn, Philippe: Anmerkung zum Urteil des Trib. com. Paris (2e Ch.) vom 27.11. 1968, Rev. crit. dr. int. priv. 1969, S. 700-710

Kahn, Philippe: La Convention de la Haye sur la loi applicable aux ventes à charactère international d'objects mobiliers corporels, J.D.I. 93 (1966), S. 301-335

Kahn-Freund, O.: Delictual Liability and the Conflict of Laws, Rec. des Cours 124 (1968 II), S. 1-166

Kartzke, Ulrich: Verträge mit gewerblichen Ferienhausanbietern – Internationale Zuständigkeit nach dem EuGVÜ und anwendbares materielles Recht, NJW 1994, S. 823-826

Kassis, Antoine: Le nouveau droit européen des contrats internationaux, Paris 1993

Katzenberger, Paul: Urheberrechtsverträge im Internationalen Privatrecht und Konventionsrecht, in: Friedrich-Karl Beier, Horst-Peter Götting, Michael Lehmann, Rainer Monfang (Hrsg.), Urhebervertragsrecht, Festgabe für Gerhard Schricker zum 60. Geburtstag, München 1995, S. 225-259 (Zitiert: *Katzenberger*, in: FS Schricker)

Kaye, Peter: The New Private International Law of Contract of the European Community - Implementation of the EEC's Contractual Obligations Convention in England and Wales under the Contracts (Applicable Law) Act 1990, Aldershot 1993 (Zitiert: *Kaye*, New Private International Law of Contract)

Kegel, Gerhard: Die Bankgeschäfte im deutschen internationalen Privatrecht, in: Erwin Seidl (Hrsg.), Aktuelle Fragen aus modernem Recht und Rechtsgeschichte, Gedächtnisschrift für Rudolf Schmidt, Berlin 1966, S. 215-242 (Zitiert: *Kegel*, in: Gedächtnisschrift für Schmidt)

Kegel, Gerhard: The Crisis of Conflict Laws, Rec. des Cours, 112 (1964 II), S. 90-268

Kegel, Gerhard: Begriffs- und Interessenjurisprudenz im internationalen Privatrecht, in: M. Gerwig, A. Simonius, K. Spiro, Theodor Süss, Ernst Wolff (Hrsg.), Festschrift für Hans Lewald bei Vollendung des vierzigsten Amtsjahres als ordentlicher Professor im Oktober 1953, Basel 1953, S. 259-288 (Zitiert: *Kegel*, in: FS Lewald)

Kegel, Gerhard: Buchbesprechung: Fritz Schwind: Handbuch des Österreichischen Internationalen Privatrechts, AcP 178 (1978), S. 118-120

Kegel, Gerhard/Schurig, Klaus: Internationales Privatrecht, 8. Auflage, München 2000 (Zitiert. *Kegel/Schurig*, IPR)

Keller, Max: Verhältnis zwischen materiellem Privatrecht und internationalem Privatrecht, SJZ 68 (1972), S. 65-74, 85-91

Kiel, Peter: Anmerkung zum Urteil des OLG Düsseldorf vom 11.7.1996 – 6 U 152/95, WiB 1997, S. 151

Kiel, Peter: Internationales Kapitalanlegerschutzrecht, Berlin [u.a.] 1994

Kindler, Peter: Die Anwendungsvoraussetzungen des Wiener Kaufrechtsübereinkommens der Vereinigten Nationen im deutsch-italienischen Rechtsverkehr, RIW/AWD 1988, S. 776-782

Klauser, Alexander: EuGVÜ und EVÜ – Europäisches Gerichtsstands- und Vollstreckungsübereinkommen – Europäisches Schuldvertragsübereinkommen mit Lugano-Übereinkommen und Novellen zum IPRG und KSchG, herausgegeben von Georg Wilhelm, Wien 1999 (Zitiert: *Klauser*, EuGVÜ und EVÜ)

Klauser, Alexander: EuGVÜ und EVÜ in Kraft getreten, ecolex 1998, S. 903-906

Kleine, Nikola: Urheberrechtsverträge im Internationalen Privatrecht, Frankfurt a.M. [u.a.] 1986 (Zitiert: *Kleine*, Urheberrechtsverträge im IPR)

Klotz, Robert: Kreditvergabe durch deutsche Banken und Verbraucherschutz in Frankreich, RIW/AWD 1997, S. 197-201

Knoepfler, François: Le projet de loi fédérale sur le droit international privé helvétique, Rev. crit. dr. int. privé, 68 (1979), S. 31-78

Knoepfler, François: Utilité et dangers d'une clause d'exception en droit international privé, in: Faculté de droit et de sciences économiques de l'Université de Neuchâtel (Hrsg.), Hommage à Raymond Jeanprêtre, Neuchâtel 1982, S. 113-128 (Zitiert: *Knoepfler*, in: FS Jeanprêtre)

Kohler, Christian: Kein Weg zur Rechtsvereinheitlichung - Zur Übernahme des EG-Übereinkommens vom 19. Juni 1980 über das auf Schuldverhältnisse anzuwendende Recht, EuR 1984, S. 155 – 173

Kokkini-Iatridou, Demetra: Les clauses d'exception en matière de conflits de lois et de conflits de jurisdictions - Rapport général, in: Kokkini-Iatridou (Hrsg.), Exception Clauses in Conflict of Laws and Conflicts of Jurisdictions - or the Principle of Proximity, Dordrecht [u.a.] 1994, S. 3-43 (Zitiert: *Kokkini-Iatridou*, in: Exception Clauses)

Kötz, Hein: Zur Anknüpfung des unter Lebenden errichteten trust, IPRax 1985, S. 205-207

Kramer, Larry: Choice of Law in the American Courts in 1990: Trends and Developments, Am.J.Comp.L. 39 (1991), S. 465-491

Kramer, Larry: Rethinking Choice of Law, Colum.L.Rev. 90 (1990), S. 277-345

Kränzling, Georg-Peter: Das deutsche internationale Handelsvertreterrecht im Rechtsverkehr mit den USA, ZVglRW 83 (1984), S. 257-287

Kreuzer, Karl: Berichtigungsklauseln im internationalen Privatrecht, in: Ronald H. Graveson, Karl Kreuzer, André Tunc, Konrad Zweigert (Hrsg.), Festschrift für Imre Zajtay, Tübingen 1982, S. 295-331 (Zitiert: *Kreuzer*, in: FS Zajtay)

Kreuzer, Karl: Das internationale Privatrecht des Warenkaufs in der deutschen Rechtsprechung, Frankfurt a.M. [u.a.] 1964 (Zitiert: *Kreuzer*, Das IPR des Warenkaufs in der dt. Rechtsprechung)

Kreuzer, Karl: Erster Teil. Allgemeiner Teil des internationalen Privatrechts, in: Lausanner Kolloquium über den deutschen und den schweizerischen Gesetzentwurf zur Neuregelung des Internationalen Privatrechts, Zürich 1984 (Zitiert: *Kreuzer*, in: Lausanner Kolloquium)

Kreuzer, Karl: Know-how-Verträge im deutschen internationalen Privatrecht, in: Hans Claudius Ficker, Detlef König, Karl F. Kreuzer, Hans G. Leser, Wolfgang Frhr. Marschall von Bieberstein, Peter Schlehctriem (Hrsg.), Festschrift für Ernst von Caemmerer, Tübingen 1978, S. 705-735 (Zitiert: *Kreuzer*, in: FS von Caemmerer)

Kreuzer, Karl: Zur Funktion von kollisionsrechtlichen Berichtigungsnormen, ZfRV 3 (1992), S. 168-192

Kreuzer, Karl: Zuständigkeitssplitting kraft Richterspruch, IPRax 1986, S. 75-80

Kropholler, Jan: Elastische Anknüpfungsmomente für das internationale Vertrags- nd Deliktsrecht – Zugleich eine Besprechung von Wenglers Internationalem Privatrecht, RIW/AWD 1981, S. 359-363

Kropholler, Jan: Das kollisionsrechtliche System des Schutzes der schwächeren Vertragspartei, RabelsZ 42 (1978), S. 634-661

Kropholler, Jan: Europäisches Zivilprozessrecht, 7. Auflage, Heidelberg 2002

Kropholler, Jan: Internationales Privatrecht, 4. Auflage, Tübingen 2001 (Zitiert: Kropholler, IPR)

Kühnel, Wolfgang/Langer, Jörg: Das französische Subunternehmergesetz, RIW/AWD 1977, S. 610-613

Kürschner, Wolfgang: Zur Bedeutung des Erfüllungsortes bei Streitigkeiten aus Bauverträgen für die internationale Zuständigkeit und das nach IPR anzuwendende materielle Recht, ZfBR 1986, S. 259-262.

Lagarde, Paul: Anmerkung zum Urteil Cass. civ. 1ère, 1.7.1981, Soc. Total Afrique c. Serrure, Rev.crit.d.i.p. 1982, S. 236-237

Lagarde, Paul: Les locations de vacances dans les conventions européennes de droit international privé, in: Études offertes à Pierre Bellet, Paris 1991, S. 281-300 (Zitiert: *Lagarde*, in: FS Bellet)

Lagarde, Paul: Anmerkung zum Urteil des Cour d'Appel de Versailles vom 6.1.1991, Rev.crit.d.i.p. 1991, S. 748-752

Lagarde, Paul: Die Rom-Konvention und Frankreich, in: Gerte Reichelt (Hrsg.), Europäisches Kollisionsrecht - Die Konventionen von Brüssel, Lugano und Rom - Ausländische Erfahrungen und österreichische Perspektiven, Frankfurt a.M. 1993, S. 101-104 (Zitiert: *Lagarde*, in: Reichelt)

Lagarde, Paul: Le nouveau droit international privé des contrats après l'entrée en vigueur de la Convention de Rome du 10 juin 1980, Rev.crit.d.i.p. 1991, S. 287-340

Lagarde, Paul: Le principe de proximité dans le droit international privé contemporain. Cours général de droit international privé, Rec. des Cours 196 (1986-I), S. 9-238

Lagarde, Paul: The European Convention on The Law Applicable to Contractual Obligations: An Apologia, Va.Int'l L. 22 (1981), S. 91-103

Lando, Ole: Contracts, in: Kurt Lipstein (Hrsg.), International Encyclopedia of Comparative Law, Vol. III: Private International Law, chapter 24, Tübingen [u.a.] 1976. (Zitiert: *Lando*, International Encyclopedia of Comparative Law III)

Lando, Ole: Scandivanian Conflict of Law Rules Respecting Contracts - Party Autonomy and Center of Gravity, Am.J.Comp.L. 6 (1957), S. 1-26

Lando, Ole: The 1955 and 1985 Hague Conventions on the Law Applicable to the International Sale of Goods, RabelsZ 57 (1993), S. 155-174

Lando, Ole: The Conflicts of Laws of Contracts - General Principles, Rec. des Cours 189 (1984 VI), S. 229-441

Lando, Ole: The EC Draft Convention on the Law Applicable to Contractual and Non-Contractual Obligations – Introduction and Contractual Obligations, RabelsZ 38 (1974), S. 6-55

Lando, Ole: The EEC Convention on the Law Applicable to Contractual Obligations, CML Rev. 24 (1987), S. 159-214

Lando, Ole: The Substansive Rules in the Conflict of Laws: Comparative Comments from the Law of Contracts, Tex. Int. L. Journ. 11 (1976), S. 505-526

Langen, Eugen: Vom Internationalen Privatrecht zum Transnationalen Handelsrecht, NJW 1969, S. 358-360

Larenz, Karl: Methodenlehre der Rechtswissenschaft, 6. Aufl., Berlin [u.a.] 1991 (Zitiert: *Larenz*, Methodenlehre)

Lasok, Dominik/Stone, Peter A.: Conflict of Laws in the European Community, Abington 1987

Lefèbre, Hubert: Anmerkung zum Urteil des Tribunal de grande instance de Paris (1re Ch.) vom 3.2.1982, J.D.I. 1984, S. 583-598

Leflar, Robert A.: American Conflicts Law, 3. Auflage, Indianapolis [u.a.] 1977

Leible, Stefan: Internationales Vertragsrecht, die Arbeien an einer Rom I-Verordnung und der Europäische Vertragsgerichtsstand, IPRax 2006, S. 365-372

Liesecke, R.: Die neuere Rechtsprechung, insbesondere des Bundesgerichtshofes, zum Dokumentenakkreditiv, WM 1966, S. 458-470

Lindacher, Walter F.: Anmerkung zum Urteil des BGH vom 12.10.1989, BB 1990, S. 661-662

Lipstein, K.: Comments on Arts. 1 to 21 of the Draft Convention in: Ole Lando, Bernd von Hoffmann, Kurt Siehr (Hrsg.), European Private International Law of Obligations, Tübingen 1975, S. 155-164 (Zitiert: *Lipstein*, in: EPILO)

Lipstein, K.: General Principles of Private International Law, Rec. des Cours 135 (1972-I), 97-229

Lochner, Albert: Darlehn und Anleihe im internationalen Privatrecht, Stuttgart [u.a.] 1954

Lookofski, Joseph: Danish Private International Law, in: Børge Dahl, Torben Melchior, Lars Adam Rehof, Ditlev Tamm (Hrsg.), Danish Law in a European Perspective, Kopenhagen 1996, S. 497-508 (Zitiert: *Lookofski*, in: Danish Law in a European Perspective)

Lorenz, Egon: Die Auslegung schlüssiger und ausdrücklicher Rechtswahlerklärungen im internationalen Schuldvertragsrecht, RIW/AWD 1992, S. 697-706

Lorenz, Egon: Zur Struktur des internationalen Privatrechts, Berlin 1977 (Zitiert: *E. Lorenz*, Struktur des IPR)

Lorenz, Werner: AGB-Kontrolle bei gewerbsmäßiger Überlassung von Ferienwohnungen im Ausland: Internationale Zuständigkeit für Verbandsklage, IPRax 1990, S. 292-295

Lorenz, Werner: Der Bereicherungsausgleich im deutschen internationalen Privatrecht und in rechtsvergleichender Hinsicht, in: Herbert Bernstein, Ulrich Drobnig, Heinz Kötz (Hrsg.), Festschrift für Konrad Zweigert zum 70. Geburtstag, Tübingen 1981 (Zitiert: *W. Lorenz*, in: FS Zweigert)

Lorenz, Werner: Die Reform des deutschen IPR, Bemerkungen zu ihren Grundlagen, ZRP 1982, S. 148-156

Lorenz, Werner: Verträge über im Ausland zu erbringende Bauleistungen: Vertragsstatut bei fehlender Rechtswahl, IPRax 1995, S. 329-332

Lorenz, Werner: Vom alten zum neuen internationalen Schuldvertragsrecht, IPRax 1987, S. 269-276

Lüderitz, Alexander: Internationaler Verbraucherschutz in Nöten, IPRax 1990, S. 216-219

Lüderitz, Alexander: Internationales Privatrecht, 2. Auflage, Neuwied 1992 (Zitiert: *Lüderitz*, IPR)

Lüderitz, Alexander: Wechsel der Anküpfung in bestehendem Schuldvertrag, in: Peter Forstmoser, Anton Heini, Hans Giger, Walter R. Schluep (Hrsg.), Beiträge zum Familien- und Vormundschaftsrecht, Schuldrecht, Internationalen Privatrecht, Verfahrens-, Banken-, Gesellschafts- und Unternehmensrecht, zur Rechtsgeschichte und zum Steuerrecht, Festschrift für Max Keller zum 65. Geburtstag, Zürich 1989, S. 459-471 (Zitiert: *Lüderitz*, in: FS Keller)

Lurger, Brigitta: Der Timesharing-Vertrag im Internationalen Privatrecht und im Konsumentenschutzrecht (zur E OGH 18.9.1991, 1 Ob 555/91, Leitsätze 1992/11, ZfRV 1992, 131), ZRvgl 33 (1992), S. 348-363

Lyon-Caen, Antoine: Anmerkung zum Urteil des Cour d'appel de Paris vom 27.11.1986, Rev. crit. 1988, S. 322-329

Mackensen, Jürgen: Der Verlagsvertrag im internationalen Verlagsrecht, München [u.a.] 1965

Magagni, Massimo: La prestazione caratteristica nella convenzione di Roma del 19 giugnio 1980, Milano 1989 (Zitiert: *Magagni*, La prestazione caratteristica)

Makarov, Alexander N.: Grundriß des internationalen Privatrechts, Frankfurt a.M. 1970

Mankowski, Peter: Der Vorschlag für die Rom I-Verordnung, IPRax 2006, S. 101-113

Mankowski, Peter: Kollisionsrechtsanwendung bei Güterbeföderungsverträgen, TranspR 1993, S. 220-227

Mankowski, Peter: Prozeßvergleiche im europäischen Rechtsverkehr, EWS 1994, S. 379-384

Mankowski, Peter: Seerechtliche Vertragsverhältnisse im internationalen Privatrecht, Tübingen 1995

Mansel, Heinz-Peter: Kollisionsrechtliche Bemerkungen zum Arzthaftungsrecht: Gleichlauf der vertraglichen und deliktischen Haftung kraft Rechtswahl (durch Prozeßverhalten) oder akzessorische Anknüpfung des Deliktsstatuts. Direktklage gegen den Haftpflichtversicherer, in: Institut für ausländisches und internationales Privat- und Wirtschaftsrecht der Universität Heidelberg (Hrsg.), Einheit und Vielfalt, In honorem Hermann Weitnauer zum 75. Geburtstag, Heidelberg 1985, S. 33-80 (Zitiert: *Mansel*, in: FS Weitnauer)

Marsch, Reinhard: Der favor negotii im deutschen internationalen Privatrecht, Bielefeld 1976 (Zitiert: *Marsch*, favor negotii im IPR)

Martiny, Dieter: Das Römische Vertragsübereinkommen vom 19. Juni 1980, ZEuP 1993, S. 298-305

Martiny, Dieter: Die Anknüpfung an den Markt, in: Jürgen Basedow, Klaus J. Hopt, Heinz Kötz (Hrsg.), Festschrift für Ulrich Drobnig zum siebzigsten Geburtstag, Tübingen 1998, S. 398-408 (Zitiert: *Martiny*, in: FS Drobnig)

Martiny, Dieter: Europäisches Internationales Vertragsrecht – Erosion der Römischen Konvention?, ZEuP 1997, S. 107-129

Martiny, Dieter: Internationales Vertragsrecht zwischen Rechtsgefälle und Vereinheitlichung. Zum Römischen Übereinkommen vom 19. Juni 1980, ZEuP 1995, S. 67-88

Mäsch, Gerald: Rechtswahlfreiheit und Verbraucherschutz. Eine Untersuchung zu den Art. 29 I, 27 III und 34 EGBGB, Berlin 1993 (Zitiert: *Mäsch*, Rechtswahlfreiheit und Verbraucherschutz)

Mattout, Jean-Pierre: Droit bancaire international. La loi applicable; les opérations internationales de crédit, Paris 1987 (Zitiert: *Mattout*, Droit bancaire international)

Mayer, Pierre: Droit international privé, 4. éd., Paris 1991 (Zitiert: *Mayer*, D.I.P.)

Meinertzhagen-Limpens, A.: Les clauses d'exception en matière de conflits de lois et de conflits de jurisdictions - Belgique, in: Kokkini-Iatridou (Hrsg.), Exception Clauses in Conflict of Laws and Conflicts of Jurisdictions - or the Principle of Proximity, Dordrecht [u.a.] 1994, S. 57-75 (Zitiert: *Meinertzhagen-Limpens*, in: Exception Clauses)

Merschformann, Ulrike: Die objektive Bestimmung des Vertragsstatuts beim internationalen Warenkauf - Eine Studie zu Artikel 28 EGBGB unter Berücksichtigung der Haager IPR-Abkommen von 1955 und 1986, Baden-Baden 1991 (Zitiert: *Merschformann*, Die objektive Bestimmung des Vertragsstatuts beim internationalen Warenkauf)

Meyer, R.: Les clauses d'exception en matière de conflits de lois et de conflits de jurisdictions - Suisse, in: Kokkini-Iatridou (Hrsg.), Exception Clauses in Conflict of Laws and Conflicts of Jurisdictions - or the Principle of Proximity, Dordrecht [u.a.] 1994, S. 299-332 (Zitiert: *Meyer*, in: Exception Clauses)

Mommsen, Friedrich: Wie ist in dem bürgerlichen Gesetzbuch für Deutschland das Verhältnis des inländischen Rechts zu dem ausländischen zu normieren?, AcP 61 (1879), S. 149-202

Mondolini, Jean Dominique: Anmerkung Zum Urteil des Cour d'appel de Versailles vom 6.2.1991, Receuil Dalloz Sirey 1992 – Jurisprudence, S. 174-176

Morris, J. H. C./McClean, David: The Conflict of Laws, fifth edition, London 2000 (Zitiert: *Morris/McClean*, Conflict of Laws)

Mosconi, Franco: La Convenzione di Roma e le recenti teorie americane sui confliti di leggi, in: Tullio Treves (Hrsg.), Verso una disciplina comunitaria della legge applicabile ai contratti, Padova 1983, S. 47-55

Moser, R.: Besprechung von: Schnitzer, Dr. Adolf: Handbuch des Internationalen Privatrechts, einschließlich Prozessrecht, unter besonderer Berücksichtigung der schweizerischen Gesetzgebung und Rechtsprechung, 4. Aufl., Bd. I und II, SJZ 54 (1958), S. 141-142

Motzke, Gerd: Praxis der HOAI. Ein Leitfaden für Architekten und Ingenieure, Sachverständige, Bauherren und deren Berater, 2. Auflage, München 1995

Müller-Gindullis, Dierk: Das internationale Privatrecht in der Rechtsprechung des Bundesgerichtshofs, Berlin [u.a.] 1971 (Zitiert: Müller-Gindullis, Das IPR in der Rechtsprechung des Bundesgerichtshofs)

Münchener Kommentar zum Bürgerlichen Gesetzbuch, (Hrsg.: Kurt Rebmann, Franz Jürgen Säcker, Roland Rixecker) Band 10: Einführungsgesetz zum Bürgerlichen Gesetzbuche (Art. 1-38) Internationales Privatrecht, 3. Auflage, München 1998 (Zitiert: MünchKomm-*Bearbeiter*)

Münchener Kommentar zum Handelsgesetzbuch: (Hrsg.: Karsten Schmidt) München 1996 (Zitiert: MünchKomm HGB-*Bearbeiter*)

Musielak, Hans-Joachim (Hrsg.): Kommentar zur Zivilprozessordnung mit Gerichtsverfassungsgesetz, 3. Auflage, München 2002 (Zitiert: Musielak-*Bearbeiter*, ZPO)

Naumann, Hanno: Der Regelungsbereich des UN-Kaufrechts im Spannungsfeld zwischen Einheitsrecht und Kollisionsrecht, Frankfurt a.M. 2000 (Zitert: *Naumann*, UN-Kaufrecht im Spannungsfeld zwischen Einheitsrecht und Kollisionsrecht)

Neuhaus, Paul Heinrich: Die Grundbegriffe des internationales Privatrechts, 2. Auflage, Tübingen 1976 (Zitiert: *Neuhaus*, Grundbegriffe des IPR)

Neuhaus, Paul Heinrich: Neue Wege im europäischen internationalen Privatrecht?, RabelsZ 35 (1971), S. 401-428

Neuhaus, Paul Heinrich: Zeit- und Geistesströmungen im internationalen Privatrecht, (öst) Zeitschrift für öffentliches Recht 6 (1953/54), S. 53 ff.

Neuhaus, Paul Heinrich: Zum Schwindschen Entwurf eines österreichischen IPR-Gesetzes, (öst.) ZRvgl. 13 (1972) 81-90

Neumann, Hugo: Handausgabe des Bürgerlichen Gesetzbuchs für das Deutsche Reich unter Berücksichtigung der sonstigen Reichsgesetze und der Gesetzgebungen aller Bundesstaaten insbesondere Preußens für Studium und Praxis, Band 3, Berlin 1900 (Zitiert: *Neumann*, Handausgabe BGB III (1900))

Nielsen, Jens: Abtretung von Teilansprüchen aus Akkreditiven an mehrere Kreditgeber des Begünstigten (zu OLG Karlsruhe, 3.7.1981, 15 U 181/80), IPRax 1982, S. 91-94

Nielsen, Jens: Anmerkung zu OLG Frankfurt a.M., Urteil vom 12. November 1991 (5 U 207/90), WuB I H 2. – 1.92

Nielsen, Jens: Grundlagen des Akkreditivgeschäfts – Revision 1983, Ausburg 1985

Nolde, Boris Baron: Détermination de la oi qui doit régir les obligations contractuelles à titre impératif, Ann.Inst.Dr.Int. 32 (1925), S. 103-145

North, Peter M./Fawcett, J. J.: Cheshire and North's Private International Law, twelth edition, Butterworth 1992 (Zitiert: *North/Fawcett*, Cheshire & North's Private International Law)

Nussbaum, Arthur: Deutsches Internationales Privatrecht unter besonderer Berücksichtigun des österreichischen und schweizerischen Rechts, Tübingen 1932 (Zitiert: *Nussbaum*, Deutsches IPR)

Offerhaus, J.: La septième session de la Conférence de la Haye de Droit international privé, J.D.I. 1952, S. 1070-1137

Overbeck, Alfred E. von: Les questions générales du droit international privé à la lumière des codifications et projets récents, Cours général de droit interantional privé, Rec. des Cours 176 (1982-III), S. 13-258

Palandt, Otto: Kommentar zum Bürgerlichen Gesetzbuch, 61. Auflage, München 2002 (Zitiert: Palandt-*Bearbeiter*)

Pamboukis, Charalambos: Le droit international privé dans la jurisprudence hellénique. Conflicts de lois – années 1993-1994, RHDI 48 (1995), S. 325-350

Pamboukis, Charalambos: Les clauses d'exception en matière de conflits de lois et de conflits de jurisdictions - Greece, in: Kokkini-Iatridou (Hrsg.), Exception Clauses in Conflict of Laws and Conflicts of Jurisdictions - or the Principle of Proximity, Dordrecht [u.a.] 1994, S. 221-233 (Zitiert: *Pamboukis*, in: Exception Clauses)

Patocchi, Paolo Michele: Characteristic Performance - A New Myth in the Conflict of Laws? Some Comments on a Recent Concept in the Swiss and European Private International Law of Contract, in: Christian Dominice, Robert Patry et Claude Reymond (Hrsg.), Études de droit international en l'honneur de Pierre Lalive, Basel [u.a.] 1993, S. 113-139 (Zitiert: *Patocchi*, in: FS Lalive)

Patocchi, Paolo Michele: Das neue internationale Vertragsrecht der Schweiz, in: Internationales Privatrecht/Lugano-Abkommen, Zürich 1989, S. 7-59

Pawlowski, Hans-Martin: Methodenlehre für Juristen. Theorie der Norm und des Gesetzes, Heidelberg 1999 (Zitiert: *Pawlowski*, Methodenlehre)

Pfaff, Dieter: Der Lizenzvertrag, in: Deutsche zivil-, kollisions- und wirtschaftspolitische Beiträge zum X. Internationalen Kongreß für Rechtsvergleichung in Budapest 1978, S. 289-310 (Zitiert: *Pfaff*, Der Lizenzvertrag)

Picone, Paolo: Rezension von Giardina/Villani, Le garanzie bancarie internazionali, Banca e borsa, 1986 I, S. 267-270

Plender, Richard: The European Contracts Convention, London 1991

Pocar, Fausto: Das nach dem römischen EG-Abkommen 1980 auf Verträge anzuwendende Recht, in: Schwind (Hrsg.), Aktuelle Fragen zum Europarecht aus der Sicht in- und ausländischer Gelehrter, Wien 1986, S. 89-101 (Zitiert: *Pocar*, in: Schwind)

Pocar, Fausto: Die Rom-Konvention und Italien, in: Gerte Reichelt (Hrsg.), Europäisches Kollisionsrecht - Die Konventionen von Brüssel, Lugano und Rom - Ausländische Erfahrungen und österreichische Perspektiven, Frankfurt a.M. 1993, S. 105-114 (Zitiert: *Pocar*, in: Reichelt)

Pocar, Fausto: Kodifikation der Kollisionsnormen auf dem Gebiet des Vertragsrechts im Rahmen der Europäischen Gemeinschaften - Neue Entwicklungen, RIW/AWD 1979, S. 384-392

Posner, Richard A.: Vertragliche Rechtspositionen und Rechtsbehelfe, in: Heinz-Dieter Assmann, Christian Kirchner, Erich Schanze (Hrsg.), Ökonomische Analyse des Rechts, Tübingen 1993, S. 184-220 (Zitiert: *Posner*, in: Assmann/Kirchner/Schanze)

Prebble, John: Choice of Law to Determine the Validity and Effects of Contracts: A Comparison of English and American Approaches to the Conflict of Laws, Part I, Corn.L.Rev. 58 (1973), S. 433 ff.

Rabel, Ernst: The Conflict of Laws. A comparative Study, Vol. 3, 2nd ed., Ann Arbor 1964 (Zitiert: *Rabel*, Conflict of Laws III)

Rammeloo, Stefan: Das neue EG-Vertragskollisionsrecht. Die Art. 4, 5, und 6 des Übereinkommen über das auf vetragliche Schuldverhältnisse anzuwendende Recht vom 19.6.1980. Eine rechtsvergleichende Analyse objektiver Vertragsanknüpfungen, Köln [u.a.] 1992 (Zitiert: *Rammeloo*, Das neue EG-Vertragskollisionsrecht)

Rammeloo, Stephan: Die Auslegung von Art. 4 Abs. 2 und Abs. 5: Eine niederländische Perspektive, IPRax 1994, S. 243-248

Rauscher, Thomas: Die Ferienhausentscheidung des EuGH – Unbilligkeit oder Konsequenz europäischer Rechtspflege, NJW 1985, S. 892-898

Reckhorn-Hengemühle, Monika: Grundstückskauf in Spanien, ZVglRW 90 (1991), S. 155-184

Rees, André Patrick: Die eindeutige Verknüpfung von Verträgen und ihre Auswirkung auf die Parteiautonomie, Zürich 1978 (Zitiert: Rees, Die eindeutige Verknüpfung von Verträgen)

Reese, Willis L. M.: American Choice of Law, Am.J.Comp.L. 30 (1982), S. 135-146

Reese, Willis L. M.: Choice of Law in Torts and Contracts and Directions for the Future, Colum.Transnat'l.L. 16 (1977), S. 1-44

Reese, Willis L. M.: Choice of Law: Rules or Approach?, Corn.L.Rev. 57 (1971-72), S. 315-334

Reinhart, Gert: Zur einheitlichen Auslegung vereinheitlichter IPR-Normen nach Art. 36 EGBGB, RIW/AWD 1994, S. 445-452

Reinhart, Gert: Zur nachträglichen Änderung des Vertragsstatuts nach Art. 27 Abs. 2 EGBGB durch Parteivereinbarung im Prozeß, IPRax 1995, S. 365-371

Reithmann, Christoph/Martiny, Dieter: Internationales Vertragsrecht, 5. Auflage, Köln 1996

Revillard, Marie-Luise: Droit international privé et pratique nationale, 3e édition, Paris 1993 (Zitiert: *Revillard*, D.I.P.)

Rheinstein, Max: The place of wrong: A Study in the Method of Case Law, Tul. L. Rev. 19 (1944/45), S. 4-31

Rigaux, François: Examen de quelques questions laisées ouvertes par la Convention de Rome sur la loi applicable aux obligations contractuelles, Cah.dr.europ. 24 (1988), S. 306-321

Rigaux, François/Fallon, Marc: Droit international privé, tome II, no 1296-1297, Droit positif belge, Bruxelles 1993 (Zitiert: *Rigaux/Fallon*, D.I.P.)

Roden, Carola: Zum Internationalen Privatrecht des Vergleichs, Regensburg 1994

Roth, Wulf-Henning: Internationales Versicherungsvertragsrecht, Tübingen 1985

Rowe, Michael: Guarantees, Standby letters of credit and other securities, London, 1987

Sachsen-Gessaphe, Karl August Prinz von: Der Grundstückserwerb im spanischen Recht, RIW/AWD 1991, S. 299-304

Samtleben, Jürgen: Börsentermingeschäfte, in: Klaus J. Hopt, Benrd Rudolph, Harald Braun (Hrsg.), Börsenreform. Eine ökonomische, rechtsvergleichende und rechtspolitische Untersuchung, Stuttgart 1997, S. 469-531 (Zitiert: *Samtleben*, in: Hopt-Rudolph-Braun)

Sandrock, Otto: Handbuch der Internationalen Verragsgestaltung. Ein Leitfaden für den Abschluss von Verträgen im internationalen Wirtschaftsverkehr, Band 1, Heidelberg 1980 (Zitiert: Sandrock-*Bearbeiter*, Internationale Vertragsgestaltung)

Sauveplanne, J. G.: Elementair Internationaal Privaatrecht, Utrecht 1986

Savigny, Friedrich Carl von: System des heutigen Römischen Rechts, Band VIII, Berlin 1849

Schack, Haimo: Internationales Zivilverfahrensrecht, 3. Auflage, München 2002 (Zitiert: *Schack*, IZVR)

Schäfer, Hans Bernd/Ott, Claus: Lehrbuch der ökonomischen Analyse des Zivilrechts, 3. Aufl., Berlin [u.a.] 2000 (Zitiert: *Schäfer/Ott*, Ökonomische Analyse des Zivilrechts)

Schefold, Dietrich: Zum IPR des Dokumenten-Akkreditivs (zu OLG Frankfurt, 22.9.1987 – 5 U 60/86), IPRax 1990, S. 20-25

Scheuermann, Thomas: Statutenwechsel im internationalen Erbrecht, München 1969

Schlüter, Andreas: Management- und Consulting-Verträge. Die Vertragstechnik des internationalen Transfers von Betriebsführungs- und Beratungsleistungen, Berlin [u.a.] 1987 (Zitiert: *Schlüter*, Management- und Consulting-Verträge)

Schnelle, Ulrich: Die objektive Anknüpfung von Darlehensverträgen im deutschen und amerikanischen IPR, Baden-Baden 1992

Schnitzer, Adolf F.: Betrachtungen zur Gegenwart und Zukunft des internationalen Privatrechts, RabelsZ 38 (1974), S. 317-343

Schnitzer, Adolf F.: Die Funktionelle Anknüpfung im internationalen Vertragsrecht, in: rechts-, wirtschafts- und sozialwissenschaftliche Fakultät Freiburg Schweiz (Hrsg.), Festgabe für Wilhelm Schönenberger zum 70. Geburtstag am 21. September 1968, Feiburg, Schweiz 1968, S. 387-404 (Zitiert: *Schnitzer*, in: FS Schönenberger)

Schnitzer, Adolf F.: Die Zuordnung der Verträge im internationalen Privatrecht, RabelsZ 33 (1969), S. 17-29

Schnitzer, Adolf F.: Handbuch des Internationalen Handels,- Wechsel- und Checkrechts, Zürich 1938

Schnitzer, Adolf F.: Handbuch des Internationalen Privatrechts, Band 1, 2. Auflage, Basel 1944 (Zitiert: *Schnitzer*, IPR I (1944))

Schnitzer, Adolf F.: Handbuch des Internationalen Privatrechts, Band 1, 4. Auflage, Basel 1957 (Zitiert: *Schnitzer*, IPR I (1957))

Schnitzer, Adolf F.: Handbuch des Internationalen Privatrechts, Band 2, 2. Auflage, Basel 1944 (Zitiert: *Schnitzer*, IPR II (1944))

Schnitzer, Adolf F.: Handbuch des Internationalen Privatrechts, Band 2, 4. Auflage, Basel 1958 (Zitiert: *Schnitzer*, IPR II (1958))

Schnitzer, Adolf F.: Les contrats internationaux en droit international privé suisse, Rec. des Cours 120 (1968 I), S. 541-653

Schnitzer, Adolf F.: Rechtsanwendung auf Verträge, in: M. Gerwig, A. Simonius, Theodor Süss, Ernst Wolf (Hrsg.), Festschrift Hans Lewald bei Vollendung des vierzigsten Amtsjahres als ordentlicher Professor im Oktober 1953, Basel 1953, S. 383-392 (Zitiert: *Schnitzer*, FS Lewald)

Schnyder, Anton K.: Das neue IPR-Gesetz, 2. Auflage, Zürich 1990

Schönenberger, W./Jäggi, P.: Kommentar zum Schweizerischen Zivilgesetzbuch, Das Obligationenrecht, Teilband V 1a, Allgemeine Einleitung, 4. Auflage Zürich 1988 (Zitiert: *Schönenberger/Jäggi*, IPRG-Kommentar)

Schröder, Jochen/Wenner, Christian: Internationales Vertragsrecht. Das Kollisionsrecht der transnationalen Wirtschaftsverträge, 2. Auflage, Köln 1998 (Zitiert: *Schröder/Wenner*, Internationales Vertragsrecht)

Schultsz, J. C.: The Concept of Characteristic Performance and the Effect of the EEC Convention on Carriage of Goods, in P. M. North (Hrsg.), Contract Conflicts. The E.E.C. Convention on the Law Applicable to Contractual Obligations: A Comparative Study, Amsterdam [u.a.] 1982, S. 185-201 (Zitiert: *Schultsz*, in: North)

Schulze, Carsten: Die Kodifikation des Vetragsstatuts im internationalen Privatrecht, Basel [u.a.] 1980 (Zitiert: *Schulze*, Die Kodifikation des Vetragsstatuts im IPR)

Schurig, Klaus: Kollisionsnorm und Sachrecht. Zu Struktur, Standort und Methode des Internationalen Privatrechts, Berlin 1981 (Zitiert: *Schurig*, Kollisionsnorm und Sachrecht)

Schütze, Rolf A.: Das Dokumentenakkreditiv im Internationalen Handelsverkehr unter besonderer Berücksichtigung der Einheitlichen Richtlinien und Gebräuche für Dokumentenakkreditive, Revision 1983 (ERA 500), 5. Auflage, Heidelberg 1999 (zitiert: *Schütze*, Das Dokumentenakkreditiv im Internationalen Handelsverkehr)

Schütze, Rolf A.: Kollisionsrechtliche Probleme des Dokumentenakkreditivs, WM 1982, S. 226-230

Schütze, Rolf A.: Kurzkommentar zu OLG Frankfurt, Urteil vom 22.9.1987 – 5 U 60/86, EWiR 1988, S. 81-82

Schwab, Karl Heinz/Walter, Gerhard: Schiedsgerichtsbarkeit. Systematischer Kommentar zu den Vorschriften der Zivilprozessordnung, des Arbeitsgerichtsgesetzes, der Staatsverträge und der Kostengesetze über das orivatrechtliche Schiedsverfahren, München 1995 (Zitiert: *Schwab/Walter*, Schiedsgerichtsbarkeit)

Schwander, Ivo: Die Behandlung der Innominatverträge im internationalen Privatrecht, in: Peter Forstmoser, Pierre Tercier, Roger Zäch (Hrsg.), Innominatverträge, Festgabe zum 60. Geburtstag von Walter R. Schluep, Zürich 1988, S. 501-513 (Zitiert: *Schwander*, in: FS Schluep)

Schwander, Ivo: Einführung in das internationale Privatrecht, 1. Band: Allgemeiner Teil, St. Gallen 1990 (Zitiert: *Schwander*, IPR I)

Schwander, Ivo: Internationales Vertragsschuldrecht - direkte Zuständigkeit und objektive Anknüpfung, in: Ivo Schwander (Hrsg.), Beiträge zum neuen IPR des Sachen-, Schuld- und Gesellschaftsrechts, Festschrift für Prof. Rudolf Moser, Zürich 1987, S. 79-99 (Zitiert: *Schwander*, in: FS Moser)

Schwimann, Michael: Anmerkung zu OGH vom 9.3.1980, 4 Ob 30/80, JBl 103 (1981); S. 368-370

Schwimann, Michael: Das gesetzliche Schuldvertrragsstatut im neuen österreichischen IPR, RIW/AWD 1983, S. 404-408

Schwimann, Michael: Fragen der gesetzlichen Anknüpfung im internationalen Schuldvertragsrecht, in: Möglichkeiten und Grenzen der Rechtsordnung, Festschrift Strasser, Wien 1983, S. 895-917 (Zitiert: *Schwimann*, in: FS Strasser)

Schwimann, Michael: Grundriß des internationalen Privatrechts, Wien 1982 (Zitiert: *Schwimann*, IPR)

Schwimann, Michael: Internationales Privatrecht einschließlich Europarecht, 2. Auflage, Wien 1999 (Zitiert: *Schwimann*, IPR und Europarecht)

Schwind, Fritz von: Handbuch des österreichischen Internationalen Privatrechts, Wien [u.a.] 1975 (Zitiert: *Schwind*, Handbuch des österreichischen IPR)

Schwind, Fritz von: Zwischenbilanz der Reformbestrebungen des österreichischen Internationalen Privatrechts, StAZ 29 (1976), S. 121-128

Schwind, Fritz: Information diverses, Autriche – Droit international privé, Note introductive, Rev.crit.d.i.p. 1979, S. 174-176

Seipen, Christoph von der: Akzessorische Anküpfung und engste Verbindung im Kollisionsrecht der komplexen Vertragsverhältnisse, Heidelberg 1989 (Zitiert: *von der Seipen*, Akzessorische Anknüpfung)

Siegrist, Eberhard: Gleichbehandlung von Mann und Frau im internationalen Privatrecht, RabelsZ 24 (1959), S. 54-114

Siehr, Kurt: Wechselwirkungen zwischen Kollisionsrecht und Sachrecht, RabelsZ 37 (1973), S. 466-484

Siehr, Kurt: Zum Vorentwurf eines EWG-Übereinkommens über das internationale Schuldrecht, RIW/AWD 1973, S. 569-587

Siems, Mathias M.: Führen alle Wege aus dem Dschungel nach Rom? – Möglichkeiten und Grenzen der Vereinheitlichung des internationalen Privatrechts, GPR 03-04, S. 66-71

Soergel, Hans Theodor: Bürgerliches Gesetzbuch mit Einführungsgesetz und Nebengesetzen, neu herausgegeben von W. Siebert, Band 10: Einführungsgesetz, 12. Auflage, Stuttgart [u.a.] 1996 (zitiert: Soergel-*Bearbeiter*)

Spellenberg, Ulrich: Atypischer Grundstücksvertrag, Teilrechtswahl und nicht ausgeübte Vollmacht, IPRax 1990, S. 295-298

Spiegel, N.: Les clauses d'exception en matière de lois et de conflits de jurisdictions - France, in: Kokkini-Iatridou (Hrsg.), Exception Clauses in Conflict of Laws and Conflicts of Jurisdictions - or the Principle of Proximity, 1994, S. 197-219 (Zitiert: *Spiegel*, in: Exception Clauses)

Spielbüchler, Karl: Zur sogenannten Rechtswahl im internationalen Privatrecht, ZRvgl. 17 (1976), S. 47-56

Sprecher, Anton von : Die eindeutige Verknüpfung von Verträgen und ihre Auswirkung auf die Parteiautonomie, Zürich 1978

Starp, Wolf-Dieter: Die Börsentermingeschäfte an Auslandsbörsen, Köln 1985

Staudinger, Julius v.: Kommentar zum Bürgerlichen Gesetzbuch mit Einführungsgesetz und Nebengesetzen, Einführungsgesetz zum Bürgerlichen Gesetzbuche Art. 27-37 (Internationales Vertragsrecht); Art. 10 (Internationales Namensrecht), 12. Auflage, Berlin 1998 (Zitiert: Staudinger-*Bearbeiter*)

Stauffer, W.: Wandlungen der Bundesgerichtspraxis auf dem Gebiete des internationalen Schuldrechts, ZBJV 1953, S. 377-405

Stein, Friedrich/Bork, Reinhard: Kommentarzur Zivilprozessordnung, Band 3 (§§ 253-299a), 21. Auflage, Tübingen 1997 (Zitiert: Stein/Jonas-*Bearbeiter*, ZPO)

Steindorff, Ernst: Das Akkreditiv im internationalen Privatrecht der Schuldverträge, in: Hans Claudius Ficker, Detlef König, Karl F. Kreuzer, Hans G. Leser, Wolfgang Frhr. Marschall von Bieberstein (Hrsg.), Festschrift für Ernst von Caemmerer zum 70. Geburtstag, Tübingen 1978, S. S. 761-781 (Zitiert: *Steindorff*, in: FS von Caemmerer)

Steinle, Edgar: Konkludente Rechtswahl und objektive Anknüpfung nach altem und neuem deutschen Internationalen Vertragsrecht, ZVglRWiss 93 (1994), S. 300-322

Stöcker, Hans A.: Außenprivatrechtliche Grundlagenprobleme und inländischer Enteignungsschutz für Minderheitsaktionäre, deren Gesellschaftsanteile durch ausländische Staaten konfisziert werden, WM 1965, S. 442-455

Stoll, Hans: Kollisionsrechtliche Fragen beim Kommissionsgerschäft, RabelsZ 24 (1959), S. 601-638

Stumberg, George Wilfred: Principles of Conflict of Laws, 3. Aufl,. Brooklyn 1963

Stumpf, Herbert: Der Know-how-Vertrag, 3. Auflage 1977

Stumpf, Herbert/ Groß, Michael: Der Lizenzvertrag, 7. Auflage, Heidelberg 1998

Sturm, Fritz: Savigny und das internationale Privatrecht seiner Zeit, in: Coing, Helmut (Hrsg.), Ius commune, Band 8, Vorträge zum 200. Geburtstag von F. C. von Savigny, Frankfurt a. M. 1979, S. 92-109 (Zitiert: *Sturm*, in: Ius commune)

Sura, Achim: Die Anknüpfung des internationalen Handelsvertretervertrages, DB 1981, S. 1269-1271

Symenoides, Symeon C.: Choice of Law in the American Courts in 1987, Am.J.Comp.L. 37 (1989), S. 457-494

Symenoides, Symeon C.: Choice of Law in the American Courts in 1993 (and in the Six Previous Years), Am.J.Comp.L. 42 (1994), S. 599-653

Symenoides, Symeon C.: Choice of Law in the American Courts in 1995: A Year in Review, Am.J.Comp.L. 44 (1996), S. 181-241

Symenoides, Symeon C.: Choice of Law in the American Courts in 1997, Am.J.Comp.L. 46 (1998), S. 233-286

Symenoides, Symeon C.: Choice of Law in the American Courts in 1998, Twelfth Annual Survey, Am.J.Comp.L. 47 (1999), S. 327-392

Symenoides, Symeon C.: Choice of Law in the American Courts in 1999: One More Year, Am.J.Comp.L. 48 (2000), S. 143-180

Symenoides, Symeon C.: Choice of Law in the American Courts in 2000: As the Century Turns, Am.J.Comp.L. 49 (2001), S. 1-48

Symenoides, Symeon C.: Exception Clauses in Conflicts Law - Unites States, in: Kokkini-Iatridou (Hrsg.), Exception Clauses in Conflict of Laws and Conflicts of Jurisdictions - or the Principle of Proximity, Dordrecht [u.a.] 1994, S. 77-144 (Texte 145-195) (Zitiert: *Symenoides*, in: Exception Clauses)

Thomas, Heinz/Putzo, Hans: Zivilprozessordnung mit Gerichtsverfassungsgesetz, den Einführungsgesetzen und europarechtlichen Vorschriften (EuGVVO, EheVO, ZustellungsVO, ZustDG, AVAG), 25. Auflage, München 2003 (Zitiert: Thomas/Putzo-*Bearbeiter*, ZPO)

Thomsen-Guth, Birgit: Die Bestimmung der internationalen Zuständigkeit im Fall eines durch telefonisches Angebot zu schließenden Kunstauktionskaufs, IPRax 1991, S. 302-305

Thomson, A.: A Different Approach to Choice of Law in Contract, Mod. L. Rev. 43 (1980), S. 650-669

Thorn, Carsten: Diskussionsbericht zu den Referaten von Jean-Michel Jaquet und François Rigaux, in: Paul Lagarde, Bernd von Hoffmann (Hrsg.), L'européisation du droit international privé, Köln 1996, S. 43-46 (Zitiert: *Thorn*, Diskussionsbericht)

Tonner, Klaus: Der Urlaub im Ferienhaus, NJW 1981, S. 1921-1976

Troller, A.: Internationale Lizenzverträge, GRUR Int. 1952, S. 108-122

Ulmer, Eugen: Die Immaterialgüterrechte im Internationalen Privatrecht: Rechtsvergleichende Untersuchung mit Vorschlägen für die Vereinheitlichung der Europäischen Wirtschaftsgemeinschaft, Köln [u.a.] 1975 (Zitiert: *Ulmer*, Die Immaterialgüterrechte im IPR)

Ulmer, Peter: Der Vertragshändler. Tatsachen und Rechtsfragen kaufmännischer Geschäftsbesorgung beim Absatz von Markenwaren, München 1969 (Zitiert: *Ulmer*, Der Vertragshändler)

Verhandlungen des 24. Deutschen Juristentages, Band 4, Berlin 1898

Vetter, Eberhard: Akzessorische Anknüpfung von Subunternehmerverträgen bei internationalen Bau- und Industrieanlage-Projekten?, NJW 1987, S. 2124-2128

Villani, Ugo: La Convenzione di Roma sulla legge applicabile ai contratti, Bari 1997 (Zitiert: *Villani*, La Convenzione di Roma)

Vischer, Frank: Das Haager Abkommen betreffend das auf den internationalen Warenkauf anwendbare Recht und die Praxis des schweizerischen Bundesgerichts, SJIR 21 (1964), S. 49-68

Vischer, Frank: Das Internationale Vertragsrecht nach dem neuen schweizerischen IPR-Gesetz, BJM 1989, S. 183-208

Vischer, Frank: Das neue Restatement "Conflict of Laws", RabelsZ 38 (1974), S. 128-154

Vischer, Frank: Das Problem der Kodifikation des schweizerischen IPR, ZSR 90 (1971), S. 1-106

Vischer, Frank: Der Richter als Gesetzgeber im internationalen Privatrecht, SJIR 12 (1955), S. 75-102

Vischer, Frank: Die Bundesgerichtspraxis zum internationalen Obligationenrecht 1958-1964, SJIR 21 (1964), S. 261-278

Vischer, Frank: Die Kritik an der herkömmlichen Methode des Internationalen Privatrechts, Hintergründe und Versuch einer Antwort, in: Peter Noll und Gunter Stratenwerth (Hrsg.), Rechtsfindung. Beiträge zur Juristischen Methodenlehre, Festschrift für Oscar Adolf Germann zum 80. Geburtstag, Bern 1969, S. 287-307 (Zitiert: *Vischer*, in: FS Germann)

Vischer, Frank: Internationales Vertragsrecht - Die kollisionsrechtlichen Regeln der Anknüpfung bei internationalen Verträgen, Bern 1962 (Zitiert: *Vischer*, Internationales Vertragsrecht)

Vischer, Frank: Methologische Fragen bei der objektiven Anknüpfung im internationalen Vertragsrecht, SJIR 14 (1957), S. 43-68

Vischer, Frank: The antagonism between legal security and the search for justice in the fields of contracts, Rec. des Cours, 142 (1974 II), S. 1-70

Vischer, Frank/Planta, Andreas von: Internationales Privatrecht, 2. Auflage, Basel [u.a.] 1982 (Zitiert: *Vischer/von Planta*, IPR)

Vitta, Edoardo: Diritto Internazionale Privato, Band 3: Diritti reali. Successioni e donazioni. Obbligazioni. Appendici, Torino 1975 (Zitiert: *Vitta*, D.I.P. III)

Vitta, Edoardo: Influenze americane nella convenzione C.E.E. sulle obbligazioni contrattuali, Riv. dr. int. priv. e proc. 1983, S. 261-278

Vitta, Edoardo: The Impact in Europe of the American „Conflicts Revolution", Am.J.Com.L. 30 (1982), S. 1-18

Vlas, Paul: Neue Entwicklungen im niederländischen IPR, insbesondere der Rehtsprechung, IPRax 1995, 194-200

Walter, Michael: Die Vertragsfreiheit im Urheberrecht aus der Sicht des internationalen Privatrechts, in: Dietrich Reimer (Hrsg.), Vertragsfreiheit im Urheberrecht, Weinheim [u.a.] 1977, S. 137-153 (Zitiert: *Walter*, in: Reimer)

Watté, Nadine/Nuyts, Arnaud: Vers une interprétation uniforme et cohérente des conventions de Rome et de Bruxelles, Rev. dr. ULB 10 (1994), S. 21-54

Weintraub, Russel J.: Commentary of the Conflict of Laws, 3. Auflage, Mineola, New York, 1986 (Suppl. 1987)

Weitnauer, Wolfgang: Der Vertragsschwerpunkt - Eine rechtsvergleichende Darstellung des amerikanischen und deutschen Internationalen Vertragsrechts sowie des EG-Übereinkommens über das vertragliche Schuldverhältnisse anwendbare Recht vom 19.6.1980, Frankfurt a.M. 1981 (Zitiert: *Weitnauer*, Der Vertragsschwerpunkt)

Wenner, Christian: Die HOAI im internationalen Rechtsverkehr, RIW/AWD 1998, S. 173-179

Westlake, J.: A Treatise on Private International Law or the Conflict of Laws, London 1858 (Zitiert: *Westlake*, A Treatise on Private International Law or the Conflict of Laws (1858))

Westlake, J.: A Treatise on Private International Law or the Conflict of Laws, 2. Auflage, London 1880 (Zitiert: *Westlake*, A Treatise on Private International Law or the Conflict of Laws (1880))

Westlake, J.: A Treatise on Private International Law or the Conflict of Laws, 3. Auflage, London 1912 (Zitiert: *Westlake*, A Treatise on Private International Law or the Conflict of Laws (1912))

Westphalen, Friedrich Graf von: Rechtsprobleme der Exportfinanzierung, 3. Auflage, Heidelberg 1987

Wiethölter, Rudolf: Vorschläge und Gutachten zur Reform des deutschen internationalen Erbrechts, 1969, S. 142 ff.

Wilderspin, Michael: The Rome Convention, Experience to date before the Courts of Member States, and Interpretation by the Court of Justice of the European Communities of the Brussels Convention and its possible impact on the interpretation of the Rome Convention, in: Paul Lagarde und Bernd von Hoffmann (Hrsg.), L'européisation du droit international privé, Köln 1996, S. 47-61 (Zitiert: Wilderspin, in: Lagarde/von Hoffmann,)

Wolf, Christian Stefan: Der Begriff der engsten Verbindung im Internationalen Sachenrecht, Frankfurt a.M. [u.a.] 2001 (Zitiert: *Wolf*, Begriff der engsten Verbindung im Int. Sachenrecht)

Wolff, Martin: Private International Law, 2nd ed., Oxford 1950

Wyatt, Derrick: Choice of Law in Contract Matters – A Question of Policy, Mod.L.Rev. 37 (1974), S. 399-416

Zahn, Johannes C.D./Eberding, Ekkart/Ehrlich, Dietmar: Zahlung und Zahlungssicherung im Außenhandel, 6. Auflage, Berlin [u.a.] 1986

Zeiger, Sonja: Der Management-Vertrag als internationales Kooperationsinstrument, Konstanz 1984

Zenhäusern, Urs: Der internationale Lizenzvertrag, Freibunrg/Schweiz 1991

Zöller, Richard/Geimer, Reinhold: Zivilprozessordnung mit Gerichtsverfassungsgesetz und den Einführungsgesetzen, mit internationalem Zivilprozessrecht, EG-Verordnungen, Kostenanmerkungen, 23. Auflage, Köln 2002 (Zitiert: *Zöller/Geimer*, ZPO)

Zweigert, Konrad: Verträge zwischen staatlichen und nichtstaatlichen Partnern, in: Berichte der Deutschen Gesellschaft für Völkerrecht, Heft 5, Karlsruhe 1964, S. 194-216 (Zitiert: *Zweigert*, in: BerGesVR 5 (1964)

Zweigert, Konrad: Zur neuen Wissenschaftsgeschichte des Kollisionsrechts. Die dritte Schule im internationalen Privatrecht, in: Hans Peter Ipsen (Hrsg.), Festschrift für Leo Raape zu seinem siebzigsten Geburtstag am 14. Juni 1948, Hamburg 1948, S. 35-52 (Zitiert: *Zweigert*, in: FS Raape)

Rechtsprechungsregister

I. Gerichte der EVÜ-Mitgliedstaaten

Belgische Gerichte

Tribunal civil de Marche-en-Famenne	26.02.1986	Annales de droit de Liège 1988, S. 100-102 = Revue générale de droit civil belge 1989, S. 387-390
Justice de paix de Barvaux	24.12.1985	Annales de droit de Liège 1988, S. 102-104

Englische Gerichte

Amin Rasheed Shipping Corp. v. Kuwait Insurance Co.	[1983] 2 All E.R. 884 = [1983] 3 W.L.R. 241 = [1984] 1 A.C. 50	House of Lords
Ascherberg, Hopwood and Crew Ltd. v. Casa Musicale Sonzogno	[1971] 3 All E.R. 38 = [1971] 1 W.L.R. 1128	Court of Appeal
Bank of Baroda v. Vysya Bank Ltd.	[1994] 2 Lloyd's Law Report, 87 = [1994] 2 Lloyd's Law Report, 657 (résumé) = [1995] 11 European Current Law, Nr. 44 (résumé) = [1995] 1 European Current Law, Nr. 57 (résumé).	High Court of Justice, Queen's Bench Division, Commercial Court
Bonython v. Commonwealth of Australia	[1951] 1 A.C. 201	House of Lords
Bossevain v. Weil	[1950] 1 A.C. 327 = [1950] 1 All E.R. 728 [1949] 1 K.B. 482	House of Lords
Bumper Development Corporation v. Commissioner of Police of the Metropolis	[1991] 1 W.L.R. 1362	Court of Appeal

Egon Odendorff v. Liberia Corp.	[1996] 1 Lloyd's Law Report 380	High Court of Justice, Queen's Bench Division, Commercial Court
MCC Proceeds Inc. v. Bishopsgate Investment Trust plc.	[1999] C.L.C. 417	Court of Appeal
Mostyn v. Fabrigas	[1774] 1 Cowp. 161 = All E.R. [1775-1802] 266	Court of King's Bench
Offshore International S.A. v. Banco Central S.A.	[1976] 2 Lloyd's Law Report 402 [1977] 1 W.L.R. 399	High Court of Justice, Queen's Bench Division
Re United Railways of Havanna v. Regula Warehouses Ltd.	[1960] 2 All E.R. 332	Court of Appeal

Deutsche Gerichte

BGH	26.07.2004	VIII ZR 273/03	NJW-RR 2005, S. 206-210 = IPRax 2005, S. 342-308 = ZIP 2004, 2007-2012
BGH	28.01.1997	XI ZR 42/96	RIW/AWD 1997, S. 426
BGH	13.06.1996	IX ZR 172/95	IPRax 1998, S. 108-110
BGH	21.09.1995	VII ZR 248/94	RIW/AWD 1995, S. 1027-1028
BGH	06.03.1995	II ZR 84/94	NJW 1995, S. 2097-2099
BGH	28.01.1993	IX ZR 259/91	NJW 1993, S. 1126-1128
BGH	09.07.1992	VII ZR 7/92	BGHZ 119, S. 152-176 = IPRspr. 1992, Nr. 192 = IPRax 1993, S. 244-248 = NJW 1992, S. 3158-3163 = NJW-RR 1993, S. 311 = RIW/AWD 1992, S. 1025-1026 = DB 1992, S. 2615-2618
BGH	09.07.1992	VII ZR 7/92	BHGZ 119, S. 152-176

BGH	07.11.1991	I ZR 51/90	WM 1992, S. 825, 826-829
BGH	08.10.1991	XI ZR 64/90	JZ 1992, S. 579-581
BGH	12.10.1989	VII ZR 339/88	BGHZ 109, S. 29-40 = IPRax 1990, S. 318-320 = BB 1990, S. 658-661
BGH	12.10.1989	VII ZR 339/88	IPRspr. 1989, Nr. 195 = NJW 1990, S. 317-320
BGH	05.05.1988	VII ZR 119/87	BGHZ 104, S. 268-275
BGH	17.10.1984	I ZR 130/82	NJW 1985, S. 560-561
BGH	13.06.1984	IVa ZR 196/82	IPRax 1985, S. 221-224
BGH	16.01.1981	I ZR 84/78	IPRspr. 1981, Nr. 152 = NJW 1981, S. 1905-1906
BGH	04.04.1979	VIII ZR 199/78	NJW 1979, S. 1782-1784
BGH	09.03.1979	V ZR 85/77	BGHZ 73, S. 391-398
BGH	27.04.1977	VIII ZR 184/75	IPRspr. 1977, Nr. 17 = WM 1977, S. 793-795
BGH	30.03.1976	VI ZR 143/74	IPRspr. 1976, Nr. 2 = NJW 1976, S. 1581-1583 = BB 1976, S. 672 = VersR 1976, S. 832-835
BGH	18.10.1973	VIII ZR 110/71	RIW/AWD 1973, S. 101
BGH	22.09.1971	VIII ZR 259/69	BGHZ 57, 72-78 = JR 1972, S. 153-154
BGH	04.07.1969	V ZR 69/66	BGHZ 52, S. 239, 241-243
BGH	12.01.1966	Ib ZR 153/63	IPRspr. 1966-67, Nr. 42 = VersR 1966, S. 461-464
BGH	21.10.1964	Ib ZR 22/63	IPRspr. 1964/65, Nr. 180 = RIW/AWD 1964, S. 455
BGH	25.11.1963	VII ZR 248/61	WM 1964, S. 15-18

BGH	22.05.1958	II ZR 281/56	IPRspr. 1958/59, Nr. 100 = NJW 1958, S. 1390-1392
BGH	29.04.1958	VIII ZR 189/57	NJW 1958, S. 1138-1139
BGH	22.11.1955	I ZR 218/53	BGHZ 19, S. 110-113
BGH	30.03.1955	IV ZR 210/54	BGHZ 17, S. 89-96 = NJW 1955, S. 827-828
RG	04.04.1908	I 274/07	RGZ 68, S. 203-210
RG	21.10.1887	II 136/87	RGZ 20, S. 333-336
RG	08.07.1882	I 317/82	RGZ 9, S. 225-228
RG	01.03.1882	I 676/81	RGZ 6, S. 125-134.
RG	29.10.1904	I 264/04	NiemZ 15 (1905), S. 293-297
OLG Düsseldorf	11.07.1996	6 U 152/95	RIW/AWD 1996, S. 958-960
OLG Düsseldorf	11.07.1996	6 U 152/95	NJW-RR 1997, S. 822-823 = WiB 1997, S. 149-151
OLG Düsseldorf	11.07.1996	6 U 152/95	RIW/AWD 1996, S. 958-960
OLG Nürnberg	22.02.1996	8 U 2932/95	IPRspr. 1996, Nr. 31 = NJW-RR 1997, S. 1484-1485
OLG Koblenz	19.10.1995	6 U 1441/92	RIW/AWD 1996, S. 151-153
OLG Köln	26.08.1994	19 U 282/93	NJW-RR 1995, S. 245 = RIW/AWD 1994, S. 970-972
OLG Frankfurt	20.12.1993	13 U 234/92	OLG-Report Frankfurt 1994, S. 15-17
OLG Köln	08.11.1993	19 U 123/92	IPRspr. 1993, Nr. 29 = RIW/AWD 1993, S. 414-416
OLG Hamm	30.07.1993	10 U 174/92	IPRspr. 1993, Nr. 34 = RIW/AWD 1993, S. 940-941
OLG Düsseldorf	04.06.1993	17 U 13/93	IPRspr. 1993, Nr. 33 = RIW/AWD 1993, S. 761-763
OLG Frankfurt a.M.	23.12.1992	21 U 62/92	IPRax 1994, S. 141 = NJW-RR 1993, S. 809-811

OLG Köln	02.10.1992	19 U 28/92	IPRspr. 1992, Nr. 45 = IPRax 1994, S. 213-216 = RIW/AWD 1992, S. 1021-1025
OLG Frankfurt a.M.	24.06.1992	U 116/89	IPRspr. 1992, Nr. 40 = NJW-RR 1993, S. 182-183
OLG Düsseldorf	14.04.1992	18 U 224/91	TranspR 1992, S. 415-418
OLG Celle	20.11.1991	20 U 26/91	NJW-RR 1992, S. 1126-1128
OLG Frankfurt a.M.	12.11.1991	5 U 207/90	IPRspr. 1991, Nr. 46 = NJW-RR 1992, S. 684-685 = WuB I H 2., Nr. 1.92
OLG Düsseldorf	23.05.1990	6 U 226/89	IPRspr. 1990, Nr. 35 = WM 1990, S. 1959-1962
OLG Düsseldorf	15.03.1990	6 U 215/89	IPRspr. 1990, Nr. 167 = IPRax 1991, S. 327-329
OLG Düsseldorf	08.02.1990	18 U 166/89	IPRspr. 1990, Nr. 28 = NJW-RR 1991, S. 55-56
OLG Frankfurt a.M.	01.06.1989	6 U 76/88	IPRax 1990, S. 236-239 = NJW-RR 1989, S. 1018-1020
OLG Hamm	01.12.1988	4 U 120/88	IPRax 1990, S 242-245 = NJW-RR 1989, S. 496-497
OLG München (Senat Augsburg)	10.03.1988	24 U 474/87	NJW-RR 1989, S. 663-666
OLG Karlsruhe (Senat Freiburg)	15.12.1987	18 U 8/87	IPRspr. 1987, Nr. 24 a = NJW-RR 1989, S. 367-368
OLG Frankfurt a.M.	22.09.1987	5 U 60/86	IPRax 1990, S. 43-45 = EwiR 1988, 81-82
OLG Celle	31.03.1987	16 U 96/84	RIW/AWD 1988, S. 137-139
OLG Hamburg	30.12.1985	11 U 159/85	RIW/AWD 1986, S. 462-464
OLG Frankfurt a.M.	25.04.1983	5 U 75/82	TranspR 1984, S. 21-23
OLG Karlsruhe	03.07.1981	15 U 181/80	IPRax 1982, S. 102-104

OLG Hamm	29.05.1978	18 U 175/77	IPRspr. 1978, Nr. 13 = RIW/AWD 1979, S. 205-206
OLG Hamburg	21.07.1977	6 U 30/77	IPRspr. 1977, Nr. 40 = VersR 1978, S. 918-919
OLG Hamburg	09.07.1976	1 U 138/75	IPRspr. 1976, Nr. 125 b
OLG Oldenburg	05.11.1975	8 U 31/74	IPRspr. 1975, Nr. 15
OLG Düsseldorf	28.09.1971	6 U 230/69	IPRspr. 1970, Nr. 15 = WM 1971, S. 168-175
OLG Frankfurt a.M.	15.01.1970	1 U 42/69	IPRspr. 1970, Nr. 110 = NJW 1970, S. 1010
OLG Saarbrücken	11.01.1966	2 U 15/63	IPRspr. 1966-67, Nr. 53
OLG Frankfurt a.M.	02.04.1963 (Beschluss)	6 W 583/62	WM 1963, S. 872-876
OLG Düsseldorf	04.08.1962	2 U 66/61	RIW/AWD 1961, S. 295 = GRUR Int. 1962, S. 256-257
OLG Düsseldorf	04.08.1961	2 U 66/61	RIW/AWD 1961, S. 295 = GRUR Int. 1962, S. 256-257
OLG Hamburg	25.11.1959	4 U 101/58	IPRspr. 1958/59, Nr. 61
OLG Frankfurt a.M.	20.12.1993	13 U 234/92	OLG-Report Frankfurt 1995, S. 15-17
KG	22.06.1994	Kart U 939/94	VuR 1995, S. 35-41
KG	16.08.1956 (Beschluss)	1 W Umst. 1029/56	NJW 1957, S. 347-348 = RabelsZ 23 (1958), S. 280-283
LG Köln	28.10.1992	9 S 78/92	IPRspr. 1992, Nr. 48 = VuR 1993, S. 52-54
LG Hamburg	15.10.1992	302 O 2/92	RIW/AWD 1993, S. 144-146
LG Konstanz	17.06.1992	6 S 47/92	NJW-RR 1992, S. 1332 = IPRspr. 1992, Nr. 38
LG Köln	22.01.1992	26 O 142/91	IPRspr. 1992 Nr. 29 = VuR 1992, S. 156-158

LG Aachen	20.12.1990	6 S 267/90	NJW 1991, S. 2221-2222
LG Düsseldorf	05.12.1990	23 S 380/89	IPRspr. 1990, Nr. 43 = NJW 1991, S. 2220-2221
LG Frankfurt a. M.	14.11.1990	2/1 S 119/90	IPRspr. 1990, Nr. 55 = TransportR 1991, S. 145-146
LG Stuttgart	18.05.1990	2 U 191/89	IPRspr. 1990, Nr. 34 = IPRax 1991, S. 332-334 = RIW/AWD 37 (1991), S. 588-590 = NJW-RR 1990, S. 1081-1083
LG Aachen	03.04.1990	41 O 198/89	IPRspr. 1990, Nr. 31 = RIW/AWD 1990, S. 491-492
LG Hamburg	21.02.1990	2 S 82/89	IPRax 1990, S. 239-242 = NJW-RR 1990, S. 495-497
LG Würzburg	19.05.1988	5 S 2725/87	NJW-RR 1988, S. 1324-1325
LG München I	24.05.1982	3 HKO 4714/81	IPRspr. 1982, Nr. 141 = IPRax 1983, S. 44-45
AG Neuss	27.03.1986 (Beschluss)	36 C 74/86	NJW-RR 1986, S. 1210-1211

Französische Gerichte

Cour de Cassation	25.02.1989	Rev.crit.d.i.p. 19^90, S. 732
Cour de Cassation	01.07.1981	Rev.crit.d.i.p. 1982, S. 236
Cour de Cassation	06.07.1959	Rev.crit.d.i.p. 1959, S. 708-709
Cour de Cassation	24.04.1952	Rev.crit.d.i.p. 1952, S. 502-504
Cour de Cassation	05.12.1910	Rev.crit.d.i.p 1911, S. 395 = J.D.I. 1912, S. 1156.
Cour d'appel de Versailles	06.02.1991	Bull. Inf. Cour cass. 1991, Nr. 1186 = Rev.crit.d.i.p. 1991, S. 745-748 = J.D.I. 1992, S. 125-133

Cour d'appel de Paris	27.01.1955	Rev.crit.d.i.p. 1955, S. 330-340
Tribunal de Grande Instance Paris	03.02.1982	J.D.I. 1984, S. 583-598

Griechische Gerichte

Berufungsgericht Thessaloniki	1092/1997	Harmenopulos 1997, S. 922-924
Kollegialgericht erster Instanz Thessaloniki	2594/1997	Harmenopulos 1997, S. 807
Kollegialgericht erster Instanz Piräus	788/1996	END 1997, S. 151-152

Italienische Gerichte

Tribunale di Milano	04.12.1994	Riv. dr. int. priv. e proc. 1999, S. 63-67

Niederländische Gerichte

Hoge Raad	25.09.1992	14566	RvdW 1992, Nr. 207; Ned.Jur. 1992, Nr. 750; NIPR 1993, Nr. 105
Hof's-Hertogenbosch	11.05.1998	C9700092/BR	NIPR 1998, Nr. 297
Hof's-Gravenhage	19.11.1996		NIPR 1997, Nr. 212
Hof's-Hertogenbosch	17.02.1993	763/92/Br	NIPR 1993, Nr. 273
Hof Arnhem	12.06.1990	596/89	NIPR 1991, Nr. 130
Rechtbank Arnhem	04.12.1997	94/1542	NIPR 1998, Nr. 300
Rechtbank Arnhem	19.05.1994	1992/1441	NIPR 1995, Nr. 272
Rechtsbank Middelburg	28.11.1990	1172/89	NIPR 1995, Nr. 384
Rechtbank Almelo	21.06.1989		NIPR 1989, Nr. 468

Österreichische Gerichte

OGH	28.4.1998	1 OB 253/97f	ZfRV 1998, S. 259-263

II. Europäischer Gerichtshof und Gerichte sonstiger Staaten

Europäischer Gerichtshof

Industrie Tessili Italiana Como v. Dunlop AG	06.10.1976	Rs 12/76	Slg. 1976, S. 1473-1496 = NJW 1977, S. 491-493

Schweizer Gerichte

Bundesgericht	29.04.1980	BGE 106 II, S. 36-42
Bundesgericht	30.03.1976	BGE 102 II, S. 143-151
Bundesgericht	25.02.1975	BGE 101 II, S. 83-86
Bundesgericht	30.04.1974	BGE 100 II, S. 411-420
Bundesgericht	02.05.1973	BGE 99 II, S. 315-323
Bundesgericht	09.06.1970	BGE 96 II, S. 145-153
Bundesgericht	29.01.1970	BGE 96 II, S. 79-101
Bundesgericht	28.05.1969	BGE 95 II, S. 119-126
Bundesgericht	01.10.1968	BGE 94 II, S. 355-363
Bundesgericht	16.11.1965	BGE 91 II, S. 356-362
Bundesgericht	05.10.1965	BGE 91 II, S. 442-455
Bundesgericht	03.12.1962	BGE 88 II, S. 471-475
Bundesgericht	09.10.1962	BGE 88 II, S. 283-292
Bundesgericht	04.10.1960	BGE 86 II, S.270-285
Bundesgericht	15.03.1956	BGE 82 II, S.129-132
Bundesgericht	30.03.1954	BGE 80 II, S. 49-52
Bundesgericht	04.07.1953	BGE 79 II, S.165-167
Bundesgericht	10.06.1952	BGE 78 II, S.190-192
Bundesgericht	12.02.1952	BGE 78 II, S. 74-87
Bundesgericht	18.12.1951	SJIR 10 (1953), S. 346-348
Bundesgericht	19.10.1951	SJIR 10 (1953), S. 323-327

Bundesgericht	07.03.1950	BGE 76 II, S. 45-51
Bundesgericht	16.03.1948	BGE 74 II, S. 106-127
Bundesgericht	27.02.1945	SJIR 5 (1948), S. 112-115
Bundesgericht	07.07.1942	BGE 68 II, S. 203-212
Bundesgericht	23.09.1941	BGE 67 II, S. 215-221
Bundesgericht	21.09.1937	BGE 63 II, S. 303-317
Bundesgericht	02.03.1937	BGE 63 II, S. 42-45
Bundesgericht	19.02.1936	BGE 62 II, S. 108-111
Bundesgericht	18.09.1934	BGE 60 II, S. 294-312
Bundesgericht	23.03.1934	BGE 60 II, S. 178-191
Bundesgericht	18.07.1885	BGE 11, S. 357-365

US-amerikanische Gerichte

A.M. Caperis Co., Inc. v. American Trading & Production Corp.	74 F. 3d 317 (1st Cir. 1996)	(United States Court of Appeals, First Circuit)
Allstate Insurance Co. v. Stolarz	613 N.E. 2d 936 (App. N.Y. 1993)	(Court of Appeals of New York)
Assicurazioni Generali S.p.A. v. Public Service Mutual Insurance Co.	882 F. Supp. 1537 (E.D. Pa. 1995)	(United States District Court, Eastern District of Pennsylvania)
Auten v. Auten	308 N.Y. 155, 124 N.E. 2d 99 (App. N.Y. 1954)	(Court of Appeals of New York)
Babcock v. Jackson	12 N.Y. 2d 473, 191 N.E. 2d 279 (App. N.Y. 1963)	(Court of Appeals of New York)
Bunge Corp. v. Biglane	418 F. Supp. 1159, 20 UCC Rep. Serv. 596 (S.D. Miss. 1976)	(United States District Court, Southern District of Mississippi, Western Division)
Collins Radio Co. of Dallas, Texas v. Bell	623 P. 2d 1039, 31 UCC Rep. Serv. 58 (App. Okla 1980)	(Court of Appeals of Oklahoma)

Cosmopolitan Equities, Inc. v. Pacific Seafarers, Inc.	246 N.Y.S 2d 412 (Supp. N.Y. 1963)	(Supreme Court, New York County, N.Y.)
Dance v. U.S. International Motors, Inc.	647 F. Supp. 1205 (D.D.C. 1986)	(United States District Court, District of Columbia)
Dr. Franklin Perkins School v. Freeman	741 F. 2d 1503 FN 19 (7th Cir. 1984)	(United States Court of Appeals, Seventh Circuit)
Dym v. Gordon	16 N.Y. 2d 120, 209 N.E. 2d 792 (App. N.Y. 1965)	(Court of Appeals of New York)
Eldon Industries, Inc. v. Paradies and Company	397 F. Supp. 535 (D.C. Ga. 1975)	(United States District Court, Northern District of Georgia, Atlanta Division)
Falkenberg Capital Corp. v. Dakota Cellular, Inc.	925 F. Supp. 231 (D. Del. 1996)	(United States District Court, District of Delaware)
Fluke Corp. v. Hartford Accident & Indemnity Co.	34 P. 3d 809 (Wash. 2001)	(Supreme Court of Washington)
Frishberg and Dee Bee Sales Corp. v. Esprit des Corp., Inc.	778 F. Supp. 793 (S.D.N.Y. 1991)	(United States District Court, Southern District of New York)
Gateway Western Railway Co. v. Morrison Metalweld Process Corp.	46 F. 3d 860 (8th Cir. 1995)	(United States Court of Appeals, Eighth Circuit)
Goldberg Co. v. Remsen Partners, Ltd.	170 F. 3d 191 (D.C. Cir. 1999)	(United States District Court, District of Columbia)
Heath v. Zellmer	35 Wis. 2d 578, 151, N.W. 2d 664 (1967)	(Supreme Court of Wisconsin)
Intercontinental Planning Ltd. v. Daystrom	24 N.Y. 2d 372, 300 N.Y.S. 2d 817, 248 N.E. 2d 576 (App. N.Y. 1969)	(Court of Appeals of New York)

J. Zeevi ans Sons v. Grindlays Bank, Ltd. (Uganda)	37 N.Y. 2d 220, 371 N.Y.S. 2d 892, 333 N.E. 2d 168 (1975), cert. denied 423 U.S. 866, 96 S. Ct. 126, 46 L. Ed. 95 (1975)	(Court of Appeals of New York)
Jefferson Insurance Co. of New York v. Fortress Re, Inc.	616 F. Supp. 874 (S.D.N.Y. 1984)	(United States District Court, Southern District of New York)
Kilberg v. Northeast Airlines, Inc.	N.Y. 2d 34, 172 N.E. 2d 526 (App. N.Y. 1961)	(Court of Appeals of New York)
Kramer v. Novak	908 F. Supp. 1281 (E.D. Pa. 1995)	(United States District Court, Eastern District of Pennsylvania)
Kruger Commodities, Inc. v. United States Fidelity and Guaranty	923 F. Supp. 1474 (M.D. Ala. 1996)	(United States District Court, Middle District of Alabama, Northern Division)
Lexecon, Inc. v. H. Haft	914 F. Supp. 4 (D.D.C. 1996)	(United States District Court, District of Columbia)
Ligget Group Inc. v. Affiliated FM Insurance Co.	788 a. 2d 134 (Del. Sup. 2001)	(Superior Court of Delaware, New Castle County)
Mass v. Mc Clenahan	893 F. Supp. 225 (S.D.N.Y. 1995)	(United States District Court, Southern District of New York)
Mc Clure v. Duggan	5 UCC Rep. Serv. 2d 925 (N.D. Tex. 1987)	(United States District Court, Northern District of Texas)
Muller v. Walt Disney Productions	876 F. Supp. 502 (S.D.N.Y. 1994)	(United States District Court, Southern District of New York)
Mulvihill v. Furess, Withy & Co. Ltd.	136 F. Supp. 201, 206 (S.D.N.Y. 1955)	(United States District Court, Southern District of New York)

Mutual Life Insurance Company of New York v. Simmon	151 F. Supp. 408 (S.D.N.Y 1957)	(United States District Court, Southern District of New York)
N.L. Industries, Inc. v. Commercial Union Insurance Company	65 F. 3d 314 (3rd Cir. 1995)	(United States Court of Appeals, Third Circuit)
Nunez v. Hunter Fan Company	920 F. Supp. 716 (S.D. Tex. 1996)	(United States District Court, Southern District of Texas)
O.V.R.S. Acquisition Corp. v. Community Health Services, Inc.	657 N.E. 2d 117 (Ind. App. 1995)	(United States Court of Appeals, First Circuit)
Pritchard v. Norton	106 U.S. 124 (1882)	(Supreme Court)
Quaker State Oil Refining Corp. v. Garrity Oil Company, Inc.	884 F. 2d 1510 (1st Cir. 1989)	(United States Court of Appeals, First Circuit)
R. J. Longo Construction Co., Inc v. Transit America, Inc.	921 F. Supp. 1295 (D.N.J. 1996)	(United States District Court, District of New Jersey)
Richard O'Brien Cos. v. Challenge-Cook Bros., Inc.	672 F. Supp. 466, 5 UCC Rep. Serv. 2d 73 (D.C. Colo. 1987)	(United States District Court, District of Colorado)
Roesgen v. American Home Products Corp.	719 F. 2d 319 (9th Cir. 1983)	(United States Court of Appeals, Ninth Circuit)
Rosenthal v. Fonda	862 F. 2d 1398 (9th Cir. 1988)	(United States Court of Appeals, Third Circuit)
Royal Industries Ltd. v. Kraft Foods, Inc.	926 F. Supp. 407 (S.D.N.Y. 1996)	(United States District Court, Southern District of New York)
Security Insurance Company of Hartford v. Kevin Tucker & Associates, Inc.	64 F. 3d 1001 (6th Cir. 1995)	(United States Court of Appeals, Ninth Circuit)
St. Paul Fire & Marine Insurance Co. v. Employer's Reinsurance Corporation	919 F. Supp. 133 (S.D.N.Y. 1996)	(United States District Court, Southern District of New York)

Stillman v. Nickel Odeon	608 F. Supp. 1050 (S.D.N.Y. 1985)	(United States District Court, Southern District of New York)
Tersco, Inc. v. Du Pont de Neumours and Company	879 F. Supp. 445 (E.D. Pa. 1992)	(United States District Court, Eastern District of Pennsylvania)
Tramontana v. S.A. Empresa de Viacao Aerea Rio Grandense	350 F. 2d 468 (D.C. Cir. 1965), cert. denied 383 U.S. 943 (1966)	(United States Court of Appeals, District of Columbia Circuit)
United Rubber Cork, Linoleum und Plastic Workers of America v. Great American Industries, Inc.	479 F. Supp. 216 (S.D.N.Y 1979)	(United States District Court, Southern District of New York)
Wagner v. Stratton Dakmont, Inc.	83 F. 3d 1046 (9th Cir. 1996)	(United States Court of Appeals, Ninth Circuit)

STUDIEN ZUM VERGLEICHENDEN UND INTERNATIONALEN RECHT

Herausgeber: Bernd von Hoffmann, Erik Jayme und Heinz-Peter Mansel

Band 1 Ferdinand Henke: Die Datenschutzkonvention des Europarates. 1986.

Band 2 Peter Czermak: Der express trust im internationalen Privatrecht. 1986.

Band 3 Peter Kindler: Der Ausgleichsanspruch des Handelsvertreters im deutsch-italienischen Warenverkehr. Eine rechtsvergleichende und kollisionsrechtliche Untersuchung. 1987.

Band 4 Wilhelm Denzer: Stellung und Bedeutung des Engineers in den FIDIC-Bauvertragsbedingungen. 1988.

Band 5 Marijan-Maximilian Lederer: Die internationale Enteignung von Mitgliedschaftsrechten unter besonderer Berücksichtigung der französischen Enteignungen 1982. 1989.

Band 6 Rainer Esser: Klagen gegen ausländische Staaten. 1990.

Band 7 Chang Jae-Ok: Auf dem Weg zu einer Materialisierung des Immateriellen? Personen-, Persönlichkeitsschutz und Geldersatz des immateriellen Schadens in rechtsvergleichender Hinsicht am Beispiel des koreanischen und japanischen Zivilrechts unter besonderer Berücksichtigung des deutschen Rechts. 1990.

Band 8 Paul-Frank Weise: Lex mercatoria. Materielles Recht vor der internationalen Handelsschiedsgerichtbarkeit.1990.

Band 9 Werner Born: Der Auftrittsvertrag für Musikgruppen im Bereich der Rock- und Popmusik. 1990.

Band 10 Ralf Erich Jürgens: IPR und Verfassung in Italien und in der Bundesrepublik Deutschland. 1990.

Band 11 Rainer Gildeggen: Internationale Schieds- und Schiedsverfahrensvereinbarungen in Allgemeinen Geschäftsbedingungen vor deutschen Gerichten. 1991.

Band 12 Klaus Grabinski: Die kollisionsrechtliche Behandlung des Durchgriffs bei rechtlich verselbständigten Unternehmen in privater oder öffentlicher Hand. 1991.

Band 13 Dieter Stummel: Konkurs und Integration. Konventionsrechtliche Wege zur Bewältigung grenzüberschreitender Insolvenzverfahren. 1991.

Band 14 Joachim Güntzer: Die Rechtsstellung des Geschäftsführers im spanischen Aktienrecht. Die Neuregelung des spanischen Aktienrechts nach dem Beitritt Spaniens zur EG. 1991.

Band 15 Sabine Isenburg-Epple: Die Berücksichtigung ausländischer Rechtshängigkeit nach dem Europäischen Gerichtsstands- und Vollstreckungsübereinkommen vom 27.9.1968. Untersuchungen zum Anwendungsbereich von Art. 21 EuGVÜ unter schwerpunktmäßiger Behandlung der Frage nach der Bestimmung eines europäischen Streitgegenstandsbegriffs. 1992.

Band 16 Ulrich Nickl: Die Qualifikation der culpa in contrahendo im Internationalen Privatrecht. 1992.

Band 17 Theo Rauh: Leistungserschwerungen im Schuldvertrag. Eine rechtsvergleichende Untersuchung des englischen, US-amerikanischen, französischen und deutschen Rechts unter besonderer Berücksichtigung der gerichtlichen Praxis. 1992.

Band 18 Bernadette Chaussade-Klein: Vorvertragliche "obligation de renseignements" im französichen Recht. 1992.

Band 19 Josef Sievers: Verbraucherschutz gegen unlautere Vertragsbedingungen im französischen Recht. Vom Code civil zum "Code de la consommation" – die Entstehung eines Sonderprivatrechts für Verbraucher. 1993.

Band 20 Achim Schäfer: Grenzüberschreitende Kreditsicherung an Grundstücken, unter besonderer Berücksichtigung des deutschen und italienischen Rechts. 1993.

Band 21 Eugenio Hernández-Breton: Internationale Gerichtsstandsklauseln in Allgemeinen Geschäftsbedingungen. Unter besonderer Berücksichtigung des deutsch-südamerikanischen Rechtsverkehrs (dargestellt am Beispiel Argentinien, Brasilien und Venezuela). 1993.

Band 22 Ingo Reng: Unterhaltsansprüche aufgrund nichtehelicher Lebensgemeinschaft – Internationales Privatrecht und ausländisches materielles Recht. 1994.

Band 23 Stefanie Roloff: Die Geltendmachung ausländischer öffentlicher Ansprüche im Inland. 1994.

Band 24 Katharina Ludwig: Der Vertragsschluß nach UN-Kaufrecht im Spannungsverhältnis von Common Law und Civil Law. Dargestellt auf der Grundlage der Rechtsordnungen Englands und Deutschlands. 1994.

Band 25 Malte Diesselhorst: Mehrparteienschiedsverfahren. Internationale Schiedsverfahren unter Beteiligung von mehr als zwei Parteien. 1994.

Band 26 Manfred Kost: Konsensprobleme im internationalen Schuldvertragsrecht. 1995.

Band 27 Wolff-Heinrich Fleischer: Das italienische Wettbewerbsrecht und die Probleme des selektiven Parfümvertriebs unter Berücksichtigung der Rechtslage in Frankreich und Deutschland. 1995.

Band 28 Angelika Fuchs: Lateinamerikanische Devisenkontrollen in der internationalen Schuldenkrise und Art. VIII Abschn. 2 b) IWF-Abkommen. 1995.

Band 29 Jacques Matthias Aull: Der Geltungsanspruch des EuGVÜ: "Binnensachverhalte" und Internationales Zivilverfahrensrecht in der Europäischen Union. Zur Auslegung von Art. 17 Abs. 1 S. 1 EuGVÜ. 1996.

Band 30 Hartmut Ost: EVÜ und fact doctrine. Konflikte zwischen europäischer IPR-Vereinheitlichung und der Stellung ausländischen Rechts im angelsächsischen Zivilprozeß. 1996.

Band 31 Stefan Wagner: Die Testierfähigkeit im Internationalen Privatrecht. 1996.

Band 32 Wolfgang Jakob Hau: Positive Kompetenzkonflikte im Internationalen Zivilprozeßrecht. Überlegungen zur Bewältigung von *multi-fora disputes*. 1996.

Band 33 Markus Schütz: UN-Kaufrecht und *Culpa in contrahendo*. 1996.

Band 34 Volker Geyrhalter: Das Lösungsrecht des gutgläubigen Erwerbers. Ein "vergessener" Kompromiß und die Auswirkungen auf das heutige deutsche Recht unter besonderer Berücksichtigung des internationalen Sachenrechts. 1996.

Band 35 Andreas Kramer: Abwicklungsstörungen bei Kaufverträgen. Die Lieferung vertragswidriger Sachen im deutschen und italienischen Recht. 1996.

Band 36 Petra Krings: Erfüllungsmodalitäten im internationalen Schuldvertragsrecht. 1997.

Band 37 Tonja Gaibler: Der rechtsgeschäftliche Irrtum im französischen Recht. 1997.

Band 38 Dirk Otto: Rechtsspaltung im indischen Erbrecht. Bedeutung und Auswirkungen auf deutsch-indische Nachlaßfälle. 1997.

Band 39 Gregor W. Decku: Zwischen Vertrag und Delikt. Grenzfälle vertraglicher und deliktischer Haftung dargestellt am Beispiel der Berufs- und Expertenhaftung zum Schutze des Vermögens Dritter im deutschen und englischen Recht. 1997.

Band 40 Ulrike Höpping: Auswirkungen der Warenverkehrsfreiheit auf das IPR unter besonderer Berücksichtigung des Internationalen Produkthaftungsrechts und des Internationalen Vertragsrechts. 1997.

Band 41 Andreas Bartosch: Die vermögensrechtlichen Beziehungen der Ehegatten bei bestehender Ehe im englischen Recht – Eigentum, Besitz, Schuldvertrag. 1997.

Band 42 Helene Boriths Müller: Die Umsetzung der europäischen Übereinkommen von Rom und Brüssel in das Recht der Mitgliedstaaten. Dargestellt am Beispiel Deutschlands und Dänemarks. 1997.

Band 43 Bernd von Hoffmann / Myong-Chang Hwang (eds.): The Public Concept of Land Ownership. Reports and Discussions of a German-Korean Symposium held in Seoul on October 7-9, 1996. 1997.

Band 44 Oliver Heeder: Fraus legis. Eine rechtsvergleichende Untersuchung über den Vorbehalt der Gesetzesumgehung in Deutschland, Österreich, der Schweiz, Frankreich und Belgien unter besonderer Berücksichtigung des Internationalen Privatrechts. 1998.

Band 45 Heinrich Schütt: Deliktstyp und Internationales Privatrecht. Dargestellt an grenzüberschreitenden Problemen der Arzthaftung. 1998.

Band 46 Axel Steiner: Die stillschweigende Rechtswahl im Prozeß im System der subjektiven Anknüpfungen im deutschen Internationalen Privatrecht. 1998.

Band 47 Martina Schulz: Der Eigentumsvorbehalt in europäischen Rechtsordnungen. Rechtsvergleichende Untersuchung des deutschen, englischen und französischen Rechts unter besonderer Berücksichtigung von Erweiterungen und Verlängerungen. 1998.

Band 48 Karin Dreher: Die Rechtswahl im internationalen Erbrecht. Unter besonderer Berücksichtigung des italienischen IPR-Reformgesetzes N. 218 vom 31. Mai 1995. 1999.

Band 49 Giuliano Gabrielli: Das Verhältnis zwischen der Anfechtung wegen Eigenschaftsirrtums und den Gewährleistungsansprüchen im deutschen, österreichischen und italienischen Recht. 1999.

Band 50 Bernd von Hoffmann / Myong-Chan Hwang (eds.): Developments in Land Law. Reports and Discussions of a German-Korean Symposium held in Berlin and Trier on July 21-24, 1997. 1999.

Band 51 Volker Heidbüchel: Das UNCITRAL-Übereinkommen über unabhängige Garantien und Standby Letters of Credit. Vergleiche mit den Richtlinien der Internationalen Handelskammer, dem deutschen, englischen und US-amerikanischen Recht. 1999.

Band 52 Jan Christoph Nordmeyer: Pflichtteilsansprüche und Wiedervereinigung. Eine systematische Analyse der Ausgleichsansprüche nach BGB-Pflichtteilsrecht unter besonderer Berücksichtigung der durch den Wiedervereinigungsprozeß eingetretenen Wertveränderungen. 1999.

Band 53 Bettina Linder: Vertragsabschluß beim grenzüberschreitenden Verbraucherleasing. 1999.

Band 54 Almontasser Fetih: Die zivilrechtliche Haftung bei Vertragsverhandlungen. Eine rechtsvergleichende Studie zum deutschen, französischen, ägyptischen und islamischen Recht. 2000.

Band 55 Sona Rajani: Die Geltung und Anwendung des Gemeinschaftsrechts im Vereinigten Königreich von Großbritannien und Nordirland. Der Grundsatz der Parlamentssouveränität im Wandel. 2000.

Band 56 Joachim Kayser: Gegenmaßnahmen im Außenwirtschaftsrecht und das System des europäischen Kollisionsrechts. Eine Analyse der EU-Abwehrverordnung gegen die Auswirkungen extraterritorialer Rechtserstreckung eines Drittlandes. 2001.

Band 57 Albrecht Conrad: Qualifikationsfragen des Trust im Europäischen Zivilprozeßrecht. 2001.

Band 58 Bernd Borgmann: Die Entsendung von Arbeitnehmern in der Europäischen Gemeinschaft. Wechselwirkungen zwischen Kollisionsrecht, Grundfreiheiten und Spezialgesetzen. 2001.

Band 59 Aleksandar Jaksic: Arbitration and Human Rights. 2002.

Band 60 Islamisches und arabisches Recht als Problem der Rechtsanwendung. Symposium zu Ehren von Professor Emeritus Dr. iur. Omaia Elwan. Veranstaltet vom Institut für ausländisches und internationales Privat- und Wirtschaftsrecht der Universität Heidelberg und der Gesellschaft für Arabisches und Islamisches Recht e.V. Herausgegeben von Herbert Kronke, Gert Reinhart und Nika Witteborg. 2001.

Band 61 Patrick Fiedler: Stabilisierungsklauseln und materielle Verweisung im internationalen Vertragsrecht. 2001.

Band 62 Werner Mangold: Die Abtretung im Europäischen Kollisionsrecht. Unter besonderer Berücksichtigung des spanischen Rechts. 2001.

Band 63 Eike Dirk Eschenfelder: Beweiserhebung im Ausland und ihre Verwertung im inländischen Zivilprozess. Zur Bedeutung des US-amerikanischen discovery-Verfahrens für das deutsche Erkenntnisverfahren. 2002.

Band 64 Bernd Ehle: Wege zu einer Kohärenz der Rechtsquellen im Europäischen Kollisionsrecht der Verbraucherverträge. 2002.

Band 65 Heiko Lehmkuhl: Das Nacherfüllungsrecht des Verkäufers im UN-Kaufrecht. 2002.

Band 66 Jochen Nikolaus Schlotter: Erbrechtliche Probleme in der Société Privée Européenne. IPR-Harmonisierung im einheitlichen Europäischen Rechtsraum. 2002.

Band 67 Konrad Ost: Doppelrelevante Tatsachen im Internationalen Zivilverfahrensrecht. Zur Prüfung der internationalen Zuständigkeit bei den Gerichtsständen des Erfüllungsortes und der unerlaubten Handlung. 2002.

Band 68 Tobias Bosch: Die Durchbrechungen des Gesamtstatuts im internationalen Ehegüterrecht. Unter besonderer Berücksichtigung deutsch-französischer Rechtsfälle. 2002.

Band 69 Ursula Philipp: Form im amerikanischen Erbrecht. Zwischen Formalismus und harmless error. 2002.

Band 70 Christian Stefan Wolf: Der Begriff der wesentlich engeren Verbindung im Internationalen Sachenrecht. 2002.

Band 71 André Fomferek: Der Schutz des Vermögens Minderjähriger. Ein Vergleich des deutschen und des englischen Rechts unter Berücksichtigung des schottischen und irischen Rechts. 2002.

Band 72 nicht erschienen

Band 73 Markus Dreißigacker: Sprachenfreiheit im Verbrauchervertragsrecht. Der Verbraucher im Spannungsfeld zwischen kultureller Identität und Privatautonomie. 2002.

Band 74 Vassiliki Myller-Igknay: Auskunftsansprüche im griechischen Zivilrecht. Auswirkungen im deutsch-griechischen Rechtsverkehr sowie im deutschen internationalen Privat- und Verfahrensrecht. 2003

Band 75 Stefan Bruinier: Der Einfluss der Grundfreiheiten auf das Internationale Privatrecht. 2003.

Band 76 Nika Witteborg: Das gemeinsame Sorgerecht nichtverheirateter Eltern. Eine Untersuchung im soziologischen, rechtsgeschichtlichen, verfassungsrechtlichen, rechtsvergleichenden und internationalen Kontext. 2003.

Band 77 Peter Stankewitsch: Entscheidungsnormen im IPR als Wirksamkeitsvoraussetzungen der Rechtswahl. 2003.

Band 78 Jan Wilhelm Ritter: Euro-Einführung und IPR unter besonderer Berücksichtigung nachehelicher Unterhaltsverträge. Eine Untersuchung mit Blick auf das deutsche, französische und schweizerische Recht. 2003.

Band 79 Wolf Richard Herkner: Die Grenzen der Rechtswahl im internationalen Deliktsrecht. 2003.

Band 80 Ira Ditandy: Internationale Zuständigkeit. Neuregelung durch die LOPJ 1985. Vergleich mit dem europäischen Vorbild und Auswirkungen auf das spanische internationale Zivilverfahrensrecht. 2003.

Band 81 Andrea Verena Schefold: Werbung im Internet und das deutsche Internationale Privatrecht. 2004.

Band 82 Klaus Herkenrath: Die Umsetzung der Richtlinie 93/13/EWG über missbräuliche Klauseln in Verbraucherverträgen in Deutschland, dem Vereinigten Königreich, Frankreich und Italien. Auswirkungen nationaler Umsetzungstechniken auf dem Harmonisierungserfolg. 2003.

Band 83 Alexander Thünken: Das kollisionsrechtliche Herkunftslandprinzip. 2003.

Band 84 Barbara v. Daumiller: Die Rechtswahl im italienischen internationalen Erbrecht: und ihre Auswirkungen im deutsch-italienischen Rechtsverkehr. 2003.

Band 85 Robert Mödl: Macht, Verantwortlichkeit und Zurechnung im Konzern. Eine rechtsvergleichende Untersuchung auf der Grundlage des deutschen, spanischen und US-amerikanischen Rechts. 2003.

Band 86 Ursula Kerpen: Das Internationale Privatrecht der Persönlichkeitsrechtsverletzungen. Eine Untersuchung auf rechtsvergleichender Grundlage. 2003.

Band 87 Barbara Ploeckl: Umgangsrechtsstreitigkeiten im deutsch-französischen Rechtsverkehr. Bestehende internationale und nationale Regelungen und der geplante *europäische Besuchstitel*. 2003.

Band 88 Katrin Wannemacher: Die Außenkompetenzen der EG im Bereich des Internationalen Zivilverfahrensrechts. Der räumliche Anwendungsbereich des Art. 65 EGV am Beispiel der EuGVO und der EheVO. 2003.

Band 89 Maren B. Eilinghoff: Das Kollisionsrecht der ungerechtfertigten Bereicherung nach dem IPR-Reformgesetz von 1999. 2004.

Band 90 Patrick Niehr: Die zivilprozessuale Dokumentenvorlegung im deutsch-englischen Rechtshilfeverkehr nach der deutschen und der englischen Prozessrechtsreform. 2004.

Band 91 Anna Christina Gördes: Internationale Zuständigkeit, Anerkennung und Vollstreckung von Entscheidungen über die elterliche Verantwortung. Die VO(EG) Nr. 1347/2000, ihre geplanten Änderungen und das Verhältnis beider zum Minderjährigen- und Kinderschutzabkommen. 2004.

Band 92 Martin Rädler: Rechtsbehelfe des Käufers eines Unternehmens oder einer unternehmerischen Beteiligung gegen den Verkäufer im deutschen und französischen Recht. 2004.

Band 93 Marc-Yngve Dietrich: Rechtsstellung und Beteiligung der Gläubiger im französischen Insolvenzverfahren. 2004.

Band 94 Katia Niemann: Die rechtsgeschäftliche und organschaftliche Stellvertretung und deren kollisionsrechtliche Einordnung. Deutschland und England im Vergleich. 2004.

Band 95 Daniel Ludwig: Neuregelungen des deutschen Internationalen Insolvenzverfahrensrechts. Eine Untersuchung unter vergleichender Heranziehung der Europäischen Insolvenzverordnung. 2004.

Band 96 Cordelia Faulenbach: Der gemeinschaftsrechtliche Vorbehalt im europäischen Wettbewerbsrecht. Die Herkunftslandanknüpfung der E-Commerce-Richtlinie unter dem Einfluss der Grundfreiheiten. 2004.

Band 97 Ulf Dörner: Der Vertragsgerichtsstand nach dem Protokoll von Buenos Aires. 2004.

Band 98 Martin Schmidhuber: Verhaltenskodizes im nationalen und grenzüberschreitenden elektronischen Geschäftsverkehr. Zur Frage der Integration der Selbstregulierung durch Private in die staatliche Rechtsordnung. 2004.

Band 99 Florian Kienle: Die fehlerhafte Banküberweisung im internationalen Rechtsverkehr. Unter besonderer Berücksichtigung des Artikels 4A US Uniform Commercial Code. 2004.

Band 100 Thomas Alexander Brandt: Die Adoption durch eingetragene Lebenspartner im internationalen Privat- und Verfahrensrecht. 2004.

Band 101 Florian Pulkowski: Subunternehmer und Internationales Privatrecht. Der Subunternehmer als Quasi-Verbraucher im Europäischen Kollisionsrecht. 2004.

Band 102 Ulrich Becker: Grundrechtsschutz bei der Anerkennung und Vollstreckbarerklärung im europäischen Zivilverfahrensrecht. Bestimmung der Grenzen für die Einführung eines europäischen Vollstreckungstitels. 2004.

Band 103 Thomas Badelt: Aufrechnung und internationale Zuständigkeit unter besonderer Berücksichtigung des deutsch-spanischen Rechtsverkehrs. 2005.

Band 104 Florian D. Wagner: Vorvertragliche Aufklärungspflichten im internationalen Franchising. Zur Harmonisierung von Delikts- und Vertragsstatut im internationalen Privatrecht unter besonderer Berücksichtigung der Franchise-Gesetzgebung des US-Bundesstaates Kalifornien. 2005.

Band 105 Vera Heine: Die Umsetzung der *EG-Richtlinie über missbräuchliche Klauseln in Verbraucherverträgen* im englischen und deutschen Recht. 2005.

Band 106 Alexander Franz: Überregionale Effektentransaktionen und anwendbares Recht. Eine kollisionsrechtliche Untersuchung unter besonderer Berücksichtigung der Vorschrift des § 17 a DepotG. 2005.

Band 107 Hanna-Maria Uhlenbrock: Gesetzliche Regelungen für nichteheliche Lebensgemeinschaften in Deutschland und Frankreich. Ein Vergleich des Unterhaltsrechts bei der eingetragenen Lebenspartnerschaft und beim Pacte civil de Solidarité. 2005.

Band 108 Katrin Stieß: Anknüpfungen im internationalen Urheberrecht unter Berücksichtigung der neuen Informationstechnologien. 2005.

Band 109 Hendrik Otto: Der gesetzliche Abschlussprüfer im italienischen Recht. Eine rechtsvergleichende Untersuchung unter besonderer Berücksichtigung der zivilrechtlichen Haftung. 2005.

Band 110 Frauke Stuphorn: Bankhaftung für Kreditauskünfte im deutschen und französischen Recht. 2005.

Band 111 Nina Fürer: Die zivilrechtliche Haftung für Raucherschäden. 2005.

Band 112 Giovanni B. Barillà: *Contratto autonomo di garanzia* e *Garantievertrag*. Categorie civilistiche e prassi del commercio. 2005.

Band 113 Timo Torz: Gerichtsstände im Internationalen Insolvenzrecht zur Eröffnung von Partikularinsolvenzverfahren. 2005.

Band 114 Martina Schmid: Die Grenzen der Auslegungskompetenz des EuGH im Vorabentscheidungsverfahren nach Art. 234 EG. Dargestellt am Beispiel der überschießenden Richtlinienumsetzung. 2005.

Band 115 Stephan Lesage-Mathieu: Dispositives Kollisionsrecht im prozessualen Kontext. 2005.

Band 116 Jürgen Görtz: Die subjektiven Grenzen der Rechtskraft US-amerikanischer Urteile. 2005.

Band 117 Vera Hoppe: Die Einbeziehung ausländischer Beteiligter in US-amerikanische class actions. Unter Berücksichtigung des Class Action Fairness Act 2005. 2005.

Band 118 Silke Pütz: Parteiautonomie im internationalen Urhebervertragsrecht – Eine rechtsdogmatische und rechtspolitische Betrachtung der Grenzen freier Rechtswahl im internationalen Urhebervertragsrecht unter besonderer Berücksichtigung des neuen deutschen Urhebervertragsrechts. 2005.

Band 119 Alice Nieroba: Die europäische Rechtshängigkeit nach der EuGVVO (Verordnung (EG) Nr. 44/2001) an der Schnittstelle zum nationalen Zivilprozessrecht. 2006.

Band 120 Jan Kayser: Alternative Formen gerichtlicher und außergerichtlicher Streitbeilegung im deutschen und französischen Zivilprozess. Les modes alternatifs judiciaires et extrajudiciaires de résolution des conflits en procédure civile allemande et française. 2006

Band 121 Mirko Ehrich: Der internationale Anwendungsbereich des deutschen und französischen Rechts gegen irreführende Werbung. Freie Wahl von Form und Mittel, Rom II und Herkunftslandprinzip. 2006.

Band 122 Daniel Thelen: Die Haftung des Sekundärschädigers für Gewalttaten anderer im US-amerikanischen Deliktsrecht ausgehend von dem Problem rechtsextremistisch motivierter Gewalttaten. 2006.

Band 123 Anne Winterling: Die Entscheidungszuständigkeit in Arbeitssachen im europäischen Zivilverfahrensrecht. 2006.

Band 124 Sarah Gerling: Die Gleichstellung ausländischer mit inländischen Vollstreckungstiteln durch die Verordnung zur Einführung eines Europäischen Vollstreckungstitels für unbestrittene Forderungen. Im Vergleich zum bisherigen Recht und zur Rechtslage in den USA. 2006.

Band 125 Christian Bank: Präventivmaßnahmen börsennotierter Gesellschaften zur Abwehr feindlicher Übernahmeversuche in Deutschland und Großbritannien. Eine rechtsvergleichende Untersuchung des deutschen und britischen Rechts unter Berücksichtigung der Europäischen Übernahmerichtlinie. 2006.

Band 126 Christian Weis: Kaufrechtliche Gewährleistung und Garantievergabe in Deutschland und Spanien. Unter besonderer Berücksichtigung des Unternehmenskaufs. 2006.

Band 127 Emilio Maus Ratz: Der Nacherfüllungsanspruch nach UN-Kaufrecht. Im Lichte der deutschen, spanisch-mexikanischen und US-amerikanischen Rechtswissenschaft. 2006.

Band 128 Constanze Jacobs: Die Sachmängelgewähr im deutschen und belgischen Kaufrecht nach Umsetzung der Verbrauchsgüterkauf-Richtlinie. 2006.

Band 129 Ulrike Teichert: Lückenfüllung im CISG mittels UNIDROIT-Prinzipien – Zugleich ein Beitrag zur Wählbarkeit nichtstaatlichen Rechts. 2007.

Band 130 Sascha Reichardt: Internationale Zuständigkeit im Gerichtsstand der unerlaubten Handlung bei Verletzung europäischer Patente. 2006.

Band 131 Bilgehan Cetiner: Die Sachmängelhaftung des Verkäufers im UN-Kaufrecht und im neuen deutschen Schuldrecht. Eine rechtsvergleichende Studie. 2006.

Band 132 Jan Streer: Die Umsetzung der Verbrauchsgüterkaufrichtlinie im englischen Recht durch die Sale and Supply of Goods to Consumer Regulations 2002. 2007.

Band 133 Kathrin Wannenmacher: Einstweilige Maßnahmen im Anwendungsbereich von Art. 31 EuGVVO in Frankreich und Deutschland: Eine Betrachtung ausgesuchter Verfahren des einstweiligen Rechtsschutzes im internationalen Zivilverfahrensrecht – gerichtliche Zuständigkeit, Anerkennung und Vollstreckung. 2007.

Band 134 Wim Kreytenberg: Die individuelle Schwerpunktbestimmung internationaler Schuldverträge nach der Ausweichklausel des Artikel 4 Absatz 5 Satz 2 EVÜ. Ein Beitrag zur Förderung von Rechtssicherheit und Einzelfallgerechtigkeit im europäischen Kollisionsrecht der Schuldverträge. 2007.

Peter Lang · Europäischer Verlag der Wissenschaften

Mohamed Lakmes

Die IPR-Anknüpfung der Schuldverträge

Ein Vergleich zwischen dem deutschen und dem syrischen Recht

Frankfurt am Main, Berlin, Bern, Bruxelles, New York, Oxford, Wien, 2005. 179 S.
Internationalrechtliche Studien. Herausgegeben von Ulrich Magnus. Bd. 39
ISBN-10: 3-631-54509-6 / ISBN-13: 978-3-631-54509-6 · br. € 39.–*

Das Buch stellt die Anknüpfung von internationalen Schuldverträgen im syrischen Privatrecht dar und vergleicht sie mit dem deutschen Recht. Der Vergleich hebt die Unterschiede beider Rechtsordnungen hervor und spricht sich nachdrücklich für eine Reform der betreffenden Regelungen im syrischen Recht aus. Als Sachkomplexe werden die Rechtswahl und die objektive Anknüpfung bei internationalen Verträgen dargestellt. Der größte Abschnitt befasst sich mit der Anknüpfung besonderer Vertragsverhältnisse. Ausführlich werden die Anknüpfungsregeln der internationalen Verbraucher-, Arbeits-, Bank-, Versicherungs-, Handelsvertreter- und Technologietransferverträge sowie das UN-Übereinkommen über den internationalen Warenkauf (CISG) behandelt. Der Vergleich ist auch für andere EU-Staaten und arabische Länder relevant, da das IPR der Schuldverträge in der EU bereits vereinheitlicht ist und die arabischen Länder fast die gleichen Anknüpfungsregeln in diesem Bereich haben.

Aus dem Inhalt: IPR · Arabisches Recht · Syrisches Recht · Internationale Schuldverträge · Rechtsvergleichung · Anknüpfung · Syrisches ZGB · Internationale Verträge